Para Donatella

ESTRUTURA SOCIAL E FORMAS DE CONSCIÊNCIA

A determinação social do método

István Mészáros

ESTRUTURA SOCIAL E FORMAS DE CONSCIÊNCIA
A determinação social do método

Tradução
Luciana Pudenzi, Francisco Raul Cornejo
e Paulo Cezar Castanheira

Copyright © Boitempo Editorial, 2009
Copyright © István Mészáros, 2009

Coordenação editorial
Ivana Jinkings

Editor-assistente
Jorge Pereira Filho

Revisão da tradução
Maria Orlanda Pinassi

Assistência editorial
Elisa Andrade Buzzo, Gustavo Assano,
Livia Campos e Thaisa Burani

Preparação
Vivian Miwa Matsushita

Revisão
Alessandro de Paula e Frederico Ventura

Diagramação
Gapp Design

Capa
Antonio Kehl
sobre foto de trabalhadores da fábrica de tratores Putilov,
em eleição para o soviete de Petrogrado, junho de 1920

Produção
Livia Campos

CIP-BRASIL. CATALOGAÇÃO-NA-FONTE
SINDICATO NACIONAL DOS EDITORES DE LIVROS, RJ

M55e

Mészáros, István, 1930-
Estrutura social e formas de consciência : a determinação social do método /
István Mészáros ; tradução Luciana Pudenzi, Francisco Raul Cornejo, Paulo Cezar
Castanheira. - São Paulo : Boitempo, 2009.
il. -(Mundo do trabalho ; v.2)

Tradução de: Social structure and forms of consciousness : the social
determination of method
Inclui bibliografia
ISBN 978-85-7559-140-6

1. Sociologia.   2. Sociologia - Metodologia.   3. Capitalismo.   4. Mudança
social.   I. Título.   II. Série.

09-3614.

CDD: 301
CDU: 316

22.07.09   27.07.09   013988

É vedada a reprodução de qualquer parte
deste livro sem a expressa autorização da editora.

Este livro atende às normas do acordo ortográfico em vigor desde janeiro de 2009.

1ª edição: agosto de 2009; 1ª reimpressão: novembro de 2011
2ª reimpressão: novembro de 2014

BOITEMPO EDITORIAL
Jinkings Editores Associados Ltda.
Rua Pereira Leite, 373
05442-000 São Paulo SP
Tel./fax: (11) 3875-7250 / 3872-6869
editor@boitempoeditorial.com.br | www.boitempoeditorial.com.br
www.blogdaboitempo.com.br | www.facebook.com/boitempo
www.twitter.com/editoraboitempo | www.youtube.com/imprensaboitempo

SUMÁRIO

INTRODUÇÃO 9

1 ORIENTAÇÃO PROGRAMÁTICA PARA A CIÊNCIA 19
   1.1 O domínio do homem sobre a natureza 19
   1.2 Behavioristas e weberianos 21
   1.3 A "sociologia da cultura científica" de Mannheim 23
   1.4 Os vínculos estruturais da ideologia orientada pela ciência 25

2 A TENDÊNCIA GERAL AO FORMALISMO 27
   2.1 Formalismo e conflitualidade 27
   2.2 A afinidade estrutural das inversões práticas e intelectuais 32
   2.3 A reconciliação das formas irracionais 34
   2.4 Homogeneização formal/redutora e igualação universal do valor 36
   2.5 A substância social da racionalidade operacional 38
   2.6 O conceito de natureza como uma abstração formal desistoricizada 40
   2.7 "Racionalidade formal" e irracionalidade substantiva 43

3 O PONTO DE VISTA DA INDIVIDUALIDADE ISOLADA 47
   3.1 Concepções individualistas de conflito e natureza humana 47
   3.2 A elevação da particularidade ao nível de universalidade 49
   3.3 A inversão das relações estruturais objetivas 52

4 A DETERMINAÇÃO NEGATIVA DA FILOSOFIA
   E DA TEORIA SOCIAL 57
   4.1 Substância, subjetividade e liberdade 57
   4.2 O aspecto positivo da negação crítica 59
   4.3 A quantificação da qualidade e a lei da Medida 61
   4.4 "Mediações da mediação" de segunda ordem e o triunfo da negatividade 64
   4.5 Função reconciliadora da "negatividade como contradição
   transcendente de si mesma" 66
   4.6 Negatividade em Sartre e Marcuse: dependência do discurso
   ideológico dominante 69

5 ASCENSÃO E QUEDA DA TEMPORALIDADE HISTÓRICA..............................73
   5.1 Explicação histórica na Grécia Antiga e na Idade Média.......................73
   5.2 "Providência Divina" nas filosofias burguesas da história 75
   5.3 A concepção de Vico de sociedade civil e história................................78
   5.4 Modelos orgânicos como substitutos da explicação histórica 81
   5.5 Vicissitudes da consciência histórica no século XX.............................83
   5.6 "Não há necessidade ou sentido"...87
   5.7 "Se houver algum sentido, ele escapa à nossa percepção":
       de Ranke e Tocqueville a sir Lewis Namier e além 97
   5.8 Antagonismo social e explicação histórica.......................................100

6 DUALISMO E DICOTOMIAS NA FILOSOFIA E NA TEORIA SOCIAL 103
   6.1 As premissas ocultas dos sistemas dicotômicos................................103
   6.2 O imperativo funcional do exclusivismo operacional.........................105
   6.3 Valores dominantes disfarçados como complexos instrumentais:
       as ilusões da funcionalidade vazia de valor 108
   6.4 Raízes ideológicas do dualismo metodológico..................................110
   6.5 O sujeito introspectivamente orientado do discurso filosófico 115
   6.6 Do "dualismo irreconciliado" ao dualismo da reconciliação 116
   6.7 Apriorismo moralizante a serviço do "espírito comercial" 120
   6.8 A dominância do contravalor nas relações de valor antinômicas 124
   6.9 A supressão das dicotomias: a questão da ação social 132

7 OS POSTULADOS DA "UNIDADE" E DA "UNIVERSALIDADE" 137
   7.1 A incorrigível circularidade e o absoluto fracasso da mediação individualística 137
   7.2 "O processo do *genus* com o indivíduo": a função reconciliadora
       dos modelos antropológicos 146
   7.3 Fragmentação e o "desejo da unidade"..158
   7.4 "A vontade geral ideal deveria também ser a vontade
       empiricamente geral" 172
   7.5 Unificação pelo processo de reprodução material.............................179

8 MÉTODO EM UMA ÉPOCA HISTÓRICA DE TRANSIÇÃO......................189
   8.1 A reorientação marxiana do método...189
   8.2 Da "ciência da lógica" de Hegel à visão marxiana da ciência 205
   8.3 A crítica da economia política 219
   8.4 Autocrítica como princípio metodológico 230
   8.5 Reflexões categoriais de antagonismo social e as
       categorias centrais da teoria socialista 245
   8.6 Aspectos metodológicos de mediação em uma época de transição 277

OBRAS DO AUTOR 311

INTRODUÇÃO

Como sabemos, a formação social dominada pelo poder do capital estende-se ao longo de um amplo período social cujo fim ainda não está à vista. Contudo, além das mudanças materiais de vasto alcance que caracterizam a fisionomia intelectual das fases específicas do desenvolvimento do sistema capitalista, há também algumas grandes continuidades.

São estas últimas, em específico, que circunscrevem os grandes parâmetros metodológicos da era do capital como um todo, com características identificáveis de forma nítida. São compartilhadas pelos mais diversos pensadores que se situam no mesmo terreno social, como veremos nos capítulos a seguir.

Compreende-se que as fases particulares do desenvolvimento socioeconômico são marcadas por significativas inovações teóricas e metodológicas, de acordo com as circunstâncias em modificação. É importante salientar, porém, que todas essas mudanças metodológicas e transformações teóricas têm de se acomodar em relação aos limites restritivos da moldura estrutural comum que define a época em sua totalidade.

A referência de classe das teorias dominantes da era do capital como um todo é, e continua sendo, a "personificação do capital" (Marx). Por vários séculos, ela e a burguesia coincidiram, tanto em suas fases de desenvolvimento ascendente como nas condições de seu recuo histórico. Em nossa época, entretanto, essa relação se torna muito mais complicada, como veremos no capítulo 8 ao tratar dos problemas do método num período histórico de transição.

Mas, voltando à fase clássica dos desenvolvimentos capitalistas, o que define desde o princípio as características metodológicas fundamentais das teorias que surgem na referência de classe da burguesia é precisamente a situação histórica dessa classe como força hegemônica consolidada da formação social sob o domínio do capital, junto com os imperativos estruturais inseparáveis desse domínio.

Assim, os parâmetros metodológicos das diversas teorias que articulam de modo coerente os interesses fundamentais dessa referência de classe, a despeito das diferenças dos pensadores específicos – diferenças que surgem em virtude do cenário nacional dado, do papel historicamente mutável da classe no que concerne às potencialidades produtivas da formação social do capital e da decorrente intensificação dos antagonismos sociais numa escala global etc. –, são estabelecidos para a época em sua totalidade, abrangendo não somente todas as suas fases até o presente, mas, *mutatis mutandis*, também o que está além. Com efeito, estendem-se adiante à medida que o capital é capaz de afirmar-se e reafirmar-se com êxito – também na época mais complexa de transição para uma nova ordem social – como a força controladora do sociometabolismo. Pois os parâmetros metodológicos fundamentais das épocas históricas são circunscritos pelos *limites estruturais últimos* de sua força dominante de controle sociometabólico e, como tal, são definidos segundo as potencialidades (e, evidentemente, também de acordo com as limitações) inerentes ao modo dominante de atividade produtiva e à correspondente distribuição do produto social total.

Por isso as figuras representativas do horizonte social do capital têm de conceituar tudo de uma determinada maneira, e não de outra. E, uma vez que os limites em questão são *estruturalmente intransponíveis* – já que sua substituição requereria a instituição de um modo de produção e distribuição *radicalmente* diferente –, as principais características metodológicas das teorias sintetizadoras que se originam nessa estrutura não podem ser alteradas de maneira significativa, pois uma alteração radical dos limites em questão – como fez o próprio Marx – equivaleria ao completo abandono do "ponto de vista da economia política" que privilegia a perspectiva do capital (correspondente ao ponto de vista que favorece o capital, adotado de maneira mais ou menos consciente pelos principais pensadores).

Com efeito, como sabemos com base na história pregressa, os limites metodológicos da formação social do capital não podem ser fundamentalmente alterados mesmo que alguns pensadores excepcionais, em circunstâncias históricas extraordinárias, tomem ciência das contradições que são chamados a defender e tentem elaborar alguma forma de "reconciliação" teórica. Um excelente exemplo disso é o de Hegel, como veremos adiante em alguns contextos muito diferentes.

As características metodológicas dos diversos sistemas de pensamento que emergem na estrutura histórica e em corroboração com a formação social do capital constituem um conjunto estritamente encadeado de determinações conceituais.

Todas essas características, evidentemente, são também cruciais no que diz respeito à definição desses sistemas de pensamento como formas específicas de ideologia. Além disso, são claramente discerníveis ao longo de cada uma das fases do desenvolvimento da formação social do capital como um todo.

No presente estudo, nos concentraremos em algumas das mais importantes dessas características metodológicas, as quais podem ser resumidas da seguinte forma:

1. *Orientação programática para a ciência* e o papel-chave metodológico/teórico – e também prático – atribuído à ciência natural.

2. Tendência geral ao *formalismo*.

3. O ponto de vista da *individualidade isolada* e seu persistente equivalente metodológico, o ponto de vista do capital da "*perspectiva da economia política*", conforme visto no horizonte necessariamente prejulgado e estruturalmente limitante do sistema estabelecido.

Introdução 11

4. A *determinação negativa* da filosofia e da teoria social.

5. A *supressão da temporalidade histórica*, cada vez mais evidente e, por fim, inteiramente devastadora.

6. A imposição de uma matriz categorial *dualista* e *dicotômica* sobre a filosofia e a teoria social, significativamente predominante até mesmo quando alguns dos maiores pensadores de todos os tempos, como Hegel, tentam se distanciar dela.

7. Os *postulados abstratos* da "unidade" e da "universalidade" como a almejada transcendência das dicotomias persistentes – no lugar das *mediações* reais – e a substituição puramente especulativa das principais contradições sociais sem alterar minimamente seus fundamentos causais no mundo existente de fato.

Como veremos, todas essas características estão firmemente ancoradas na necessidade de articular e defender interesses sociais determinados por parte das principais personificações intelectuais do capital. Por essa razão, não podem evitar o fato de serem inseparavelmente metodológicas e ideológicas em sua determinação mais profunda.

Naturalmente, é importante salientar aqui que enfatizar a determinação social do método não significa – nem pode significar – nada de *mecânico*, como os pensadores que atualmente se alinham aos interesses materiais e ideológicos velados da ordem sociorreprodutiva estabelecida tentam representá-la de forma deturpada. Não pode haver nada de unilateral e mecânico nessas relações. Pelo contrário, a complexa dinâmica do desenvolvimento histórico só pode ser propriamente compreendida com base em uma *reciprocidade dialética*. É precisamente assim que Marx caracterizava, já em uma de suas primeiras obras, *A ideologia alemã* – numa vigorosa crítica da abordagem idealista que na época predominava nos debates filosóficos –, sua visão da "*ação recíproca*", que está em evidência entre os diversos fatores e forças que constituem o complexo social total. Ao falar sobre sua própria avaliação da irrefreável transformação histórica, ele enfatizou que:

Essa concepção da história consiste, portanto, em desenvolver o processo real de produção a partir da produção material da vida imediata e em conceber a forma de intercâmbio conectada a esse modo de produção e por ele engendrada, quer dizer, a sociedade civil em seus diferentes estágios, como o fundamento de toda a história, tanto a apresentando em sua ação como Estado como explicando a partir dela o conjunto das diferentes criações teóricas e formas da consciência – religião, filosofia, moral etc. etc. – e em seguir o seu processo de nascimento a partir dessas criações, o que então torna possível, naturalmente, que a coisa seja apresentada em sua totalidade (assim como a ação recíproca entre esses diferentes aspectos). Ela não tem necessidade, como na concepção idealista da história, de procurar uma categoria em cada período, mas sim de permanecer constantemente sobre o solo da história real; não de explicar a práxis partindo da ideia, mas de explicar as formações ideais a partir da práxis material e chegar, com isso, ao resultado de que todas as formas e [todos os] produtos da consciência não podem ser dissolvidos por obra da crítica espiritual, por sua dissolução na "autoconsciência" ou sua transformação em "fantasma", "espectro", "visões" etc., mas apenas pela demolição prática das relações sociais reais de onde provêm essas enganações idealistas; não é a crítica, mas a revolução a força motriz da história e também da religião, da filosofia e de toda forma de teoria. Essa concepção mostra que a história não termina por dissolver-se, como "espírito do espírito", na "autoconsciência", mas que em cada um dos seus estágios encontra-se um resultado material, uma soma de forças de produção, uma relação historicamente estabelecida com a natureza e que os indivíduos estabelecem uns com os outros; relação que cada geração recebe da geração passada, uma massa de forças produtivas, capitais e circunstâncias que, embora seja, por um

12 *Estrutura social e formas de consciência*

lado, modificada pela nova geração, por outro lado prescreve a esta última suas próprias condições de vida e lhe confere um desenvolvimento determinado, um caráter especial – que, portanto, as circunstâncias fazem os homens, assim como os homens fazem as circunstâncias.[1]

Seria muito difícil explanar essas questões com maior clareza que a de Marx no trecho supracitado. Mas não parece fazer nenhuma diferença, quando prevalecem os interesses materiais e ideológicos na empreitada avidamente assumida de "refutar" Marx e o marxismo a qualquer custo. Além disso, não se menciona que os mesmos pontos fundamentais das críticas que Marx, em *A ideologia alemã*, dirigiu às vertentes idealistas da filosofia aplicavam-se, com a mesma justificação, à deficiência materialista em apreender a complexidade dialética do processo histórico concreto. Marx deixou isso muito claro em suas conhecidas "Teses sobre Feuerbach", redigidas no mesmo período de *A ideologia alemã*. É ainda mais revelador, portanto, que a regra geral seja sempre uma distorção sistemática da posição do *materialismo histórico* – sem mencionar a ideia do *materialismo dialético*, que tem de ser tratada e descartada com a profundidade de meras palavras injuriosas –, seja essa refutação oferecida pelos adversários idealistas especulativos de Marx ou por representantes do materialismo positivista.

No entanto, a verdadeira questão é que o ponto de vista do capital adotado pelos principais pensadores da época histórica discutida *é*, num certo sentido, verdadeiramente *adotado* por eles por meio de seu envolvimento mais ativo nesse assunto de suma importância. A determinação social do método não significa – e não pode significar – que a posição metodológica e ideológica correspondente ao ponto de vista do capital seja *imposta* aos pensadores em questão, incluindo as figuras mais destacadas da economia política burguesa e da filosofia. Eles próprios *incorporam-na* ativamente *como sua*, ao longo da articulação – e do processo criativo dessa articulação – da posição que integra os *interesses* fundamentais, bem como os *valores*, de uma ordem sociorreprodutiva com a qual se identificam. Eles são *participantes conscientes* numa empreitada que sempre envolve o conflito e o confronto com os defensores de conjuntos de valores potencialmente rivais – ainda que os interesses sociais correspondentes não sejam (ou não possam ser, em virtude da imaturidade histórica das forças sociais relevantes) inteiramente explicitados por seus adversários –, pois mesmo a *ideologia dominante* mais arraigada jamais pode ser *absolutamente dominante*. Em outras palavras, não é possível que ela seja tão completamente dominante a ponto de poder ignorar inteiramente uma posição alternativa que tenha ao menos o potencial de adquirir um grande alcance. Nem mesmo quando, numa determinada versão[2], a ideologia dominante reivindica sem hesitação o privilégio de representar o único ponto de vista sustentável que, a seu ver, está inteiramente de acordo com *a própria natureza*, ou quando, numa outra abordagem, mas com o mesmo senso de exclusividade, afirma que ela corresponde à "concretude racional" do "Espírito do Mundo", como veremos adiante.

Portanto, não restam dúvidas de que os principais pensadores da época histórica discutida neste livro não apenas adotaram, mas *moldaram ativamente* e, em sentido genuíno, *conscientemente* – tanto em sua *articulação* original como em sua subsequente

---

[1]   Karl Marx e Friedrich Engels, *A ideologia alemã* (São Paulo, Boitempo, 2007), p. 42-3.

[2]   Por exemplo, na obra seminal do grande representante escocês do Iluminismo, Adam Smith.

renovação – a posição que corresponde aos interesses vitais do sistema do capital, pois, sem a constante renovação e reafirmação de seus fundamentos básicos, a ordem prevalecente não poderia sustentar-se de modo apropriado. Os mais importantes pensadores em questão, como teremos a oportunidade de ver, ao examinar o desenvolvimento de suas concepções, seguem essa tarefa de renovação com grande coerência e determinação sob suas circunstâncias e condições sociais em constante modificação e realizam-na muito bem no horizonte global – que lhes oferece, em períodos históricos determinados (quando sua classe encontra-se em ascensão, porém cada vez menos à medida que nos aproximamos de nosso próprio tempo), uma significativa margem para intervenção criativa no processo social, a despeito das limitações estruturais prevalecentes em última análise – dos interesses do capital e do poder controlador.

O caráter *consciente* do envolvimento e a correspondente *responsabilidade* histórica dos principais representantes intelectuais do capital não são diminuídos (e menos ainda minimizados) pela circunstância de que eles também adotam e constantemente reproduzem a *ilusão* de que, em sua concepção do direito e da ordem social apropriada, estão articulando o *interesse universal* da sociedade, e não apenas de sua força estruturalmente dominante. Pois, mais uma vez, estamos falando de um processo por meio do qual os pensadores em questão *incorporam ativamente* tais ilusões, que por acaso são ilusões *ideologicamente mais convenientes*, correspondendo ao ponto de vista da ordem sociometabólica do capital.

É assim que, por fim, mesmo as mais destacadas figuras da tradição intelectual burguesa nos oferecem uma visão de mundo na qual uma *formação obviamente histórica* – a ordem estabelecida da sociedade, que, ademais, é também adensada com *contradições antagônicas* insolúveis – é transfigurada não apenas em algo *sustentável*, apresentado sem nenhuma referência a uma circunscrição histórica, mas também no *único modo viável de intercâmbio social* concebível. E é dessa mesma maneira que o grande pensador dialético, Hegel, viola seu próprio princípio dialético – com efeito, de forma ainda mais reveladora em termos metodológicos e ideológicos, em nome de um "movimento dialético"[3] postulado – de modo a ser capaz de transubstanciar a *compulsão* real inseparável do sistema reprodutivo dado, e reconhecida de maneira explícita pelo próprio Hegel, na "fruição universal" de cada "indivíduo que busca a si próprio" subsumido no modo hierárquico de controle social estruturalmente arraigado do capital[4].

Segundo todas as evidências disponíveis, o problema insuperável é que os principais representantes intelectuais da época do capital aqui discutida, por pensadores mais formidáveis que sejam, assumem como fato as *premissas práticas fundamentais* da ordem social dada em sua totalidade combinada, como um *conjunto de determinações profundamente interconectadas*. Essas premissas práticas – como o divórcio radical entre os meios de produção e o trabalho; a atribuição, na ordem produtiva e reprodutiva estabelecida, de todas as funções importantes de direção e decisão às personificações do capital; a regulação do intercâmbio sociometabólico entre os seres humanos e a natureza e dos indivíduos entre si (de forma inalterável e cada vez mais perigosa) com base nas mediações de segunda

---

[3] Ver G.W.F. Hegel, *Princípios da filosofia do direito* (trad. Orlando Vitorino, 2. ed., São Paulo, Martins Fontes, 2003), p. 178.

[4] Ver o item 7.5, p. 177.

14 *Estrutura social e formas de consciência*

ordem do capital; a determinação e o gerenciamento da estrutura social globalmente abrangente de comando político sob a forma do Estado capitalista – são tão cruciais para esse modo particular de controle social que ele absolutamente não poderia funcionar por nenhum prazo sem sequer uma delas. Essas premissas estabelecem os *limites estruturais de viabilidade* de um modo de produção e distribuição historicamente produzido que, neste momento, já se manteve firmemente arraigado durante séculos e resiste com todos os recursos de que dispõe a qualquer mudança significativa.

Conforme observado em discussões anteriores, a efetividade da mudança e do movimento históricos foi algumas vezes reconhecida também por grandes figuras intelectuais que viam o mundo a partir do ponto de vista do capital, como Hegel. Entretanto, todas as vezes em que o desenvolvimento histórico foi assim reconhecido, isso sempre ocorreu com referência ao passado. O movimento histórico transformador e a mudança social só eram admissíveis, por parte daqueles que viam o mundo a partir da perspectiva da economia política, sob a forma em que podiam se ajustar – e conforme podiam se ajustar – à estrutura estritamente circunscrita das premissas práticas fundamentais do capital. A importância da mudança histórica radical, estruturalmente evidente, podia ser salientada pelos grandes pensadores da burguesia iluminista a respeito do *passado feudal*, mas sendo ao mesmo tempo negada em relação ao futuro.

Com certeza, o que torna extremamente difícil vislumbrar o abandono do ponto de vista do capital, mesmo pelos maiores pensadores que partilham a perspectiva da economia política, é sobretudo o fato de que as premissas práticas referidas acima constituem um conjunto de determinações interconectadas de maneira profunda – e, com efeito, conforme mencionado, *intimamente interligadas* – como as características definidoras cruciais do sistema orgânico do capital. Por conseguinte, não podem ser *seletivamente* abandonadas, pondo assim em questão o sistema como um todo, pelos pensadores que definem sua própria posição em sintonia com o ponto de vista do capital. Tampouco, pela mesma razão, podem ser *parcialmente* transcendidas na prática por uma força rival – como se comprovou, de forma dolorosamente conclusiva, pelo fracasso histórico da democracia social – sem que a ordem *estruturalmente dominante* do capital seja radicalmente suplantada em sua totalidade por uma *alternativa hegemônica* sustentável. Desse modo, quando grandes pensadores expressam suas reservas diante do impacto negativo de alguns desenvolvimentos sociais presentes, como fez Adam Smith ao lamentar a negligência desumanizadora da educação que ele via surgir da divisão e fragmentação do trabalho, ou quando eloquentemente reconheceu que "*as pessoas que vestem o mundo estão, elas próprias, em farrapos*"[5], tais reservas nunca podem passar de uma crítica marginal à ordem social dada, associada ao entusiasmo global do grande pensador escocês diante do capital como o "sistema natural da liberdade e justiça completas"[6].

As premissas práticas vitais da ordem reprodutiva estabelecida tiveram de ser *ativamente internalizadas* até mesmo pelos maiores pensadores da burguesia em ascensão e se

---

[5] Adam Smith, "Lectures on Justice, Police, Revenue, and Arms", em Herbert W. Schneider (org.), *Adam Smith's Moral and Political Philosophy* (Nova York, Hafner, 1948), p. 320.

[6] Adam Smith, *A riqueza das nações* (trad. Luiz João Baraúna, 19. ed., São Paulo, Nova Cultural, 1996, Coleção Os Pensadores), p. 100.

transformaram nas concepções metodológicas e ideológicas essenciais de toda uma época histórica, contribuindo assim muito poderosamente, ao mesmo tempo, para o pleno desenvolvimento e para a contínua e duradoura viabilidade do próprio sistema do capital. Foi dessa maneira que as *premissas práticas* – e, em outras palavras, as *determinações sistêmicas e estruturais* –, frequentemente não mencionadas (ou não mencionáveis), mas absolutamente necessárias, da ordem sociometabólica, que é de longe a mais dinâmica de toda a história humana, tornaram-se *ativamente incorporadas* nos mais importantes *sistemas teóricos* da burguesia, afetando profundamente a maneira de pensar da grande maioria das pessoas até a nossa época.

A dimensão histórica dessas questões é fundamental. Por diversas razões, a importância desse fato não pode ser ressaltada com suficiente ênfase e frequência.

Em primeiro lugar, porque a ideologia dominante não pode sustentar suas alegações de validade universal sem negar sistematicamente a inevitabilidade das determinações históricas por meio da *eternização* de sua própria posição, não importando o grau de distorção – e, em nossa época, até mesmo uma constante violação dos fatos – necessário para tornar plausível sua visão anistórica do sistema pretensamente inalterável de intercâmbio sociorreprodutivo. A idealização de [Friedrich] Hayek das relações de troca capitalistas (a despeito da especificidade histórica de seus antagonismos profundamente entranhados e, em última análise, explosivos) como a "ordem econômica estendida" eternizada – por ele apresentada em termos positivos de modo completamente irrefletido e, ao mesmo tempo, sua representação infame da alternativa socialista, de forma extremamente deturpada, como "o caminho da servidão" – oferecem um exemplo dessa temerária desconsideração até dos fatos históricos mais óbvios.

Em segundo lugar, porque o significado das determinações históricas dinâmicas é frequentemente compreendido de modo equivocado como um tipo de necessidade fatalista também por parte daqueles que não têm interesse em adotar o ponto de vista do capital. E, nesse caso, não faz diferença que as pessoas envolvidas possam assumir uma atitude positiva diante dessa "necessidade" erroneamente concebida, pois também nisso o processo histórico real é distorcido de modo significativo e só pode gerar ressentimento e até hostilidade em relação à ideia da transformação histórica necessária. O que realmente decide a questão é que no processo interativo dialético das determinações históricas dinâmicas nada pode ser assumido como rígido e absolutamente definitivo, independentemente de se aprová-lo ou não no momento. A *necessidade histórica* é verdadeiramente histórica não apenas porque emerge com inegável firmeza de determinações dialéticas muito complexas no decurso de seu desdobramento, mas também porque se torna, no momento oportuno, "*uma necessidade em desaparecimento*" [*eine verschwindende Notwendigkeit*], nas palavras de Marx. A atitude de ignorar de maneira voluntarista esse aspecto vital da necessidade histórica pode resultar em devastadoras consequências socioeconômicas e políticas, como fomos forçados a aprender, no século XX, com o trágico fracasso de importantes estratégias empreendidas no movimento socialista.

Em terceiro lugar, porque o contraste entre as visões dos grandes pensadores do passado mais remoto e algumas conceituações dos mesmos problemas é muito reveladora. Basta tomarmos aqui somente o exemplo do *Discurso do método*, de [René] Descartes. Como sabemos, Descartes estava muito preocupado com a questão da *dúvida metodo-*

lógica e com a necessidade de *certeza autoevidente*, dizendo, ao mesmo tempo: "Não que imitasse, para tanto, os céticos, que duvidam só por duvidar e fingem ser sempre indecisos: pois, ao contrário, todo o meu propósito propendia apenas a me certificar e remover a terra movediça e a areia, para encontrar a rocha ou a argila"[7]. Em total contraste, não encontramos na famosa obra de um historiador do século XX nada senão ilimitado ceticismo e pessimismo, tentando nos fazer acreditar que "a história humana não possui mais sentido que as mudanças das estações ou os movimentos dos astros; ou, se houver sentido, não somos capazes de apreendê-lo"[8].

Ao procurar a certeza filosófica, Descartes insistia na importância de tornar o conhecimento prático e útil no grande empreendimento do almejado controle humano sobre a natureza, ressaltando que percebeu que

> é possível chegar a conhecimentos que sejam muito úteis à vida e que, em lugar dessa filosofia especulativa que se ensina nas escolas, é possível encontrar-se uma outra prática mediante a qual [...] poderíamos utilizá-los [os conhecimentos] da mesma forma em todos os usos para os quais são próprios, e assim nos tornar como *senhores e possuidores da natureza*.[9]

Em contraposição, encontramos na obra de um filósofo do século XX ainda mais destacado, Edmund Husserl, a mais rígida oposição entre "a atitude teórica" e "a prática", quando ele afirma que

> a atitude *teórica*, ainda que seja também uma atitude profissional, é *inteiramente antiprática*. Assim, baseia-se numa *epoché* deliberada em relação a *todos os interesses práticos* e, consequentemente, até mesmo àqueles de nível mais elevado, que servem às necessidades naturais na estrutura da ocupação de uma vida governada por tais interesses práticos.[10]

Não é de surpreender, portanto, que, ao construir para si mesmo uma armadilha metodológica desse tipo, Husserl só pudesse postular um apelo inteiramente irreal ao "*heroísmo da razão*"[11] como força de oposição à barbárie nazista[12].

---

[7] René Descartes, *Discurso do método, As paixões da alma e Meditações* (Nova Cultural, São Paulo, 1999, Coleção Os Pensadores), p. 58.

[8] Lewis Namier, *Vanished Supremacies: Essays on European History, 1812-1918* (Harmondsworth, Penguin Books, 1962), p. 203.

[9] René Descartes, *Discurso do método, As paixões da alma e Meditações*, cit., p. 86.

[10] Edmund Husserl, "Philosophy and the Crisis of European Man", em *Phenomenology and the Crisis of Philosophy* (Nova York, Harper & Row, 1965), p. 168. [A edição brasileira desta obra – *A crise da humanidade europeia e a filosofia* (trad. Urbano Zellis, 3. ed.), Porto Alegre, EDPUCRS, 2008) – traz uma versão resumida do texto de Husserl; daí optarmos por manter a tradução da edição em inglês utilizada por István Mészáros – N. E.].

[11] Ibidem, p. 192. Ver a discussão desses problemas no item 7.1, p. 135.

[12] Lukács costumava recordar que, quando Max Scheler lhe falava com grande entusiasmo sobre a nova abordagem da filosofia apresentada por Husserl, centrada na redução fenomenológica, dizendo que, com o auxílio desse método, era possível analisar até o diabo e o inferno, colocando-os no "caixilho metodológico" apropriado, a resposta irônica do filósofo húngaro foi: "Sim, faça isso, e quando você abrir o caixilho, terá de enfrentar o diabo em pessoa". E foi precisamente isso o que aconteceu com Husserl em 1935, quando ele tateava, em vão, na busca de respostas para a barbárie nazista, na palestra "A filosofia e a crise do homem europeu", que proferiu em Praga.

E, por fim, em contraste com a filosofia encerrada em si mesma, "monadologicamente"* orientada no século XX, Descartes estava plenamente consciente da importância de prosseguir com a obra da criação intelectual como uma tarefa genuinamente coletiva: "a fim de que os últimos começassem onde os precedentes houvessem acabado, e assim, *somando as vidas e os trabalhos de muitos*, fôssemos, todos juntos, muito mais longe do que poderia ir cada um em particular"[13]. Somente revivendo esse *ethos* e acentuando-o significativamente de acordo com as exigências prementes de nossa época poderemos realmente encarar as questões com que temos de nos confrontar.

A relação entre a estrutura social e as formas de consciência é seminalmente importante. Isso porque a estrutura social efetivamente dada constitui o quadro e o horizonte gerais nos quais os pensadores particulares, em todos os campos do estudo social e filosófico, estão situados e em relação aos quais têm de definir sua concepção do mundo[14].

Conforme mencionado, os parâmetros metodológicos e ideológicos das épocas históricas particulares, incluindo a era do capital, são firmemente circunscritos pelos *limites estruturais últimos* de sua força social dominante, em conformidade com o tipo prevalecente de atividade produtiva e a correspondente modalidade de distribuição. Qualquer tentativa teórica de escapar dessas determinações, na equivocada busca de "metateorias" evasivas, pode apenas prejudicar o empreendimento filosófico. Com efeito, quanto mais abrangente e mediado for o assunto escolhido, mais óbvio deverá ser seu vínculo com as determinações estruturais "totalizadoras" da época histórica relevante. Isso deve ser verdade, diante do fato de que uma concepção apropriada da *mediação* em qualquer campo de análise é impensável sem uma apreensão *abrangente* do campo de estudo em questão, quer pensemos na "metaética" ou na metodologia em geral. A análise legítima dos diversos *discursos* – por exemplo, os discursos moral, político e estético – é inconcebível sem que esteja dialeticamente inserida no quadro estrutural apropriado no que se refere às determinações gerais. Pois os discursos particulares não são inteligíveis sem que sejam apreendidos como *formas específicas de consciência histórica*. Ou seja, como formas de consciência que são historicamente constituídas e, de mesma maneira, historicamente transformadas em estreita conjunção com as determinações gerais da *estrutura social* da qual não podem ser especulativamente abstraídas. Ademais, considerando-se o fato de haver uma essencial dimensão *trans*-histórica[15] – mas defi-

---

* Referência ao pensamento de Gottfried Wilhelm Leibniz sobre a teoria das mônadas, termo derivado do grego traduzido como "unidade" ou "substância simples". (N. E.)

[13] René Descartes, *Discurso do método, As paixões da alma e Meditações,* cit., p. 88.

[14] Embora não use a expressão "estrutura social", Hegel quer reconhecer de alguma maneira o papel determinante das condições históricas dadas, ao escrever: "Tão grande loucura é imaginar que uma filosofia ultrapassará o mundo contemporâneo como acreditar que um indivíduo saltará para fora do seu tempo, transporá *Rhodus*" (*Princípios da filosofia do direito,* cit., p. XXXVII). Mas ele usa essa percepção conciliatória a serviço do *encerramento* da história na "efetividade racional" presente, idealizando-a mediante o "Espírito do Mundo" como o "eterno presente".

[15] Platão e Aristóteles são grandes exemplos de até onde remonta na história a preocupação com algumas das principais questões dos discursos moral, político e estético, ressaltando, ao mesmo tempo, a importância tanto da dimensão *trans-histórica* como da inevitável e historicamente restrita *especificidade* das visões por eles elaboradas.

nitivamente não *supra*-histórica – em todos esses discursos, bem como na análise da metodologia em geral, visto que seu estudo pode ser legitimamente seguido *ao longo* da história humana como um todo, tal aspecto, ignorado com frequência, só pode ressaltar a importância de que esses discursos sejam sempre inseridos, não importando quão mediados possam ser (como a análise da metodologia inevitavelmente tem de ser), em seu quadro estrutural apropriadamente abrangente e historicamente definido.

A despeito do caráter inevitavelmente mediado dos problemas em foco, é necessário discutir as questões que emergem das determinações metodológicas e ideológicas da época do capital. Isso porque elas são sumamente relevantes para nossas próprias preocupações, não só em termos teóricos, mas também práticos, pois, independentemente de quão vigorosamente possamos discordar – e de fato tenhamos de discordar – dos postulados metodológicos da tradição teórica inseparável do ponto de vista do capital, estar plenamente ciente das *conexões* e das continuidades persistentes, em vez de constatar somente as nítidas *descontinuidades*, é condição essencial para uma compreensão historicamente apropriada – a qual é vital para a elaboração de estratégias sociais e políticas de longo prazo. Isso significa que é indispensável focalizar também aqueles elementos das teorias em questão que têm de ser e só podem ser *aufgehoben*, ou seja, dialeticamente suplantados/ preservados por meio de sua elevação a um patamar historicamente mais adiantado, de modo a terem um uso socialmente positivo.

Isso é particularmente importante num período de *transição* rumo a uma ordem social historicamente viável. Em outras palavras, envolver-se propriamente com os problemas em questão constitui uma contribuição a uma transição muito necessária para aquilo que Marx chamou de "a nova forma histórica", que é uma característica definidora literalmente vital de nosso tempo. Certamente, as soluções concebidas a partir do ponto de vista do capital conformavam-se, na época de sua formulação, com interesses sociais fundamentais e estruturalmente determinados segundo tal ponto de vista; e, dessa forma, obviamente não podem se ajustar à moldura da alternativa hegemônica necessária. No entanto, resta o fato de que as soluções em questão foram produzidas em resposta a desafios históricos muito reais e a determinações sociais objetivas que ainda fazem parte de nossas próprias circunstâncias de uma maneira muito importante, pois os desafios históricos objetivos não deixam de existir nem perdem sua força, ao receber, partindo de uma perspectiva estruturalmente tendenciosa – em conformidade com as premissas práticas imodificáveis do capital –, o tipo de resposta que se mostra socialmente insustentável a longo prazo. As questões reproduzidas de maneira constante pela própria realidade social, a despeito de receberem soluções extremamente problemáticas até por parte dos maiores pensadores burgueses do passado, podem apenas acentuar o peso e a contínua relevância dos problemas subjacentes. Na verdade, portanto, os persistentes desafios objetivos que demandam respostas historicamente viáveis são mais prementes hoje do que jamais foram no passado. Essa é a verdadeira medida da tarefa que se tem para o futuro.

1
ORIENTAÇÃO PROGRAMÁTICA PARA A CIÊNCIA

1.1 O domínio do homem sobre a natureza

O papel metodológico e prático crucial atribuído à ciência natural pelo princípio de orientação geral que assinala "o domínio do homem sobre a natureza" não corresponde simplesmente à mesma maneira que "Descartes, ao definir os animais como simples máquinas, os vê com os olhos do período manufatureiro; na Idade Média, o animal era considerado o ajudante do homem"[1].

Tampouco esse papel consiste meramente no uso que se faz da ciência como o *modelo* da atividade filosófica, como quando [Immanuel] Kant insiste em dizer que:

> O que fazem o químico na análise da matéria e o matemático na sua doutrina das magnitudes puras é uma incumbência ainda maior para o filósofo, a fim de que possa determinar com segurança a parte que um tipo especial de conhecimento tem no uso variegado do entendimento.[2]

Pois, independentemente de quão significativos possam ser todos esses usos em seu próprio contexto – aliás, limitado –, eles não se aplicam à época como um todo. Na verdade, à luz do conhecimento contemporâneo, seria difícil tratar os animais segundo o modelo das máquinas. Do mesmo modo, seria extremamente restritivo no que diz respeito às complexidades da filosofia moderna determinar a "tarefa dos filósofos" com base nos moldes da química e da matemática pura.

O que é de importância central desde o princípio e assim permanece até os nossos dias – de fato, em suas funções ideológicas vitais, torna-se até mesmo mais importante,

---

[1] Karl Marx, *O capital: crítica da economia política* (trad. Reginaldo Sant'Anna, 22. ed., Rio de Janeiro, Civilização Brasileira, 2004, v. 1, livro primeiro, parte 4, cap. XIII, seção 2), p. 446, nota 111.

[2] Immanuel Kant, *Crítica da razão pura* (trad. Valerio Rohden e Udo Moosburger, São Paulo, Nova Cultural, 1999), p. 498.

20 *Estrutura social e formas de consciência*

como mostra a difusão da ideologia "científica" da "engenharia social gradativa" – é a expectativa de solucionar os problemas da humanidade exclusivamente por meio do avanço da ciência e da tecnologia produtiva. Ou seja, uma expectativa de resolver os problemas identificados sem a necessidade de uma intervenção substancial no plano da própria estrutura social contestada de forma antagônica.

Nesse sentido, não é de modo algum acidental que, desde Descartes, a questão de como efetuar o "domínio do homem sobre a *natureza*" deva ser buscada com incansável veemência e de modo unilateral. De acordo com isso, a tarefa da filosofia tem de ser definida como intimamente ligada à realização desse objetivo. Como argumentou Marx:

> Como Bacon, Descartes considerava que a modificação no modo de pensar tem por consequência a mudança na forma de produção e domínio prático da natureza pelo homem. É o que comprova, dentre outras, a seguinte passagem do seu *Discurso do método*: "É possível [aplicando o método que introduziu na filosofia] atingir conhecimentos muito úteis à vida e chegar a uma filosofia prática que substituirá aquela filosofia especulativa aprendida nas escolas. Através dessa filosofia prática, que nos leve a conhecer a força e os efeitos do fogo, da água, do ar, dos astros e de todos os demais corpos que nos cercam, de maneira tão clara quanto conhecemos os diversos ofícios de nossos artesãos, nós poderíamos utilizá-los com a mesma eficiência e para todos os fins a que são adequados e assim nos tornar senhores e possuidores da natureza" e "contribuir para aperfeiçoar a vida humana". No prefácio de *Discourses Upon the Trade*, 1691, de sir Dudley North, se diz que a economia política, com a aplicação do método de Descartes, deu início à sua libertação de velhas fábulas e noções supersticiosas sobre ouro, comércio etc. Mas os antigos economistas ingleses apegaram-se a Bacon e Hobbes como seus filósofos; mais tarde, Locke tornou-se o filósofo, por excelência, da economia política, tanto na Inglaterra quanto na França e na Itália.[3]

Ao mesmo tempo, a questão, estritamente relacionada com essa, de como a humanidade poderia alcançar o *domínio consciente das condições materiais e humanas da reprodução social* (em outras palavras, "o domínio dos homens sobre si mesmos", isto é, sobre suas condições *sociais* de existência e sobre o intercâmbio *humano*) – que inevitavelmente afeta, frustra e, em última análise, chega a anular também a realização da tarefa mais limitada de "domínio do homem sobre a natureza"– ou é ignorada por completo ou é mais ou menos mecanicamente subordinada a outra questão. Àquela de como assegurar o autodesenvolvimento da ciência e da produção material, que, na realidade social dada, equivale a obedecer cegamente aos imperativos do valor de troca autoexpansivo.

De acordo com essa perspectiva, os objetivos legitimamente factíveis da atividade humana *têm* de ser concebidos segundo o progresso material alcançado mediante a operação das ciências naturais, permanecendo cegos para a *dimensão social* da existência humana a não ser em seus aspectos essencialmente funcionais/operacionais e manipulativos. Isso porque uma visão alternativa exigiria o abandono do "ponto de vista da economia política", equivalente à ótica do capital, que, mesmo no trabalho vivo, não pode ver senão um "fator material de produção".

Não é de surpreender, portanto, que, no decorrer de vários séculos, nos seja constantemente apresentada a mesma ideologia orientada para a ciência, em tantas versões

---

[3]   Karl Marx, *O capital*, cit., p. 447, nota 111.

diferentes, desde a concepção cartesiana da "filosofia prática" e seu objeto até os recentes postulados das "segunda e terceira revoluções industriais", da "revolução tecnológica", da "revolução eletrônica" e da "revolução da informação", conforme discuto na primeira parte de meu livro *O poder da ideologia*[4]. O denominador comum de toda essa diversidade é o desejo de encontrar, para os problemas e as deficiências que se identificam na vida social – os quais estão sujeitos a interpretações divergentes e a um conflito inconciliável quanto às perspectivas estratégicas –, soluções estritamente pertencentes ao âmbito da ciência e da tecnologia.

Supõe-se que a "racionalidade autoevidente" destas últimas fale por si mesma, e as soluções por ela estipuladas excluem por definição (em virtude do caráter "técnico" eminentemente incontroverso da "racionalidade tecnológica") a possibilidade de confrontações antagônicas e o perigo de mudanças fundamentais – na estrutura da sociedade.

1.2 Behavioristas e weberianos

Quanto mais nos aproximamos do presente, e quanto mais marcadamente irrompem as contradições sociais básicas, mais acentuado se torna o caráter apologético das teorias que permanecem identificadas com a perspectiva autocentrada do capital, que circunscreve a orientação da economia política burguesa. A preocupação fundamental dessas teorias assume formas cada vez mais *manipuladoras* e *tecnocráticas*. Como resultado disso, a própria ideia da escolha humana se torna extremamente problemática, a ponto de se tornar quase desprovida de sentido por completo, quaisquer que sejam as diferenças – muito discutidas, mas na verdade superficiais – entre os vários pensadores.

Um behaviorista como B. F. Skinner reconhecidamente não hesita em descartar a ideia da *escolha* humana como uma ilusão, em favor de seu próprio conceito manipulativo, argumentando que:

> Um organismo pode ser reforçado por – pode ser levado a "escolher" – quase qualquer estado de coisas. [...] A decisão que virei a tomar costumava ser atribuída à esfera da *ética*. Mas, atualmente, estamos estudando combinações similares de consequências positivas e negativas, bem como condições colaterais que afetam o resultado, no *laboratório*. Até mesmo a um *pombo* pode-se ensinar alguma dose de *autocontrole*! E esse trabalho nos ajuda a compreender o *funcionamento de determinadas fórmulas* – entre elas os *juízos de valor* – propostas pela sabedoria popular, a religião e a psicoterapia visando a *autodisciplina*. O efeito observável de todo enunciado valorativo é alterar a correspondente *eficácia dos reforços*. [...] A meta não é apenas o *controle interno*, mas também o *externo*. [...] Se valorizamos as conquistas e as metas da democracia, não podemos nos recusar a *aplicar a ciência à elaboração e à construção de padrões culturais*, embora possamos nos encontrar, em certo sentido, na posição dos *controladores* [de Orwell].[5]

---

[4] István Mészáros, "A necessidade da ideologia", em *O poder da ideologia* (São Paulo, Boitempo, 2004), p. 57-117

[5] Carl R. Rogers e B. F. Skinner, "Some Issues Concerning the Control of Human Behavior: a Symposium", *Science*, n. 124, nov. 1956, reeditado em Jack D. Douglas (org.), *The Technological Threat* (Nova Jersey, Prentice-Hall, 1971), p. 146-9.

22 Estrutura social e formas de consciência

Entretanto, o fato de a "escolha" ser colocada ceticamente entre aspas, enquanto a noção da *autodisciplina do pombo* é tratada com a máxima seriedade, não deve nos ocultar a identidade fundamental entre as visões de Skinner e as daqueles ansiosos por colocar alguns imperativos morais abstratos a serviço da almejada manipulação tecnológica.

O weberiano Robert Nisbet, por exemplo, dá como pressuposta a preocupação "com a realização racional e calculada de fins que, em nossa sociedade, são, cada vez mais, fins autônomos e autojustificantes", opondo retoricamente a ela o desejo vazio e impotente pela "responsabilidade individual". O que é sugestivo acerca do empreendimento como um todo é que, mesmo que essa "responsabilidade individual" pudesse ser considerada como funcionando de forma marginal – embora decididamente não possa, uma vez que a noção como um todo, desprovida por completo de um fundamento real, é sustentada somente pela força de um impotente "deve" –, ela não alteraria de maneira alguma as práticas sociais dominantes que são aceitas de modo acrítico pelo autor. Pois, segundo ele:

> O próprio progresso das *técnicas administrativas modernas* criou um problema na manutenção e na sustentação do pensamento e da ação individuais. [...] Por meio do *triunfo da racionalidade* que se deu em seu âmbito, a *administração científica* reduziu muito de seu espaço de manobra, muito do atrito intelectual e moral que a *individualidade ética teria de ter para prosperar*. [...] Essa administração, e tudo o que ela implica, pode, com demasiada frequência, suprimir a *atmosfera* informal e estimulante *de que as pessoas criativas necessitam*.[6]

As determinações apologéticas por trás do vazio "dever-ser" da "responsabilidade individual" e da "criatividade elitista" de Nisbet ficam claras quando ele toca em alguns fatores sociais vitais, mas apenas a fim de eximi-los de sua muito real responsabilidade. Como ele mesmo diz:

> A *defesa militar* é reconhecidamente o contexto de grande parte da tecnologia atual, mas eu argumentaria[7] que os *imperativos tecnológicos* atingiram um patamar de *primazia* que provavelmente não será contrabalançado por nenhuma modificação no cenário internacional. A *tecnologia moderna* tem *suas próprias* estruturas características, *seus* ímpetos intrínsecos, *seus* códigos morais.[8]

Nisbet dá o mesmo tratamento aos graves problemas materiais e às contradições sociais dos países que descendem dos antigos impérios coloniais, descritos por ele, com a habitual vacuidade, como "culturas não ocidentais". Na situação destas – na realidade, a condição de contínua exploração em proporções assombrosas –, ele não vê senão um "deslocamento simbólico" com "profundas consequências morais". Citando Susanne Langer a respeito dos perigos de revolver bruscamente "o campo de nossa orientação simbólica inconsciente", Nisbet acrescenta: "Isso é claramente o que está acontecendo em grandes partes do mundo não ocidental na atualidade, e os resultados frequentemente

---

[6] Ver Robert Nisbet, "The Impact of Technology on Ethical Decision-Making", em Robert Lee e M. E. Merty (orgs.), *Religion and Social Conflict* (Nova York, Universidade Oxford, 1964), p. 185-200.

[7] Sem nenhuma tentativa de oferecer a menor comprovação disso, é claro.

[8] Robert Nisbet, "The Impact of Technology on Ethical Decision-Making", cit.

podem ser vistos na *desorganização cultural e na confusão moral*"[9]. Logo, a função de seu discurso não é mais do que se concentrar em alguns postulados morais vazios e deixar fora do alcance as relações de poder reais e altamente exploradoras às quais as "culturas não ocidentais" continuam submetidas[10].

Em todos esses aspectos, a equação neoweberiana de Nisbet tem, de um lado, o "triunfo da racionalidade", a "administração científica", a "realização racional e calculada de fins autônomos e autojustificantes" e os "imperativos tecnológicos" do complexo militar/industrial, e, de outro, os vagos *desiderata* da "responsabilidade individual" e da "atmosfera informal e estimulante" que favoreceriam as "pessoas criativas". Ninguém que esteja em seu juízo perfeito esperaria dessa disputa a mais ínfima mudança social, muito menos uma mudança significativa. Com efeito, assim como a "*tecnoestrutura*" de [John Kenneth] Galbraith, que transubstancia as determinações materiais antagônicas do capital num constructo pseudocientífico reificado, com seus próprios "imperativos tecnológicos" e suas autojustificantes pretensões de racionalidade, também a concepção fetichista de Nisbet faz com que o caráter conflituoso real desapareça por trás da fachada de uma ciência e uma tecnologia frias, presas de maneira inextricável no círculo vicioso de seus imperativos supostamente autônomos e de sua inalterável "primazia".

1.3 A "sociologia da cultura científica" de Mannheim

Mas se pensarmos numa abordagem muito diferente – a defesa, por parte de [Karl] Mannheim, do "planejamento democrático" e da "reforma social" –, um exame mais minucioso revela que a substância de sua teoria não apenas não se ajusta, mas contradiz diretamente as afirmações do autor. Pois, embora ele se disponha a falar sobre a necessidade de "concentrar a responsabilidade em algum agente social visível"[11], por outro lado aceita, de maneira tão acrítica quanto Nisbet, os fundamentos materiais da ordem estabelecida, definindo as tarefas de acordo com a edificação de "uma nova ordem social *subordinada a líderes competentes*", os quais ele identifica com uma "minoria educada e rica"[12].

Uma vez que a ordem estabelecida é dada como certa por Mannheim, sua principal preocupação se restringe ao "desenvolvimento do método de orientação democrática dos valores, conforme está sendo *gradualmente* constituído nas *democracias anglo-saxãs*"[13]. E a substância cinicamente *manipuladora* dessa estratégia educacional "científica" vem à tona quando ele defende um tipo de esclarecimento para aqueles que estão destinados a desempenhar o papel de "liderança competente", e um outro radicalmente diferente para o "homem simples":

---

[9] Idem.

[10] Idem.

[11] Karl Mannheim, *Diagnóstico de nosso tempo* (trad. Octavio Alves Velho, Rio de Janeiro, Jorge Zahar, 1961), p. 25.

[12] Ibidem, p. 16.

[13] Ibidem, p. 30.

24 *Estrutura social e formas de consciência*

Se a democracia hodierna chegar à conclusão de que este estado de espírito [isto é, o postulado socialmente vazio que ele defendeu anteriormente para "fortalecer as capacidades intelectuais do ego"] é indesejável, ou que é impraticável ou ainda não exequível quando diz respeito a *grandes massas*, devemos ter a *coragem* de introduzir este fato em nossa estratégia educacional. Nesta eventualidade, em certas esferas devemos admitir e fomentar os valores que apelem diretamente para as *emoções* e *forças irracionais* do homem e ao mesmo tempo concentrar nossos esforços na *educação para o discernimento intelectual* naquilo que já esteja *a nosso alcance*. [...] A solução, parece-me, está em uma espécie de *gradatividade* na educação, que admita etapas de adestramento em que caibam, *convenientemente distribuídos*, tanto o ponto de vista *irracional* quanto o *racional*. Até certo ponto, esse modo de encarar é encontrado no *sistema planejado da Igreja Católica*, que procurou apresentar a verdade às *pessoas simples* por intermédio de *imagens* e dos aspectos dramáticos do *ritual*, ao mesmo tempo que atraía as pessoas *cultas* para enfrentar a mesma verdade no plano da *argumentação* teológica.[14]

Por conseguinte, a empreitada "científica" do sociólogo visa a produção do "consenso e acomodação necessários" e a "reconciliação de valorizações antagônicas"[15] mediante a concepção de "uma técnica para chegar a acordo sobre as valorizações básicas"[16] e de um *mecanismo* "de coordenação e mediação coroado por uma política de valores"[17]. Não há como surgir no horizonte da sabedoria apologética de Mannheim a possibilidade de que os antagonismos sociais não sejam meramente diferenças de "valoração" (precariamente suspensas no ar) – a serem controladas pela institucionalização de "imagens e rituais" irracionais, por um lado, e a "racionalidade" autoperpetuante das "técnicas", dos "instrumentos" e do "mecanismo" manipuladores dos "líderes competentes", por outro –, mas sim as manifestações das diferenças fundamentais de interesse, demandando assim uma *alternativa radical* à ordem social estabelecida como sua única condição viável de solução.

Do ponto de vista de sua "sociologia do conhecimento científica" e de sua "sociologia da cultura", Mannheim não é capaz de perceber o caráter inevitavelmente conflituoso de importantes problemas sociais (incluindo "o desemprego, a desnutrição ou a carência educacional"), preferindo, em vez disso, considerá-los meros "obstáculos ambientais"[18] cuja remoção – e, assim, a implementação bem-sucedida do almejado "processo de ajustamento de grupos e de harmonização de valores"– é assegurada com base nos "*métodos* de investigação *empírica* que em tantos outros campos indicaram *soluções para a deterioração institucional*"[19].

Quanto à possibilidade de não se adotar essa receita de "planejamento democrático" e de "reforma social" – que deixa o quadro estrutural da ordem estabelecida *exatamente* como é, apenas tornando sua instrumentalidade manipuladora "cientificamente" mais eficiente para o controle das massas (daí suas curiosas afirmações sobre o "planejamento democrático" e a "reforma social") –, Mannheim nos apresenta o terrível alerta:

---

[14] Ibidem, p. 27-8.

[15] Ibidem, p. 32.

[16] Ibidem, p. 35.

[17] Ibidem, p. 34.

[18] Ibidem, p. 32.

[19] Ibidem, p. 33.

Se isso não acontecer, sobreviverá a escravização da humanidade por um sistema qualquer de planificação totalitária ou ditatorial e, uma vez instaurado, é difícil ver como poderia ser removido ou como poderia definhar sozinho.[20]

1.4 Os vínculos estruturais da ideologia orientada pela ciência

Entretanto, o aspecto mais importante do problema aqui discutido não são os usos apologéticos ou manipuladores a serviço dos quais a ciência e a tecnologia podem ser postas na ideologia burguesa contemporânea. Antes, esse importante aspecto diz respeito às intransponíveis *limitações estruturais* desse próprio horizonte orientado pela ciência ao longo das diferentes fases do desenvolvimento histórico do capital. Pois o que é necessariamente excluído desse desenvolvimento desde o início é a possibilidade de mudanças sociais radicais que poderiam solapar as injunções materiais impostas de maneira espontânea pelo capital.

Todo avanço legítimo tem de ser ajustável *no interior* dos parâmetros estruturais de tais injunções, e tudo o que se encontra fora deles, ou que aponta para além deles, *ipso facto* permanece conceitualmente oculto do horizonte intelectual burguês, já que não pode ser encaixado nas *premissas materiais* da sociedade dada. E, uma vez que as práticas produtivas dominantes estão ligadas de modo indissolúvel às práticas das ciências naturais sob o domínio da lógica do capital, os interesses materiais do valor de troca autoexpansível e os interesses ideológicos de definição do "avanço social" segundo seus critérios necessariamente coincidem, reduzindo o crucial conceito de *controle social* à *conformidade* aos pressupostos estruturais e aos imperativos da ordem estabelecida.

O que torna o "ponto de vista da economia política" orientado pela ciência ao longo de toda a sua história é precisamente essa *coincidência* dos dois interesses fundamentais da expansão produtiva por meio da ciência, por um lado, e da conformidade ideológica ao requerimento de se conceber o "avanço social" somente nesses termos materialmente predeterminados e socialmente ajustáveis, por outro – com seu poderoso impacto ao ajudar a perpetuar o domínio do capital.

---

[20] Ibidem, p. 35.

2
A TENDÊNCIA GERAL AO FORMALISMO

2.1 Formalismo e conflitualidade

À primeira vista, a tendência geral ao formalismo é ainda mais surpreendente pelo fato de estar associada, como acabamos de ver, com o "ponto de vista da economia política", em sua orientação programática para as metas materiais/expansionistas das realizações produtivas (tecnologicamente definidas).

No entanto, deparamo-nos com as mais variadas manifestações do formalismo, desde os fundamentos axiomáticos (seguindo o modelo da "geometria analítica") que Descartes queria conferir à sua "filosofia prática", passando pelo postulado iluminista da "conformidade com as leis formais da razão", chegando até o rigoroso "reducionismo fenomenológico" de Husserl, sem mencionar as categorizações arbitrárias do pensamento pelo "positivismo lógico".

Para tornar as coisas ainda mais desconcertantes, às vezes nos vemos diante de esforços *politicamente* genuínos para escapar da camisa de força representada pelo ponto de vista da economia política e da individualidade isolada, motivados por um compromisso profundo perante a injustiça gritante e o sofrimento humano. Esforços esses que, no entanto, permanecem *filosoficamente* presos ao formalismo abstrato do horizonte global no qual o pensamento dos autores em questão originalmente se constituiu. Basta considerar, a esse respeito, o exemplo particularmente revelador da monumental tentativa de Jean-Paul Sartre de tornar inteligível o processo de totalização na *história real*, em sua "*marxisant*" *Crítica da razão dialética**, pois, apesar dos esforços conscientes do autor, sua obra permanece emperrada no nível das "estruturas *formais* da história" (na expressão de Sartre), e não é capaz de lidar com as questões *substantivas* da dinâmica histórica.

---

* Jean-Paul Sartre, *Crítica da razão dialética* (Rio de Janeiro, DP&A, 2002). (N. E.)

Mais uma vez, é impensável explicar essa conjunção paradoxal das determinações materiais capitalistas com o formalismo filosófico sem salientar as funções ideológicas historicamente específicas dos numerosos sistemas teóricos que compartilham – e, a seu modo, apoiam ativamente, embora não de forma sempre consciente – o fundamento social inerentemente antagônico do capital. A função primordial do formalismo (socialmente determinado e materialmente ancorado) que encontramos nas mais variadas concepções burguesas do mundo consiste em efetuar uma grande mudança conceitual. O corolário ideológico dessa mudança é a transferência dos problemas e das contradições da vida real, que são transpostos de seu plano social dolorosamente real para a esfera legislativa da razão formalmente onipotente, "transcendendo" de maneira ideal, desse modo, nos termos dos postulados formais universalmente válidos, a *conflitualidade real*. Ou quando a já referida suplantação geral das contradições e dos antagonismos não é mais plausível, o corolário é a transformação desses problemas e contradições em conflitos dicotomizados de maneira formalista e "ontologicamente intranscendíveis" do "ser enquanto tal", como no caso do existencialismo moderno.

Para compreender o significado dessas transformações conceituais mistificadoras da conflitualidade real, é preciso relacioná-las com seu fundamento material historicamente específico, pois, nas raízes das teorizações formalistas e das racionalizações ideológicas do mundo do capital, encontramos o formalismo prático perverso do modo de produção capitalista, com seus imperativos estruturais e suas determinações de valor abstratas/redutoras que se afirmam "universalmente" em todos os planos da vida social e intelectual.

Além disso, o que é importante ter em mente é que a tendência formal à "universalidade" imposta pela prática, uma das principais características definidoras desse modo de produção, corrobora diretamente, no plano da consciência social, três interesses ideológicos vitais:

1. A transformação *abstrata/redutora* das relações humanas diretas em *conexões materiais e formais reificadas*, mediadas e ao mesmo tempo ofuscadas pelas mediações de segunda ordem formalmente hierarquizadas e legalmente protegidas do sistema produtivo e distributivo capitalista. As rupturas práticas e as separações formais da produção generalizada de mercadorias, com sua inexorável tendência à "universalidade" – equivalente, em última análise, ao fato de ser um modo historicamente único de dominação, do qual nenhuma sociedade deste planeta pode escapar – podem ser identificadas:

- na alienação das condições da atividade produtiva dotada de propósito do trabalho vivo, e sua conversão em trabalho reificado ou "morto" como capital;

- na expropriação e na conversão da terra em mercadoria alienável (vendável), e na determinação formal de sua quota "justa", como aluguel, no sistema global da produção capitalista;

- e a extensão universal dos imperativos materiais desumanizadores da produção e da troca mercantis autoexpansivas a todas as áreas do intercâmbio humano, incluindo os reguladores "espirituais" tradicionais do metabolismo social. Tudo isso é cercado, sancionado, protegido em sua separação formal, e controlado, de maneira mais ou menos direta, por um sistema legal formalmente codificado, implementado pelos diversos órgãos do Estado capitalista, de modo que se concilie e reforce o formalismo prático subjacente do próprio sistema produtivo.

2. A articulação formalmente consistente e a difusão geral de "igualdades" (ou "equiparações") requeridas:

- para o funcionamento prático do mecanismo produtivo e distributivo do capital;
- para o desenvolvimento global do sistema capitalista mediante a afirmação de sua inevitável "universalidade" (que é, evidentemente, uma pseudouniversalidade, já que é uma formação histórica estritamente determinada e limitada, que precisa reivindicar para si a condição de validade jamais excedível); e
- para a legitimação ideológica da produção e da troca mercantis generalizadas como o único e exclusivo sistema social incontestável, sob a pretensa justificativa de que regula o intercâmbio de todos os indivíduos com base na "igualdade", em conformidade com os "direitos humanos". (Além disso, é claro, a conformidade com estes últimos é aplaudida com base na afortunada e conveniente alegação de que a codificação capitalista dos "direitos humanos" não apenas deriva das regras formais da própria razão, mas também está em perfeita consonância com as mais profundas determinações da "natureza humana" enquanto tal.)

3. A eliminação da *dimensão histórica* da vida socioeconômica do campo de visão – tanto na direção do passado como do futuro –, graças às metamorfoses categoriais perversas resultantes das práticas abstratas/redutoras – e igualadoras apenas num sentido *formal* – que prevalecem nos próprios intercâmbios materiais e, ao mesmo tempo, encontram suas equivalências conceituais mistificadoras no nível da teoria filosófica e social.

- Em vista do fato de que o conceito de mudança social radical (especialmente se formulado com referência a uma escala global, trazendo consigo a necessidade de confrontar as grandes complexidades e "discrepâncias de desenvolvimento" de muitas sociedades diferentes, porém conectadas de maneira profunda) é simplesmente inconcebível sem a abertura dinâmica do futuro –, consequentemente a redução da temporalidade à imediatidade do presente *ipso facto* extingue, nessas teorias, a possibilidade de transformações estruturais fundamentais.
- Em contraposição, nos são oferecidas, como única perspectiva viável, as medidas parciais ou esparsas de ajustes manipuladores e "correções de detalhes" no interior da estrutura geral do capital, em consonância com a "presentificação" unidimensional da temporalidade como o "eterno presente".
- De acordo com isso, qualquer ação que não possa ser executada nos horizontes atemporais dessa imediatidade, mas que, em lugar disso, apele à perspectiva histórica de uma mudança estrutural que se desdobre progressivamente, com todas as suas necessárias *mediações* e sua correspondente *escala temporal*, é desqualificada *a priori* em virtude da "racionalidade formal" estipulada pelas características funcionais centrais da estrutura socioeconômica estabelecida.

A intenção social apologética das objeções ideológicas, formuladas segundo esse espírito e sustentadas por categorizações formais primitivas (como a oposição adialética entre "parcial" ou "esparso" e "holístico" ou "extensivo"), é revelada por sua recusa em reconhecer o que é inteiramente óbvio; a saber, que a abrangência radical por si só não pode solapar a viabilidade de uma estratégia social. Somente uma *contradição* entre seus

30 *Estrutura social e formas de consciência*

objetivos declarados, de um lado, e as *mediações* práticas necessárias juntamente com sua *escala temporal* apropriada, de outro, pode constituir o motivo para uma crítica justificável. Pois *todo* programa de ação, qualquer que seja ele, mesmo o mais limitado, tem de ser considerado inevitavelmente "holístico", a menos que seja adequadamente definido tanto em termos de sua escala temporal como dos passos e meios intermediários necessários para sua realização.

Naturalmente, o efeito combinado desses três conjuntos de determinações materiais e ideológicas não pode ser senão a compreensão da conflitualidade real no domínio do pensamento social. Pode-se dizer, realmente, que o desconcertante alinhamento teórico dos termos largamente transpostos e mediados do discurso ideológico dominante é, de certo modo, não tanto uma "batalha de livros", mas uma verdadeira "batalha de capas de livros", na qual os próprios competidores estão inteiramente indiferentes ao que está sendo inserido nas páginas, pois os diversos sistemas de categorização abstrata/redutora – que, ao mesmo tempo, tiveram êxito em descartar também a dimensão histórica das questões debatidas – não podem ter nenhum interesse nas relações humanas concretas; o interesse está confinado ao seu esqueleto lógico e ao concomitante requerimento de "consistência formal".

Com efeito, supõe-se que este último constitua o princípio orientador fundamental e a base comum de avaliação dos conjuntos rivais de categorias destituídas de corpo. Da mesma forma, os aspectos da experiência com os quais não se pode lidar desse modo são rejeitados como irrelevantes para a filosofia, estando assim eximidos da obediência às regras da racionalidade e da consistência lógica, sendo então formalmente transferidos para a esfera separada da "emotividade" (sob diversos nomes similares) com a mesma autoconfiança solipsista com a qual [Johann Gottlieb] Fichte respondeu às objeções, segundo as quais os fatos contradiziam sua teoria, afirmando: "*umso schlimmer es für die Tatsachen*"[1].

Em consequência disso, uma vez que as "ilusões iluministas" foram historicamente deixadas para trás e enterradas como meras ilusões por parte dos adeptos da mesma tradição filosófica que inicialmente os propusera, somos apresentados a desenvolvimentos realmente espantosos, pois, no século XX, até mesmo os mais horrendos conteúdos puderam ser prontamente acomodados na estrutura categorial "neutra" dessa filosofia, desde que a desumanidade substantiva das proposições defendidas fosse manejada com a "consistência formal" adequada.

Os exemplos a citar a esse respeito são incontáveis, desde a recomendação do neopositivista e "ético-emotivista" Bertrand Russell de que se atacasse a União Soviética com armas nucleares "enquanto ainda podemos fazê-lo sem incorrer no risco de autodestruição" (recomendação da qual posteriormente se arrependeu e que, com a devida vênia, condenou de forma veemente), até os conceitos anestesiantes (do tipo "efeitos colaterais adversos"), as analogias perfeitamente formalizadas do "teatro de guerra" militar, e as simetrias "progressivas" arbitrariamente estipuladas da "teoria dos jogos" fomentadora da guerra.

Certamente, diante de determinados pressupostos, "faz sentido", no nível da consistência formal, sugerir que é "melhor" exterminar apenas um décimo da humanidade

---

[1] "Tanto pior para os fatos."

que todo o seu conjunto. Entretanto, o que não é levado em consideração em tais recomendações é a monstruosidade dos próprios *pressupostos materiais* que estão sendo admitidos como irrefutáveis – isto é, a *aceitabilidade* da destruição de centenas de milhões de seres humanos, como se isso fosse uma calamidade natural inevitável, em lugar de nos concentrarmos em como *eliminar as causas* do desastre que entrevemos –, mas que permanecem ocultos atrás da fachada da proporcionalidade formal "eminentemente sensível". Na verdade, porém, qualquer sistema de pensamento que possa afastar-se, no decurso de suas deduções formais elaboradas, de seus próprios pressupostos materiais – necessários, embora não explícitos –, ou que alegue ser capaz de transferi-los para uma "esfera das emoções" separada, só pode conduzir à total arbitrariedade em questões de tamanha importância – literalmente, de importância vital.

O problema é que os pressupostos materiais ou substantivos em questão – referentes aos objetivos *humanos* – são inerentemente *qualitativos* em suas determinações. A absurda tentativa "utilitarista" de reduzir essas qualidades humanas concretas a *quantidades* abstratas, a fim de poder aplicar-lhes sua medida formal de proporcionalidade, como base do juízo de valor, tem como modelo as relações valorativas formais/redutoras universalmente reafirmadas do capital. Isso, contudo, com uma diferença significativa, pois o capital tem na força de trabalho quantificável uma base objetiva para operar com êxito essa medida, praticamente resolvendo o problema da *incomensurabilidade* ao conduzir tudo a um denominador comum no interior do quadro estrutural de um sistema, legalmente resguardado, de dominação e subordinação material.

Em contraposição, a aplicação utilitarista do procedimento redutor e quantificador do capital à esfera filosófica dos juízos de valor é desprovida de um fundamento objetivo. Pois, embora a sociedade mercantil não tenha nenhuma dificuldade em regular, seguindo uma base quantitativa abstrata, as variedades qualitativamente incomensuráveis do "prazer" que se pode comprar numa galeria de arte (ou num bordel) – às quais, como a tudo o mais, são aplicáveis as mesmas regras práticas de reificação e exploração – remetem a algo inteiramente diferente quando se tenta fazer a transposição dessas transações para o modelo do "discurso moral".

Consequentemente, desde o início a arbitrariedade é um aspecto proeminente dessa abordagem. Tudo o que ela pode oferecer é uma racionalização ideológica das relações materiais de poder estabelecidas, mesmo que, em suas versões precedentes, ela ainda estivesse associada a algumas ilusões liberais. De maneira evidente, sua retórica vaga da "maior felicidade para o maior número" é completamente vazia como critério para avaliar as ações, apesar das virtudes da "exatidão científica" que por vezes a ela se imputa.

Entretanto, ideologicamente mais significativa é a própria natureza da orientação utilitarista, pois a aplicação de seu critério abstrato/quantificador de avaliação só pode tirar do campo de visão a modalidade fundamental – inevitavelmente *substantiva* e *qualitativa* – de intercâmbio humano (e a correspondente "distribuição da felicidade") na sociedade capitalista, a saber: a dinâmica da *dominação* e da *subordinação*.

Surgem, necessariamente, os conjuntos concorrentes de valores, e os grupos sociais que os sustentam travam combate em defesa de suas asserções rivais no interior da estrutura prática, hierárquica, substantiva e qualitativa dessa dominação e dessa subordinação. Mas é precisamente essa articulação estrutural historicamente específica e tangível das condições

32 *Estrutura social e formas de consciência*

socioeconômicas do discurso moral que desaparece sob a quantitatividade abstrata dos *números* utilitaristas (não importa quão grandes ou pequenos), aos quais tanto os governantes como os explorados podem ser igualmente reduzidos, de modo muito conveniente, a meros indivíduos.

A influência direta do utilitarismo sobre o neopositivismo tem, aqui, importância secundária, já que nossa principal preocupação são os próprios processos socioeconômicos abstratos/redutores que as diversas tendências filosóficas refletem de uma maneira ou de outra.

Em termos gerais, o que realmente importa é que sua abstração das determinações qualitativas/substantivas abre passagem até para a mais extrema forma de arbitrariedade, uma vez que a base material na qual as regras formais poderiam se ancorar foi abandonada. As próprias regras são frequentemente enunciadas *ad hoc*, como exige a conveniência, e suas alegadas consistência e autonomia são "demonstradas" com a ajuda de meras *analogias*, na ausência de uma fundamentação substantiva feita abertamente e que possa ser colocada à prova.

Quanto mais nos aproximamos do presente, mais perversas se tornam as manifestações dessa tendência. No fim da estrada, a obscenidade do "pensamento estratégico" que trata a questão da sobrevivência humana como uma espécie de "jogo" (cujas regras formais são exibidas, com "fria impassibilidade", no "teatro de guerra europeu", ou em qualquer outro "teatro") ilustra em termos gráficos a desintegração moral e intelectual de um modo de raciocinar que não se sustenta senão por deduções circulares e analogias estipuladas de forma arbitrária[2].

Desse modo, a pronunciada tendência (tendência essa reconhecível, *mutatis mutandis*, no decurso da longa história da tradição filosófica burguesa) de separar formalmente as categorias de sua base social e convertê-las em "discursos" autorreferentes governados por regras formais que permitem a maior arbitrariedade com respeito aos próprios conteúdos categoriais é gerada, e continua a ser reproduzida de forma cada vez mais extrema, por interesses ideológicos claramente identificáveis.

2.2 A afinidade estrutural das inversões práticas e intelectuais

Todavia, é importante salientar aqui que as determinações materiais e ideológicas das quais tratamos afetam não apenas as articulações intelectuais mais ou menos sistemáticas das relações sociais estabelecidas, mas a totalidade da consciência social. A "racionalidade formal" que é idealizada (e fetichizada) no discurso teórico dominante como se fosse um avanço intelectual que "gera a si mesmo" condiz, de fato, estritamente com os processos *práticos* de abstração, redução, compartimentação, igualação formal e "desistoricização" que caracterizam o estabelecimento e a consolidação do metabolismo socioeconômico capitalista em seu todo.

Desse modo, os filósofos que tentam deduzir a estrutura social e o maquinário institucional/administrativo do capitalismo moderno a partir do "espírito" do "cálculo racional"

---

[2] Não é de surpreender que esse modo de "pensamento estratégico" – com seu pernicioso conjunto de premissas ocultas – possa "aceitar o impensável" como o futuro a ser planejado.

etc. póem o carro na frente dos bois e representam o mundo do capital de cabeça para baixo, em acordo com o ponto de vista da economia política, pois a metodologia dessa última tem de tratar o *resultado* histórico alcançado (ou seja, a "autoalienação" do trabalho e sua conversão em capital) como ponto de *partida* autoevidente e inalterável (isto é, caracteristicamente "desistoricizado").

Nesse sentido, as diversas transformações e inversões teóricas com que nos deparamos no decurso do desenvolvimento filosófico burguês, não importa quão desconcertantes sejam à primeira vista, estão perfeitamente de acordo com seu fundamento socioeconômico. Em outras palavras, por mais paradoxal que isso possa parecer, as características contraditórias desse desenvolvimento têm de ser apreendidas e explicadas com base na racionalidade peculiar de sua contraditoriedade objetiva, como provenientes de seu fundamento real sócio-historicamente determinado, em lugar de serem "explicadas" e "dissolvidas" como "inconsistências" formais/teóricas a partir do cume imaginário de uma "racionalidade pura" eterna, autocomplacente e completamente circular. Afinal, a razão pela qual a tentativa magistral de Hegel de elucidar a profunda interconexão entre a "racionalidade" e a "efetividade" incorreu em dificuldades insuperáveis não é o fato de que na realidade a relação não exista. Hegel estava destinado ao fracasso por violar inteiramente seu próprio princípio de historicidade ao *congelar* a racionalidade dinâmica da efetividade em constante desdobramento como a pseudorracionalidade estática de um presente fechado de modo estrutural. E ele fez isso em consonância com o ponto de vista do capital adotado pela economia política, que torna a "racionalidade do efetivo" um sinônimo da efetividade antagonicamente dividida (e, por conseguinte, por sua própria natureza, inerentemente instável) – porém, de uma maneira desconcertante, eternizada – da ordem estabelecida.

Nas diversas teorias que conceituam o mundo a partir do "ponto de vista da economia política", as determinações materiais e a gênese histórica da racionalidade capitalista são totalmente ignoradas, sem mencionar a temerária desconsideração da devastadora irracionalidade da racionalidade reificada do capital sob muitos de seus aspectos práticos autocontraditórios, destrutivos e, em última análise, até autodestrutivos. Logo, é inteiramente absurdo representar de forma equivocada o resultado final do onipresente "cálculo racional" como um *"princípio" autogerador*, de modo a possibilitar tratá-lo ao mesmo tempo como *causa sui* (isto é, *causa de si próprio*) quase-teológica e como a causa interna de todo desenvolvimento subsequente. A predisposição ideológica idealista que situa os determinantes da mudança social fundamental em "espíritos de época" que emergem misteriosamente e em "princípios formais" autogeradores etc. só pode servir para solapar (e, por fim, desqualificar) a crença na viabilidade de intervenção radical na esfera socioeconômica com o propósito de instituir uma alternativa à ordem estabelecida.

E, ainda, todas essas irracionalidades socialmente específicas, a despeito da predisposição subjetiva de seus originadores, são, à sua própria e peculiar maneira, racionais e representativas. Isso porque elas surgem necessariamente de uma base socioeconômica cujas determinações estruturais fundamentais são compartilhadas e percebidas de uma forma caracteristicamente – mas de modo algum caprichosamente – distorcida por todos os envolvidos, sejam eles filósofos proeminentes, economistas, "cientistas políticos" e outros intelectuais, ou meros participantes espontâneos do "senso comum" prevalecente no cotidiano capitalista.

34 *Estrutura social e formas de consciência*

Com efeito, a "hegemonia" da ideologia dominante não pode se tornar inteligível apenas com base em seu alegado "poder autônomo". Nem mesmo no caso de se desejar atribuir a ela um conjunto materialmente ilimitado e diabolicamente aperfeiçoado de instrumentos. Antes, a regra que normalmente prevalece da ideologia dominante só pode ser explicada a partir da *base existencial compartilhada* à qual nos referimos acima, pois as *inversões* práticas geradas e reproduzidas de maneira constante pelo sistema socioeconômico dado – para as quais contribuem ativamente, no nível apropriado, as várias manifestações teóricas e instrumentais da ideologia prevalecente – constituem, na imediatidade paralisante de sua inevitável materialidade, a determinação mais fundamental a esse respeito.

Na verdade, somente a profunda *afinidade estrutural* entre as inversões práticas e intelectuais/ideológicas podem tornar inteligível o impacto maciço da ideologia prevalecente na vida social. Um impacto que, no mundo real, é incomparavelmente mais extenso do que se poderia esperar com base na dimensão relativa de seus recursos diretamente controlados, exibindo a influência desimpedida da ideologia dominante sobre as grandes massas do povo sob a forma de uma habilidade de "pregar aos conversos", por assim dizer, em circunstâncias normais. E, do mesmo modo, o "repentino colapso" – que se experimentou historicamente mais de uma vez (embora isso não seja, em absoluto, necessariamente permanente ou duradouro) – das formas ideológicas e das práticas institucionais anteriormente predominantes, sob as circunstâncias de uma crise de grandes proporções, só pode encontrar sua explicação na acentuada paralisia das *inversões* práticas antes materialmente sustentadas e reproduzidas de forma espontânea.

2.3 A reconciliação das formas irracionais

A fim de compreender melhor essa intrincada relação entre as inversões práticas mistificadoras, as transformações abstratas/redutoras e as absurdas equações formais, por um lado, e suas conceituações, tanto pelo "senso comum" como por sofisticadas sínteses teóricas/ideológicas, por outro, consideremos alguns dos principais reguladores do metabolismo socioeconômico capitalista.

A esse respeito, talvez a irracionalidade da qual tratamos não seja em lugar algum mais impressionante que no estabelecimento de conexões espúrias de igualdade formal entre entidades diferentes que, *prima facie*, não têm absolutamente nada em comum umas com as outras. Como Marx expressou numa parte difícil, porém muito importante de *O capital*:

> A relação entre parte da mais-valia, entre renda em dinheiro [...], e a terra é *em si absurda e irracional*, pois são duas grandezas *incomensuráveis* que se medem mutuamente: de um lado, determinado *valor de uso*, terreno com tantos metros quadrados, e do outro, valor, *mais-valia* especificamente. Na realidade, isso significa apenas que, nas condições dadas, a propriedade daqueles metros quadrados de terreno capacita o proprietário a apoderar-se de trabalho não pago, realizado pelo capital que os remexe como um porco focinhando as batatas. Evidentemente é a mesma coisa falar da relação entre uma nota de 5 libras esterlinas e o diâmetro da terra. *As mediações* das formas irracionais* em que aparecem e *praticamente se condensam* determinadas

---

* No original alemão, *die Vermittlungen*. Traduzido para o inglês como *the reconciliation*. (N. E.)

relações econômicas não preocupam os agentes práticos dessas relações em *seus negócios*; e, estando *acostumados* a se mover no meio delas, sua inteligência nelas não vê problema algum. Para eles, *uma contradição perfeita* nada tem de *misterioso*. Sentem-se *à vontade*, como peixe na água, em meio às formas fenomênicas alheadas da contextura interna, *absurdas*, se consideradas isoladamente. Aplica-se aqui o que diz Hegel sobre certas fórmulas matemáticas: o que o bom senso *considera irracional* é racional, e o que *acha racional* é a própria irracionalidade.[3]

Desse modo, a irracionalidade do "senso comum", ao qual as mistificações ideológicas sistemáticas podem prontamente se vincular, provém do mesmo solo das "sofisticadas" conceituações que reforçam de modo constante os preconceitos "absurdos" na consciência cotidiana. O que é ainda mais importante, no presente contexto, é salientar que a *absurdidade prática* – que constitui sua base comum – também corresponde simultaneamente à única "racionalidade" e "normalidade" factível da ordem dada, conforme manifestado nos mais vitais reguladores de seu metabolismo socioeconômico como um todo.

A irracionalidade prática de separar as manifestações de suas conexões internas é, necessariamente, um importante aspecto desse sistema de reprodução da sociedade. Mas os fatores materiais cruciais não podem e não ficam suspensos por muito tempo em sua separação irracional. Pois, se assim fosse, seria inteiramente impossível exercer as funções metabólicas essenciais da sociedade, e, por conseguinte, toda a estrutura erigida com base nelas ruiria.

É por isso que a eficaz "*reconciliação das formas irracionais*" mencionada por Marx é um requerimento elementar do sistema capitalista desde o início, e assim permanece no decurso de sua longa história. Dizendo de outra maneira, o sistema regulador dinâmico, porém inerentemente problemático e irracional, do capital só permanece viável enquanto suas "formas irracionais" puderem ser *eficazmente reconciliadas* umas com as outras na prática do próprio processo de reprodução social.

Por fim, é a eficácia prática do *capital social total* que reconcilia as formas irracionais e supera operacionalmente sua condição de separação. O "capital social total", ao contrário de algumas concepções equivocadas, não é uma "abstração teórica" (ou um "tipo ideal"), mas uma substância social muito real. Ele se manifesta e se afirma objetivamente, como o regulador último do metabolismo socioeconômico, por meio de múltiplas práticas produtivas, distributivas e administrativas articuladas de forma coerente – embora, é claro, em muitos de seus aspectos imanentemente antagônicos – e suas correspondentes instrumentalidades. Além disso, como veremos adiante, a *totalidade do trabalho* é também incorporada no "capital social total", ainda que de uma forma necessariamente reificada.

As mesmas considerações acerca do imperativo reconciliador objetivamente embasado aplicam-se também à avaliação das diversas teorias. Uma inspeção mais detalhada revela que os aspectos "reconciliadores" claramente identificáveis de todas as filosofias concebidas a partir do ponto de vista do capital adotado pela economia política – pensemos no sistema hegeliano ou em algumas teorias do século XX – não são, de modo mais ou menos amplo, "aberrações" dos pensadores em questão. Pelo contrário, constituem os parâmetros últimos e *absolutamente incorrigíveis* de toda a tradição filosófica conforme

---

[3] Karl Marx, *O capital: crítica da economia política* (trad. Reginaldo Sant'Anna, Rio de Janeiro, Civilização Brasileira, 2008, v. 6, livro terceiro, cap. XLVI), p. 1031-2. Grifos meus.

36 *Estrutura social e formas de consciência*

demarcados pelas fronteiras objetivas e pelos imperativos estruturais intransponíveis da própria ordem econômica estabelecida.

• Naturalmente, esses imperativos estruturais foram "internalizados" e conceitualmente transformados pelos pensadores que os adotam como as premissas "naturais" (em todo caso, omitidas) que constituem a base de sua síntese e de sua avaliação da totalidade social dada.

• Dada a natureza das premissas objetivas com base nas quais surgem as conceituações teóricas totalizantes, o que encontramos aqui é, mais uma vez, um equivalente funcional da generalidade homogeneizadora do capital social total, embora na filosofia ela se traduza, evidentemente, como a universalidade abstrata da "razão" à qual tudo deve ser subsumido ou, do contrário, excluído do "discurso racional" enquanto tal.

É preciso enfatizar, no entanto, que o requerimento básico que emana do solo social *vis-à-vis* da teoria filosófica não necessita ser mais restritivo que a exigência de produzir uma reconciliação adequada das próprias *formas irracionais* e de fazê-la de uma maneira que seja factível nas circunstâncias prevalecentes. A realização dessa tarefa nem sempre implica necessariamente a identificação positiva e consciente dos filósofos com os estreitos interesses de classe incorporados nessas formas. O que os intelectuais têm de enfrentar *diretamente* é o imperativo de contribuir de maneira ativa para a reconciliação das formas com base nas quais se podem compreender integralmente os princípios reguladores práticos do metabolismo social do capital.

Uma vez que esses princípios "se afirmam na prática", quer os filósofos específicos gostem deles ou não, e dado que o empreendimento teórico de compreender as formas irracionais *ipso facto* não traz consigo a aceitação entusiástica de sua substância desumanizadora, um considerável grau de crítica aos detalhes – reconhecível em todo o chamado "anticapitalismo romântico", entre outros – pode coexistir subjetivamente, nas figuras representativas dessa abordagem, com seu "positivismo acrítico" no que diz respeito à tarefa global de "reconciliação das formas irracionais".

• Nesse aspecto, a separação formalista das categorias em relação à sua base social é, paradoxalmente, uma aliada da crítica parcial, na medida em que fortalece as ilusões de "autonomia" e "independência" intelectuais *vis-à-vis* da "efetividade perversa" do mundo real.

Somente em situações de intenso confronto de classes o limite dessa crítica é praticamente eliminado, transformando a conexão – em sua origem *altamente mediada* – entre a reconciliação filosófica das formas irracionais e os correspondentes interesses de classe em manifestações *diretas* (por vezes até abertamente declaradas) da apologética social.

2.4 Homogeneização formal/redutora e igualação universal do valor

É aqui que podemos realmente avaliar a importância das determinações formalizadoras do capital, tanto na imediatidade dos intercâmbios socioeconômicos como em suas complexas racionalizações no plano da filosofia e da teoria social.

Do ponto de vista do capital como regulador global do metabolismo social, a questão básica é a transformação redutora da variedade potencialmente infinita de *valores de uso* no *valor* uniformemente manipulável, sem o qual as onipresentes *relações de troca* da produção generalizada de mercadorias não poderiam ser estabelecidas e reproduzidas.

Por conseguinte, é significativo que, até que o processo prático de abstração redutora e de igualação formal se torne difundido de modo geral no curso do desenvolvimento capitalista, incorporando o trabalho vivo como uma mercadoria, assim como todas as demais mercadorias às quais o trabalho é igualado – *prima facie*, de modo absurdo –, o significado racional dessa prática de igualação generalizada do valor permanece totalmente ininteligível para aqueles que tentam compreendê-la, não importa quão penetrante seja sua visão em outros aspectos.

As dificuldades inerentes aos problemas aqui mencionados derrotaram gigantes da filosofia tais como Aristóteles, quem "primeiro analisou a forma do valor, além de muitas formas do pensamento, da sociedade e da natureza"[4].

A própria situação de Aristóteles é paradoxal, pois, por um lado, sua circunstância filosófica não lhe impõe a "reconciliação das formas irracionais" à qual ninguém que partilhe da "perspectiva do capital da economia política" pode escapar. Por outro lado, no entanto, sua situação também não lhe propicia o ponto de vista a partir do qual ele poderia estimar o imenso potencial dinâmico das relações de valor que prevalecem de modo onipresente, nem mesmo da maneira unilateral e caracteristicamente distorcida como os economistas políticos conseguiram fazê-lo, num estágio de desenvolvimento muito posterior.

Dessa forma, em lugar de tentar a reconciliação teórica das contradições que ele percebe, Aristóteles conclui suas reflexões sobre o problema mistificador do valor enfatizando, de modo um tanto ingênuo, que:

"É, porém, verdadeiramente impossível que coisas tão diversas sejam comensuráveis", isto é, qualitativamente iguais. Essa igualação tem de ser algo estranho à verdadeira natureza das coisas, portanto, um simples "expediente para atender às necessidades práticas".[5]

Ao mesmo tempo, porém, pelo lado positivo, a "era da inocência" de Aristóteles, no que concerne ao domínio do capital – ainda mínimo –, possibilita que ele apreenda as muitas formas que analisa como inseparavelmente unidas à *substância*, sua categoria básica, enquanto a tendência fundamental da filosofia burguesa é, pelo contrário, a transformação redutora das *relações substantivas* – com todas as suas determinações qualitativas, não importa quão variadas – em conexões categoriais *formais*.

Na verdade, a prática socioeconômica de metamorfoses formais redutoras, prática perversa, porém muito real, que gera a *comensurabilidade universal* – não como um expediente mais ou menos fortuito "para propósitos práticos", mas, pelo contrário, como a lei dos intercâmbios materiais e intelectuais, inexorável e que abrange tudo –, simultaneamente também faz com que as pessoas fiquem *acostumadas a funcionar*, com uma *eficácia operacional* normalmente imperturbável, segundo a estrutura de "equivalências" que efetivamente corresponde ao absurdo de se estabelecer uma correlação entre notas de cinco libras e o diâmetro da Terra. A única racionalidade de que o capital necessita – e, evidentemente, que ele também determina e impõe com êxito – é precisamente a *racio-*

---

[4]   Idem, *O capital: crítica da economia política* (trad. Reginaldo Sant'Anna, 22. ed., Rio de Janeiro, Civilização Brasileira, 2004, v. 1, livro primeiro, cap. I), p. 81.

[5]   Aristóteles, *Ética a Nicômaco*, citado por Karl Marx, *O capital*, cit., p. 81.

38 *Estrutura social e formas de consciência*

nalidade operacional e "estritamente econômica" dos indivíduos envolvidos no processo de sua reprodução ampliada, independentemente das consequências.

No curso do desenvolvimento histórico, as regras práticas vitais dessa racionalidade operacional (ou "funcional") afirmam-se por meio da *irracionalidade substantiva* da subsunção direta dos valores de uso ao valor de troca (e sua dominação por este). Além disso, as contradições insuperáveis envolvidas nessa relação não precisam produzir complicações ou receios, graças à estrutura prática das equivalências formais onipresentes nas quais estão inseridos os próprios indivíduos particulares convenientemente reduzidos, como mercadorias ou um tipo específico de valor de troca. Uma estrutura que alcança a "homogeneização" formal e a "equalização" abstrata da maior diversidade, incluindo a mercantilização do trabalho, dos desejos, das aspirações humanas etc.; uma estrutura universal de reificação formalmente consistente na qual os indivíduos não apenas *possam*, mas que de fato *tenham de* se assumir como dado.

Desse modo, a "reconciliação das formas irracionais" – que ocultam sua *irracionalidade substantiva* e sua incomensurabilidade sob a eficácia operacional da "*racionalidade formal*" que prepondera na prática e que se afasta radicalmente de todos os aspectos "irrelevantes" (isto é, *substantivos/qualitativos/não igualáveis*) das correlações instituídas – é, em primeiro lugar, a tendência espontânea dos próprios processos socioeconômicos redutores e homogeneizadores.

A contribuição reconciliatória específica das diversas filosofias que articulam sistematicamente o ponto de vista da economia política surge na base de tais processos materiais. A importante função ideológica que as filosofias e as teorias têm de desempenhar consiste em elevar ao nível das determinações categoriais eternas a já efetuada ruptura prática da racionalidade formal em relação à sua base substantiva.

Para fazer isso, as filosofias e teorias têm de construir sofisticadas redes de racionalização "eternizante" – redes essas que diferem incrivelmente de Kant a Max Weber –, de acordo com as condições históricas mutáveis da autorreprodução sempre expansiva do capital. O que permanece constante é a própria tendência eternizante, por um lado, e a transubstanciação da racionalidade operacional do capital em "racionalidade formal" ou "racionalidade enquanto tal", por outro. E, é claro, o característico formalismo metodológico dessa tradição filosófica oferece uma sustentação ideologicamente adequada a ambas.

2.5 A substância social da racionalidade operacional

A relação entre a compartimentação formal da prática socioeconômica, por um lado, e as conceituações desse processo por parte do "senso comum" e da teoria, por outro, é extremamente complicada. Falando da articulação triádica do mecanismo regulador capitalista – e da correspondente "fórmula trinitária" em que ele é teorizado pela economia política –, é assim que Marx descreve o impacto das transformações formais mistificadoras (que se dão no próprio mundo material) sobre a consciência social:

> Contudo, mesmo os melhores corifeus dela [da economia clássica], e não poderia ser de outro modo sob o prisma burguês, permanecem mais ou menos prisioneiros do mundo falaz que destruíram com sua crítica, incidindo mais ou menos em inconsequências, em conclusões

paliativas e contradições insolúveis. Mas é também natural que, ao revés, os agentes efetivos da produção se sintam muito à vontade com essas formas alienadas e irracionais, capital – juro, terra – renda, trabalho – salário, as quais são justamente as configurações do mundo aparente em que se movem e com que têm de lidar todos os dias. Por isso, é também compreensível que a economia vulgar – que não passa de interpretação didática, mais ou menos doutrinária das ideias correntes dos promotores reais da produção, nelas introduzindo certa ordem inteligível – ache, justamente nessa trindade onde desaparece toda conexão causal interna, a base adequada e indestrutível de sua presunçosa superficialidade. [...] essa fórmula corresponde ao interesse das classes dominantes, pois proclama e erige em dogma a necessidade natural e a legitimidade eterna de suas fontes de renda.[6]

Por conseguinte, as "inconsequências, conclusões paliativas e contradições insolúveis" da economia política não podem ser explicadas apenas como desvios – em princípio, corrigíveis – em relação às regras eternas da própria "racionalidade". Em vez disso, elas têm de ser inseridas no horizonte social daqueles que as originam, a partir do qual efetivamente fazem sentido.

Do mesmo modo, a tendência formalista dessa teoria, por mais problemática que seja, não é arbitrária, no sentido de que reflete a separação prática e a independência de estruturas identificáveis. Ao mesmo tempo, é preciso reconhecer também que a "*racionalidade formal*", que codifica e eleva quase a um dogma teológico a prática da compartimentação reificadora, oculta uma "*irracionalidade substantiva*", pois a fórmula *capital-juros/terra-renda/trabalho-salário* representa, de fato, "*uma congruência uniforme e simétrica*".

A irracionalidade, portanto, é uma característica imanente da própria realidade socioeconômica dada. Entretanto, o processo de mistificação não termina aqui, pois a separação formal das partes que constituem o valor e sua transformação, em sua absurda condição de separação, no ponto de partida necessário de todo intercâmbio social que possa ser concebido com base nas premissas práticas de seu rompimento (formalmente assegurado e legalmente resguardado), ao mesmo tempo também as estabelece como a matriz conceitual absolutamente necessária da racionalidade enquanto tal.

Além disso, as transformações *formais* que apareceram e se consolidaram na realidade – e que são agora necessariamente assumidas como dadas, como sendo a estrutura autoevidente da ação racional – são também muito eficazes em ocultar a mudança da *substância* em suas raízes. Ao mesmo tempo, revelam-se muito eficazes em ocultar também o *caráter* (*ou substância*) *social específico* da "racionalidade operacional" dominante. Ademais, junto com a substância social específica dessa "racionalidade" problemática, também sua *especificidade histórica* desaparece completamente de vista.

Na realidade, o processo em curso do desdobramento histórico do capital produz – por meio da alienação do trabalho e da terra – novas relações substantivas, junto com suas equações absurdas, porém universalmente estipuladas e aceitas.

Por conseguinte, a alienação do trabalho e a expropriação das condições materiais de trabalho produzem o *capital*, trazendo consigo, no *fim* desse processo de conversão – que

---

[6]   Karl Marx, *O capital*, cit., v. 6, livro terceiro, cap. XLVIII, p. 1094-5.

40 Estrutura social e formas de consciência

se torna, daí em diante, o *início* eternizado do ciclo metabólico da reprodução social como um todo –, a absurda equação: *meios de trabalho = capital*.

Similarmente, a terra é alienada da comunidade dos homens e transformada na propriedade privada dos poucos privilegiados, imprimindo nas mentes de todos os membros da sociedade a equação ainda mais absurda: *terra = terra monopolizada*.

E, por fim, já que houve êxito em alienar do trabalho vivo os meios de trabalho, as condições de produção estabelecidas todos os dias afirmam e provam na prática (tanto na indústria como na esfera da produção agrícola) a equação mais absurda de todas, a saber, a de que o próprio *trabalho* é igual a *trabalho assalariado*. E este último, por sua vez, pode ser ainda reduzido, é claro, ao *capital variável*, de modo a ser incorporado e subsumido ao *capital social total* em sua forma formalmente homogeneizada e reificada. Assim, o trabalho vivo termina por ser despojado de seu caráter de sujeito do processo de reprodução social. Em lugar disso, ele pode ser tratado, daí em diante, como um mero "meio dos meios": em sua capacidade duplamente alienada de "fator material de produção" e "meio autoprodutor de reprodução" de si mesmo como uma parte subordinada dos meios de produção.

Dessa maneira, o sistema que se orgulha de sua alegada "racionalidade" na verdade funciona com base na *violação* (operacionalmente bem-sucedida) das regras e categorias mais elementares da razão: fazendo com que a *forma específica* histórica e socialmente limitada (isto é, o *capital*, a *terra monopolizada* e o *trabalho assalariado*) usurpe o lugar da *forma geral* (isto é, *meios de trabalho, terra* e *trabalho* como atividade produtiva em geral que, juntos, representam as condições absolutas de produção e de reprodução social enquanto tal) – sócio-historicamente intranscendível.

2.6 O conceito de natureza como uma abstração formal desistoricizada

As irracionalidades fetichistas práticas do sistema capitalista aparecem com especial intensidade no contexto da separação formal, da compartimentação e da divisão da riqueza. Como diz Marx a respeito da posição peculiar, porém altamente reveladora, da renda entre as partes constitutivas do valor:

> Uma vez que aí parte da mais-valia não parece estar diretamente ligada a relações sociais, mas a um elemento natural, a terra, dá-se o arremate final à forma *alienada e ossificada* das diferentes partes da mais-valia, dissociadas umas das outras; rompe-se definitivamente o *nexo causal interno* e *obstrui-se a fonte dela por completo*, justamente porque as relações de produção vinculadas aos diversos elementos materiais do processo de produção ficam *reciprocamente autônomas*. Quando a fórmula capital – lucro, ou melhor, capital – juro, terra – renda fundiária, trabalho – salário, essa *trindade econômica*, passa a configurar a conexão entre as partes componentes do valor, da riqueza em geral e as respectivas fontes, *completa-se a mistificação* do modo capitalista de produção, a *reificação das relações sociais*, a confusão direta das condições materiais de produção com a determinação histórico-social dessas condições; é o mundo enfeitiçado, desumano, invertido, onde os manipansos, o senhor Capital e a senhora Terra, protagonistas sociais e ao mesmo tempo coisas, fazem suas assombrações.[7]

---

[7] Idem.

Assim, graças às metamorfoses formais que acompanham o desdobramento prático e a consolidação da produção generalizada de mercadorias, tanto a substância social específica como o caráter histórico único do modo de controle social do capital desaparecem sob a grossa crosta da reificação. Ao mesmo tempo, a poderosa função apologética desse fetichismo do capital permanece oculta para os indivíduos, pois, nas palavras de Marx, por meio da conversão – não apenas absurda *prima facie*, mas também perniciosa – das relações sociais em coisas:

> O capital se torna ser sumamente místico, pois todas as forças produtivas sociais do *trabalho parecem provir, brotar dele mesmo* e não do trabalho como tal. Intervém então o processo de circulação que *nas suas mudanças de matéria e de forma* envolve todas as partes do capital, inclusive do capital agrícola, na medida em que se desenvolve o modo especificamente capitalista de produção.[8]

É significativo que a mesma tradição filosófica que opera com a ajuda das reduções formalistas também exiba sua grande predileção pelo conceito de natureza.

À primeira vista, isso pode parece surpreendente, ou até contraditório. Contudo, não há contradição nessa curiosa conjunção, uma vez que ambas as predileções provêm das mesmas determinações. Com efeito, um exame mais minucioso do conceito de "natureza", conforme empregado por essa tradição filosófica, revela que a "natureza" de que se fala é com frequência uma *abstração formal desistoricizada*, produzida pela *generalização estipulada* de determinadas características que têm de ser *assumidas*, de acordo com as limitações necessárias do horizonte social do filósofo, como *absolutas* e *incompreensíveis a priori*.

Como exemplo disso, podemos considerar o uso que essa tradição filosófica faz do conceito de "natureza humana", elevando diretamente a *imediatidade limitada* das determinações do capital ao nível de uma alegada "universalidade". Em outras palavras, o que testemunhamos aqui é, mais uma vez, uma operação *formal*, desempenhando as mesmas funções ideológicas que a tendência geral ao formalismo, pois torna os conceitos "natureza" e "natural" sinônimos de *universal* e *necessário*, de modo a eximir de qualificações históricas os fenômenos assim descritos, simultaneamente removendo-os, mediante tal categorização, da esfera do conflito social.

Isso é claramente visível na maneira como a questão da metamorfose formal é tratada.

Novamente, é importante recordar que as mistificações teóricas surgem na base material dos correspondentes absurdos práticos, consolidados pelo próprio processo de reprodução social no qual os indivíduos particulares – incluindo os filósofos e os economistas políticos – estão inseridos e que todos assumem como dado. Como vimos anteriormente, o processo socioeconômico que se desdobra historicamente produz a irracionalidade prática de três equações fundamentais:

meios de produção = capital
terra = terra monopolizada
trabalho = trabalho assalariado

---

[8] Ibidem, p. 1091.

42   *Estrutura social e formas de consciência*

Contudo, na medida em que o processo de reprodução social consolida na prática essas equações e conversões formais absurdas, ocorre *uma segunda conversão* que se afirma como aparentemente "natural" e "absoluta". Em decorrência disso, os indivíduos particulares são agora confrontados com o absurdo socioeconômico duplamente mistificador segundo o qual:

capital = meios de produção
terra monopolizada (ou propriedade fundiária) = terra
trabalho assalariado = trabalho

A razão pela qual essa inversão prática dos dois lados das equações originais se torna tão mistificadora é o fato de que a dimensão histórica das relações que elas expressam está agora completamente suprimida. No caso do primeiro conjunto de equações, ainda era possível apreender o primeiro elemento da igualdade como o membro primário de uma sequência histórica. Consequentemente, ainda se podia adotar uma postura crítica com respeito às relações de intercâmbio estipuladas e impostas na prática, explicando seus méritos relativos, bem como suas principais limitações socioeconômicas em termos de forças históricas determinadas. Agora, no entanto, o *capital*, a *terra monopolizada* e o *trabalho assalariado* constituem o ponto de partida *absoluto*, radicalmente separado de sua gênese histórica. Por conseguinte, a *unidade* contraditória porém objetivamente prevalecente do sistema estabelecido de reprodução social aparece como um *organismo natural*. Em resultado disso, a imediatidade historicamente limitada da ordem dada é elevada de maneira falaciosa ao *status* de "universalidade" incontestável, em virtude de sua pretensa correspondência direta com as condições "*naturais*" da existência humana em geral.

Essa é a situação com que se deparam tanto aqueles que participam do "senso comum" da vida cotidiana como os intelectuais que compartilham a perspectiva da economia política. Graças à eficaz consolidação da estrutura socioeconômica do capital, as determinações formais/redutoras e materiais/substantivas parecem coincidir e constituir uma forma natural que, por sua vez, pode ser assumida como o molde de referência para a orientação da própria teoria. Além disso, o "positivismo acrítico" desta última parece igualmente "natural", uma vez que as conclusões da teoria podem ser derivadas, com a maior tranquilidade e o maior rigor formal, da adoção direta dos parâmetros estruturais da ordem dada – que já está, agora, inteiramente desvinculada de sua dimensão histórica – como os "autoevidentes" pontos de partida substantivos do discurso teórico.

Esses pontos de partida são de fato autoevidentes em sua imediatidade dada na prática. O "positivismo acrítico" é, portanto, inevitável caso a eterna imediatidade não seja ela mesma contestada a partir de uma perspectiva histórica radical, pois

> É claro que o capital requer previamente que o trabalho seja trabalho assalariado. Mas, é claro também que, e o *ponto de partida* é o *trabalo assalariado*, parecerá natural identificar o trabalho em geral com o trabalho assalariado, e o capital e a terra monopolizada parecerão ser necessariamente *a forma lógica* das condições de trabalho, em face do *trabalho em geral*. Capital parece ser a *forma natural* dos meios de trabalho e portanto mera qualidade objetiva oriunda da função que desempenham no processo de trabalho em geral.[9]

---

[9]   Ibidem, p. 1088.

Nesse sentido, uma solução teórica viável para esses problemas requereria tanto a transcendência crítica das formas aparentemente *"naturais"*, na direção de suas determinações sociais intrínsecas, como o questionamento radical das equações e das reduções *formais* dadas na prática no contexto de seus processos simultaneamente substantivos e históricos, em lugar de mantê-las como os pressupostos fixos de um sistema fechado.

Como vimos, contudo, os interesses ideológicos associados ao ponto de vista do capital assumido pela economia política impelem seus adeptos na direção oposta. Eles os conduzem rumo à adoção de esquemas formais – incluindo a "universalidade formal da lei natural" (nas palavras de Kant) – por meio dos quais a estabilidade autossustentadora do existente pode ser mais facilmente transmitida.

As conexões dessa tendência com o interesse de enfraquecer a conflitualidade social não são muito difíceis de identificar. A respeito das formas pseudonaturais consolidadas do capital e sua pretensa "universalidade", basta lembrar que:

> O trabalho considerado simplesmente atividade produtiva útil relaciona-se com os meios de produção na materialidade deles e não na forma social que os define; eles são materiais e meios de trabalho [...]. Se o trabalho, portanto, coincide com o *trabalho assalariado*, a *forma social determinada* com que as condições de trabalho defrontam o trabalho identificar-se-á também com a *existência material* delas. Então, os meios de trabalho como tais são capital, e a terra como tal é propriedade fundiária. A *autonomia formal* dessas condições de produção ante o trabalho, a *forma particular* dessa autonomia que elas possuem perante o trabalho assalariado, passa a ser então *propriedade inseparável delas, como coisas*, como condições materiais de produção; caráter que lhes é inato, imanente, que necessariamente possuem como elementos da produção. O *caráter social* que apresentam no processo capitalista de produção e é determinado por dada época histórica passa a ser caráter objetivo, inato, *inerente* a elas, *de toda e por toda a eternidade*, como elementos do processo de produção.[10]

Naturalmente, enquanto se mantiverem a aparência de universalidade eterna e necessidade natural intranscendível, qualquer tentativa de questionar a viabilidade da ordem estabelecida se encontra numa posição extremamente desconfortável no interior do discurso teórico, pois é muito difícil discutir com a própria Natureza, especialmente quando ela tem ao seu lado a autoridade da própria Razão, munida do inesgotável arsenal de suas regras formais circulares e multiplicáveis.

2.7 "Racionalidade formal" e irracionalidade substantiva

Como podemos ver, portanto, o que gera essa tendência ao formalismo estipulador é a necessidade de extinguir os conflitos no plano da teoria, deixando seus elementos materiais intocados no mundo prático. Consequentemente, ao longo de toda a história dessa tradição filosófica, nos são oferecidas soluções que negam a racionalidade dos conflitos de valor, de modo a "bani-los" com base na incontestável autoridade da própria razão (a filosofia kantiana, por exemplo), ou "dissolver" as contradições como "confusões" com o auxílio de esquemas conceituais formais, ou, com efeito, como já se mencionou a respeito

---

[10] Ibidem, p. 1089.

44   *Estrutura social e formas de consciência*

do existencialismo moderno, declarar os conflitos e antagonismos identificados como "ontologicamente insuperáveis", tornando-os assim estranhamente "não existentes" do ponto de vista das estratégias factíveis na prática para atacar as raízes do conflito historicamente determinado.

Evidentemente, o impacto filosófico dessa orientação sobre o enfraquecimento da conflitualidade social está longe de ser marginal. Com efeito, tende a afetar o cerne estruturante das várias filosofias, às vezes com consequências estranhas e até involuntárias. Desse modo, Kant usa a "universalização" formal (caracteristicamente derivada de uma concepção formalista da natureza cuja relevância para o julgamento filosófico se reduz a fornecer a analogia de "a forma da lei natural") a fim de banir definitivamente o conflito do mundo da moralidade sob o governo de sua "razão prática". Isso é bastante sugestivo por si só, trazendo com as soluções que postula, paradoxalmente, dilemas e dicotomias insolúveis.

O caso de Hegel, no entanto, é ainda mais revelador a esse respeito, pois ele rejeita de maneira explícita o formalismo e o apriorismo kantianos e se esforça conscientemente para dar uma fundamentação objetiva às suas próprias categorias. E, todavia, independentemente de sua preeminência como filósofo e como pioneiro de um sistema de lógica dialética, ele termina, contra suas intenções iniciais, com uma concepção da "mediação" altamente suspeita do ponto de vista lógico, a serviço da "reconciliação" conceitual, como ele mesmo reconhece essa intenção. Por conseguinte, Hegel termina com uma verdadeira "reconciliação das formas irracionais", que visa resolver as claramente reconhecidas contradições de classe da "sociedade civil" por meio de definições formalistas, com frequência tautológicas e vacuamente estipulativas do Estado hegeliano, com sua fictícia "classe universal" de funcionários públicos desinteressados.

Opondo-se vigorosamente a esse tipo de abordagem, Marx observa, em sua crítica da concepção hegeliana da relação de mediação entre as classes da sociedade civil e as instituições do Estado:

> No momento em que os estamentos sociais são, como tais, estamentos políticos, não é necessária aquela mediação, e, no momento em que a mediação é necessária, o estamento social não é político, e tampouco o é, portanto, aquela mediação. [...] Eis aqui, portanto, uma inconsequência de Hegel no interior de seu próprio modo de ver, e uma tal *inconsequência é acomodação*.[11]

Desse modo, o problema da posição de Hegel é o caráter apologético da "mediação" concebida, que se revela uma reconstrução sofisticada da realidade dualista (o complemento circular necessário da "sociedade civil" e do Estado) assumida – e eternizada como tal – no discurso hegeliano, e de modo algum como uma mediação real.

Como diz Marx:

> Hegel concebe, em geral, o *silogismo* como termo médio, como um *mixtum compositum*. Pode-se dizer que, em seu desenvolvimento do silogismo racional, toda a transcendência e o místico dualismo de seu sistema tornam-se evidentes. O termo médio é o ferro de madeira, a oposição dissimulada entre universalidade e singularidade.[12]

---

[11]   Idem, *Crítica da filosofia do direito de Hegel* (São Paulo, Boitempo, 2005), p. 111-2.

[12]   Ibidem, p. 101.

O caráter pseudomediador apriorístico e logicamente falacioso do esquema como um todo é graficamente ressaltado por Marx nas seguintes passagens de sua *Crítica*:

O príncipe deveria, por conseguinte, fazer-se, no poder legislativo, de termo médio entre o poder governamental e o elemento estamental; porém, o poder governamental é justamente o termo médio entre ele e a sociedade estamental, e esta é o termo médio entre ele e a sociedade civil! Como deveria ele mediar aqueles de quem ele tem necessidade, como seu termo médio, para não ser um extremo unilateral?

Aqui se evidencia todo o absurdo desses extremos, que desempenham alternadamente ora o papel de extremos, ora o de termo médio. [...] É uma complementação recíproca. [...] Tal como o leão no *Sonho de uma noite de verão*, que exclama: "Eu sou um leão e não sou um leão, eu sou Aconchego". Assim, cada extremo é, aqui, ora o leão da oposição, ora o Aconchego da *mediação*. [...] É notável que Hegel, que reduz esse absurdo da mediação à sua expressão *abstrata*, *lógica*, por isso não falseada, intransigível, o designe, ao mesmo tempo, como o mistério especulativo da lógica, como a relação racional, como o *silogismo racional*. Extremos reais *não podem ser mediados* um pelo outro, precisamente porque são *extremos reais*. Mas eles não precisam, também, de qualquer mediação, pois eles são seres opostos. Não têm nada em comum entre si, não demandam um ao outro, não se completam.[13]

Significativamente, essa dúbia redução formalista dos reais componentes – antagônicos – da situação examinada é efetuada por Hegel precisamente com o propósito de eliminar (mediante a transformação dos fatos empíricos em axiomas lógico-metafísicos) as contradições estruturais da ordem social que determinam seu próprio horizonte conceitual, em consonância com o ponto de vista do capital assumido pela economia política.

O que é particularmente relevante aqui é que as correções metodológicas formalistas pretendem ajudar o filósofo a escapar das contradições inerentes à estrutura conceitual do capital. Dado que não se pode conceber nenhuma solução viável na prática para os problemas encontrados na efetividade da existência social (ou da "sociedade civil") no horizonte da economia política burguesa, a "reconciliação das formas irracionais" tem de ser tentada no domínio postulado das estruturas formais e dos edifícios categoriais autorreferentes. Por conseguinte, não é de modo algum surpreendente que o desenvolvimento filosófico moderno, paralelo à erupção e à intensificação das contradições na sociedade, produza tantas tentativas de fuga das dificuldades em encontrar soluções *substantivas* para questões substantivas. É precisamente nesse contexto que o culto à metodologia em nome da metodologia encontra seu verdadeiro significado.

Similarmente, a grande popularidade dos conceitos de "racionalização" e dos "tipos ideais" de Weber é incompreensível sem que seja inserida nessa tendência persistente e ideologicamente motivada.

Por fim, a noção weberiana de "*racionalidade formal*" é ela mesma uma maneira conveniente de racionalizar e legitimar a *irracionalidade substantiva* do capital, pois, de acordo com as limitações estruturais intransponíveis do horizonte burguês, essa categoria weberiana atribui "irracionalidade" e "emocionalismo" – de um modo invertido e definido de forma circular – a todos aqueles que ousam questionar e desafiar na prática a regra "formal e racional" do Estado capitalista, que é, na realidade, imposta aos indivíduos

---

[13] Ibidem, p. 104.

com implacável eficácia material. Aos olhos de Weber, todavia, aqueles que entram em conflito de maneira substantiva com o sistema de imposição da lei do Estado moderno, sistema esse "racional por princípio" e "governado por regras", têm de ser repudiados por seu "emocionalismo", pelo motivo de que nada menos que a autoridade da própria *razão* "*exige*" a aceitação dessa regra.

É assim que Weber argumenta em sua célebre discussão "Burocracia e direito":

> O único ponto decisivo para nós é que em princípio um sistema de "razões" racionalmente debatíveis se oculta atrás de cada ato da administração burocrática, isto é, pela sujeição a normas ou pela ponderação de fins e meios. [...] Se, porém, um *ethos* – para não falarmos de instintos – se apossa das massas sobre qualquer questão individual, ele postula a justiça *substantiva* orientada para algum exemplo e pessoa concretas; e esse *ethos* inevitavelmente entrará em choque com o *formalismo* e a "*objetividade*" *fria* e *condicionada por regras* da administração burocrática. Por esse motivo, o *ethos* deve rejeitar *emocionalmente* o que *a razão exige*.[14]

Quanto à razão pela qual não se deve admitir que a busca prática de seus objetivos substantivos por parte das classes subordinadas seja qualificada como racionalidade, ao menos sob o título de "ponderação de fins e meios" (sem mencionar outros critérios de racionalidade que Weber tem de ignorar), esse é um mistério cuja resposta só o próprio Weber conhece.

Entretanto, podemos obter alguma iluminação acerca da função ideológica apologética da categorização weberiana da racionalidade em outra passagem, que diz o seguinte:

> Devemos, acima de tudo, distinguir entre a racionalização *substantiva* da administração e do Judiciário por um príncipe patrimonial e a racionalização *formal* realizada pelos juristas. [...] Por mais fluida que essa distinção tenha sido, [...] em última análise, a diferença entre *racionalidade substantiva e racionalidade formal* persistiu. E, no conjunto, *foi o trabalho dos juristas que deu origem ao moderno Estado ocidental*.[15]

Por conseguinte, a categoria weberiana de "racionalidade formal" – enquanto oposta à "racionalização substantiva" – e sua identificação com a "racionalidade" da burocracia moderna permite que o autor evite sistematicamente a desconcertante questão que diz respeito à relação entre os imperativos materiais da ordem socioeconômica do capital e a formação de seu Estado, *deduzindo circularmente* esta última do "trabalho dos juristas" e do avanço da própria razão.

Mas, independentemente das circunstâncias particulares e das motivações ideológicas de Weber, a implicação metodológica geral dessa tendência ao formalismo consiste na tentativa a ela associada de transcender, em seus termos de referência, algumas importantes contradições materiais – quer pensemos na contradição entre o caráter inerentemente social da moralidade e na "*Individualethik*" kantiana, quer pensemos nas determinações materiais objetivas da irracionalidade substantiva do capital no âmbito da "sociedade civil" e sua abstrata reconciliação lógico-metafísica hegeliana na "racionalidade do Estado", sem nos esquecermos, é claro, de seu equivalente weberiano – que não são receptivas a nenhuma outra solução nos horizontes conceituais dos pensadores envolvidos.

---

[14] H. H. Gerth e C. Wright Mills (orgs.), *Max Weber – ensaios de sociologia* (5. ed., Rio de Janeiro, LTC, 1982), p. 256.

[15] Ibidem, p. 343.

3
O PONTO DE VISTA DA INDIVIDUALIDADE ISOLADA

3.1 Concepções individualistas de conflito e natureza humana

A glorificação explícita do "individualismo metodológico", com vistas a transformá-lo em um programa autojustificado e universalmente aceito, é de certa forma um fenômeno recente. Mas qualquer que seja nossa opinião sobre suas afirmações grosseiras e graves deficiências estruturais, o tema em si é da maior importância. Pois, em última instância, é o ponto de vista paradoxal da *subjetividade isolada* que impõe limites intransponíveis às concepções filosóficas particulares por meio dos desenvolvimentos analisados, não importando quão grandes sejam as discrepâncias entre os pensadores individuais que conceituam subjetivamente sua própria situação.

Em suas "Teses sobre Feuerbach", Marx definiu a oposição irreconciliável entre sua abordagem e a de seus predecessores materialistas ao afirmar que:

> O ponto mais alto a que leva o materialismo *contemplativo*, isto é, o materialismo que não concebe o sensível como atividade prática, é a contemplação dos índivíduos singulares na "sociedade burguesa".[1]

Seja qual for a medida de suas diferenças em outros aspectos, no que tange à questão do ponto de vista social as considerações de Marx podem ser aplicadas a *todas* as filosofias que se originam nas fundações materiais do capital, incluindo as *idealistas*. Leibniz, [George] Berkeley, Kant, Fichte e Hegel estão, nesse sentido, não menos sujeitos às determinações problemáticas do ponto de vista do individualismo isolado do que [Paul-Henri Thiry] Holbach, [Claude-Adrien] Helvetius, [Ludwig] Feuerbach e outros que foram alvos diretos da crítica de Marx a respeito do materialismo. Certamente, o

---

[1] Karl Marx e Friedrich Engels, "Karl Marx – Marx sobre Feuerbach (1845)", em *A ideologia alemã* (São Paulo, Boitempo, 2007), p. 539.

próprio Marx referiu-se a Hegel em uma de suas obras de juventude como alguém que compartilha "o ponto de vista da economia política". Uma perspectiva que é essencialmente a mesma em todos os seus aspectos metodológicos fundamentais que o "ponto de vista da sociedade civil", correspondendo ao ângulo privilegiado do capital, em contraste com a perspectiva de Marx da humanidade social (ou seja, aquela da humanidade "socializada" ou socialista).

O que está em questão aqui é a forma pela qual os filósofos conceituam os conflitos sobre os quais têm de se debruçar, a partir das condições previstas por um sistema social de produção inerentemente antagônico que os sustenta; e que eles, por sua vez, sustentam ativamente, mesmo que não o façam de maneira consciente.

Como sabemos, as formas possíveis de conceituação de conflitos são as mais diversas, de acordo com as especificidades das determinações sociais dos indivíduos e a transitoriedade das circunstâncias históricas, do *bellum omnium contra omnes** de [Thomas] Hobbes à transformação única, levada a cabo por Kant, do conceito de "espírito comercial" de Adam Smith em uma filosofia moralista da história, sem mencionar o impulso "sadomasoquista" que supostamente deve caracterizar o "projeto" em relação ao "outro" no existencialismo sartreano. Ainda assim, por mais surpreendente que possa parecer à primeira vista, há uma afinidade estrutural fundamental em toda essa diversidade. Tal afinidade consiste na representação individualista – e des-representação – da natureza dos conflitos e antagonismos embasados objetivamente que podem ser percebidos sob as circunstâncias da formação social estabelecida em todos os níveis de relações interpessoais. Marx devidamente insiste no importante ponto de que:

> As relações de produção burguesas são [...] contraditória(s) não no sentido de uma contradição individual, mas de uma contradição que nasce das condições de existência social dos indivíduos.[2]

Entretanto, o que vemos no decorrer da história desses desenvolvimentos, de suas fases mais seminais aos tempos atuais, é uma distorção *sistemática* socialmente motivada dos antagonismos da "sociedade civil" como se fossem de caráter essencial ou primariamente individualista. Eles são tratados como se emanassem não das condições sociais de existência dos indivíduos, mas de sua suposta constituição natural como "indivíduos egoístas".

Dessa maneira, uma "natureza humana" fictícia é projetada sobre eles, em consonância com a definição subjetiva/individualista da conflitualidade objetiva/social. E, obviamente, tal "natureza humana" assim estipulada é conceituada como uma "generalidade muda" na qual a multiplicidade de indivíduos isolados necessariamente toma parte como indivíduos *separados* e incuravelmente orientados a si mesmos. Eles são ilustrados como diretamente ligados (ou seja, em sua fictícia separação *monádica*) a alguma espécie precisamente em virtude de sua individualidade *abstrata* – socialmente indefinida – e *genérica*.

---

* Do latim, "a guerra de todos contra todos", cf. Thomas Hobbes, *Leviatã* (trad. Claudia Berliner, São Paulo, Martins, 2003, Coleção Clássicos Cambridge). (N. E.)

[2] Karl Marx, *Contribuição à crítica da economia política* (trad. Maria Helena Barreiro Alves, 2. ed., São Paulo, Martins Fontes, 1983), p. 25.

Também é preciso enfatizar, novamente, que a concepção dos indivíduos enquanto "*genus*-indivíduos" notada por Marx com relação a Feuerbach não é de maneira alguma confinada ao materialismo filosófico. Hegel também fala de uma totalidade de determinações na vida humana na qual "o processo de *genus* com o indivíduo"[3] é o momento determinante. O horizonte constritivo da "sociedade civil" que compartilham estabelece a identidade fundamental das concepções materialistas e idealistas também nesse aspecto.

Ironicamente, no entanto, essa solução das dificuldades que tais pensadores – os quais, em maior ou menor grau de consciência, se identificam com os interesses sociais do capital – estão objetivamente compelidos a adotar cria mais problemas do que consegue resolver, como veremos em seguida na discussão de outras características metodológicas cruciais de sua estrutura conceitual. Decerto o que acontece é que sua pressuposição da relação direta estipulada entre o indivíduo isolado/egoísta e a espécie humana meramente *desloca* a dificuldade original para outras séries de relações.

Como resultado, os pensadores que compartilham o ponto de vista da individualidade isolada são confrontados com os *mistérios* de sua própria construção – com referência à natureza do próprio conhecimento, as determinações do desenvolvimento histórico, a relação entre "sujeito" e "objeto", o "particular" e o "universal" etc. – cuja solução permanece necessariamente além de seu alcance. E justamente quão irônico tudo isso se torna pode ser apreciado ao lembrarmos que os problemas envolvidos deveriam ter sido supostamente resolvidos, de modo satisfatório e permanente, pela pressuposição estipulativa da "natureza humana" genérica dos indivíduos isolados, a qual se presume que iria transferir todos os problemas para o *exterior* da esfera de investigação legítima, de uma forma apriorística.

3.2 A elevação da particularidade ao nível de universalidade

Ao fim, todas as tentativas de escapar das contradições objetivas da situação social em si devem ser frustradas e derrotadas, mesmo que por vezes algumas figuras intelectuais notáveis tentem elaborar soluções no formato de engenhosos e complicados esquemas conceituais. E devem ser derrotados, antes de tudo, por causa do horizonte restrito fornecido pela individualidade isolada enquanto tal, dentro do qual as soluções mesmas são tentadas. Pois as próprias contradições são constitutivas daquele mesmo ponto de vista, na medida em que este se impõe como a *única possibilidade* de enfoque de uma solução associada com seu substrato social estilhaçado por conflitos, embora na visão de suas características inerentes não possa oferecer nenhuma *solução real* para os conflitos objetivos de interesses subjacentes e suas correspondentes dificuldades conceituais.

Decerto, normalmente – excetuando-se os períodos de extrema crise – o ponto de vista da individualidade isolada impõe-se sobre os pensadores referidos de tal maneira que obstrui até mesmo a percepção das dificuldades objetivas mesmas, com uma tendência a transfigurar suas determinações *ontológicas sociais* em questões *epistemológicas individuais*. Em outras palavras, as dificuldades intrínsecas à prática social (com referência à realização de objetivos tangíveis) são transubstanciadas nos mistificadores, e no nível

---

[3] G.W.F. Hegel, *Philosophy of Mind* (Oxford, Clarendon, 1971), p. 64.

da subjetividade isolada, insolúveis problemas de "como a imanência da consciência" – concebida como a interioridade autorreferida do *ego* – "alcança seu objeto"; sem violar, vale notar, sua regra escolástica autoimposta de completar tal tarefa "rigorosamente dentro dos limites da imanência".

No centro metodológico da tradição filosófica burguesa – de Descartes e [Blaise] Pascal a Kant, Fichte, [Søren Aabye] Kierkegaard, Husserl, Sartre, entre outros – encontramos esse "*ego*" orientado a si mesmo (e que necessariamente se frustra a si mesmo), nomeado e definido numa multiplicidade de modos diferentes, de acordo com as circunstâncias sócio-históricas cambiantes e as respectivas constrições ideológicas dos sistemas particulares referidos.

Inevitavelmente, qualquer orientação metodológica que possua em seu cerne estrutural o ponto de vista da individualidade isolada segue a tendência de *insuflar* o indivíduo – o qual, em virtude de ser o pilar de sustentação de todo o sistema, pode apenas ser imputado – em um tipo de entidade pseudouniversal. Eis porque as concepções dúbias de "natureza humana" – que constituem um dos mais importantes lugares-comuns de toda a tradição filosófica, com suas afirmações completamente infundadas – não são os únicos corolários apriorísticos de determinados interesses ideológicos, mas ao mesmo tempo são também a realização de um *imperativo metodológico* inerente com vistas a elevar a mera *particularidade* ao patamar de *universalidade*. O outro lado da moeda é, evidentemente, a ausência necessária de um conceito viável de mediação – socialmente articulada – pela qual a relação dialética entre particularidade e universalidade possa ser compreendida em sua complexidade dinâmica[4]. Seu lugar deve ser ocupado pelos postulados abstratos de "unidade" e "universalidade", como veremos no capítulo 7.

Essa obstinada persistência em conceituar tudo a partir do ponto de vista da individualidade isolada no decorrer de séculos de desenvolvimento filosófico apenas pode ser explicada pela contínua reprodução prática dos próprios interesses ideológicos subjacentes. Naturalmente, as formas em que tais interesses podem ser reproduzidos variam enormemente, de acordo com a intensidade historicamente flutuante dos antagonismos sociais e da relação prevalente de forças. Há épocas em que os antagonismos irrompem de forma violenta na superfície, clamando por conceituações como o *bellum omnium contra omnes* de Hobbes, enquanto sob circunstâncias históricas muito diversas eles são deslocados com êxito e permanecem latentes por períodos relativamente longos, gerando as várias teorias de "*consenso*" e as celebradas ideologias do "fim da ideologia". Mas quaisquer que sejam as mensagens ideológicas imediatas de tais teorias, seu objetivo metodológico comum é a produção de esquemas conceituais pelos quais se possa chegar à compreensão das *manifestações* de conflito sem que seja necessário alcançar suas *causas* subjacentes.

Nesse sentido, a explicação pseudocausal de Hobbes daquilo que ele denomina *bellum omnium contra omnes* – em termos de uma suposta "natureza humana" egoísta diretamente manifesta em cada indivíduo particular como "*genus* individual" – não é explicação alguma. É tão somente um trampolim para o salto necessário em direção à "solução" racionalizante do problema identificado por meio do poder absoluto do Leviatã. E mes-

---

[4]   Para uma história penetrante do conceito de "particularidade" de Kant e Schiller até meados da década de 1950, ver Georg Lukács, *Introdução a uma estética marxista*: *sobre a categoria da particularidade* (trad. Carlos Nelson Coutinho e Leandro Konder, Rio de Janeiro, Civilização Brasileira, 1978).

mo [Jean-Jacques] Rousseau, cuja intenção crítica (às vésperas da Revolução Francesa) é bem-sucedida em diagnosticar alguns problemas e contradições muito reais daquela sociedade, é desgovernado por sua abordagem individualista/antropológica e pelos postulados formais/universalistas que a seguem. Pois ele conceitua o "corpo político" no modelo do "eu" abstrato, e conclui com a glorificação daquele como um "ser moral" hipostasiado, daí derivando a racionalização não apenas apologética mas também circular de que "tudo que é ordenado pela lei" é "legítimo".

É assim que Rousseau argumenta a favor de tal posição em seu importante mas esquecido *Discurso sobre a economia política*:

> O corpo político, tomado individualmente, pode ser considerado como um corpo organizado, vivo e semelhante ao do homem. O poder soberano representa a cabeça; as leis e os costumes são o cérebro, origem do sistema nervoso e sede do entendimento, da vontade e dos sentidos, dos quais os juízes e os magistrados são os órgãos; o comércio, a indústria e a agricultura são a boca e o estômago, que produzem a subsistência comum; as finanças públicas são o sangue que uma *economia* sábia, fazendo as funções do coração, reenvia a todo o corpo, distribuindo a comida e a vida; os cidadãos são o corpo e os membros que fazem movimentar, *viver* e trabalhar *a máquina*, de modo que qualquer ferimento que esta sofra em uma de suas partes, imediatamente uma sensação de dor seria levada ao cérebro por meio de uma impressão dolorosa, se o animal estiver em perfeito estado de saúde.
>
> A vida *de um e de outro* é o *eu* comum ao todo, a sensibilidade recíproca e a correspondência interna entre todas as partes. Se essa comunicação cessa, se a unidade formal é desfeita e as partes contínuas encontram-se numa simples relação de justaposição? O homem está morto ou o Estado desfeito.
>
> Então, o corpo político é também um ser moral, dotado de uma vontade; e essa vontade geral, que tende sempre à conservação e ao bem-estar de todo e de cada parte e que é a fonte das leis, é para todos os membros do Estado a regra do justo e do injusto. Apenas para lembrar: isso mostra com que propriedade tantos escritores trataram como roubo a sutileza prescrita às crianças da Lacedemônia para ganhar sua refeição frugal, como se aquilo que a lei ordena pudesse não ser legítimo.[5]

Como podemos ver, o ponto de vista da individualidade isolada – que transforma o eu individual no modelo do "corpo político" entendido como uma "máquina orgânica": modelo este que hipostasia a "sensibilidade recíproca" de todas as partes pelo funcionamento do Estado – pode apenas levar à afirmação moralista da necessidade interna do quadro estrutural estabelecido. A projeção do modelo individualista/antropológico sobre o complexo social como um todo "transcende" conceitualmente os antagonismos inerentes à ordem estabelecida e os substitui pelo mero postulado de um "*ser moral*", o qual, por definição (e apenas por uma definição insustentável), "tende sempre à conservação e ao bem-estar do todo e de cada parte", e assim decide legitimamente "o que é justo ou injusto". Dessa forma, não é de maneira alguma surpreendente que as pressuposições definidoras circulares da individualidade isolada – que necessariamente obliteram a mediação material vital dos interesses de *classe*, representando de modo distorcido a *dominação de classe* como

---

[5] Jean-Jacques Rousseau, *Discurso sobre a economia política e Do contrato social* (trad. Maria Constança Peres Pissarra, Petrópolis, Vozes, 1996), p. 25.

52   *Estrutura social e formas de consciência*

harmonização de "*todas as partes*" com o todo – deve culminar na circularidade apologética que estipula que "tudo ordenado pela lei é legítimo".

É igualmente relevante notar no presente contexto que o ponto de vista da individualidade isolada traz consigo não apenas uma série inteira de postulados morais abstratos com relação ao funcionamento prático do constructo em sua totalidade, mas também somente pode referir-se ao conceito de uma "unidade *formal*" como seu embasamento. Em outras palavras, a tendência ao formalismo notada acima aplica-se a Rousseau não menos que a outras figuras formidáveis da tradição filosófica sob análise. Quanto ao próprio postulado da unidade, devemos nos ater com mais atenção a seus problemas intrínsecos no capítulo 7.

3.3 A inversão das relações estruturais objetivas

A função ideológica crucial do ponto de vista da individualidade isolada é a *inversão* radical da relação estrutural objetiva entre diferentes tipos de conflitos e antagonismos. Dada a sua constituição e orientação imanentes, deve concentrar a atenção nos aspectos *secundários* e subjetivos/individualistas da contradição, relegando simultaneamente – quando sequer os reconhece – os antagonismos *primários* da sociedade à periferia.

- Assim, apenas a "competição entre indivíduos" pode ser reconhecida como estando enraizada em determinações objetivas – ou seja, genericamente "naturais" –, enquanto os problemas de "conflito de grupo" e "interesse de grupo" devem ser dissolvidos no inócuo conceito de "interação individual agregativa".

- De modo similar, no nível das estruturas materiais da sociedade, é a esfera da distribuição e da circulação que são levadas em conta, com seus conflitos secundários e vicissitudes competitivas individualistas, enquanto as *pressuposições* objetivas do sistema produtivo como um todo são simplesmente presumidas. Pois reconhecer que a premissa material fundamental da formação social capitalista consiste na distribuição exclusiva dos meios de produção em favor do capital e de "sua personificação: o capitalista" – que define essa ordem social em termos do monopólio *inalterável* do controle sobre o processo de produção em sua totalidade – levaria a cabo suas implicações explosivas e, consequentemente, inaceitáveis. Isso conduziria, na verdade, a perceber que a única disputa de fato relevante, ao fim, é aquela que se refere às fundações estruturais do sistema produtivo mesmo. Uma disputa concebível apenas enquanto confronto de *classes*, no qual um dos lados deve visualizar uma ordem social radicalmente diversa como a única solução viável para o conflito, em contraste com os choques competitivos mais ou menos marginais cuja existência é permitida no interior dos parâmetros estruturais do sistema estabelecido já pré-julgados e protegidos *a priori*.

- De modo compreensível, o ponto de vista da individualidade isolada não pode contemplar tais confrontos e alternativas. Vistos de seu ângulo privilegiado, os tipos de relações de conflitos objetivamente dados devem ser invertidos e transubstanciados em formas de competição essencialmente individualistas em torno de objetivos estritamente limitados e gerenciáveis de modo capitalista. E aqui podemos ver tanto a inseparabilidade do método em questão de seu substrato ideológico quanto a identidade fundamental entre o *ponto de vista da individualidade isolada* – preocupado apenas com a conflitualidade individualista – e o *ponto de vista da economia política*, que não pode evitar ser orientado em direção à esfera da "competitividade" *estruturalmente pré-julgada* da *circulação autoexpansiva* do capital.

• A hipostatização anistórica e idealista das categorias; a inversão metodológica de suas interconexões objetivas (como, por exemplo, no caso da relação entre produção e consumo); a tendência a explicações unilaterais e mecânicas, trazendo em seu bojo uma crença fetichista na determinação natural e na permanência absoluta das relações sociais refletidas nas inversões categoriais; a liquidação dos resultados dialéticos obtidos em contextos ideologicamente menos sensíveis; o triunfo final da circularidade até nos esquemas conceituais de figuras magistrais como Hegel – todas estas são características metodológicas reveladoras da tradição filosófica aqui investigada, que frequentemente se afirmam contra as intenções subjetivas dos filósofos abordados. Todas essas características mostram de forma inquietante as contradições internas e limitações estruturais do ponto de vista da economia política – em sua equivalência metodológica ao ponto de vista da individualidade isolada – o qual não pode ser transcendido sequer pelo mais grandioso dos êxitos individuais que emanam do substrato social e das premissas materiais do capital.

Significativamente, a linha de demarcação a esse respeito entre variedades de idealismo e materialismo que compartilham o ponto de vista da "sociedade civil" e da economia política é virtualmente inexistente. A título de ilustração, podemos recordar o modo pelo qual Ricardo define a diferença entre capital fixo e circulante:

> Dependendo da rapidez com que pereça, e a frequência com que precise ser reproduzido, ou segundo a lentidão com que se consome, o capital é classificado como capital circulante ou fixo.[6]

Como Marx acuradamente comenta:

> De acordo com isto, uma cafeteira seria capital fixo, mas café seria capital circulante. O *materialismo cru* dos economistas que concebem como *propriedades naturais* das coisas as *relações sociais* de produção entre pessoas, e as qualidades que as coisas possuem porque estão subsumidas sob essas relações, é da mesma maneira um *idealismo tão cru quanto*, ou mesmo *fetichismo*, já que *imputa relações sociais a coisas* enquanto características inerentes, *mistificando-as*.[7]

Em um plano diverso, na obra de Adam Smith – que muito influenciou não apenas Kant mas também Hegel – a circularidade ideologicamente motivada predomina. Pois:

> O capital aparece para ele [...] não como se contivesse o trabalho assalariado como sua *contradição interna* desde sua *origem*, mas sim na forma através da qual emerge da circulação, como dinheiro, e é portanto *criado a partir da circulação*, pela poupança. Assim, o capital não realiza a si mesmo originalmente – precisamente porque a *apropriação do trabalho alienado* não é em si incluída neste conceito. O capital aparece apenas posteriormente, após ter sido *presumido* como capital – um

---

[6] David Ricardo, *Princípios de economia política e tributação* (trad. Paulo Henrique Ribeiro Sandroni, 2. ed., São Paulo, Nova Cultural, 1985), p. 53.

[7] Karl Marx, *Grundrisse: Foundations of the Critique of Political Economy* (trad. Martin Nicolaus, Londres, Penguin, 1973), p. 687.

círculo vicioso – comandando o trabalho alienado. Assim, de acordo com Adam Smith, o trabalho deveria ser igual ao produto, daí que o trabalho não deveria ser trabalho assalariado e o capital não deveria ser capital. Portanto, na intenção de introduzir *lucro* e *renda* como elementos *originais* do custo de produção, ou seja, com vistas a obter uma mais-valia do processo de produção capitalista, ele os pressupõe, da maneira mais desastrada. O capitalista *não deseja* abrir mão do uso de seu capital por nada; o proprietário de terras, de modo similar, *não deseja* ceder por nada terras e solo para a produção. Ele espera algo em troca. Esta é a maneira pela qual ele é *introduzido* – mas não explicado –, com suas *demandas*, como fato histórico.[8]

Dessa forma, o comportamento "desastrado" de um grande pensador – a pressuposição claramente circular daquilo que precisa ser traçado e explicado historicamente – produz o ideologicamente bem-vindo resultado de transformar as condições específicas do processo de trabalho capitalista nas eternas condições *naturais* da produção de riqueza em geral. Ao mesmo tempo, uma *necessidade sócio-histórica* determinada – em conjunção com uma temporalidade a ela apropriada – é transmutada em uma *necessidade natural* e *condição absoluta* da vida social enquanto tal.

Ademais, já que a questão da *origem* do capital é circularmente evitada – a saber, a dimensão exploratória de sua gênese na "apropriação do trabalho alienado", em permanente *antítese* em relação ao trabalho, é retirada de foco –, o caráter inerentemente *contraditório*, e decerto definitivamente explosivo, desse modo de produção de riqueza permanece oculto de maneira conveniente. Consequentemente, a concepção burguesa do processo de trabalho capitalista, predicando a permanência absoluta das condições "naturais" dadas, não pode ser perturbada pela percepção de sua dinâmica histórica e de suas contradições objetivas.

A conceituação hegeliana do mundo, do ponto de vista da economia política, não é de modo algum radicalmente diferente em sua substância daquilo que encontramos nos escritos de seus grandes predecessores escoceses e ingleses. É verdade que, em Hegel, não há resquício algum da abertura "desastrada" e da circularidade algo ingênua de Adam Smith. Entretanto, as mesmas determinações e contradições do horizonte constritivo do capital são reproduzidas em sua filosofia ao nível mais elevado de abstração. De fato, as contradições idênticas e a circularidade concomitante são reproduzidas talvez de modo mais conspícuo que em qualquer outro lugar precisamente no âmbito sublimado e transubstanciado da lógica hegeliana. Assim, como resultado das geniais transformações filosóficas de Hegel, a circularidade socialmente inevitável do ponto de vista da economia política é elevada ao nível do mais sublime princípio metodológico da "ciência" e conscientemente adotada como o ponto pivotal de todo o sistema. Nas palavras do próprio Hegel:

> A Ideia Absoluta é o único objeto e conteúdo da filosofia. Pois contém toda a determinação, e sua *essência é o retorno a si mesma* através da autodeterminação ou particularização, ela possui várias fases. [...] a mediação obtém seu curso através da determinação; chegando a um conteúdo por meio de um *Outro aparente* de volta a seu início de tal maneira que não apenas reconstitui o começo (enquanto determinado, contudo), mas que o resultado é igualmente determinação transcendida, e portanto é a reconstituição da indeterminação primeva com a qual o método originou-se. [...] Por motivo da natureza do *método* que fora demonstrado a ciência aparenta

---

[8] Ibidem, p. 330.

ser um *círculo* que retorna a si mesmo, pois a *mediação inclina-se de volta a sua origem* ou simplesmente substrato. Ademais, este *círculo é um círculo de círculos*; pois cada membro, sendo inspirado pelo método, é intro-Reflexão, a qual, retornando ao começo, é ao mesmo tempo a origem de um novo membro. [...] Assim, a Lógica também, na Ideia Absoluta retornou a esta simples unidade que é o seu *começo*.[9]

---

[9] G.W.F. Hegel, *Science of Logic* (Londres, Allen & Unwin, 1929, v. 2), p. 466-85.

4
A DETERMINAÇÃO NEGATIVA DA FILOSOFIA E DA TEORIA SOCIAL

4.1 Substância, subjetividade e liberdade

Spinoza resume de maneira marcante a negatividade inescapável das concepções filosóficas que são representativas da formação social do capital ao insistir que *omnis determinatio est negatio*: "toda determinação é negação". Portanto, não é de modo algum surpreendente que Hegel expresse sua adesão entusiástica a esse princípio e celebre a asserção de Spinoza enquanto "uma proposição de *infinita importância*"[1].

Em alguns aspectos a abordagem geral spinoziana é, obviamente, um anátema à hegeliana. Situado em um estágio muito anterior do desenvolvimento histórico – com suas tentações a visualizar soluções mais ingênuas do que seria aceitável a Hegel, considerando a grande disrupção social causada pela Revolução Francesa e suas consequências – Spinoza precisa ser criticado a partir da perspectiva da transcendência da "objetividade inerte" proposta por Hegel. Pois, segundo ele:

> [...] com Spinoza, a Substância e sua absoluta unidade, têm a forma de um inerte, ou seja, de uma unidade não automediada – de uma rigidez na qual o conceito da *unidade negativa do eu* (Subjetividade) ainda não encontrou seu lugar.[2]

O que Hegel tenta fazer, portanto, é estender de maneira radical o princípio de negatividade "infinitamente importante", concebido por Spinoza, tanto na direção do "absoluto" como na da "subjetividade", da "personalidade" e da "individuação". Ele enfatiza que

> Spinoza não ultrapassou a negação *enquanto determinação ou qualidade* chegando a seu reconhecimento como *absoluta*, ou seja, *negação autorreferente*" e, ademais, que na filosofia spinoziana "a Substância é desprovida do princípio de *personalidade*.[3]

---

[1]   G.W.F. Hegel, *Science of Logic* (Londres, Allen & Unwin, 1929, v. 1), p. 125.

[2]   Ibidem, p. 266.

[3]   Ibidem, v. 2, p. 168.

58 *Estrutura social e formas de consciência*

Dessa forma, Hegel deseja remediar o que considerara serem os defeitos do sistema de Spinoza ao forçar o conceito leibniziano de *mônada* a seus limites absolutos, definindo-o de maneira radicalmente negativa, de modo que possa daí derivar o também negativo "princípio da individuação". E ele procura fazer isso de tal maneira que a mônada definida de forma negativa e o princípio da individuação sejam ambos "elevados ao estatuto de conceitos especulativos"[4].

Na base da crítica hegeliana de Spinoza encontramos a preocupação de Hegel com a "transcendência" no espírito de seu "círculo de círculos" que estipula um "retorno ao começo", como vimos na última citação do capítulo 3. É por isso que a solução de Spinoza precisa ser considerada ilusória. Como Hegel coloca:

> A exposição de Spinoza do Absoluto é completa na medida em que se origina com o Absoluto, prosseguindo para o Atributo e finalizando com o Modo; mas esses três são apenas enumerados um após o outro sem qualquer sequência interna de desenvolvimento, e o terceiro termo não é *negação como negação*, não é *negação negativamente autorreferente* – se assim fosse, seria em si mesma *retorno à identidade primeva*, e essa identidade seria identidade verificável. Daí a ausência da necessidade do progresso do Absoluto à inessencialidade, assim como sua dissolução em e por si mesmo na identidade.[5]

A "sequência interna de desenvolvimento" postulada por Hegel é a que produz, por meio de sua "negação negativamente autorreferente", a "suplantação" da Substância (e, com ela, a transcendência das contradições de conteúdo como manifestas na "escuridão da causalidade") por meio de "algo superior – a Noção, o Sujeito"[6]. Assim, a "consumação da Substância"[7] hegeliana na "gênese da Noção"[8] afirma refutar o sistema de Spinoza e transcender a "objetividade inerte" e a "rigidez" da Substância (o mundo da necessidade em termos da filosofia hegeliana) ao inaugurar o "reino da Liberdade":

> A Relação de Substancialidade, considerada exclusivamente em e por si mesma, *conduz a seu oposto, à Noção*. [...] A unicidade da Substância é sua relação de Necessidade; mas assim é apenas Necessidade interior; e se presumindo através do momento de *negatividade absoluta*, torna-se identidade manifesta ou presumida e consequentemente *Liberdade*, que é a identidade da Noção.

---

[4] Ibidem, p. 171. Hegel argumenta que: "A falta de intro-Reflexão, comum à exposição do Absoluto e à teoria da emanação de Spinoza, é corrigida no conceito de *mônada* em Leibniz" (ibidem, p. 170). Ele exalta Leibniz na medida em que este "assinala às mônadas uma certa autocompletude, uma espécie de independência; [...] É um conceito extremamente importante em que as mudanças da mônada são imaginadas enquanto ações sem passividade alguma, ou como automanifestações, e que o princípio da *intro-Reflexão* ou *individuação* claramente emerge como essencial" (ibidem, p. 171). Entretanto, ele deseja ir além de Leibniz no sentido indicado acima: "Mas agora a tarefa seria a de encontrar no conceito da mônada absoluta não apenas essa unidade absoluta de forma e conteúdo, mas também a natureza da Reflexão como *negatividade autorreferente* que é *autorrepulsão* e por meio da qual existe enquanto posição e criação" (idem). Veremos em breve a conexão entre essa concepção de "posição e criação" como "negatividade autorreferente" e "autorrepulsão", e os mistérios insolúveis da "medida" surgindo da perspectiva hegeliana da individualidade isolada, com seu foco nos "agregados de indivíduos" na "sociedade civil desenvolvida".

[5] Ibidem, p. 170.

[6] Ibidem, p. 214.

[7] Idem.

[8] Ibidem, p. 215.

A determinação negativa da filosofia e da teoria social 59

[...] Na Noção, por conseguinte, o *reino da Liberdade* é inaugurado. A Noção é livre porque é a identidade que é em si e por si e que constitui a necessidade de Substância; simultaneamente, ela existe como *transcendida* ou como presunção, e essa presunção, enquanto autorreferente, é precisamente aquela identidade. A escuridão na qual cada uma das substâncias, que se encontram em Relação de Causalidade umas com as outras, desapareceu, pois a originalidade de sua persistência individual passou a ser presunção e, a partir disso, se tornou *claridade transparente*. O fato original é tal apenas por sua própria causa, e esta é a Substância a qual, tendo alcançado a *Liberdade*, tornou-se *Noção*.[9]

Desse modo, a Substância – e a necessidade da Substância – são transubstanciadas na Liberdade, graças ao "reconhecimento da negação como negação absoluta" e ao conceber o "terceiro termo" enquanto "negação negativamente autorreferente". E já que a negatividade da pseudomediação especulativa "inclina-se de volta a sua origem" (completando então seu "círculo de círculos"), nos é oferecido um sistema que idealisticamente "supera" as contradições do mundo real na fictícia "esfera de liberdade" da Noção, enquanto deixa tudo na realidade como antes. Um sistema que legitima a ordem estabelecida ao pregar que "o que é racional é real e o que é real é racional"[10] e cuja falsa positividade extraída da "negação da negação", com seu princípio abertamente defendido da "reconciliação com o presente", representa a primeira e única síntese válida da substantividade "compreendida", liberdade subjetiva, universalidade (em oposição à "particularidade"), necessidade (em oposição à "acidentalidade") e o "absoluto existente"[11].

4.2 O aspecto positivo da negação crítica

E, ainda assim, não é da menor importância que muitos representantes da tradição filosófica aqui discutida definam de forma autoconsciente sua própria posição como *crítica*. Tampouco pode-se concluir que tais afirmações – tendo em mente as contradições e os interesses ideológicos a elas associados – não devem ser levadas a sério.

Sem dúvida a orientação negativa de seus esforços – da intenção crítica da dúvida metódica cartesiana e da luta de Bacon contra os "Ídolos", passando pela programática "revolução copernicana" da "filosofia crítica" de Kant e a "negação negativamente autorreferida" de Hegel, até chegar à "teoria crítica" de tempos recentes – contém um *momento* genuinamente crítico que procura transformar o objeto de sua crítica, mesmo que apenas no interior dos horizontes ideológicos e conceituais bem delimitados das teorias referidas. Pois, de acordo com a dinâmica das complexas determinações dialéticas que se encontram na raiz das concepções teóricas representativas, os *limites* negativos de todas as abordagens, não importa quão pronunciados, são também suas *barreiras* positivas (ou seja, suas

---

[9] Ibidem, p. 215-6.

[10] Idem, *Princípios da filosofia do direito* (trad. Orlando Vitorino, 3. ed. São Paulo, Martins Fontes, 2003), p. XXXVI.

[11] "Reconhecer a razão como rosa na cruz do sofrimento presente e contemplá-la com regozijo, eis a *visão racional*, medianeira e conciliadora com a realidade, o que procura a filosofia daqueles que sentiram alguma vez a necessidade interior de conceber e de conservar a *liberdade subjetiva* no que é substancial, de não a abandonar ao contingente e particular, de a situar no que *é em si e para si*", ibidem, p. XXXVIII.

margens para a ação objetivamente circunscritas) dentro das quais determinados avanços tornam-se possíveis.

Assim, até a definição negativa – e, *em última instância*, apologética/eternizante – da "natureza humana" enquanto "egoísta" possui uma função positiva limitada em seu contexto *original*. Pois, em sua conjuntura social historicamente específica, tal concepção de natureza humana promove a formulação de várias teorias de "egoísmo racional", com seu potencial liberador em oposição à "irracionalidade" paralisante da antiga ordem consagrada de forma religiosa. (Caracteristicamente, entretanto, a situação é revertida por completo num estágio posterior do desenvolvimento histórico, e as determinações afirmadas da "natureza humana" são usadas na filosofia e na teoria social com o propósito de excluir qualquer crítica substantiva da ordem estabelecida.)

Ao mesmo tempo, enquanto os "Direitos do Homem" em sua negatividade abstrata[12] revelam-se não muito mais que uma retórica sem conteúdo na sociedade burguesa realizada de forma plena – e, enquanto tal, graficamente exposta ao ridículo por Anatole France em sua caracterização segundo a qual todos são "igualmente proibidos de dormir debaixo das pontes", não importando quem realmente precise se permitir tais desfrutes – com relação a sua suposta validade universal eles representam algo potencialmente mais significativo, muito além de sua intenção original e de seu limitado escopo de referência.

Naturalmente, não é de modo algum acidental que os Direitos do Homem sejam esvaziados de seu sentido original na medida em que o "reino da Razão" do capital é implementado de forma prática. Pois a "universalidade" como seu arrogado princípio fundamental, mesmo que apenas negativamente definido, é sobremaneira incompatível com a *parcialidade* incurável das relações de exploração sobre as quais a ordem estabelecida se ergue.

Não obstante, há uma dimensão positiva também para essa concepção, ainda que precise assumir uma forma extremamente paradoxal sob essas circunstâncias. Pois precisamente em sua suposta (mesmo que nunca implementada) universalidade – a qual jamais podem abandonar, ou tampouco cumprir no interior da estrutura do sistema social dado, com referência à esfera legal estritamente dependente em sua perversa fundação material –, os Direitos do Homem vislumbram objetivamente como sua condição de realização a necessidade de ir além de seus restritivos substratos materiais assim como dos estreitos escopos de referência estatais-institucionais correspondentes. E da mesma forma que a dimensão crítica da dialética hegeliana pode ser extraída por Marx de sua carapaça conservadora e subvertida para fins emancipatórios, a concepção socialista de direitos humanos permanece como um traço necessário do período de transição em sua totalidade. Decerto, ela assim permanece tão somente por um período durante o qual a estrutura constritiva e predominantemente negativa da "universalidade formal" da legalidade enquanto tal não

---

[12] Tem sido corretamente argumentado que, na tradição liberal, "a defesa da liberdade consiste no objetivo 'negativo' de repelir interferência. [...] Essa é a liberdade como concebida pelos liberais no mundo moderno desde os dias de Erasmo (alguns diriam de Occam) até os nossos", Isaiah Berlin, *Two Concepts of Liberty* (Oxford, Clarendon Press, 1958), p. 12. Mas até mesmo o conceito "positivo" possivelmente contido no interior desses horizontes acaba por ser fundamentalmente *negativo*. "A essência da noção de liberdade, tanto no sentido 'positivo' como no 'negativo', é a repulsão por algo ou alguém – por outros, que invadem meu campo ou afirmam sua autoridade sobre mim, [...] intrusos e déspotas de um tipo ou de outro", ibidem, p. 43.

é suplantada de maneira progressiva pelos processos *substantivos* e inerentemente *positivos* da vida social em si mesma regulada de forma consciente.

4.3 A quantificação da qualidade e a lei da Medida

Ao fim, contudo, as fronteiras da negatividade crítica e da "negação da negação" não chegam tão longe. Pois simultaneamente também representam os limites intransponíveis do horizonte social compartilhado pelos pensadores que aqui abordamos.

A tentativa sutil, ainda que finalmente falida, de Hegel decifrar o significado da "Medida" ilustra bem essa questão. Seu ponto de partida é a asserção de que:

> Quanto mais completamente desenvolvida e refletida, a Medida se torna Necessidade; [...] "O Absoluto, ou Deus, é a Medida de todas as coisas" é uma definição não mais intensamente panteísta mas infinitamente mais verdadeira que "o Absoluto, ou Deus, é Ser". A Medida é decerto uma forma externa ou uma maneira, mais ou menos, mas também é refletida em si mesma, e é uma determinabilidade não meramente indiferente e externa, mas existente em si mesma. É esta, assim, *a verdade concreta do Ser*; e, portanto, a humanidade tem reverenciado em Medida algo inviolável e sagrado. A ideia da Essência já está contida na Medida, nomeadamente, que é idêntica consigo mesma na imediatidade da determinabilidade, sendo que essa identidade *reduz* a imediatidade a um *mediato*; e também esse *mediato* é mediado somente através de sua externalidade, mas sendo *automediação*; é a reflexão que as determinações *são*, mas, assim sendo, existem apenas como momentos de sua *unidade negativa*. O *qualitativo* é *quantitativo* na Medida; determinabilidade ou *diferença é indiferente*, e, portanto, a diferença não é diferença, ela é *transcendida*: e essa *quantitatividade*, um *retorno a si*, na qual existe como o *qualitativo*, constitui o *Ser em si e por si* que é a *Essência*.[13]

Significativamente, no entanto, em uma sociedade como a capitalista tão dominada pela mercantilização quantificadora de todas as qualidades (até mesmo aquelas mais improváveis, incluindo o ar puro e as obras de arte em seu caráter único) – e assim pela tirania absoluta do "padrão geral" e da "Medida externa" de todas as coisas (dinheiro) –, Hegel é incapaz de compreender as determinações subjacentes e as leis objetivas em funcionamento. Ele acaba, ao invés disso, oferecendo pseudoexplicações céticas, superficiais e arbitrariamente postuladas na qualidade de "soluções", as quais se encontram bem aquém de seu penetrante diagnóstico do próprio problema:

> É algo [...] tolo falar de um padrão natural das coisas. Ademais, um *padrão geral* é designado para servir apenas para *comparação externa*; e nesse sentido mais superficial, no qual é apropriado como *Medida Geral*, é bastante *indiferente* o que é usado como medida. Não se espera que seja Medida fundamental, o que significaria que nas Medidas naturais de coisas particulares seriam representadas e, daí, de acordo com uma Regra, seriam reconhecidas enquanto especificações de uma Medida universal, a Medida de seu corpo universal. Mas sem esse sentido, um padrão absoluto é interessante e significativo apenas como sendo comum a tudo: e tal elemento comum é *universal não em si mesmo*, mas somente por *convenção*.[14]

---

[13] G.W.F. Hegel, *Science of Logic*, cit., p. 347-8. Grifos de Hegel.

[14] Ibidem, p. 352.

No que se refere às razões pelas quais a convenção em questão surge da fundação material do capital e controla o metabolismo social com sua "lei férrea", apesar de aparentemente ser apenas uma "convenção", permanece um mistério completo; como de fato deve permanecer para todos aqueles que enxergam o mundo do ponto de vista da economia política e da individualidade isolada. O miticamente autoexplanatório poder da "convenção" é apenas *presumido* como o limite absoluto ao qual todo questionamento subsequente deve deter-se, ao passo que a "astúcia da razão" é presumida em outros lugares-chave como o misterioso dispositivo explicativo cuja função é tornar inteligível o modo como a caótica multiplicidade e "infinita variedade" das interações individuais pode e deve resultar no estritamente legítimo progresso do desenvolvimento histórico[15].

Assim, os limites estipulados da inteligibilidade filosófica – representados erroneamente enquanto limites definitivos da razão humana em si mesma – são, de fato, as premissas práticas da "sociedade civil" capitalista aceitas de modo acrítico, concebidas como as depositárias de intercâmbios individuais agregativos. É inevitável que tal modelo de uma "sociedade civil" intrinsecamente – e inalteravelmente – individualista transforme as determinações objetivas de problemas sociais em problemas elusivos de modo fatal. Por esse motivo o grande dialético Hegel precisa optar pela pseudoexplicação circular da medida enquanto "convenção" e afirmar – em concordância com o ponto de vista da economia política própria ao capital que não pode perceber de forma concebível a dinâmica explosiva das relações de classe antagônicas, tanto menos contemplá-las na qualidade de estrutura geral do desenvolvimento sócio-histórico – que:

> [...] numa sociedade civil *desenvolvida*, agregados de indivíduos pertencentes a diferentes ofícios estão numa certa relação uns com os outros; mas isso *não produz leis de Medida ou tampouco leis peculiares a ela*.[16]

Sem dúvida, se a sociedade realmente fosse constituída sobre a fundação mais ou menos acidental de "agregados de indivíduos pertencentes a diferentes ofícios" (em relação aos quais, segundo a lenda, eles podem livremente unir-se ou libertar-se), não poderia haver uma lei objetiva de medida em cujos termos suas práticas distributivas e produtivas seriam reguladas. Nesse caso, a única solução que pode ser vislumbrada seria o planejamento consciente da vida social como um todo pelos indivíduos envolvidos. Entretanto, isso seria, por sua vez, descartado *a priori* pelas pressuposições individualistas da teoria que estipula a fragmentação necessária da "sociedade civil" pela força centrífuga de seus membros incorrigivelmente orientados a si mesmos. (Daí a necessidade conceitual no sistema hegeliano – e de forma alguma apenas nele – de uma intervenção perturbadora por parte da "astúcia da razão". Pois esta providencialmente provê, dos confins do estágio histórico, o panorama geral, a previdência e a racionalidade global requeridos, ao mesmo

---

[15] Kant possui, obviamente, sua própria versão da "astúcia da razão". Para uma discussão detalhada desses problemas, ver meu ensaio sobre "Kant, Hegel, Marx: a necessidade histórica e o ponto de vista da economia política", em *Filosofia, ideologia e ciência social: ensaios de negação e afirmação* (São Paulo, Boitempo, 2008), primeiramente publicado em *Philosophy, Ideology and Social Science* (Brighton, Harvester/ Wheatsheaf, 1986).

[16] G.W.F. Hegel, *Science of Logic*, cit., p. 350.

tempo que preserva o sistema da "sociedade civil" burguesa em seu estado simplesmente dado – com toda sua anarquia, irracionalidade, fragmentação e contradições – como misteriosamente correspondendo a seu desígnio oculto e, portanto, complementando e remediando de maneira conveniente a sugestão gratuita da "convenção" no que se refere à medida regulatória.)

Contudo, o que se encontra necessariamente ausente de todas essas concepções é precisamente uma análise adequada das determinações estruturais da ordem estabelecida. Uma ordem sócio-histórica específica, a qual sem cerimônias *atribui* a totalidade dos indivíduos não apenas a "diferentes ocupações", mas a posições de super e subordinação materialmente articuladas e protegidas de modo legal – ou seja, a *relações de classe* de dominação e dependência precisamente engrenadas – na hierarquia social prevalente.

Ademais, já que na realidade os indivíduos são atribuídos a classes particulares desde o momento de seu nascimento – dentro das quais eles estão necessariamente sujeitos a determinações de classe *duais*: de um lado, aos requisitos objetivos implícitos no pertencimento a sua própria classe e, do outro, às constrições inevitáveis que surgem das interações antagônicas das classes em conflito entre si –, o desastrado *apriorismo prático* que regula tais processos, sobre a base das relações de poder de ordem material historicamente constituídas, é o mais contrastante possível com a concepção individualista da "sociedade civil" e seu estado idealizado no qual tão somente o mérito designa os guardiães da ordem dominante a seus lugares de direito da fictícia "classe universal", destinados a proteger os "interesses universais" da sociedade.

Além disso, enquanto tal concepção econômico-política da sociedade civil "desenvolvida" – da qual se espera que permaneça conosco pela eternidade, já que diz constituir a sociedade civil enquanto "desenvolvida ao ponto da adequação total com seu conceito" – não pode *produzir*, decerto, "leis de Medida ou suas formas peculiares", a sociedade real na qual temos de viver, erigida sobre o terreno material da subordinação estrutural do trabalho ao capital, opera não por meio de alguma "convenção" imaginária de agregados de indivíduos isolados, mas na pressuposição de, e em concordância com as, determinações objetivas da *lei do valor*. E esta regula, por meio de sua ubíqua medida reificadora absoluta, com extrema eficiência, não apenas os parâmetros estruturais mais amplos da dominação e subordinação, mas até os mais minuciosos detalhes do metabolismo social.

O que precisa ser enfatizado aqui é que a "ilusão do Iluminismo" referente aos intercâmbios sociais determinados pela Razão e pelo contrato idealizado da ordem social estabelecida, como manifesto nas explicações mais implausíveis de séculos de pensamento burguês – do "consenso tácito" de Locke à concepção kantiana do contrato social como "ideia regulativa da Razão", e da "Vontade Geral" de Rousseau à caracterização hegeliana da medida enquanto "convenção": todas completamente desprovidas de partes contratuais reconhecidamente ao "acordo" filosoficamente hipostasiado – não é a *causa* de tais desvios conceituais, mas, ao contrário, a *consequência* necessária das determinações ideológicas subjacentes. Pois o tabu absoluto, embora inconsciente, que deve prevalecer contra todas as possibilidades de perceber o caráter *incorrigivelmente* exploratório e desumano do conjunto de relações sociais idealizadas, encontra sua apta racionalização nos postulados abstratos de uma "Razão" totalmente impotente.

64 Estrutura social e formas de consciência

A *negatividade* inerente a tal estratagema racionalizante com frequência assume a forma pseudopositiva de um "*dever-ser*". E ainda que seja demonstrado, pelo real modo de funcionamento da "sociedade civil" idealizada, que a negatividade abstrata do vislumbrado "dever corretivo" da Razão é um tanto impotente com relação às tarefas que é convocado a cumprir, sua funcionalidade racionalizante não é de forma alguma minada por isso. Pois agora os postulados metodológicos da *individualidade isolada* vêm em seu socorro, culpando apenas os *indivíduos* monádicos/atomizados por sua *incapacidade subjetiva* de "ouvir a voz da Razão" e, portanto, eximindo *a priori* de toda responsabilidade as *determinações objetivas estruturais* da ordem social existente.

4.4 "Mediações da mediação" de segunda ordem e o triunfo da negatividade

É uma medida da genialidade de Hegel que ele tente desvelar o intrincado problema da medida em termos tanto de seu caráter *redutivo* como inseparavelmente ligado às complexidades da *mediação*, a exemplo do que vimos acima. Contudo, ele tropeça por conta do resultado de seu próprio – e ideologicamente condicionado – reducionismo. Pois, precisamente porque as leis objetivas da sociedade mercantilizada dividida em seu interior não podem ser identificadas em sua especificidade sócio-histórica por alguém que compartilha o ponto de vista econômico-político do capital, apenas o abstrato esqueleto lógico da mediação continua visível para Hegel.

A determinação (e utilidade) ideológica desse modo de conceituar os problemas em questão torna-se clara, graças à redução das grandes complexidades materiais de mediação (da forma pela qual se manifestam efetivamente), no fato de que Hegel é capaz de transubstanciar fatos empíricos – e contradições sociais irreconciliáveis – em axiomas lógico-metafísicos, e nisto privando, *a priori*, esses fatos de seu poder objetivo e definitivamente explosivo.

O que nos diz respeito diretamente nesse contexto é o fato de que as mediações capitalistas – que operam em conjunção com a lei objetiva do valor e sua medida reificadora – não são simplesmente "mediações" reciprocamente convenientes, correspondendo a algum conteúdo socialmente neutro. Muito menos poderiam ser subsumidas idealmente sob os axiomas lógico-metafísicos de um silogismo abstrato.

Na realidade, essa facticidade prosaica das mediações capitalistas não poderia estar mais dissociada dos constructos ideológicos oferecidos pela filosofia de Hegel. Pois, em sua facticidade esmagadora, eles acabam por constituir as *mediações de segunda ordem* de *capital* e *troca*, pratica e materialmente dominantes, assim como a *divisão social do trabalho* estrutural e hierárquica.

E isso faz toda diferença. Já que, enquanto tais, essas mediações de segunda ordem de forma fatídica sobrepõem-se, em termos de suas determinações autoimpelidas e de seus imperativos alienados, sobre a mediação primária entre seres humanos e natureza originada na atividade produtiva essencial.

É a necessária evasão conceitual dessa perversa e definitivamente autodestrutiva "mediação da mediação" prática que traz consigo o reducionismo e a abstração hegelianos da determinabilidade não eternizável da forma histórica dada, não obstante sua legitimidade dolorosamente óbvia (comparada por Marx à "inexorabilidade de uma lei natural"). Daí a falsa polaridade da "medida natural" de um lado, e a "convenção que surge da livre deliberação de agregados de indivíduos na sociedade civil" do outro (pela qual Hegel opta), enquanto, na realidade, as nada naturais, ainda que altamente objetivas, "mediações da mediação" de segunda ordem impõem seu próprio padrão e medida sobre todos os membros da sociedade mercantilizada.

Devido à evasão necessária das contradições insolúveis das mediações capitalistas de segunda ordem, como também às consequentes deficiências do conceito de mediação em geral (compartilhadas por toda essa tradição filosófica), a negatividade prevalece em todos os níveis e sob as mais diversas formas da suposta "positividade". De fato, já que a inquestionável aceitação das mediações de segunda ordem, inerentemente negativas, desumanizantes e destrutivas, constitui a premissa fundamental e o cerne estrutural de toda essa linha de pensamento, as relações de negatividade e positividade efetivas podem ser prontamente *revertidas* nas deduções filosóficas cujas assunções ideológicas inconscientes permanecem profundamente escondidas.

Assim, não apenas nos oferecem a pseudopositividade do "dever" impotente mencionado acima; decerto simplesmente tampouco com as asserções positivas do "passo a passo" ou da "engenharia social por etapas" (cuja substância real nada mais é que a negação apriorística e muito precipitada da possibilidade de grandes mudanças que possam minar o quadro estrutural dado das mediações de segunda ordem); mas sim com as mais estranhas inversões conceituais que, ironicamente, tendem a ofuscar e obliterar os êxitos teóricos dos filósofos referidos.

É suficiente, neste ponto, pensar em Hegel novamente como alguém que "vê somente o lado positivo do trabalho, não seu [lado] negativo"[17]. E, é óbvio, ele não pode visualizar a negatividade desumanizante do trabalho sob o controle do capital precisamente porque as mediações de segunda ordem do sistema social estabelecido constituem para ele um horizonte absoluto da vida humana enquanto tal. Assim, em sua visão, o esqueleto lógico abstrato da "mediação" eterna deve substituir a especificidade histórica tangível – e potencialmente alterável – das mediações alienadas de segunda ordem, com sérias consequências para seu monumental empreendimento teórico como um todo. Pois a abstração idealista das determinações reais (que também ajuda a produzir a *inversão* radical do positivo e do negativo) carrega consigo:

1. Que a dinâmica histórica em movimento se encerra de maneira arbitrária na eterna prisão da alienação metafisicamente definida em seu esquema das coisas;

2. E que seu próprio êxito em identificar o papel crucial do trabalho na qualidade de chave para a compreensão do desenvolvimento humano em geral – um dos *insights* mais fundamentais em toda a história da filosofia – acaba por ser sobremaneira diminuído.

Desse modo, o trabalho precisa ser conceituado por Hegel de uma forma extremamente unidimensional, de maneira a satisfazer a preconcepção "positiva", perdendo ao mesmo tempo a maior parte de seu poder explicativo, devido àquela inversão apologética, e fi-

---

[17] Karl Marx, *Manuscritos econômico-filosóficos* (trad. Jesus Ranieri, São Paulo, Boitempo, 2004), p. 124.

cando confinado ao domínio da abstração filosófica. É por esse motivo que, no universo do discurso hegeliano:

> O trabalho é o *vir a ser para si* (*Fürsichwerden*) *do homem no interior da exteriorização* ou como homem exteriorizado. O trabalho que Hegel unicamente conhece e reconhece é o *abstratamente espiritual*. O que forma, assim, a *essência* da filosofia em geral, *a exteriorização do homem que se sabe* (*wissender Mensch*), ou a ciência *exteriorizada* que se pensa, isto Hegel toma como sua essência.[18]

Como resultado, uma ideia das mais relevantes implicações práticas é restrita a uma limitada esfera contemplativa. Ao mesmo tempo, uma concepção potencialmente emancipatória é transformada em autorreferencialidade opaca e mistificação extremada.

4.5 Função reconciliadora da "negatividade como contradição transcendente de si mesma"

Como podemos ver, então, na raiz – neste momento geralmente prevalecendo por séculos – da determinação negativa da filosofia e da teoria social encontramos a identificação mais ou menos consciente dos pensadores mencionados com os parâmetros estruturais fundamentais e as mediações de segunda ordem da "sociedade civil" dividida em classes e sua formação de estado.

Já que a estrutura global da ordem dominante é presumida como a fundação necessária da vida social em geral e "eternizada" como tal, a visão inerentemente positiva de construir uma nova ordem social qualitativamente diversa não pode fazer-se presente de maneira concebível. A única crítica admissível é a formulação de *corretivos parciais*, que se referem tanto às operações materiais da sociedade mercantil como ao "interferente" – ou, pelo contrário, em relação às classes subordinadas, que não interferem de forma suficiente ou tampouco efetiva – exercício do poder estatal. Por conseguinte, como já mencionado, não pode haver positividade real nessa estrutura de pensamento, já que no interior do confinamento de suas pressuposições gerais ele só pode oferecer a pseudopositividade da inversão apologética – por exemplo, o "positivismo acrítico" hegeliano *vis-à-vis* a "racionalidade" da ordem dominante, quaisquer que sejam suas contradições – ou a definição de positividade como "*negação da negação*": uma fórmula expandida, de modo problemático, bem além de sua validade.

Podemos identificar claramente essas interconexões em uma importante passagem da *Science of Logic* [Ciência da lógica] de Hegel. Nessa obra, ele se debruça sobre algumas das questões mais espinhosas da filosofia moderna nos seguintes termos:

> A autorrelação do negativo deve ser considerada a segunda premissa de todo o silogismo. [...] A primeira premissa é o momento de universalidade e comunicação; a segunda é determinada pela individualidade, que primeiro está em relação exclusiva com o Outro, enquanto existindo por si e como diferente. O *negativo* aparece como *mediador*, já que inclui a si e o termo imediato do qual é negação. Na medida em que essas duas determinações são tomadas como externamente

---

[18] Ibidem, p. 125.

relacionadas de todas as maneiras, o momento negativo nada mais é que o elemento mediador formal; mas como *negatividade absoluta*, o momento negativo da negação absoluta é a unidade a qual é subjetividade e alma.

Nesse momento de inflexão, o curso da cognição também volta-se a si mesmo. Essa negatividade, como contradição transcendente de si mesma é a reconstituição da primeira imediatidade, ou simples universalidade; pois, imediatamente, o *Outro do Outro* e o *negativo do negativo* é o *positivo* idêntico, e universal. [...] Para nós, a Noção mesma é (1) o universal o qual é *em si*, (2) o negativo que é *para si*, e (3) o terceiro termo, que é *em si e para si*, o universal que percorre todos os momentos do silogismo. Mas o terceiro termo é a conclusão, na qual *medeia a si consigo próprio por meio de sua negatividade*, e é assim suposto por si como o universal e a *identidade* de seus momentos.[19]

Assim, a "autorrelação do negativo" domina a concepção em sua totalidade. Primeiro porque precisa definir a "individualidade" em termos negativos totalmente vazios, sendo que sua definição positiva viável – o *indivíduo social* que é, ao mesmo tempo, produto e produtor ativo de uma multiplicidade de determinações sociais/interpessoais tangíveis – é radicalmente incompatível com o ponto de vista da individualidade isolada. E, segundo, porque precisa assinalar a esse "momento de individualidade" – ou seja, para Hegel a segunda premissa do "para-si", em sua negação abstrata da primeira premissa de universalidade ou "em-si" – o poder místico de "incluir" no nada de seu reflexo tanto a si mesmo quanto o objeto de sua negação, assumindo, portanto, o papel central de "mediador", o qual também é simultaneamente a "conclusão". Como resultado, somos confrontados com a mera aparência de uma positividade concludente, na forma da asserção de acordo com a qual o "Outro do Outro e o negativo do negativo é o positivo idêntico e universal".

Para entender o sentido oculto desse silogismo opaco, temos de ouvir aquilo que permanece não dito no curso da construção do "círculo de círculos" hegeliano. Pois o negativo como "mediador" é de fato condenado desde o início à futilidade de perseguir uma tarefa desprovida de esperança, no sentido de que – como Marx acertadamente frisou – extremos e opostos reais não podem ser mediados e trazidos a um denominador comum, em função de suas determinações mais profundas que contrapõem suas afirmações mutuamente exclusivas umas em relação às outras. Consequentemente, em relação aos reais extremos, o programa de mediação não alcança muito mais que a cerimonialidade vazia de um postulado imaginário.

Na verdade, contudo, Hegel não está interessado na *remoção* de contradições mas, ao contrário, em sua preservação *reconciliatória*. E já que as contradições do presente (com as quais ele explicitamente pretende chegar a um acordo, alçando o "dever" da reconciliação resignatória à dignidade dos mais elevados princípios filosóficos, como já vimos) são *inseparáveis* das evasivas mediações de segunda ordem da realidade social, uma *inversão* radical do conjunto efetivo de relações deve ocupar lugar no sistema hegeliano. Como resultado, o mundo real de mediações reificadas deve ser reduzido por Hegel a seu esqueleto lógico perene e apresentado como o mediador mágico de todas as contradições, graças à hipostatização de sua negatividade abstrata "como contradição transcendente de si mesma e reconstituição da imediatidade original".

Desse modo, ao subordinar a percepção mesma do próprio problema à sua concordância (ou não concordância) com a mediação lógico-metafísica estipulada e com a "negação

---

[19] G.W.F. Hegel, *Science of Logic*, cit., v. 2, p. 478-80.

reconstitutiva", as mediações de segunda ordem intrinsecamente contraditórias da ordem social estabelecida desaparecem de vista por completo. Pois o cerne regulatório e a solução esperada, em termos dos quais tudo deve ser avaliado, não podem questionar de maneira crítica e simultânea suas próprias credenciais. Agindo, ao invés disso, como o prisma refratário através do qual o mundo é visto e avaliado enquanto ele próprio escapa *a priori* de qualquer escrutínio, não importando quão distorcida seja sua operação. Dessa maneira, a perversa "efetividade racional" do sistema predominante de mediações não apenas não pode ser sujeita à examinação crítica, mas, em sua forma transubstanciada abstrata, torna-se a pressuposição necessária a qualquer questionamento viável.

Inevitavelmente, a redução das reais mediações historicamente específicas (adensadas pelas contradições das mediações de segunda ordem do capital) a esqueleto lógico atemporal e sem conteúdo também significa que o "momento negativo" da mediação não pode ser outro senão "o elemento mediador meramente *formal*". Para se livrar da vacuidade de tal formalismo, Hegel oferece uma solução engenhosa, ainda que puramente *semântica* – criando a tendência a esse respeito na filosofia moderna – ao renomear seus termos de referência centrais como "negatividade *absoluta*" e "mediação *absoluta*". Uma vez que, no entanto, tais categorias não podem ser derivadas da constituição original de seu Absoluto, elas devem se atribuídas à "subjetividade" e à "alma" para produzir com sua ajuda tanto o "progresso do Absoluto à inessencialidade" como o "retorno à identidade original como identidade verdadeira", afirmando superar assim a suposta falha de Spinoza.

Desse modo, a redução formalista da mediação – que produziu o momento negativo enquanto "meramente o elemento mediador" – é revertida, por assim dizer, no sentido de que o "conteúdo" reaparece na cena como a substantividade redefinida e a nova modalidade de "mediação absoluta", inerente à unidade postulada do Sujeito.

Entretanto, não há risco de uma contaminação histórica (nem tampouco das implicações de uma desestabilização social em potencial) em tal determinação do conceito, já que não possui relação alguma com as mediações identificáveis de segunda ordem do mundo real. A "mediação absoluta" do Sujeito pode apenas o que se espera dela, a saber: "progresso do Absoluto à inessencialidade" e "retorno à identidade verdadeira consigo mesma" por meio do estabelecimento da "identidade de seus momentos", graças à "negação reconstitutiva" da "negação absoluta" como "negação negativamente autorreferida".

Podemos ver, assim, que a propalada "positividade concludente" é uma falsa aparência. Pois é certo que desde o início se *assume* como o fim absoluto ao qual retorna para completar o "círculo de círculos".

A redução formalista das mediações reais a seu esqueleto lógico; a transubstanciação estipulativa desta em "mediação absoluta"; o papel-chave reservado aos conceitos de "negação absoluta" e "negação negativamente autorreferida; a problemática mistificadora de Sujeito e Objeto idênticos através do quais o "progresso do Absoluto à inessencialidade" e seu subsequente "retorno à identidade de si mesmo verdadeira" podem ser alcançados; e os postulados de "unidade e universalidade" que imaginariamente transcendem a parcialidade, – todos estes são aspectos vitais de uma concepção que produz "positividade *concludente*" sobre a base de sua *pressuposição* apriorística.

Isto até oferece a "transcendência da alienação" ao apresentar a visão de uma – puramente imaginária – "segunda alienação da existência alienada" (por meio da experiência religiosa) a qual, contudo, simultaneamente decreta a permanência absoluta da alienação *efetiva* em virtude da identidade estipulada dos conceitos de *alienação* e *objetificação*.

Assim a positividade concludente requerida do "Outro do Outro" e do "negativo do negativo" – a serem alcançados, de acordo com o grande filósofo alemão, através da "mediação absoluta" e da "negação absoluta" do Sujeito – revela ser a *pressuposição circular* e a glorificação da falsa positividade do existente. É por isso que a determinação negativa das categorias filosóficas – e, sobretudo, da categoria de mediação – deve assumir uma função metodológica tão importante na estrutura conceitual hegeliana.

4.6 Negatividade em Sartre e Marcuse: dependência do discurso ideológico dominante

O último século e meio de desenvolvimento filosófico não mudou essas determinações para melhor. Pelo contrário, tornou-as ainda mais extremas em sua negatividade.

A filosofia de Heidegger, com a infinitude de sua "negação niilizante", é um exemplo representativo nesse âmbito. O que piora as coisas, no entanto, é que, de modo frequente, até filósofos que tentam opor-se à ordem estabelecida – e não em matérias de importância marginal – permanecem aprisionados na negatividade esmagadora do discurso ideológico dominante.

Isso se aplica não somente ao Sartre existencialista, mas também ao *marxisant*, como posteriormente ele se descreve. Nesse sentido, a síntese existencialista de *O ser e o nada**, no relato também ainda deveras generoso de [Maurice] Merleau-Ponty, "é, antes de tudo, uma demonstração de que o sujeito é liberdade, ausência e negatividade"[20]. Porém, mesmo se considerarmos a mais positiva fase de desenvolvimento de Sartre – os anos de elaboração da *Crítica da razão dialética*** – descobrimos que a negatividade persiste como o princípio orientador central de sua filosofia.

Isso é ainda mais admirável, já que, em *Questão de método****, Sartre claramente reconhece que, ao longo de sua história, o papel do cartesianismo foi essencialmente negativo[21]. Ainda assim, no que se refere à articulação de sua nova síntese filosófica, o próprio autor é incapaz de evitar o mesmo destino. Pois, enquanto o "grupo fundido" da

---

* Jean-Paul Sartre, *O ser e o nada: ensaio de ontologia fenomenológica* (trad. Paulo Perdigão, 13. ed., Petrópolis, Vozes, 2005). (N. E.)

[20] Maurice Merleau-Ponty, "The Battle over Existentialism", em *Sense and Non-Sense* (Evanston, Northwestern University Press, 1964), p. 72-3. (Publicado originalmente em *Les Temps Modernes*, n. 2, nov. 1945.)

** Jean-Paul Sartre, *Crítica da razão dialética* (trad. Guilherme João de Freitas, São Paulo, DP&A, 2002). (N. E.)

*** Idem, *Questão de método* (trad. Bento Prado Júnior, São Paulo, Difel, 1979). (N. E.)

[21] "O racionalismo analítico e crítico de grandes cartesianos lhes sobreviveu: nascido na luta, voltou-se sobre ela para esclarecê-la; no momento em que a burguesia se empenhava em solapar as instituições do Antigo Regime, ele atacava as significações peremptas que tentavam justificá-las. Mais tarde serviu o liberalismo e deu uma doutrina às operações que tentavam realizar a "atomização" do proletariado. [...] No caso do cartesianismo, a ação da "filosofia" permanece negativa: ela desobstrui, destrói e faz entrever, através das complicações infinitas e dos particularismos do sistema feudal, a universalidade abstrata da propriedade burguesa", Jean-Paul Sartre, *Questão de método*, cit., p. 11.

Crítica representa uma "estrutura formal da história" essencialmente positiva por conta de sua grande coesão, essa positividade é subsumida nas duas grandes ordens de negatividade. Por um lado, o grupo fundido apenas emerge em resposta a uma ameaça mortal que seus membros devem rechaçar ou à qual devem sucumbir. Por outro – o que nesse contexto se torna a consideração mais importante – é condenada a uma existência estritamente transitória, já que não pode sustentar-se como uma estrutura socialmente viável. Ao contrário, sob a pressão de sua tendência interna a reincidir na "serialidade", é progressivamente solapada, e mesmo suas contramedidas altamente questionáveis, promulgadas a fim de prolongar sua própria vida, não conseguem impedir a desintegração definitiva.

O caso de [Herbert] Marcuse é ainda mais paradoxal e revelador. Pois ele está muito longe de se satisfazer com a "dialética negativa" de [Theodor] Adorno. Não apenas no sentido de que é muito mais predisposto a favor de Hegel que seu camarada da Escola de Frankfurt, mas, acima de tudo, porque ele tenta de modo desafiador reafirmar a validade da "utopia" como a contraimagem radical da ordem social estabelecida a qual ele condena nos mais apaixonados termos.

Dessa maneira, Marcuse insiste que o "imperativo histórico" e o "imperativo moral" por ele preconizados, em conjunção com a rejeição categorial da positividade cúmplice e da "afirmação", constitui subversão e negação: "não em prol da negação, mas para 'salvar' valores humanos invalidados pela afirmação"[22].

Ao mesmo tempo, Marcuse afirma que o "imperativo moral" de seu "imperativo revolucionário" – em oposição ao "imperativo tecnológico"[23] prevalente na sociedade – é um "postulado empírico derivado da deveras banal (e bastante 'não científica') experiência de sofrimento desnecessário"[24].

Entretanto, mesmo se desconsiderarmos sua – às vezes direta e às vezes indireta – dependência em relação ao discurso "anti-ideológico" dominante[25], a solução de Marcuse é extremamente problemática. Pois sua utópica rejeição do presente – o que ele denomina "A Grande Recusa"[26] – acaba por ser uma "correção" de Hegel a partir de uma posição explicitamente kantiana, afirmando a validade de "um 'dever' que se impõe sobre o indivíduo *contra* a inclinação, a necessidade pessoal, o interesse"[27].

Dado o falso diagnóstico de Marcuse, que subestima a fatídica "integração" de "provavelmente a maioria da população"[28], nada além do imperativo abstrato da "emergência

---

[22] Herbert Marcuse, "Freedom and the Historical Imperative" (palestra proferida no Rencontre Internationale de Genève em 1969), em *Studies in Critical Philosophy* (Londres, NLB, 1972), p. 216.

[23] Ibidem, p. 215.

[24] Ibidem, p. 216.

[25] Marcuse, curiosamente, almeja uma "discussão não ideológica da liberdade" (ibidem, p. 212). Um pouco depois ele usa o termo com a mesma conotação anti-ideológica genérica, quando formula a questão: "Isto significa que os imperativos da história impedem a realização da liberdade sob qualquer outra forma parcial, repressiva e ideológica?", ibidem, p. 213.

[26] Ibidem, p. 221.

[27] Ibidem, p. 219. Grifo de Marcuse.

[28] Ibidem, p. 217.

de um novo Sujeito"[29] permanece como o princípio orientador de sua filosofia. Nesse espírito, ele decreta em nome do novo Sujeito hipostasiado: "A prioridade do fator subjetivo, deslocamento do potencial revolucionário das antigas classes trabalhadoras para grupos minoritários da *intelligentsia* e trabalhadores da classe média"[30].

Assim, nos é oferecida como solução uma síntese postulada a qual se supõe que seja: "A obra de uma Subjetividade histórica *supraindividual* no indivíduo – assim como as categorias kantianas são as sínteses de um *Ego transcendental* no Ego empírico"[31]. De fato, algumas linhas depois, é posto que "a *construção transcendental* da experiência kantiana pode muito bem equipar o *modelo* para a *construção histórica* da experiência"[32].

É com isso que ficamos já no momento em que Marcuse, ainda num tom otimista, celebra o futuro "positivo" de sua utopia cujos horizontes são definidos por ele em termos de "sublimação não repressiva", a qual se espera que surja dos processos de, e afeitos a, "dessublimar a arte e a antiarte". Não surpreende, portanto, que as expectativas decepcionantes com relação ao "novo Sujeito", como corporificadas "na jovem militância dos dias de hoje"[33], leve ao profundo desespero e pessimismo do Marcuse tardio – quando, de acordo com ele, "na realidade é o mal que triunfa", deixando ao indivíduo nada além de "ilhas de bem onde nos podemos refugiar durante algum tempo"[34]. Pois a negatividade paralisante do discurso teórico dominante não pode ser rompida por estratégias modeladas na pseudopositividade de imperativos e constructos transcendentais kantianos, mas apenas pela redefinição em termos inerentemente positivos – assim como viáveis na prática – da direção da jornada e da agência social da transformação radical advogada.

Tal redefinição envolve acima de tudo a questão da mediação. É compreensível, portanto, que os críticos da ordem dominante, como Sartre e Marcuse, devam rejeitar a falsa positividade da qual a concepção hegeliana de mediação é um exemplo clássico. Contudo, o retorno a Kant que encontramos tanto nos escritos de Sartre como nos de Marcuse não podem resolver os problemas em jogo. Pelo contrário, a confiança no "dever" kantiano somente torna sua negação mais abstrata e genérica, com uma tendência a desconsiderar o papel central da mediação socialmente efetiva em trazer à luz a mudança estrutural necessária.

---

[29] Ibidem, p. 222.

[30] Ibidem, p. 222-3.

[31] Ibidem, p. 217.

[32] Ibidem, p. 218.

[33] "Acredito que, na juventude militante de hoje, a síntese política radical de experiência está se formando – talvez este seja o primeiro passo em direção à libertação", ibidem, p. 223.

[34] Herbert Marcuse, *A dimensão estética* (trad. Maria Elisabete Costa, Lisboa, Edições 70, 2007), p. 55.

5
ASCENSÃO E QUEDA DA
TEMPORALIDADE HISTÓRICA

5.1 Explicação histórica na Grécia Antiga e na Idade Média

O desenvolvimento da consciência histórica concentra-se em torno de três conjuntos fundamentais de problemas:

1. A determinação da ação histórica.

2. A percepção de mudança não meramente como um lapso de tempo, mas como um movimento que possui caráter intrinsecamente cumulativo, implicando, portanto, alguma espécie de avanço e desenvolvimento.

3. A oposição implícita ou consciente entre universalidade e particularidade, com vistas a atingir uma síntese de ambas na tarefa de explicar eventos historicamente relevantes em termos de sua significância mais ampla, os quais, por necessidade, transcendem sua especificidade histórica imediata.

Naturalmente, todos os três são essenciais para uma concepção histórica genuína. Por esse motivo, não é de forma alguma suficiente estabelecer de forma genérica que "o homem é o agente da história" se a natureza da mudança histórica não é compreendida de maneira adequada, ou a complexa relação dialética entre particularidade e universalidade é violada em relação ao sujeito da ação histórica. Da mesma forma, o conceito de progresso humano enquanto tal, tomado de forma isolada das outras duas dimensões da teoria histórica, é facilmente reconciliável com uma explicação minuciosamente anistórica se a ação supra-humana da "Providência Divina" é presumida como a força motriz por trás da mudança postulada.

Nesse sentido, a objeção de Aristóteles em relação à escrita histórica – posicionando a historiografia por ele conhecida bem abaixo da poesia e da tragédia, em vista de seu caráter

74 *Estrutura social e formas de consciência*

"menos filosófico"[1] – é plenamente justificada. Não porque o sentido original do termo grego para história – derivado de *istor*, ou seja "testemunha ocular" – indica o perigo de confiar tão profundamente no limitado ponto de vista dos indivíduos particulares, os quais, eles mesmos, são participantes e, portanto, possuem também algum interesse investido de um modo inevitavelmente parcial no relato dos eventos em pauta. A questão era muito mais delicada. Ela se referia à natureza mesma do empreendimento do historiador tal como se manifesta na contradição aparentemente insolúvel entre o ponto de partida particularista e a evidência tal como é exibida nas ações relatadas, e o "ensinamento" genérico ou a conclusão que se supunha derivar de ambos. Em outras palavras, era a incapacidade dos historiadores da Antiguidade de dominar as complexidades dialéticas da particularidade e da universalidade que carregava consigo a consequência necessária de estas permanecerem aprisionadas no nível do particularismo anedótico. E já que era evidentemente inadmissível deixar as coisas nesse estado, o particularismo anedótico e "não filosófico" da historiografia antiga teve de ser transformado diretamente na universalidade moralizante, para reclamar a atenção do leitor por meio de sua declarada significância geral.

Por outro lado, a historiografia da Idade Média violou a dialética da particularidade e da universalidade de modo contrastante, partindo de diferentes premissas e determinações em relação às quais a "testemunha ocular" da história antiga perdeu completamente sua relevância. Os sistemas representativos da Idade Média eram caracterizados pela obliteração radical da vitalidade realista da particularidade histórica efetiva. Desse modo, eles sobrepuseram aos eventos relatados e personalidades afins a *universalidade abstrata* de uma "filosofia da história" religiosamente preconcebida e na qual tudo tinha de ser diretamente subordinado à obra postulada da Providência Divina, como instâncias positivas ou negativas – ou melhor, "exemplificações ilustrativas" – de tal Providência.

Assim, de acordo com santo Agostinho, o autor da maior filosofia da história inspirada na religião, "no fluxo torrencial da história humana, duas correntes se encontram e se misturam: a corrente do mal, que flui de Adão, e a corrente do bem, que provém de Deus"[2]. Esse é o motivo por que se argumenta contra todos aqueles que, na visão de santo Agostinho, falham em compreender o real propósito da intervenção Divina nos assuntos

---

[1] Como posto por Aristóteles: "Por conseguinte, tal como é necessário que nas demais artes miméticas uma seja a imitação, quando o seja de um objecto uno, assim também o mito, porque é imitação de acções, deve imitar as que sejam unas e completas, e todos os acontecimentos se devem suceder em conexão tal que, uma vez suprimido ou deslocado um deles, também se confunda ou mude a ordem do todo. Pois não faz parte de um todo o que, quer seja quer não seja, não altera esse todo. [...] Pelas precedentes considerações se manifesta que não é ofício de poeta narrar o que aconteceu; é, sim, o de representar o que poderia acontecer, quer dizer: o que é possível segundo a verossimilhança e a necessidade. Com efeito, não diferem o historiador e o poeta por escreverem verso ou prosa (pois que bem poderiam ser postas em verso as obras de Heródoto, e nem por isso deixariam de ser história, se fossem em verso o que eram em prosa) – diferem, sim, em que diz um as coisas que sucederam, e outro as que poderiam suceder. Por isso, a poesia é algo de mais filosófico e mais sério do que a história, pois refere aquela principalmente o universal, e esta, o particular. [...] Dos mitos e acções simples, os episódicos são os piores. Digo 'episódico' o mito em que a relação entre um e outro episódio não é necessária nem verossímil", Aristóteles, *Poética* (Trad. Eudoro de Sousa, Lisboa, Imprensa Nacional/Casa da Moeda, 1986), p. 115.

[2] Santo Agostinho, *City of God* (Nova York, Image Books/Doubleday, 1958), p. 523. [Ed. bras.: *A cidade de Deus,* trad. Oscar Paes Leme, Petrópolis, Vozes, 1989.]

humanos – manifesto até mesmo por meio da imposição de desumanidades as quais, quando confrontadas, são difíceis de reconciliar com o Propósito Divino:

> se [eles] ao menos tivessem senso, veriam que as privações e crueldades que sofrem por parte do inimigo vieram daquela Providência Divina que faz uso da guerra para reformar as vidas corruptas do homem. Eles devem ver que, através de tais aflições, a Providência testa os homens de vida virtuosa e exemplar, e os convoca, assim que julgados, a um mundo melhor, ou os mantêm na terra por um certo período para a realização de outros propósitos.[3]

5.2 "Providência Divina" nas filosofias burguesas da história

O papel privilegiado destinado à Providência Divina na explicação do desenvolvimento histórico – que torna problemática ao extremo, se não totalmente desprovida de sentido, a noção mesma de ação histórica genuinamente humana – não é, claro, confinado à Idade Média. Ele emerge também em estágios muito posteriores, independentemente do estado do conhecimento científico e da esmagadora evidência provida pela dinâmica dos intercâmbios sócio-históricos em movimento que convidam a explicações seculares. As razões para isso, por vezes, podem ser localizadas de modo claro em interesses sociais conservadores e decerto profundamente reacionários, como evidenciado pelos escritos da filosofia e da historiografia românticas, por exemplo.

Assim, Friedrich Schlegel, na mesma época em que produz a concepção histórica de Hegel – a era das revoluções Francesa e Industrial –, argumenta que:

> O Criador não reservou para Si apenas o começo e o fim, deixou o resto seguir seu próprio curso; mas no meio, e em cada ponto também, de seu progresso, a Vontade Onipotente pode intervir a seu bel-prazer. Se Lhe apraz, Ele pode parar instantaneamente seu desenvolvimento vital, e repentinamente fazer o curso da natureza deter-se; ou, em um momento, dar vida e movimento àquilo que antes se encontrava imóvel ou inanimado. De modo geral, é no poder divino de suspender as leis da natureza, de interferir diretamente com elas e, de certo modo, intercalar entre elas alguma operação mais elevada e imediata de Seu poder, como uma exceção a seu desenvolvimento. Pois como na moldura social da vida civil, o autor e o provedor de leis pode ocasionalmente suspendê-las ou, em sua administração, permitir certos casos de exceção, assim também é com o Legislador da natureza.[4]

O intento reacionário por trás das asserções arbitrárias de Schlegel é bastante óbvio. E torna-se ainda mais claro quando ele traça um paralelo direto entre a "Sabedoria da Divina Ordem das Coisas", a "Divina Ordem na História do Mundo e a relação de Estados"[5] para justificar o princípio de acordo com o qual "o poder emana de Deus" e, portanto, nos proíbe estritamente de "*violar ou subverter forçosamente qualquer direito estabelecido, seja essencialmente sagrado ou venerado apenas por prescrição*"[6].

---

[3]   Ibidem, p. 41.

[4]   Friedrich Schlegel, *The Philosophy of Life, and Philosophy of Language, in a Course of Lectures* (Londres, George Bell & Sons, 1901), p. 116.

[5]   Ibidem, p. 114, 140, 163 e 186.

[6]   Ibidem, p. 328-9.

76 *Estrutura social e formas de consciência*

Entretanto, esse tipo de apologética social não é de modo algum uma característica necessária de todas as teorias históricas que, por uma razão ou outra, continuam a fazer referência às categorias da teologia tradicional. Pois, estranhamente, as concepções históricas da burguesia *nunca foram completamente* bem-sucedidas em se libertar das determinações que as fazem incorporar os mistérios da "Providência Divina" em seu quadro explicativo. Nem sequer quando o intento sociopolítico subjacente é, no todo, bastante progressista e fundamentalmente secular em seu caráter.

Assim, Hegel, por exemplo, que representa o ápice insuperável de tais concepções históricas, conclui sua *Filosofia da história* com as seguintes linhas:

> A história universal é o processo desse desenvolvimento e do devir real do espírito no palco mutável de seus acontecimentos – eis aí a verdadeira teodiceia, a justificação de Deus na história. Só a percepção disso pode reconciliar a história universal com a realidade: a certeza de que aquilo que aconteceu, e que acontece todos os dias, não apenas não se faz sem Deus, mas é essencialmente a Sua obra.[7]

Hegel, claro, é perfeitamente versado na dialética da particularidade e da universalidade no nível da abstração filosófica. Ele escreve em sua *Filosofia do direito*:

> O elemento de existência do espírito universal – que é intuição e imagem na arte, sentimento e representação na religião, pensamento puro e livre na filosofia – é, na história universal, a realidade espiritual em ato, em toda a sua acepção: interioridade e exterioridade. Constitui a história mundial um tribunal, porque na sua universalidade em si e para si, o particular, os penates*, a sociedade civil e o espírito dos povos em sua irisada realidade apenas são como algo da natureza da ideia separada; neste elemento, o movimento do espírito consiste em tornar isso evidente.[8]

Já que, contudo, os interesses ideológicos inseparáveis do horizonte social de Hegel compelem-no a reter a ficção de "agregados de indivíduos na sociedade civil", como vimos no capítulo 4, as relações efetivas devem ser retratadas de maneira invertida, para que sejam capazes de deduzir a "efetividade variada" do particularismo burguês, e com ela reconciliá-lo, da "universalidade absoluta" da história mundial efetivamente realizada e sua exigida idealidade. Desse modo, nos é oferecida uma definição apologética da história mundial em termos de "desenvolvimento necessário, exterior ao conceito isolado da liberdade da mente, dos momentos de razão e, assim, da autoconsciência e da liberdade do espírito". E para completar o "círculo dialético" do constructo hegeliano – que mescla os momentos da idealidade e efetividade no interesse de sua abertamente professada reconciliação com o presente –, nos é dito que: "[A história é] o desenvolvimento necessário dos momentos da razão, da consciência de si e e da liberdade do espírito, a interpretação e a realização do espírito universal"[9].

Na verdade, porém, o desenvolvimento histórico é profundamente ininteligível em termos de particularidade orientada a si mesma ou com referência ao definitivamente mis-

---

[7] G.W.F. Hegel, *A filosofia da história* (trad. Maria Rodrigues e Hans Harden, Brasília, UnB, 1995), p. 373.

* Na mitologia romana, penates eram os deuses responsáveis por guardar as provisões do lar. (N. E.)

[8] G.W.F. Hegel, *Princípios da filosofia do direito* (trad. Orlando Vitorino, São Paulo, Martins Fontes, 2003), p. 307.

[9] Idem.

terioso desenrolar de uma universalidade abstrata, sejam estas as variedades abertamente teológicas da "Providência Divina" ou a noção hegeliana de "espírito universal".

Por conseguinte, não pode haver solução para os dilemas de teorias passadas sem que se conceba a ação da história *efetiva* como a unidade prática de determinações *particulares* e *universais* corporificadas em um *sujeito coletivo real*, em contraste com o idealista "movimento do espírito" ou o circular e antecipador a si próprio cumprimento do "destino da razão" presumido *a priori*.

É por isso que a incompatibilidade de um sujeito coletivo de existência empírica com as pressuposições individualistas do pensamento burguês devem conduzir a resultados problemáticos ao extremo.

- Por um lado, deve levar a definir a dimensão coletiva do desenvolvimento histórico – em [Giambattista] Vico, Kant, Hegel e outros, ainda que sob uma variedade de nomes diferentes – como "astúcia da razão", com seus misteriosos modos de realizar seu próprio plano por sobre as cabeças dos indivíduos.

- Por outro, precisa carregar consigo uma tentativa desesperada de eliminar, pelos postulados esperançosos do insustentável "dever-ser", as contradições envolvidas em tal solução da relação entre os aspectos individual e coletivo do desenvolvimento histórico.

- Ademais, essa duvidosa preponderância do "dever" precisa estar em evidência até mesmo quando, paradoxalmente, o filósofo em questão (como Hegel, por exemplo) está – em termos filosóficos gerais – conscientemente em oposição aos inócuos remédios que se podem derivar do mero "dever-ser".

O caso de Hegel é particularmente instrutivo a esse respeito. Pois ele reconhece tanto o contraste radical entre a antiga e a "moderna teoria" como os severos dilemas implícitos nas soluções desta. Ele escreve:

> Em sua *República*, Platão tudo investiu no governo, transformando a vontade interna num princípio, e por isso deu grande importância à educação. *Totalmente oposta* é a teoria moderna que deixa tudo a cargo da *vontade individual*. Aqui não existe a *garantia* de que essa vontade tenha a *vontade interior justa*, baseada na qual *o Estado possa existir*.[10]

Contudo, quando Hegel tenta sustentar a viabilidade do sistema moderno que precisa operar sobre o terreno da "Ideia do Direito" em conjunção com "a vontade subjetiva do homem", não consegue oferecer uma solução real. Ele meramente afirma que:

> No que concerne a esta última relação [vontade subjetiva], o aspecto principal da *unilateralidade* ainda se apresenta, ou seja, a vontade universal deve também ser a empiricamente universal – os indivíduos *devem*, como tal, *governar* ou, *pelo menos, participar do governo*.[11]

Assim, embora Hegel esteja preparado para diluir as exigências de uma relação adequada entre os indivíduos e o Estado para o critério mínimo de "pelo menos participar do governo", ao invés de efetivamente "regular" ou controlar as condições de sua própria vida, como o "princípio moderno" mesmo prescreveria, ele não pode afirmar

---

[10] Idem, *A filosofia da história*, cit., p. 368.

[11] Ibidem, p. 369.

78 Estrutura social e formas de consciência

que a contradição envolvida nos novos arranjos é desse modo resolvida. Ao mesmo tempo que apela para o "dever" da história futura como a solução possível, ele precisa admitir que no Estado moderno:

> Os arranjos específicos de governo são bombardeados pelos defensores da liberdade como mandatos da vontade particular e tachados de amostras de poder arbitrário. A vontade de muitos tira o ministério do poder, e aqueles que formavam a oposição, por ser agora governo, têm muitos contra si. Dessa forma, perpetuam-se o movimento e a inquietação. É com essa colisão, com esse entrave, com esse problema, que a história agora se depara e para a qual tem que encontrar a solução em tempos futuros.[12]

Como podemos notar a partir dos termos de referência de Hegel, até quando está disposto a aceitar a presença de "movimento, inquietação e colisão", o arcabouço explicativo geral permanece totalmente individualista, reconhecendo somente agregados de indivíduos como apoiadores do governo ou como oposição participando nos conflitos caracterizados de um modo um tanto duvidoso. As contradições sociais subjacentes como articuladas em torno do ponto focal dos irreconciliáveis interesses materiais (e de classe) não são reconhecidos por ele, muito menos Hegel perceberia seus indicadores objetivos na direção de uma possível solução. Daí a gratuita sugestão que atribui o papel da ação – como portador da solução almejada – a uma "história futura" abstratamente personificada a qual constitui a completude lógica das pressuposições individualistas de sua teoria.

5.3 A concepção de Vico de sociedade civil e história

A filosofia de Giambattista Vico oferece um exemplo marcante tanto das conquistas positivas como das inevitáveis limitações das concepções históricas burguesas.

Ele se debruça sobre todas as três dimensões fundamentais da consciência histórica mencionada anteriormente. De fato, uma das ideias mais brilhantes de Vico é o reconhecimento de

> que este mundo civil foi certamente feito pelos homens [...]. A bem refletir sobre tal fato, causa estranheza [verificar] como todos os filósofos seriamente estudaram o modo de obter a ciência deste mundo natural, do qual, pois que Deus o fez, somente Ele tem ciência; e deixaram de meditar este mundo das nações, ou seja, o mundo civil, do qual, pois que o fizeram os homens, podiam obter sua ciência os homens.[13]

Ao mesmo tempo, Vico também compreende que o processo histórico não pode ser explicado apenas em termos dos atos de indivíduos particulares que buscam suas metas subjetivas conscientes. Pois o resultado, por mais inquietante que possa parecer, é diametralmente oposto às intenções originais. Para citar suas reflexões no assunto, que de maneira inconfundível antecipam a noção hegeliana da "astúcia da razão":

> Pois foram os próprios homens que fizeram este mundo de nações (que foi o primeiro princípio incontestável desta Ciência, desde que nos desesperamos de encontrá-la nos filósofos e nos filólo-

---

12   Idem.

13   Giambattista Vico, *A ciência nova* (Rio de Janeiro, Record, 1999), p. 131.

gos); mas este mundo, sem dúvida, saiu de uma mente frequentemente diversa e, às vezes, de todo contrária e sempre superior a esses fins particulares a que os homens se haviam proposto; desses fins restritos, feitos em parte para servir a fins mais amplos, se serviriam sempre para conservar a humana geração nesta terra. Por isso, querem os homens usar a libido bestial e dissipar seus benefícios, e fazem a castidade dos matrimônios, onde surgem as famílias; querem os pais exercer desmedidamente os impérios paternos sobre os clientes, e sujeitá-los aos impérios civis, donde surgem as cidades; querem as ordens reinantes dos nobres abusar da liberdade senhorial sobre os plebeus, e tornam-se escravos das leis, que fazem a liberdade popular; querem os povos livres livrar-se do freio de suas leis, e seguem sujeitos aos monarcas.[14]

Entretanto, enquanto é explicitamente afirmado "que este mundo civil foi certamente feito pelos homens", a concepção histórica de Vico, assim como a de Hegel, desaba no ponto crucial. Ele também fica embaraçado – do ponto de vista insuperável da economia política – nas dificuldades referentes à relação entre particularidade e universalidade, assim como entre temporalidade e trans-historicidade. Pois, no interior de tais horizontes, o real sujeito da história não pode ser uma ação coletiva transindividual que poderia oferecer uma solução a esses problemas. Ou melhor, na medida em que a ação histórica é dita estar funcionando através dos atos de indivíduos – que são usados pela "mão oculta" a serviço de seu próprio "desígnio oculto" –, ela deve ser *supraindividual*, em contraste com o transindividual. E, obviamente, somente pode afirmar sua autoridade *supraindividual* sobre os limitados indivíduos particulares por ser supra-humana. Uma solução que é, sem dúvida, compatível com o modelo de explicação individualista exigido, embora o preço a ser pago por adotá-lo envolva a incorporação de um mistério abertamente reconhecido em sistemas de pensamento programaticamente racionais e ilustrados.

Vico, como todos aqueles que foram pioneiros do ponto de vista da economia política, está bastante consciente do papel do trabalho[15] no desenvolvimento histórico. Ele também compartilha com os economistas políticos uma visão da natureza humana de acordo com a qual os homens estão "tiranizados pelo amor-próprio, pelo qual não seguem senão principalmente a própria utilidade"[16]. Tal visão da natureza humana – uma "natureza" que deve ser, segundo Vico, subjugada e controlada pelo "propriamente humano" – está ligada a uma explicação do avanço do conhecimento e da liberdade sobre a base de um modelo antropológico.

Assim, o fracasso anterior em entender a natureza da sociedade civil e de suas instituições é explicada por Vico como uma "*aberração*" que é:

> uma consequência da falta de firmeza da mente humana pela qual, imersa e enterrada no corpo, naturalmente se inclina a prestar atenção nas coisas corporais, e considera o esforço de prestar atenção em si mesma muito laborioso; assim como o olho corpóreo enxerga todos os objetos em seu exterior, mas precisa de um espelho para se enxergar.[17]

---

[14] Ibidem, p. 487-8.

[15] Ver a seção na qual Vico insiste em que "[...] os pais das famílias [...] tornados ilustres [...] pelas fadigas de seus clientes, abusando das leis de proteção, governavam aqueles com demasiado rigor", ibidem, p. 483.

[16] Ibidem, p. 136.

[17] Ibidem, p. 132.

80 *Estrutura social e formas de consciência*

Do mesmo modo, o surgimento da liberdade humana é tornado inteligível em contraposição ao corpo humano quando Vico afirma que ela não se origina do corpo, como a concupiscência, mas sim da mente, e, portanto, é própria do homem[18]. Em adição ao "corpo natural" no qual o suposto "*genus*-indivíduo" participa também há sua articulação social a complexos intrinsecamente coletivos, constituindo uma "segunda natureza" historicamente produzida e mutável em relação à qual o avanço tanto do conhecimento como da liberdade podem e devem ser explicados. Tais considerações, obviamente, não podem encontrar lugar nessa estrutura de pensamento.

De modo paradoxal, contudo, os termos anistóricos de contraposição que encontramos no modelo antropológico de Vico ressaltam sua concepção histórica como um todo. Assim, ele é forçado a procurar por "princípios universais e eternos [...] nos quais surgiram e se conservaram todas as nações"[19], desviando, desse modo, a busca por uma dialética do particular e do universal em direção ao escuro beco metafísico da universalidade e eternidade atemporais. É por esse motivo que, na análise final, a providencial e supratemporal "astúcia da razão" deve prevalecer como o verdadeiro sujeito da história, substituindo a temporalidade histórica pelo "eterno", e a particularidade pelo universal abstrato. Como o próprio Vico coloca em duas passagens centrais de sua obra inovadora:

> Tal Ciência deve ser uma demonstração, por assim dizer, de fato histórico da providência, pois que deve ser uma história das ordens, sem a qual nenhuma percepção ou conselho, e frequentemente *contra resoluções dos homens*, deu a esta grande cidade do gênero humano, pois, conquanto este mundo tenha sido criado no *tempo*, as *ordens, todavia, ali estabelecidas são universais e eternas*.[20]

E novamente, após observar como as intenções conscientes dos homens tornaram-se o seu oposto, mesmo pelo pretenso benefício de todos, ele conclui:

> O que fez tudo isso, foi, na verdade, a mente, pois que fizeram-no os homens com inteligência; não é questão de destino, porque o fizeram com livre escolha; nem foi acaso, pois que com perpetuidade, sempre assim, fazendo, chegaram às mesmas coisas.[21]

Assim, no fim, a temporalidade histórica deve ser suprimida para alinhar tudo com a concepção "político-econômica" da "natureza humana" e com o modelo individualista de razão, conhecimento e liberdade direta ou indiretamente derivados dos fundamentos antropológicos daquela suposta natureza.

Naturalmente, a "providência, pela ordem das coisas civis"[22] de Vico, agindo como a "mente" e a força motriz por trás das transformações históricas que levam a ou manifestam "o perpetuamente mesmo", está longe de ser um conceito teológico tradicional. Porém, as instituições da sociedade civil – sem as quais "nenhuma percepção ou conselho, e frequentemente contra resoluções dos homens, deu a esta grande cidade do gênero humano" – não podem ser submetidas ao exame crítico e tratadas como intrinsecamente históricas, daí

---

[18] Ibidem, p. 481.

[19] Ibidem, p. 132.

[20] Ibidem, p. 137.

[21] Ibidem, p. 487.

[22] Ibidem, p. 488.

Ascensão e queda da temporalidade histórica   81

serem mutáveis com referência a todos os seus aspectos (incluindo os estruturalmente mais importantes). Por isso, o interesse ideológico de "eternizar as relações sociais estabelecidas" domina o constructo global e impõe os mistérios supra-históricos de uma pretensa *"teologia civil racionada* pela providência divina"[23] como os estipulados "limites da razão humana"[24] no sistema explicativo de Vico, originalmente intencionado como secular e histórico.

5.4 Modelos orgânicos como substitutos da explicação histórica

A caracterização do corpo *social*, junto com todas as suas partes constituintes e instituições, como um *organismo* está amplamente difundida ao longo da história do pensamento político e social. Não é possível, evidentemente, rejeitá-la *a priori*. Apesar disso, a questão de sua viabilidade sustenta-se em como seus termos de referência são definidos – ou seja, se são vistos de maneira dinâmica ou como um sistema encerrado em si mesmo e imutável.

O que torna os vários modelos antropológicos do pensamento burguês extremamente problemáticos – mesmo quando são formulados de um ponto de vista progressista, como, por exemplo, nos escritos de Vico, Rousseau e [Johann Gottfried von] Herder – é que a explicação orgânica constitui para eles apenas um *substituto* para uma visão genuinamente histórica do processo social. Pois, embora o modo pelo qual tais modelos são concebidos torne possível explicar o funcionamento imediatamente observável da forma de relação social estabelecida, isso apenas ocorre ao se evitar a questão da *gênese*, já que uma análise mais acurada iria transferir a possibilidade da crítica social para o plano da – historicamente viável – negação e mudança radicais.

Ainda assim, é sobretudo a dimensão histórica da gênese que torna compreensível o funcionamento de um determinado conjunto de relações sociais como um *sistema orgânico* no interior da estrutura de *pressuposições práticas* historicamente criadas. Pois, como Marx argumentou de modo enfático:

> Deve se ter em mente que as novas forças de produção e relações de produção não se desenvolvem do *nada*, nem tampouco caem do céu, ou mesmo do ventre da Ideia autoproclamada; mas do interior do e em antítese ao desenvolvimento existente da produção e das relações herdadas e tradicionais de propriedade. Enquanto no sistema burguês completo cada relação econômica *pressupõe* todas as outras em sua forma econômica burguesa, e *tudo que é colocado também é uma pressuposição*, este é o caso de todo sistema orgânico. Esse sistema em si, como uma *totalidade* – que tem suas *pressuposições*, e seu *desenvolvimento* em sua totalidade – consiste precisamente em subordinar a si todos os elementos da sociedade, ou em criar a partir dela os órgãos que ainda não possui. É assim que, *historicamente, torna-se uma totalidade*. O processo de tornar-se tal totalidade forma um momento de seu processo, de seu *desenvolvimento*.[25]

A omissão dessa dimensão, de fato, importante – que procura compreender a totalidade social dada em seu *porvir histórico*, em termos de suas *pressuposições objetivas* – não é uma

---

[23]   Ibidem, p. 137.

[24]   Ibidem, p. 141.

[25]   Karl Marx, *Grundrisse: Foudations of the Critique of Political Economy* (trad. Martin Nicolaus, Londres, Penguin, 1973), p. 275.

falha pessoal de Vico, Rousseau, Herder e outros, mas um *necessário limite* de seu ponto de vista. Pois os interesses materiais e ideológicos subjacentes não lhes permitem ver além do quadro estrutural da sociedade de classes, confinando necessariamente, desse modo, sua crítica a algum aspecto secundário da ordem estabelecida, sem questionar a estrutura em si, ou tampouco suas pressuposições historicamente criadas – e, portanto, também *historicamente transcendíveis.*

Por esse motivo, a própria imagem orgânica que eles utilizam com tanta predileção não pode ter genuíno valor explicativo, já que suas determinações reais (ou seja, precisamente aquelas que definem o organismo como uma totalidade em desenvolvimento) são necessariamente ignoradas. Consequentemente, o postulado da "unidade orgânica" – que, como se diz, cimenta as diversas partes da sociedade, assim como a natureza faz no caso do corpo individual – não pode chegar a ser mais que uma *analogia externa* e, de fato, superficial. Pois, por meio de tal redução analógica, o dinamismo histórico imanente de *ambos*, do indivíduo e do organismo social (na qualidade de sistemas compreensíveis apenas em termos de condições históricas determinadas de *produção* e *reprodução*), é apagado e transformado em uma "funcionalidade" *atemporal*, com conotações apologéticas mais ou menos pronunciadas.

De modo significativo, na principal corrente da tradição filosófica com que estamos aqui preocupados, a investigação crítica das *pressuposições* da totalidade social dada é *sistematicamente* evitada, ignorando a questão de como a ordem existente *torna-se* uma totalidade, para ser capaz de manter a circularidade através da qual as pressuposições inexplicadas "explicam" o significado de outras pressuposições.

Dessa forma, partindo do dado como uma totalidade autoexplicativa, as referências recíprocas ao "círculo dialético" não apenas "explicam" (e legitimam) a função específica dos vários aspectos, mas simultaneamente também lhes confere a aparência de *permanência.* Por conseguinte, ignorando a *gênese histórica* do sistema existente, cumpre sua função ideológica ao obliterar a dimensão histórica da ordem estabelecida também na direção do *futuro*. É isso que Marx denomina "eternização das relações burguesas de produção" que desempenha um papel muito importante nas conceituações correspondentes à época do capital, desde suas fases mais primordiais até o presente.

Somente o século XVIII e o começo do XIX parecem constituir uma exceção à regra geral, já que dão um grande passo em direção a uma explicação histórica genuína. Em meados do século XIX, no entanto, o tom dominante é de extremo ceticismo – chegando quase ao cinismo – com relação à possibilidade de desenvolvimento histórico inteligível. De fato, esse tom está encapsulado de maneira reveladora na máxima de Ranke: "Todos os eventos estão equidistantes de Deus".

Mas até mesmo nos séculos XVIII e XIX – com Vico, Rousseau, Herder e Hegel – a explicação histórica proposta não é levada coerentemente à sua conclusão. Ao contrário, encontramos uma ruptura da temporalidade histórica, por meio da introdução de *ciclos* repetitivos na estrutura explicativa geral, ou de uma *conclusão* apologética do desenvolvimento histórico como seu suposto clímax na civilização europeia do "Mundo Germânico", como é o caso de Hegel.

Assim, em última análise, o desenvolvimento histórico como um processo dinâmico ou é ignorado (no passado e com relação ao futuro) ou autorizado a entrar em cena apenas por um período e propósito limitados, no intento de sustentar o presente em sua "efetividade racional" e, ao mesmo tempo, bloquear completamente o futuro. Nesse sentido, a adoção de uma posição que garanta existência histórica somente ao passado, e mesmo assim com inconsistências características, traz consigo uma concepção de temporalidade "decapitada", com implicações metodológicas duradouras para todas as teorias que operam no interior de sua estrutura anistórica.

5.5 Vicissitudes da consciência histórica no século XX

Em relação ao desenvolvimento dessa consciência histórica no século XX, Hannah Arendt nos fornece um exemplo representativo e intrigante. Sobretudo porque as manifestações cada vez mais intensas das contradições e desumanidades da ordem social capitalista impedem a adoção de uma defesa não problemática dessa mesma ordem e Arendt procura com frequência se distanciar da "privatização burguesa", do consumismo e da hipocrisia. De fato, em discussão acadêmica dedicada à avaliação de seu trabalho, ela chega a ponto de confessar uma "romântica simpatia em relação ao sistema de conselhos"[26].

E ainda, apesar do intento crítico de Arendt, a privatização reina suprema em sua obra, não importando quantas referências sejam feitas ao "domínio público" idealizado ou até ao mais idealizado "cidadão". Não apenas porque ela admite que "nunca senti a necessidade de comprometer-me"[27]. Mais importante sobre esse aspecto é a oposição irreconciliável que ela defende entre *pensamento* e *prática*, optando pelo primeiro com a justificativa de que "eu, por natureza, não sou um ator"[28]. E até quando ela reconhece que:

---

[26] Melvyn A. Hill (org.), *Hannah Arendt: the Recovery of the Public World* (Nova York, St. Martin's Press, 1979), p. 327. É claro que ela imediatamente acrescenta: "o sistema de conselhos, *o qual nunca foi testado*". As instâncias históricas efetivas do sistema de conselhos, da Comuna de Paris até certas tentativas recentes em afirmar sua importância prática para uma transformação socialista da sociedade, parecem não contar. Nem mesmo como "testes". Pois uma vez que o horizonte social com o qual Arendt se identifica não pode conciliar-se com o projeto socialista, ela prefere rotulá-lo e sumariamente descartá-lo como inseparável do "totalitarismo".

[27] Ibidem, p. 306.

[28] Ibidem. E ao entrevistador, que pergunta "O que a senhora é? Uma conservadora? Uma liberal? Qual sua posição no interior das possibilidades contemporâneas?", ela responde: "Eu não sei. Eu realmente não sei e nunca soube. E suponho que nunca assumi alguma dessas posições. Você sabe que a esquerda me considera conservadora e os conservadores pensam que sou de esquerda ou algum tipo de dissidente ou sabe lá Deus o quê. E devo dizer que não me importa nem um pouco. Não penso que as reais questões deste século receberão alguma forma de iluminação desse tipo de coisa. [...] Nunca fui uma socialista. Nunca fui uma comunista. Tenho antecedentes socialistas. Meus pais eram socialistas. Mas eu, nunca. Jamais quis algo daquele tipo. Então não posso responder à questão. Nunca fui uma liberal. Nunca acreditei no liberalismo. [...] Então você me pergunta onde me situo. Em lugar algum. Não estou nas correntes políticas do pensamento político presente ou qualquer outro. Mas não porque quero ser original – acontece apenas que não me encaixo. [...] Não quero dizer que sou incompreendida. Pelo contrário, sou muito bem compreendida. Mas se você surge com algo assim e tira das pessoas seus pontos de apoio – suas seguras linhas-mestras (e falam a respeito da ruína da tradição sem sequer saber o que isto quer dizer! Que isso significa que você realmente está ao léu!) então, é claro que a reação será – e este tem sido meu caso muito frequentemente – que você é simplesmente ignorado. [...] E, bem, você sabe, não reflito muito sobre o que faço. Penso ser uma perda de tempo. Você nunca se conhece de qualquer forma. Então é bem inútil. Esse negócio de que a tradição está em ruínas e o fio de Ariadne está perdido. Bem, isto não é tão novo quanto fiz

84 *Estrutura social e formas de consciência*

A principal falha e equívoco de *A condição humana* é a seguinte: eu sigo observando o que é chamado nas tradições de *vita activa* a partir do ponto de vista da *vita contemplativa*, sem jamais dizer algo real a respeito da *vita contemplativa*.[29]

Não é dada nenhuma indicação de como se deve superar a "falácia" (expressão de Arendt) agora admitida. Ao contrário, a cisão entre pensamento e prática é mantida quando ela insiste que "na medida em que desejo pensar devo retirar-me do mundo"[30], ao reformular a antiga abordagem essencialmente nos mesmos termos[31]. Não é suficiente dizer que "sinto que *A condição humana* precisa de um segundo volume e estou tentando escrevê-lo"[32]. Pois, como aprendemos também com o exemplo das sínteses filosóficas de Sartre – *O ser e o nada* e *Crítica da razão dialética* –, uma coisa é reconhecer a necessidade de um segundo volume "corretivo", e outra muito diferente é ser capaz de escrevê-lo, em vista das profundas, mas não visíveis aos atores em questão, incompatibilidades teóricas envolvidas.

O fracasso de Arendt em desafiar o problema da privatização, apesar de seu sincero desejo em fazê-lo, repete-se em sua crítica da "burocracia" – enquanto "governo de ninguém" –, formulada em um vácuo social. De fato, sua crítica sustenta-se apenas em sua idealização da Constituição Americana e dos "Pais Fundadores", explicitada ao lado de uma duvidosa interpretação de [Charles-Louis de Secondat] Montesquieu, elaborada para esse propósito. E quando ela é criticada por falta de evidência efetivamente histórica e pela idiossincrática interpretação das obras, tudo o que tem a oferecer em defesa da posição advogada é uma elevação circularmente especuladora da prática weberiana de construção de "tipos ideais" para o estatuto axiomático de regra geral inquestionável[33].

De forma compreensível, portanto, a crítica da burocracia proposta permanece bastante impotente. Opõe-se verbalmente à burocracia enquanto também a aceita, baseando-se na ideia de que "a enormidade e a centralização exigem tais burocracias"[34]. E, da mesma forma, após declarar que o trabalho da administração "pode apenas ser realizado de uma maneira mais ou menos centralizada", tudo que nos é oferecido, no lugar de uma solução, é um dilema do qual não pode haver saída: "Por outro lado, essa centralização é um perigo assombroso, porque essas estruturas são muito vulneráveis. Como poderiam ser mantidas sem centralização? E se for o caso, a vulnerabilidade é imensa"[35].

---

parecer. Foi, afinal de contas, Tocqueville que disse que 'o passado deixou de projetar sua luz sobre o futuro, e a mente do homem vaga pela escuridão'. É esta a situação desde meados do último século e, vista da perspectiva de Tocqueville, totalmente verdadeira", ibidem, p. 333-7.

[29] Ibidem, p. 305.

[30] Ibidem, p. 304.

[31] Ver, a esse respeito, ibidem, p. 303-6.

[32] Ibidem, p. 306.

[33] "Bem, é claro, fiz algo similar ao que Montesquieu fez com a Constituição Inglesa ao construir certo tipo ideal da Constituição Americana. [...] Na verdade todos fazemos isso. Todos criamos aquilo que Max Weber chamou de 'tipo ideal'. Quer dizer, meditamos sobre um certo conjunto de fatos históricos, e discursos, ou qualquer outra coisa, até que se torne um tipo de regra consistente", ibidem, p. 329.

[34] Ibidem, p. 327.

[35] Ibidem, p. 328.

Seria surpreendente se pudesse ser de outra forma no sistema de Hannah Arendt. Pois a crítica que corrói seu próprio terreno e qualquer possibilidade de intervenção eficaz na transformação para melhor do quadro estrutural e institucional da sociedade – corrói ao rejeitar peremptoriamente não apenas a noção marxiana de superestrutura, definida em termos de suas reciprocidades dialéticas com a base material da prática social, mas também as categorias de classes sociais, tendências e movimentos, com a curiosa justificativa de que conceitos como esses pertencem ao "século XIX"[36] – deve ser extremamente impotente diante de tais dilemas autoimpostos.

Apesar de sua polêmica, às vezes feroz, contra "o burguês", Arendt compartilha de sua tradição não apenas o ponto de vista da individualidade isolada – que a induz a idealizar as misteriosas e internas "experiências entre *o homem e si mesmo*"[37], para ser capaz de concluir, opondo Weber a Marx, que "o que distingue a era moderna é a *alienação em relação ao mundo* e não, como pensava Marx, a alienação em relação ao ego"[38] –, mas Arendt compartilha também outras características metodológicas com as quais nos ocupamos a seguir.

Sua concepção de consciência histórica é inseparável da teorização extremamente relativista de [Werner Karl] Heisenberg da ciência moderna – com seu quase mítico "princípio da incerteza" – no qual ela espera "embasar" uma noção insuperavelmente cética da história.

Ao mesmo tempo, dualismos e dicotomias estão em evidência por todo seu sistema, da separação apriorística de pensamento e prática à irreconciliável oposição entre o "político" e o "social". Ademais, as categorias articuladas de forma dual não são estabelecidas sobre a base de evidência verificável, mas com a premissa meramente estipulada de definições formalistas, combinadas com um culto heideggeriano/irracionalista do "incidente", e também com constantes polêmicas contra as "teorias e definições" de *outros*[39].

---

[36] "Creia-me, a burocracia é uma realidade muito mais [reveladora ou ocultadora] hoje do que a classe. Em outras palavras, você usa certo número de nomes abstratos que um dia foram reveladores, a saber, no século XIX" (ibidem, p. 319). Lenin, também, é "tão agradavelmente do século XIX, sabia? Não acreditamos mais em nada disso", ibidem, p. 324.

[37] Ou, como ela coloca em outro lugar: "o hábito de viver explicitamente comigo mesma, ou seja, de estar engajada naquele diálogo silencioso entre mim e eu mesma", Hannah Arendt, "Personal Reponsibility under Dictatorship", *The Listener*, 6 de agosto de 1964.

[38] Hannah Arendt, *A condição humana* (Rio de Janeiro, Forense Universitária, 1999), p. 266. É, obviamente, uma característica distorção afirmar que a preocupação de Marx é com a "alienação do ego". Seu interesse em revelar como a "alienação do trabalho" assume um papel central no funcionamento da sociedade sob o domínio do capital, afetando profundamente todos os aspectos da vida, da produção material a imagens religiosas e conceituações filosóficas, está concentrado em determinações e processos dialéticos altamente objetivos, cujo significado não pode ser reduzido ou encapsulado por termos subjetivistas como "alienação do ego".

[39] "O único ganho que se pode esperar legitimamente dessa atividade humana *das mais misteriosas* [ou seja, pensar] *não são definições ou tampouco teorias*, mas antes a vagarosa e morosa descoberta e, talvez, um mapeamento investigativo da região a qual algum incidente tenha iluminado por um fugaz momento", Hanna Arendt, "Action and the Pursuit of Happiness", artigo apresentado no Encontro da American Political Science Association, em setembro de 1960. Citado no elaborado ensaio de Melvyn A. Hill, "The Fictions of Mankind and the Stories of Men", em *Hannah Arendt: the Recovery of the Public World*, cit.

86 *Estrutura social e formas de consciência*

Ademais, sua identificação consciente com o ponto de vista da economia política burguesa fica claramente visível em sua defesa apaixonada da propriedade privada, quando argumenta que:

> A palavra "privada" em conexão com a propriedade, mesmo em termos do pensamento político dos antigos, perde imediatamente o seu caráter privativo e grande parte de sua oposição à esfera pública em geral; aparentemente, a propriedade possui certas qualificações que, embora situadas na esfera privada, sempre foram tidas como absolutamente importantes para o corpo político. [...] A propriedade e a riqueza são de maior relevância para a esfera pública que qualquer outra questão ou preocupação privada e desempenharam, pelo menos formalmente, mais ou menos o mesmo papel como principal condição para a *admissão do indivíduo à esfera pública* e à *plena cidadania*. [...] Antes da era moderna [...], todas as civilizações tiveram por base o *caráter sagrado da propriedade privada*.[40]

E alhures:

> A propriedade é, na realidade, muito importante [...] E, creia-me, essa propriedade está *sob sério risco*, seja pela *inflação*, que é apenas outro modo de *expropriar* o povo, ou por *tributos exorbitantes*, que constituem também outra via de exloração. Esses processos de expropriação ocorrem por todas as partes. Se colocarmos à disposição de qualquer ser humano uma quantidade decente de propriedade – não expropriar, mas sim *distribuir a propriedade* – então haverá algumas *possibilidades para a liberdade*, mesmo que sob condições totalmente inumanas da produção moderna.[41]

Assim, em sofisticado contraste com a apologética crua da "revolução gerencial" de [James] Burnham e suas variantes mais recentes, Hannah Arendt nos oferece a mitologia do "capitalismo do povo" como um *ideal pelo qual lutar*, em vez de um *fato consumado*. A verdade infeliz, no entanto, de que a maioria esmagadora da humanidade foi e continua sendo impiedosamente desprovida até mesmo das mais escassas posses por precisamente aqueles que vêm utilizando a propriedade privada, decerto já por um longo tempo, para qualquer fim exceto "as possibilidades de liberdade", não parece ter muito peso, se é que possui algum, no esquema de reparação idealista – e, em face de toda a evidência histórica, espantosamente *contrafactual* – de Arendt.

Além disso, o que piora as coisas é que a economia política das práticas socioeconômicas capitalistas – por ela transubstanciada na dita "esfera estritamente econômica" (seja lá o que isso signifique) – é dicotomicamente oposta por Arendt à esfera do pensamento considerada apropriada para a interação política, acarretando (de modo revelador, de fato) um fim para a sua preocupação programática com a "recuperação do mundo público" no domínio crucialmente importante de nossa vida socioeconômica.

> A teorização de um tipo científico ou técnico pertence apenas ao lugar onde *não há espaço para ação ou debate*, na *esfera estritamente econômica*, na qual os homens se envolvem nas atividades de trabalho e labor, quando produzem e consomem. Aqui, por necessidade, a categoria de meios e fins governa sua atividade e seu pensar sobre a atividade, que toma a forma de cálculo, planejamento e administração com o objetivo de predição e controle. Aqui a *eficiência* é cara e a

---

[40] Hannah Arendt, *A condição humana*, cit., p. 70.

[41] Melvyn A. Hill (org.), *Hannah Arendt: the Recovery of the Public World*, cit., p. 320.

economia pode ser mais bem servida por decisões que são elaboradas por *um ou poucos homens, e não debatidas por todos.* Pois o que está em jogo não é a variedade de experiência e julgamento do que é melhor para um mundo comum, mas simplesmente os *meios corretos para um fim.*[42]

Dessa forma, as dicotomias de Hannah Arendt, formuladas do ponto de vista da economia política do capital, servem a um propósito ideológico fácil de se identificar. Pois a insuperável oposição *a priori* entre "o político" e a "esfera estritamente econômica" exime esta última até mesmo da possibilidade do exame público legítimo, com a desculpa de que pertence ao domínio do raciocínio "técnico", preocupado com a relação puramente instrumental entre meios e fins.

Em outras palavras, sua abordagem subestima e, simultaneamente, racionaliza o domínio do capital dos "poucos" privilegiados, que já estão bem consolidados em sua posição de comando na sociedade e exercem no lugar da classe dominante (este "nome abstrato do século XIX") o poder de decisão econômica e alocação de recursos "estritamente racional". Uma solução baseada em pressuposições ideológicas que são indistinguíveis das ilusões pós-guerra sobre o "fim da ideologia"[43]. Isso tem sido indiretamente reconhecido até por um dos mais simpáticos comentadores de Arendt, que salientou:

> O que ela almejava era uma solução para o problema da pobreza "através de meios técnicos", através de um "desenvolvimento racional, não ideológico e econômico". O que isso pode vir a ser, ela não disse. Sua suposição era que a tecnologia pode ser "politicamente neutra" – uma suposição bastante problemática.[44]

Sem dúvida!

5.6 "Não há necessidade ou sentido"

No mesmo tom, a característica interpretação de Arendt da história parte de um diagnóstico do impacto da ciência e da tecnologia na "alienação do mundo" considerada como o traço fundamental dos desenvolvimentos modernos, como já fora mencionado. Em seu ensaio sobre "O conceito de História", ela apresenta a questão do seguinte modo:

> O fato fundamental acerca do moderno conceito de História é que ele surgiu nos mesmos séculos XVI e XVII que prefiguravam o gigantesco desenvolvimento das Ciências Naturais. Entre as características dessa época ainda vivas e presentes em nosso próprio mundo, é proeminente a *alienação do homem frente ao mundo,* já mencionada anteriormente, e tão difícil de perceber como estado básico de toda a nossa vida porque dela e, pelo menos em parte, *de seu desespero,* surgiu a tremenda estrutura do edifício humano em que hoje vivemos [...]. A

---

[42] Ibidem, p. 287.

[43] Não é surpreendente, portanto, que Daniel Bell tenha recebido a publicação das obras de Hannah Arendt com tanto entusiasmo. (Desnecessário dizer, a simpatia foi recíproca, já que Arendt também recomendou o livro de Daniel Bell, *Work and Its Discontents,* como uma "excelente crítica da voga das 'relações humanas'". Cf. *A condição humana,* cit., p. 162.)

[44] Elisabeth Young-Bruehl, "From the Pariah's Point of View: Reflections on Hannah Arendt's Life and Work", em Melvyn A. Hill (org.), *Hannah Arendt: the Recovery of the Public World,* cit., p. 24.

88 Estrutura social e formas de consciência

expressão mais concisa e fundamental dessa alienação do mundo encontra-se no famoso *de omnibus dubitandum est* de Descartes.[45]

Significativamente, a posição de Descartes deve ser tão distorcida em sua concepção de "alienação do mundo" quanto a de Marx. Pois o princípio metodológico cartesiano da dúvida é apenas o *ponto de partida* de uma abordagem geral que em suas aspirações positivas explicitamente declaradas orienta-se para a constituição do *conhecimento seguro*. Por contraste, a orientação de Arendt é extremamente pessimista, oferecendo ceticismo não como um ponto de partida metodológico, mas como o *terminus ad quem*, ou seja, a desolada *conclusão* ideológica de acordo com a qual:

> A época moderna, com sua crescente alienação do mundo, conduziu a uma situação em que o homem[46], onde quer que vá, encontra apenas a si mesmo [...]. Na situação de radical alienação do mundo, *nem a história nem a natureza são em absoluto concebíveis*. Essa dupla perda do mundo – a perda da natureza e a perda da obra humana no senso mais lato, que incluiria toda a história – deixou atrás de si uma sociedade de homens que, sem um mundo comum que a

---

[45] Hannah Arendt, "O conceito de História", em *Entre o passado e o futuro* (São Paulo, Perspectiva, 1992), p. 84. Curiosamente, enquanto Arendt constantemente acusa Marx de "abstração" e de utilizar um "nome abstrato" no lugar da pluralidade dos homens, na realidade, ela é a culpada de tal prática, quando lhe convém, como na última citação, ou em sua identificação vista anteriormente com os lamentos pessimistas de Tocqueville sobre "a mente do homem vagando pela escuridão". Criticando Marx, em outra passagem, ela afirma que: "O *espírito do mundo* de Hegel reaparece em Marx no homem enquanto ser e espécie. Em cada caso foi descartada ou ignorada a *pluralidade do homem*. Não existem homens cuja ação ou luta coletiva resulte finalmente em história. Mas há *um nome gigante*, este nome é o *singular* e agora pode-se assinalar tudo a este nome. Isto, acredito, é realmente uma *abstração*" (Melvyn A. Hill [org.], *Hannah Arendt: the Recovery of the Public World*, cit., p. 323-4). Contudo, o que poderia na verdade ser mais um "nome gigante" do que a vazia abstração da própria noção de Arendt da "alienação do homem frente ao mundo"? Ademais, o que poderia ser mais obviamente o *oposto exato* das afirmações de Arendt, com relação à suposta "abstração" de Marx, do que sua real posição? Pois é assim que já o próprio "jovem Marx" aborda esses problemas em *A sagrada família*, em seu mordaz ataque sobre os "jovens hegelianos" (cf. Karl Marx, *A sagrada família,* São Paulo, Boitempo, 2003, p. 97) e em sua crítica a Feuerbach (cf. Karl Marx e Friedrich Engels, *A ideologia alemã*, São Paulo, Boitempo, 2007, p. 30, 32, 42-3 e 45). Quando um autor escreve sobre o tópico em questão de modo tão claro quanto Marx, a total má interpretação de suas obras é bastante sintomática. No caso de Arendt está intimamente ligada a suas dicotomias de "teoria" *versus* "prática", "entender" *versus* "fazer", "pensar" *versus* "comprometer-se", o "político" *versus* o "social" e a "esfera estritamente econômica", a "alienação do homem frente ao mundo" *versus* as manifestações da real alienação socioeconômica em todas as esferas da atividade humana etc. Se as lermos em conjunção umas com as outras, fica evidente que constituem um conjunto coerente de ideias, independentemente do que se pense de sua substância ideológica. Seu denominador comum é o que Marx identificou em sua análise da "Crítica Absoluta" dos jovens hegelianos (cf. Karl Marx, *A sagrada família*, cit., p. 100). É por isso que a dita autenticidade da "não participação" e da "retirada do mundo", expressas na oposição de Arendt ao comprometimento e em sua idealização da "*vita contemplativa*", devem encontrar seus termos de referência – estampados com o selo de plena aprovação – nas noções mistificantes do "diálogo silencioso entre mim e mim mesma", a "pluralidade em nosso interior, o eu e eu mesma" e o "hábito de viver explicitamente comigo mesma" etc. Pois enquanto a atenção crítica permanecer concentrada em tais questões, a realidade opressiva da "esfera estritamente econômica" do capital – com todos os seus "grilhões objetivos reais" que existem na sociedade historicamente dada – pode continuar no controle efetivo das vidas dos indivíduos reais, arrogando-se legitimidade com a força da autoevidência sobre a base de sua suposta capacidade de regular com pura "racionalidade" e "eficiência" o processo no qual os "meios" exigidos são alocados para a realização dos (aparentemente incontroversos) "fins".

[46] Aqui temos, novamente, o "nome abstrato singular" pelo qual – muito erroneamente, como vimos – Arendt critica Marx.

um só tempo os relacione e separe, ou vivem em *uma separação desesperadamente solitária ou são comprimidos em uma massa*. Pois uma sociedade de massas nada mais é que aquele tipo de vida organizada que *automaticamente* se estabelece entre seres humanos que se relacionam ainda uns aos outros, mas que perderam o mundo outrora comum a todos eles.[47]

No lugar da evidência necessária para sintetizar tais conclusões de desespero, tudo que recebemos é um conjunto de asserções arbitrárias. Elas são derivadas de uma analogia sugerida entre a interpretação relativista heisenbergiana da ciência moderna e do mundo da política, afirmando que:

> Embora, via de regra, os *problemas* tenham surgido na época moderna com as *Ciências Naturais* e tenham sido a consequência da experiência obtida na tentativa de conhecer o universo, dessa vez a refutação surgiu simultaneamente dos campos *físico* e *político*.[48]

E o significado de tais desenvolvimentos – no espírito do "princípio da incerteza" de Heisenberg – supõe-se que seja "de modo absolutamente literal, que *tudo é possível* não somente no âmbito das ideias, mas no campo da própria realidade"[49]. Consequentemente, de acordo com Arendt: "*Qualquer ordem, qualquer necessidade, qualquer sentido* que se deseje impor irá servir. Esta é a demonstração mais clara possível que sob tais condições *não há necessidade ou sentido*"[50].

Assim, um relativismo pessimista – um cruzamento entre [Leopold von] Ranke e Heisenberg – guia a análise de Arendt das interpretações históricas, descritas como "construções puramente mentais [...] que são igualmente bem [e, obviamente, igualmente mal] apoiadas pelos fatos"[51]. Ao mesmo tempo, com relação ao presente, é afirmado que

> O declínio contemporâneo do interesse pelas humanidades e em especial pelo estudo da História, aparentemente inevitável em todos os países *completamente modernizados*, acha-se plenamente de acordo com o primeiro impulso que conduziu à Ciência Histórica moderna.[52]

Além disso, mesmo em relação ao passado, Arendt afirma, sobre o terreno de um raciocínio curiosamente *contrafactual*, que:

> Vico, que é por muitos considerado o pai da História moderna, dificilmente se teria voltado para a História sob as condições modernas. Ele se teria voltado para a *Tecnologia*; pois nossa Tecnologia fez de fato aquilo que Vico pensava que a ação divina fizera no reino da natureza e a ação humana, no reino da História.[53]

A intenção subjacente a tal raciocínio é, claramente, a completa relativização de todas as coisas, para que se possa afirmar que "tudo é possível" e que "não há necessidade nem sentido".

---

[47] Hannah Arendt, "O conceito de História", cit., p. 126.

[48] Ibidem, p. 122.

[49] Ibidem, p. 123.

[50] Idem.

[51] Ibidem, p. 122.

[52] Ibidem, p. 89.

[53] Idem.

90 *Estrutura social e formas de consciência*

Dessa forma, o relativismo extremo de Heisenberg é um "presente dos céus" que ajuda a conferir aparência de respeitabilidade científica a uma posição claramente ideológica. É levado a desacreditar não simplesmente Vico, o grande ancestral da teoria histórica burguesa do século XVIII (o qual, de qualquer modo, é imediatamente "reabilitado" pela asserção contrafactual–condicional de que, "sob condições modernas", Vico, muito sensivelmente, "teria se voltado à tecnologia"). Os ganhos conquistados nessa linha de raciocínio são muito mais altos. Pois o verdadeiro objeto do ataque relativista de Arendt é a concepção marxiana de desenvolvimento histórico a qual argumenta que os indivíduos que constituem a sociedade, de fato em um sentido tangível e significativo, "fazem sua própria história". Por conseguinte, Arendt nos diz que:

> Hoje, essa qualidade que *distinguia a História da Natureza* é também *coisa do passado*. Sabemos agora que, embora não possamos "fazer a natureza" no sentido da criação, somos inteiramente capazes de iniciar novos processos naturais e que, em certo sentido, portanto, "*fazemos natureza*", ou seja, na medida em que "*fazemos história*". É verdade que alcançamos esse estágio somente com as *descobertas nucleares*, onde forças naturais são liberadas e desencadeadas, e onde os processos naturais que ocorrem jamais teriam existido sem interferência direta da ação humana.[54]

Particularmente revelador a respeito de uma tal ânsia ideológica não é apenas a interpretação completamente errônea da dita novidade radical dos próprios processos naturais feitos pelo homem[55]. É a disposição da autora em reduzir a complexa significância dialética da ação humana ao nível incomparavelmente menos complexo e mais mecânico dos processos físicos nucleares referidos nas aspas céticas de Arendt.

O reducionismo cético de Arendt rejeita a possibilidade de que a ação humana significativa leve, de fato, a fazer história no sentido bastante preciso de não estar à mercê da "Providência Divina", ou da "História por mandato"[56]; o sentido marxiano de fazer

---

[54] Idem.

[55] A sugestão de Arendt é decerto bastante espantosa, já que existem, de fato, na natureza os processos nucleares em questão – ou pelo menos seus componentes que estão sendo combinados em uma grande variedade de processos "criados pelo homem" –, mesmo que não necessariamente em nosso ambiente terrestre imediato. Entretanto, a inflação mistificadora da alegada capacidade da ciência moderna e da tecnologia de "fazer natureza" é usada por Arendt com o intento de esvaziar o conceito de "fazer história" de qualquer real significado. Pois asseverar que podemos apenas fazer história no sentido em que podemos "fazer natureza" leva a dizer que não podemos fazê-la de modo algum, já que em "fazer natureza" – com o qual o processo de fazer história é arbitrariamente equacionado por Arendt – o termo "fazer" é utilizado num sentido puramente *figurativo*.

[56] A esse respeito, Marx é muito crítico não apenas em relação aos jovens hegelianos, mas de seu ancestral filosófico também. Ele escreve: "A concepção *hegeliana* da História pressupõe um *espírito abstrato* ou *absoluto*, que se desenvolve mostrando que a humanidade apenas é uma *massa* que, consciente ou inconscientemente, lhe serve de suporte. Por isso ele faz com que, dentro da História *empírica,* exotérica, se antecipe uma História *especulativa,* esotérica. A História da humanidade se transforma na História do *espírito abstrato* da humanidade que, por ser *abstrato,* fica *além* das possibilidades do homem real. [...] Já em *Hegel* vemos que o *espírito absoluto* da História tem na *massa* o seu material, e a sua expressão adequada tão-só na *filosofia.* Enquanto isso, *o filósofo apenas aparece como o órgão no qual o espírito absoluto, que faz a História, atinge a consciência *posteriormente,* depois de passar pelo movimento. A participação do filósofo na História se reduz a essa consciência *posterior,* pois o espírito executa o movimento real *inconscientemente.* O filósofo vem, portanto, *post festum*" (Karl Marx, *A sagrada família,* cit., p. 102-3). Naturalmente, Marx torna bastante claro o quão diametralmente oposta sua própria posição está de tão abstrata personificação da História.

história que reconhece as restrições objetivas e as reviravoltas frequentemente inevitáveis envolvidas nos esforços de gerações de indivíduos que buscam seus objetivos materiais e ideais no decorrer da longa trajetória e nas transformações cumulativas.

Entre outras coisas, Marx é acusado de ser culpado da "confusão [...] da ação com o 'fazer a História'"[57] e de "sentido" com "fim". Com relação a isso, Arendt nos diz que "A crescente ausência de sentido do mundo moderno é talvez prenunciada com maior clareza que em nenhum outro lugar nessa identificação de sentido e fim"[58]. Isso é considerado fatal porque

> no momento em que tais distinções são esquecidas e os sentidos são degradados em fins, segue--se que os próprios fins não mais são compreendidos, de modo que, finalmente, todos os fins são degradados e se tornam meios.[59]

E esse é o ponto no qual as motivações ideológicas na origem da concepção de história de Arendt, em conjunção com o alvo que pretendem demolir, vêm à tona com maior clareza. Pois ela afirma – após devotar um elogio atravessado a Marx que acaba por ser uma grosseira distorção de sua posição – que:

> O que distingue a teoria do próprio Marx de todas as demais teorias em que a noção de "*fazer história*" encontrou abrigo é somente o fato de apenas ele ter percebido que, se se toma a história como um processo de fabricação ou elaboração, deve sobrevir um momento em que esse "objeto" é *completado*, e que, desde que se imagina ser possível "fazer a história", não se pode escapar à consequência de que haverá um *fim para a história*. [...] Nesse contexto, é importante ver que aqui o processo da história, conforme se apresenta em nosso calendário prolongado na infinitude do passado e do futuro, foi abandonado em função de um tipo de processo completamente diferente; o de fazer algo que possui um início bem como um fim, cujas leis de movimento podem portanto ser determinadas (por exemplo, como *movimento dialético*) e cujo conteúdo mais profundo pode ser descoberto (por exemplo, a *luta de classes*). Este processo, todavia, é incapaz de garantir ao homem qualquer espécie de imortalidade, porque cancela e destitui de importância o que quer que tenha vindo antes: na *sociedade sem classes* o melhor que a humanidade pode fazer com a história é *esquecer todo episódio infeliz* cujo único *propósito* era abolir a si próprio.[60]

Agora estamos em melhor posição para entender por que é necessário equacionar a concepção marxiana de desenvolvimento histórico aberto com a personificação feita por Hegel da "História" e do "Espírito do Mundo", assim como a noção hegeliana de "fim da história", apesar dos repetidos comentários, por vezes sarcásticos, dirigidos

---

Ele coloca isso da maneira mais enfática quando escreve que: "A *História* não faz *nada*" (ibidem, p. 111. Grifos de Marx). Ao mesmo tempo, enquanto consciente das condições restritivas sob as quais a história deve ser feita, ele insiste no *poder real* dos indivíduos de transformar as condições de sua existência e aqui estabelecer o "reino da liberdade" não somente *na*, mas também *além* da fundação original do "reino da necessidade". Ver, a esse respeito, não apenas nossas citações de *A sagrada família* e *A ideologia alemã* como também algumas passagens célebres de *O capital* e dos *Grundrisse* relacionadas ao "reino da liberdade".

57 Hannah Arendt, "O conceito de História", cit., p. 112.

58 Ibidem, p. 113.

59 Ibidem, p. 114.

60 Idem.

por Marx explicitamente contra Hegel e seus seguidores nas questões envolvidas. Pois, como resultado de tal prática de "equação redutiva", tanto as conquistas genuínas da abordagem hegeliana como a extensão radical dada por Marx a um relato irrepreensivelmente histórico do desenvolvimento humano – incluindo seu desafio da "necessidade histórica" como *"eine verschwindende Notwendigkeit"*, ou seja, uma "evanescente ou fugaz necessidade"[61] – podem ser descartadas e substituídas pela noção vazia, para não dizer totalmente absurda, de "nosso calendário prolongado na infinitude do passado e do futuro".

Na escala temporal cósmica da "infinitude", o alongamento da história humana é "infinitesimal" e, presumivelmente, negligenciável ou desprovido de sentido. E, é claro, a razão de adotar essa perspectiva é que podem ser prontamente incorporadas pelos proponentes do relativismo pessimista suas visões da "crescente alienação do mundo"; da "crescente perda de sentido do mundo moderno", da "inevitabilidade" da perda de interesse histórico "em todos os países *completamente modernizados*" (ponto no qual, ao que parece, "nosso calendário prolongado na infinitude do passado e do futuro" convenientemente chega a um fim); da impossibilidade de se conceber "a história ou a natureza"; do destino desolador "do homem moderno vivendo em uma separação desesperadamente solitária ou comprimidos em uma massa"; da fatídica percepção de que "tudo é possível" e, portanto, "não há necessidade ou sentido"; do colapso das "interpretações históricas globais" – mas, é claro, não dos pequenos ou grandes amontoados de fatos míopes da historiografia "moderna". São incorporadas sob o peso do reconhecimento de que nada são além de "construções puramente mentais", desprovidas até mesmo da possibilidade de um terreno de sustentação real que possa favorecer qualquer um deles algo mais que os outros; e coisas assim.

Deveria ser desnecessário dizer – ainda que pareça necessário fazê-lo – que a história humana possui tanto um começo como um fim, não importa quão distante no futuro este possa estar. Porém, aqui, evidentemente, a verdadeira questão em jogo não é o início historicamente remoto e o fim da espécie humana; é o muito mais limitado período de transformações sociais específicas, envolvendo a determinação histórica de seus limites de viabilidade.

Por conseguinte, qualquer tentativa de substituir as categorias dialéticas que compreendem as *especificidades históricas* das formações sociais – em conjunção com todas as suas "necessidades evanescentes" – pela vaga generalidade de "nosso calendário prolongado na infinitude do passado e do futuro", alcança nada mais que uma racionalização autocongratulatória de tentar fugir de alguns problemas difíceis e, do ponto de vista do capital, insolúveis. Problemas que se referem, por um lado, à exigência de explicar as condições de gênese da formação social em questão e, por outro, ao reconhecimento necessário de seus *limites* inescapáveis. Pois ambos juntos definem firmemente, em uma direção, com relação ao passado, o "início", e em direção ao futuro, o "fim" de todas as estruturas sociais e formas de intercâmbio.

No presente contexto precisamos nos recordar de alguns tópicos discutidos por Marx em um trecho pouco conhecido de *O capital*. Pois ao concentrar a atenção nos componentes

---

[61] Para uma discussão detalhada desses problemas, ver meu ensaio "Kant, Hegel, Marx: a necessidade histórica e o ponto de vista da economia política", em *Filosofia, ideologia e ciência social: ensaios de negação e afirmação* (São Paulo, Boitempo, 2008), p. 119.

objetivos e subjetivos da incontrolável dinâmica histórica, eles ajudam a repelir qualquer ideia de "reducionismo mecânico". A passagem em questão diz o seguinte:

> Na medida em que o processo de trabalho é apenas processo entre ser humano e natureza, seus *elementos simples não mudam com as formas sociais* de seu desenvolvimento. Mas *toda forma histórica* do processo de trabalho prossegue desenvolvendo os *fundamentos materiais* e *as formas sociais* do correspondente processo. Atingindo certo nível de amadurecimento, afasta-se essa *forma histórica determinada* que é *sucedida* por outra *superior*. Evidencia-se que chegou o momento de uma *crise* dessa natureza, quando se ampliam e se aprofundam a contradição e a oposição, entrechocando-se, de um lado, as *relações de distribuição*, portanto determinada configuração histórica das *correspondentes relações de produção*, e, do outro, as forças produtivas, a capacidade de produção e o desenvolvimento dos *elementos propulsores*. Entram, então, em conflito o *desenvolvimento material* da produção e a *forma social* dela.[62]

É necessário enfatizar duas considerações centrais:

1. os fatores principais (homem e natureza; produção e distribuição; forças produtivas e suas ações) e suas inter-relações que determinam o incontrolável dinamismo do processo histórico;

2. e sua validade, *mutatis mutandis*, sob *todas* as formas sociais, que partem da primeira.

- Com relação à primeira, é importante ter em mente que a expressão "toda forma histórica" – comparada por Marx com os "elementos simples" do processo de trabalho que "não mudam com as formas sociais de seu desenvolvimento" – indica o caráter inerentemente histórico não apenas das diversas "formas sociais", mas também de seus "fundamentos materiais" correspondentes. Pois, se os fundamentos materiais mesmos não estão articulados em uma forma histórica específica, então é impossível que sejam inteligíveis não somente o caráter histórico das "relações de produção" como também a conexão orgânica entre esta e o metabolismo socioeconômico fundamental da sociedade dada. Em outras palavras, naquele caso, a relação entre a "base material" e a "superestrutura" deve assumir a forma de uma determinação unidimensional e mecânica, em vez de uma reciprocidade dialética. (Decerto este é o modo pelo qual esse caso é ilustrado por muitos.) Já que um complexo material cujas partes constituintes não são produzidas no curso de um processo historicamente dinâmico, no qual elas mesmas contribuem de forma ativa – em contraste com as partes unidimensionalmente subordinadas de uma máquina, não importando quão complicadas sejam –, não poderia jamais substituir um complexo global inter-relacionado de maneira dialética.

- Além disso, as *relações de distribuição* e as *relações de produção* formam uma – de forma alguma não problemática – unidade dialética. Tal unidade é necessariamente problemática no sentido de que é o *resultado* da (até o momento dado) resolução bem-sucedida de tensões (e contradições) a ela inerentes, e enquanto tal deve ser *constantemente reproduzida* no intento de manter a estabilidade da forma social historicamente estabelecida. (Obviamente, seria bastante ingênuo

---

[62] Karl Marx, *O capital: crítica da economia política* (trad. Reginaldo Sant'Anna, Rio de Janeiro, Civilização Brasileira, 2008, v. 6, livro terceiro, cap. LI), p. 1160.

subestimar a resolução automática e permanentemente bem-sucedida de tais tensões e contradições.)

- E o ponto final a ser destacado aqui é que o conceito de "fundamentos materiais" é supersimplificado de forma grosseria se for esquecido que as "forças e poderes produtivos" da sociedade são inseparáveis de suas *ações* humanas e da evolutiva consciência social de tais ações. Pois é precisamente através do desenvolvimento progressivo dessas mesmas ações – cuja intervenção constante permite que elementos limitada e literalmente materiais sejam ativados e "ganhem vida" sob uma forma específica – que os "fundamentos materiais" da sociedade são definidos de modo objetivo como sendo complexos dialéticos historicamente articulados e dinamicamente mutáveis.

- No que tange ao segundo ponto, a concepção socialista de um intercâmbio socioeconômico futuro que vislumbre a remoção das contradições antagônicas da sociedade não pode ignorar o dinamismo incontrolável do próprio processo histórico. (Portanto, as acusações de socialismo "messiânico" ou "milenarista" estão em completa sintonia com relação à concepção marxiana.) Para tanto, não apenas toda a *incongruência do desenvolvimento global* concebível teria de ser eliminada, junto às tensões e contradições objetivas necessariamente inerentes a esta, mas – mais importante – também as ações humanas em evolução num processo global imensamente complexo e interligado teriam de ser substituídas por algum *mecanismo* uniforme e bastante primitivo: um absurdo gritante, por assim dizer.

- Imaginar que uma futura sociedade socialista poderia ser dirigida sobre a base do mecanismo autorregulatório da "eficiência racional" enquanto tal leva a nada mais que a reformulação e perpetuação do *mito capitalista* da eficiência. Esquecendo que "eficiência" é um *valor* que deve ser explicado em termos de *objetivos humanos* específicos, mesmo que esteja sob as condições da produção generalizada de mercadorias – e da reificação universal que a acompanha – "eficiência racional" (de fato ditada pelo modo único de controle social e econômico do capital) aparece como a "instrumentalidade neutra" da "economia maximizadora" e, nesse disfarce, como o princípio regulatório autoevidente do primeiro e único modo de intercâmbio social economicamente viável. Agora muito distante do fato de que a tendência histórica da "eficiência" capitalista é a produção de *desperdício* até então inimaginável, e não do "máximo da economia", a questão sempre é (e isso inclui, obviamente, todas as sociedades socialistas concebíveis): "eficiente" *em que termos e em relação ao quê?*

- Na realidade, não existe algo como a "esfera estritamente econômica" de Hannah Arendt, que poderia então ser dirigida sobre a base de uma "eficiência racional" mítica e sua incontestada (já que é "racionalmente" incontestável) "instrumentalidade pura". O que existe em seu lugar é uma *determinação valorativa* sempre particular e necessariamente "parcial" da "eficiência", que é inseparável tanto das *restrições* objetivas dos fundamentos *materiais* historicamente estabelecidos (mas mutáveis) como da *inércia relativa* das *formas sociais* específicas institucionalmente articuladas *enquanto enraizadas* em (ainda que não por meio da necessidade *sempre tiranicamente governada por*) seus fundamentos materiais.

- Assim que o *domínio tirânico* das determinações materiais do capital é removido do horizonte social dos indivíduos, a necessidade da determinação valorativa dos princípios regulatórios da sociedade – enquanto viáveis em termos das restrições materiais e institucionais historicamente predominantes – não desaparece com ele. Por esse motivo a reprodução dos vários fatores objetivos e subjetivos enumerados na passagem citada de Marx, sob todas as formações sociais (incluindo, obviamente, suas qualificações históricas mutáveis, no sentido indicado pela remoção potencial dos antagonismos socioeconômicos agora predominantes), reproduz também, ao mesmo tempo, o incontrolável dinamismo do processo histórico.

É a incapacidade de contemplar as inescapáveis limitações temporais e estruturais e a superação definitiva ou "fim" da formação socioeconômica estabelecida que traz consigo a fantasia profundamente anistórica do "alongamento infinito", apresentado como a explicação histórica cientificamente embasada da "crescente alienação do mundo da era moderna" e da "alienação do homem [moderno] frente ao mundo".

É por isso que o fogo ideológico de Arendt deve ser dirigido contra a ideia de que o processo histórico deve possuir algumas *leis de movimento*[63], identificado como *movimento dialético* que se manifesta por meio das contradições estruturais irreconciliáveis e dos antagonismos da ordem social, e da dolorosa realidade da *luta de classes*. E, acima de tudo, o que faz da concepção marxiana algo radicalmente incompatível com a visão de Hannah Arendt é que Marx vislumbra uma *sociedade sem classes* na qual:

> o homem social, os produtores associados regulam racionalmente o intercâmbio material com a natureza, controlam-no coletivamente, sem deixar que ele seja a força cega que os domina; efetuam-no com o menos dispêndio de energias e nas condições mais adequadas e mais condignas da natureza humana.[64]

É isso que precisa ser rejeitado de forma categórica do ponto de vista da "esfera estritamente econômica" idealizada na qual "um ou poucos homens" tomam todas as decisões e à

---

[63] Há uma predileção entre os críticos de Marx em apresentar suas opiniões dialeticamente qualificadas das leis do desenvolvimento histórico – do qual a consciência social é uma parte essencial – na forma de uma "lei natural" genérica e mecânica. É uma distorção particularmente grosseira a esse respeito quando alguém afirma que, na perspectiva de Marx, "os pensamentos e ideias das pessoas são um tipo de *vapor* [...] o qual surge misteriosamente das 'fundações materiais'" (Patrick Gardiner, *The Nature of Historical Explanation*, Londres, Universidade Oxford, 1961, p. 138). Marx de fato insiste que o desenvolvimento das "forças produtivas" e dos "poderes produtivos" da sociedade é inseparável do "desenvolvimento de suas *ações*", o que demonstra a completa falta de sentido na acusação de que ele reduz os pensamentos e ideias das pessoas a um "tipo de *vapor* [...] o qual surge misteriosamente das 'fundações materiais'", já que as próprias pessoas organicamente pertencem a tais fundações. Ademais, também é ignorado que, para Marx, o conceito de "fundações materiais" contém não apenas as "forças produtivas" e os "poderes produtivos" historicamente mutáveis – na inseparabilidade de suas *ações humanas* – mas também as "relações de produção e distribuição" da sociedade em dinâmico desenvolvimento. As "leis de movimento" do processo histórico devem ser tornadas inteligíveis em termos das indeterminações dialéticas de todas essas condições objetivas e subjetivas, como centrado na visão marxiana ao redor da *agência histórica* e sua consciência social progressiva. Porém, obviamente, é muito mais fácil manter a aparência de uma "crítica apropriada" se a tola caricatura do "*vapor* [...] o qual surge misteriosamente das 'fundações materiais'" puder ser substituída pelas complexidades dialéticas da concepção do materialismo histórico.

[64] Karl Marx, *O capital*, cit., v. 6, livro terceiro, parte 7, cap. XLVIII, seção 3, p. 1083.

96 *Estrutura social e formas de consciência*

esmagadora maioria sequer é permitido discutir as matérias que afetam tão profundamente suas vidas; tampouco poderia ser contemplado que deveria ser permitido a esses homens assumir a direção de suas vidas, enquanto produtores associados, que continuam a regular seus intercâmbios socialmente articulados com a natureza, em concordância com os fins e as tarefas (ou seja, um âmbito coerente de *atividades* planejadas e humanamente realizadoras, em franco contraste com a divisão do trabalho, subordinada tiranicamente a *objetivos mercantis*) que de forma consciente adotam para eles mesmos.

Infelizmente, em tal ponto-chave do argumento, Arendt nos apresenta um Marx totalmente irreconhecível. Pois, como é muito bem sabido, Marx contrapõe de maneira explícita a *"história real"* à *"pré-história"*, em uma tentativa de definir as diferenças qualitativas entre a história de sociedades de classes (nas quais variadas determinações cegas tendem a controlar a vida dos indivíduos) e as sociedades do futuro, nas quais os antagonismos de classe são superados e os produtores associados são capazes de fazer a história – sujeita a restrições mutáveis, mas não menos reais, das quais nenhuma *forma social historicamente específica pode escapar ou ignorar* – de acordo com seu próprio desígnio.

Mesmo assim, a posição marxiana precisa ser distorcida de maneira grosseira. Isso é feito por meio da afirmação de que Marx reduz o processo histórico à mera *"fabricação"*, e da inferência de que ele adota tal solução tão falaciosa para que seja capaz de anunciar a *"completude"* e o *"fim da história"* nas sociedades sem classes do futuro.

Igualmente, Marx não poderia ter sido mais claro em sua rejeição das concepções históricas – religiosas ou outras – nas quais algum propósito *a priori* é hipostasiado, como é feito, por exemplo, na ideia hegeliana da "história como teodiceia"[65]. Surpreendentemente, no entanto, Hannah Arendt nos diz não apenas que Marx atribui tal propósito à história, mas que ele define, muito absurdamente, o "único propósito da história" como o desígnio autocontraditório "de abolir a si mesma", quando na verdade é ela que sustenta que "na situação de radical alienação do mundo, nem a história nem a natureza são em absoluto concebíveis", como vimos anteriormente.

Entretanto, a mais peculiar das distorções de Arendt é a afirmação de que "na sociedade sem classes [de Marx] o que a humanidade pode fazer de melhor com a história é esquecer toda essa infelicidade". Essa asserção é bastante inquietante, em primeiro lugar, porque falsamente inscreve na concepção marxiana ideias e implicações que lhe são totalmente alheias. E, ainda mais, em segundo lugar, porque o pessimismo cósmico que a indignação torta da sentença pretende objetar é precisamente o que nos é oferecido pela própria Arendt – seja em seu ensaio sobre "O conceito de História", como também em *A condição humana* e outros escritos – em seus sombrios diagnósticos da "crescente ausência de sentido do mundo moderno" e do suposto desaparecimento não somente do "sentido", mas também da "ordem" e de sua "necessidade".

---

[65] "Ao final de *A filosofia da história*, o próprio Hegel assume que 'considera somente o progresso *do conceito*' e que expôs na história a 'verdadeira *teodiceia*'" (Karl Marx e Friedrich Engels, *A ideologia alemã*, cit., p. 49-50). Naturalmente, Marx não guardava maior simpatia pelos proponentes dos "fins ocultos" e da "mão invisível" – os quais idealizaram diretamente a materialidade das relações de mercado burguesas – do que pelas mistificações especulativas de Hegel.

5.7 "Se houver algum sentido, ele escapa à nossa percepção": de Ranke e Tocqueville a sir Lewis Namier e além

Assim, a concepção histórica ilustrada da tradição filosófica burguesa – que produz algumas conquistas significativas no século XVIII e começo do XIX, especialmente quando a dinâmica histórica abrangente da agitação revolucionária irrompe no horizonte dos filósofos abordados – cede lugar para um ceticismo e um pessimismo progressivamente mais presentes, a partir das décadas que seguem a morte de Hegel até nossos tempos. Ranke e Tocqueville firmaram o tom, pregando a "equidistância" de tudo em relação a Deus, assim como a desolação de nosso inescapável destino que faz "a mente do homem vagar pela escuridão", como citado com aprovação por Arendt.

Tampouco é possível vislumbrar uma saída fácil dos dilemas e contradições de tais abordagens da história. Pois, uma vez que afirmam que as maiores teorias históricas em disputa são "construções puramente mentais", desprovidas de uma base factual verificável – e, portanto, estritamente "incomensuráveis" já por essa razão, sem mencionar suas equidistâncias míticas – nada pode ser feito no intento de remover a contradição de desejar ser ao mesmo tempo genericamente cética (ou seja, programaticamente *desembasadas*, como uma medida de autodefesa acobertadora, elaborada para desviar *a priori* qualquer crítica possível), e ainda *firmemente embasada* na "refutação teórica adequada" de seus adversários escolhidos (muito frequentemente Marx e seus seguidores, é claro).

O celebrado historiador Lewis Namier resume com ceticismo pessimista – temperado com o dogmatismo autoassegurado daqueles que sabem que sua classe detém as rédeas do poder – a anistórica "filosofia da história" que predomina nas ideologias burguesas do século XX. Como ele coloca, a favor da descrição de "padrões cruzados", após rejeitar – da mesma forma como feito por Arendt[66] – a viabilidade da investigação de "*lutas* envenenadas" (já que "tal investigação nos levaria às *profundezas inescrutáveis* ou a um *vácuo aéreo*"): "não há mais sentido na história humana que nas mudanças de estações ou nos movimentos estelares; e se houver sentido, ele escapa à nossa percepção"[67].

Com a adoção de tais perspectivas, todos os avanços significativos da tradição do Iluminismo no campo da teoria histórica são completamente anulados. Pois as excepcionais figuras do Iluminismo tentaram traçar uma linha de demarcação significativa entre a natureza que envolve o *homo sapiens* e o mundo de interações societais feito pelo homem, de modo a tornar inteligíveis as especificidades governadas por regras do desenvolvimento

---

[66] Citando Arendt: "A luta de classes: para Marx essa fórmula parecia desvendar todos os segredos da história, exatamente como a lei da gravidade parecera desvendar todos os segredos na natureza. Hoje em dia, que já lidamos com tais construções históricas, uma após a outra, que estudamos uma por uma fórmulas desse tipo, o problema não é mais saber se esta ou aquela fórmula particular é correta. Em todas as tentativas dessa natureza aquilo que se considera ser um *sentido* de fato não passa de um *padrão* [...] –, *a confundir um padrão com um sentido*, e certamente seria difícil esperar que ele percebesse que quase *não havia padrão em que os eventos do passado não se encaixassem tão precisa e coerentemente como no seu próprio*", Hannah Arendt, "O conceito de História", cit., p. 116.

[67] Lewis Namier, *Vanished Supremacies: Essays on European History, 1812-1918* (Harmondsworth, Penguin Books, 1962), p. 203.

sócio-histórico que emergem da busca de objetivos humanos. Agora, em contraste completo, até a racionalidade e a legitimidade de tais reflexões são negadas com firmeza categorial. Desse modo, a temporalidade histórica é suprimida radicalmente e o domínio da história humana é submerso no mundo cósmico da natureza – em princípio "sem sentido".

É dito que podemos apenas "entender" a história em termos da imediatidade da *aparência* – para que não possa sequer surgir a questão de tomar o controle das *determinações estruturais* subjacentes por meio da compreensão das *leis socioeconômicas* em ação – enquanto nos resignamos à conclusão paralisante de que, "se houver sentido", este não pode ser mais encontrado em relações sociais historicamente produzidas e mutáveis, moldadas por propósitos humanos, do que na natureza cósmica, daí que deva eternamente "escapar à nossa percepção".

Naturalmente, o ceticismo pessimista de teorias desse tipo – as quais, no entanto, não hesitam em se posicionar como severas corretoras de todas as "concepções globais" (exemplificado também pelas diatribes pós-modernas contra as "grandes narrativas") – não precisa se opor à prática social em geral em nome da senão estipulada como necessária "fuga do mundo". A necessidade desta surge apenas quando uma mudança estrutural maior – com referência a uma concepção global *radical* – está implícita na ação advogada.

Enquanto tudo puder ser contido no interior dos parâmetros da ordem estabelecida, a "unidade de teoria e prática" não precisa ser condenada como uma das muitas alegadas "confusões" de Marx. Pelo contrário, sob tais circunstâncias, isso pode ser celebrado como um aspecto altamente positivo do empreendimento intelectual. Exatamente como encontramos, de fato, na observação de sir Lewis Namier segundo a qual "é notável o quanto a *percepção é aguçada* quando o trabalho serve a um *propósito prático* de absorvente interesse", com referência a seu próprio estudo, "The Dawnfall of the Habsburg Monarchy" [O declínio da monarquia Habsburgo], fruto de seu trabalho "em Departamentos de Inteligência, primeiramente, e depois no Ministério das Relações Exteriores"[68].

Dessa forma, o ceticismo histórico, não importando quão extremo seja, é realmente seletivo em seus dignósticos e na definição de seus alvos. Pois se o tópico em questão envolve a possibilidade de vislumbrar grandes transformações estruturais – e, portanto, a elaboração das estratégias exigidas para "fazer história", nesse sentido prático tangível – então prega a "falta de sentido" de nosso destino e a inevitabilidade da conclusão de que "se houver sentido, este escapa a nossa percepção". Por outro lado, no entanto, quando a questão é: como sustentar com todos os meios e medidas necessários a ordem estabelecida, apesar de seus antagonismos, e como dividir os espólios de – ou como mover-se no interior do vácuo criado por – um império moribundo: o Habsburgo, tal "propósito prático de absorvente interesse", a serviço de Departamentos de Inteligência de outro império decadente – o britânico – milagrosamente "aguçará a percepção" e enterrará o incômodo risco do ceticismo.

Tristemente, é assim que a busca emancipatória da tradição do Iluminismo termina na teoria e na prática da historiografia burguesa moderna. Os grandes representantes da burguesia em ascensão tentaram fundar o conhecimento histórico por meio da eluci-

---

[68] Ibidem, p. 7.

dação do poder do sujeito histórico humano de "fazer história", mesmo se, pelas razões que vimos anteriormente em vários contextos, não puderam levar de forma consistente sua investigação à conclusão originalmente pretendida. Agora cada componente de sua abordagem deve ser liquidado.

A ideia mesma de "fazer história" é descartada, com indisfarçado desprezo por todos aqueles que ainda possam interessar-se por ela, já que a única história que deve ser contemplada é aquela *já feita*, que se supõe permanecer conosco até o fim dos tempos. Portanto, enquanto é correto e apropriado fazer a crônica do "declínio do Império Habsburgo", a legitimidade intelectual de investigar tendências e antagonismos objetivos do desenvolvimento histórico que mascaram a dissolução necessária dos impérios francês e britânico – ou, do mesmo modo, também das estruturas muito mais mediadas e difusas do pós-guerra do imperialismo global sobremaneira dominado pelos Estados Unidos – deve ser totalmente retirada de cena *a priori*.

Da mesma maneira, o reconhecimento relutante das limitações dos indivíduos em impor as decisões políticas "de absorvente interesse" adotadas sobre o desenvolvimento histórico – uma admissão do óbvio que, não obstante, segue de mãos dadas com a contínua difusão do mito da "soberania do consumidor individual" como o alardeado regulador ideal do metabolismo socioeconômico e político da "moderna sociedade industrial" – não leva a uma compreensão mais realista das reciprocidades dialéticas em ação entre indivíduos e suas classes na constituição do sujeito histórico, tampouco ao reconhecimento dos parâmetros *coletivos* inescapáveis de ação histórica relevante. Pelo contrário, traz a dissecção cética e a eliminação completa do sujeito histórico, com consequências devastadoras para as teorias que podem ser construídas dentro de tais horizontes. Pois, assim que o sujeito histórico é descartado, não apenas a possibilidade de *fazer*, como também a de *entender* a história deve sofrer o mesmo destino, como as grandes figuras do Iluminismo acertadamente reconheceram quando tentavam encontrar soluções para os problemas que os confrontavam.

E, finalmente, o resultado irônico de tudo isso para os historiadores referidos é que seu próprio empreendimento, também, perde a "*raison d'être*". Uma aflição que trazem sobre si mesmos no curso da tentativa de minar o terreno daqueles que se recusam a abandonar os conceitos intimamente interligados de "sujeito histórico", "fazer história" e "entender a história", desse modo também necessariamente rompendo todos os vínculos com os elementos construtivos da tradição filosófica à qual pertencem.

Ao fim, o que lhes é deixado na qualidade de uma "saída" é a generalização e a idealização arbitrárias de uma posição intelectual dúbia que precisa voltar-se não apenas contra seu adversário social, mas também contra seus próprios ancestrais em sua busca por autoafirmação cética.

E, ao tentar esconder as contradições das soluções, acabam nas mãos da ideologia da "falta de sentido" universal, combinada com a viabilidade aparentemente autoevidente de apresentar, ao contrário, "padrões" com "completude" descritiva: uma aspiração irremediavelmente autofrustrada, se é que houve alguma. E eles justificam sua evasão programática de tópicos abrangentes – dos quais a questão de como tornar inteligíveis as tendências e necessidades que emergem da busca dos indivíduos por seus fins socialmente circunscritos não pode ser eliminada – sobre a base de que eles pertencem apropriadamente às profundezas inescrutáveis dos mistérios cósmicos.

5.8 Antagonismo social e explicação histórica

Se observarmos as razões por trás da deprimente trajetória dessa reviravolta radical – da preocupação do Iluminismo com o significado humano e sua progressiva realização na história, à apoteose do pessimismo cósmico e da falta de sentido –, um fator particular se destaca, mais que qualquer outro, com seu oneroso e irreversível significado, afetando de forma direta a tradição filosófica de nossa investigação em suas fases de desenvolvimento qualitativamente diversas. Trata-se das condições e possibilidades de emancipação objetivamente dadas, assim como as variadas restrições sociais envolvidas em suas conceituações sob diferentes circunstâncias históricas.

Na verdade, a busca emancipatória da grande tradição histórica do Iluminismo já sofre das restrições que induzem seus maiores representantes a deixar a questão do sujeito histórico definida de forma nebulosa e abstrata (ou indefinida). Isso se deve parcialmente às pressuposições individualistas dos filósofos que pertencem a tal tradição e, em parte, à heterogeneidade potencialmente antagônica das forças sociais às quais estão ligadas na fase das confrontações históricas dadas. Assim, o que encontramos aqui, até sob circunstâncias mais favoráveis para a articulação das concepções históricas burguesas, é a presença de – inicialmente latente, mas inexoravelmente crescente – antagonismos sociais intranscendíveis, que encontram seu caminho para o cerne estrutural das respectivas sínteses filosóficas.

De modo compreensível, portanto, a conclusão do período histórico em questão, no fulcro da Revolução Francesa e das guerras napoleônicas, traz à luz uma conquista, de fato, ambivalente. De um lado, conduz à maior conceituação burguesa da dinâmica histórica, ao mais elevado nível de generalização, e antecipa de forma magistral no interior dos confins categoriais abstratos de seus horizontes a lógica objetiva do desenvolvimento global do capital, ligado a ideias genuinamente inovadoras sobre o papel central do trabalho no desenvolvimento histórico. De outro lado, no entanto, também produz a expansão até então inimaginável do *arsenal mistificador* da ideologia.

De maneira significativa, ambos estão combinados na internamente dilacerada e bastante problemática, até mesmo em seus próprios termos, síntese do sistema hegeliano; com seu "Sujeito/Objeto idêntico" e sua "astúcia da razão" no lugar do sujeito histórico real; com a redução do processo histórico ao "círculo de círculos" do autogerado "progresso do Conceito apenas", em sua construção do edifício categorial de *Science of Logic*, assim como na presumida "verdadeira teodiceia" de *A filosofia da história*; e com a supressão da temporalidade histórica na junção crítica do presente, autocontraditoriamente finalizando com o maior engodo que alguém poderia conceber em uma teoria que se propõe ser histórica – a saber, que "a Europa é o fim da história universal"[69] – após definir a tarefa da "História Universal" como a demonstração de "como o Espírito chega, progressivamente, ao reconhecimento e à adoção da verdade"[70].

• Não pode haver algo surpreendente, portanto, no fato de que a situação começa a tornar-se progressivamente pior, dado que os antagonismos sociais até então la-

---

[69] G.W.F. Hegel, *A filosofia da história*, cit., p. 103.

[70] Ibidem, p. 50.

tentes progridem e a nova ordem exploratória do capital é consolidada no período pós-revolucionário, no curso de grandes conflitos e confrontos de classe, sob a hegemonia da burguesia. Como resultado, não é mais possível deixar a questão do sujeito histórico emancipatório abstratamente indefinida, tampouco manter a própria questão da emancipação separada dos agravos claramente identificáveis da dominação e da exploração.

• Assim, definir o avanço histórico em termos do genérico "progresso da *humanidade*" – sem mencionar o "progresso do Conceito apenas" de Hegel – perde sua relevância por completo logo que as linhas de demarcação são redesenhadas na efetividade da prática social mesma. Persistir com promessas otimistas, conjugadas a arcabouços categoriais vagos – que eram compreensíveis à época quando o "Terceiro Estado" ainda era bastante indiferenciado –, torna-se difícil ao extremo.

• Tal atitude com relação à história fica ainda mais insustentável, já que uma variedade de conceituações socialmente críticas, também, aparecem no período entre a Revolução Francesa e as revoluções de 1840, em paralelo com a crescente polarização social, culminando na concepção marxiana da nova ordem social com referência aos antagonismos estruturais do capital e ao papel emancipatório do proletariado consciente de sua classe.

Nesse sentido, de mãos dadas com a consolidação da ordem social pós-revolucionária seguem algumas transformações conceituais altamente importantes.

Em primeiro lugar, a substância sócio-histórica, assim como o valor explicativo, da "luta de classes" são reconhecidos pelos historiadores burgueses, mesmo que tentem inserir esse conceito em uma estrutura geral cada vez mais conservadora. Em seguida, entretanto, todas essas categorias devem ser descartadas por completo como "conceitos do século XIX", caracteristicamente atribuindo-os a Marx (embora o próprio nunca tenha alegado originalidade a esse respeito) para serem capazes de livrar-se sem embaraço de uma herança intelectual. A busca iluminista por emancipação sofre o mesmo destino ao ser relegada ao passado remoto em todos os seus mais importantes aspectos, sendo cada vez mais referida como – no melhor dos casos – uma "nobre ilusão".

Dado que a questão da *emancipação* em si é inseparável do tópico prático de como superar a exploração, as duas estratégias – frequentemente conjuminadas – abertas para a abordagem burguesa moderna são:

1. definir de forma introspectiva os termos de referência da emancipação, como uma matéria que concerne à relação entre "eu e eu mesmo";

2. e desacreditar, como "confusão" e/ou "ilusão" todos os conceitos que não podem ser "internalizados" de forma mistificadora (como "fazer história"); aqueles que procuram tornar inteligíveis as tendências e determinações objetivas do desenvolvimento histórico (ou seja, "entender a história"); e, por último, mas não menos importante, todos os esforços que tentam identificar as condições de uma intervenção significativa do "sujeito histórico" no processo histórico em movimento, com o objetivo de trazer as forças cegas que emanam da constituição intrínseca ao capital sob o controle humano consciente.

Quando, do "ponto de vista da economia política" (a qual representa a perspectiva privilegiada da ordem estabelecida do capital), a questão é de que modo *impedir* que a história seja feita pelas classes subordinadas para o avanço de uma nova ordem social, o pessimismo histórico da "crescente perda de sentido" e o ceticismo radical que tenta desacreditar a própria ideia de "fazer história" estão em perfeita sintonia com os interesses materiais e ideológicos dominantes.

Ao mesmo tempo, por contraste, as forças sociais engajadas na luta por emancipação do domínio do capital não podem abrir mão do projeto de "fazer história" ou da ideia de instituir uma nova ordem social. Não por causa de uma perversa inclinação em direção a um "holismo" messiânico, mas apenas porque a realização até mesmo de seus mais limitados objetivos imediatos – tais quais comida, abrigo, assistência médica básica e educação, no que se refere à maioria esmagadora da humanidade – é bastante inconcebível sem desafiar de forma radical a ordem estabelecida cuja natureza mesma relega-os, *por necessidade*, à sua posição impotente de subordinação estrutural na sociedade.

Desse modo, a articulação de uma concepção histórica genuína e a asserção desafiante da validade de sua orientação "totalizante", com o objetivo prático de "fazer história", são inseparáveis de todo desafio emancipatório real à ordem dominante. Pela mesma razão, no lado oposto da divisão social, a simbiose de pessimismo histórico e ceticismo com a ideologia da "engenharia social anti-holística" é igualmente compreensível. Apesar de algumas diferenças de ênfase em certos contextos, em concordância com sua divisão do trabalho no empreendimento ideológico compartilhado a serviço do *status quo* prevalecente, seu denominador comum é a supressão radical da temporalidade histórica e a declaração apriorística da extrema falta de sentido em vislumbrar a possibilidade "total" (ou "holística") de "fazer história".

Mas pessimismo histórico e ceticismo, em sua aliança profana com a "engenharia social gradativa" (que constitui realmente apenas o outro lado da mesma moeda), oferecem um "bônus" também às forças devotadas à preservação do *status quo*.

A questão é que as estratégias sociais de emancipação devem ser afirmadas sob a relação de forças *efetivamente dada*, a qual, na presente conjuntura, ainda lhe constitui um extremo contrapeso, em favor do capital, apesar do anacronismo histórico de sua ordem socioeconômica. Assim, aparentemente, apenas sucessos parciais são viáveis sob as circunstâncias predominantes, e frequentemente até eles têm de sofrer as consequências da relação desfavorável de forças. Em consequência, toda falha ou entrave maior aparenta fortalecer a mão do ceticismo histórico, disseminando sua influência bem além daqueles que são os beneficiários naturais da contínua manutenção do *status quo*.

Nesse importante sentido prático, a supressão da temporalidade histórica é provavelmente o mais poderoso dispositivo ideológico no arsenal da ideologia dominante.

6
DUALISMO E DICOTOMIAS NA FILOSOFIA E NA TEORIA SOCIAL

6.1 As premissas ocultas dos sistemas dicotômicos

Os filósofos que compartilham "o ponto de vista da economia política" (ou seja, o ponto de vista do capital, de acordo com Marx) tendem a nos apresentar dicotomias e "soluções" dualisticamente articuladas para os problemas em exame. No caso de Hannah Arendt, por exemplo, "compreender" é o oposto de "fazer", "teoria" é o oposto de "prática", "político" é o oposto de "social", "julgamento" é o oposto de "raciocínio técnico" da "esfera estritamente econômica" etc. O fato de que os imperativos técnicos da produção – tanto em uma dada fábrica como na organização do aparato produtivo como um todo – se baseiam na premissa *social* fundamental e capitalisticamente mais vital da *separação forçada entre o trabalho* e os *meios* de produção *deve necessariamente* permanecer fora da estrutura dessa argumentação[1]. E assim deve permanecer por ser uma questão de determinação ideológica

---

[1] Hannah Arendt reduz o problema da *expropriação* ao dos "impostos exorbitantes". A função dessa caracterização inversa é transformar os *expropriadores* privilegiados (que são os que pagam os "impostos exorbitantes") nas verdadeiras vítimas do sistema. Além disso, ela apenas reconhece um problema "residual": a persistência inegável da pobreza. Mas Arendt espera que este seja resolvido por "meios técnicos neutros". Essa solução é, naturalmente, um "dever-ser" vazio, concebido no espírito de se evitar sistematicamente o problema estrutural da exploração capitalista. Todo o quadro conceitual é construído de forma que o pressuposto estrutural permanente da expropriação e da exploração – a separação forçada e legalmente protegida entre o trabalho e os meios de produção – nem mesmo apareça no horizonte, muito menos assuma o centro estratégico da confrontação social. É por isso que a esfera política e seu papel potencial de intervenção no nível de exploração econômica devem ser conceituados por Arendt na forma em que o encontramos nos seus escritos. Pois, uma vez que se aceitam sem discussão as fundações estruturais do sistema, a margem de ação política contra as desigualdades reconhecidas é praticamente insignificante, e a solução recomendada não passa de um "dever-ser" vazio. Como recorda com algum espanto sua simpática crítica Elisabeth Young-Bruehl: "[Arendt] queria uma solução para o problema da pobreza que não ditasse, nem dite, uma forma de governo" (Elisabeth Young-Bruehl, "From the Pariah's Point of View", em Melvyn A. Hill (org.), *Hannah Arendt: the Recovery of the Public World*, Nova York, St. Martin's Press, 1979, p. 24). Desde que o sistema socioeconômico estabelecido e a "forma de governo ditada por ele" possam continuar

que tem interesse investido em pressupor a existência de um "sistema orgânico" como simplesmente *dado*, e em recusar a consideração da dinâmica de sua *gênese* e potencial *dissolução*: ambas identificáveis (com relativa facilidade de um ponto de vista social radicalmente diferente) no ponto focal dos *pressupostos antagônicos* do sistema.

Nunca é demais insistir, os *pressupostos necessários* do sistema socioeconômico dado não estão na obscura região do *passado* remoto, de forma a relegar sua avaliação ao território do interesse puramente acadêmico. Pelo contrário, eles constituem uma das dimensões mais vitais do *presente* em constante evolução, com consequências teóricas e práticas de longo alcance no que tange às alternativas e estratégias viáveis. Pois, não importa o quanto sejam antagônicos em suas determinações internas, os pressupostos em si devem ser – como de fato o são até nossos dias – *reproduzidos* com sucesso no processo geral de produção e reprodução do capital, junto com todas as outras partes constituintes do sistema em questão; isto é, se o sistema produtivo da assim chamada sociedade "industrial moderna" ou "pós-industrial" não se desintegrar sob o peso de suas múltiplas contradições.

Existe uma tendência para se desconsiderar esse aspecto crucial do processo de reprodução social, graças ao poder mistificador da ideologia dominante. Pois, em geral, esta última tem uma posição de imensa vantagem na escolha do terreno e na marcação dos parâmetros em que os debates teóricos devem ser conduzidos nos períodos históricos de relativa estabilidade. E, é claro, a ideologia dominante explora essa vantagem em toda a sua extensão tomando como verdade as suas próprias premissas ideológicas (nunca mencionadas) – que, por acaso, coincidem com os pressupostos práticos necessários da ordem estabelecida para a bem-sucedida autorreprodução – tais como os termos incontestáveis de referência de todos os legítimos "raciocínios técnicos" bem como dos "julgamentos de valor".

Naturalmente, a sistemática *separação* teórica entre as *características funcionais* (eternizadas) do sistema dado e a investigação dos seus *pressupostos dinâmicos* – tanto passada quanto presente (unilateral e falaciosamente atribuídas ao campo "especializado" da historiografia acadêmica, quando chegam a ser consideradas) –, além da *obliteração* da dimensão ideologicamente embaraçosa e diretamente desafiadora do processo de reprodução do capital é, em si, parte integral desse mesmo processo. De fato, essa é uma das mais importantes formas pelas quais a ideologia dominante ajuda a articular e modificar de forma ativa, segundo as circunstâncias, mas dentro de limites estruturais bem marcados[2], a complexa rede de determinações – individuais e coletivas, bem como materiais e ideais – que asseguram e salvaguardam a continuada reprodução da ordem social estabelecida, com todos os seus pressupostos práticos.

---

dominando, deixando o problema da pobreza (que é, ela própria, relativa à riqueza geral da sociedade dada, ao passo que a expropriação/exploração é um *absoluto estrutural*) a cargo do vazio "dever-ser" da "neutralidade técnica estritamente econômica".

[2] Deve-se notar também, nesse contexto, que a posição da ideologia dominante essencialmente negativa e a consciência prática do seu antagonista (cujo objetivo é a substituição do sistema estabelecido por uma nova ordem social definida positivamente, com pressupostos qualitativamente diferentes para a continuada reprodução social) não podem ser consideradas *simétricas*.

Não é difícil ver que a metodologia dualística e a articulação dicotômica das categorias são armas muito úteis a serviço dos interesses ideológicos dominantes. Pois o seu efeito combinado é a imposição de linhas extremamente problemáticas de demarcação da forma como os problemas identificados podem ser avaliados.

Essas linhas categóricas e metodológicas de demarcação, nas suas funções estipulativas mais ou menos explícitas, são equivalentes ao estabelecimento de tabus rígidos (tal como a alegada impossibilidade categórica de derivar "dever-ser" de "ser", "valores" de "fatos" etc.). O resultado é o completo ofuscamento da ligação dinâmica entre, de um lado, a estrutura dada da totalidade social e, de outro, sua constituição histórica original e transformações correntes.

Assim, não surpreende que a tensão entre os aspectos *estrutural* (ou "sincrônico", "sistemático", "estrutural/funcional") e *histórico* (ou "diacrônico", "genético") da teoria seja tão endêmica em toda essa tradição filosófica. Nem que a manifestação dessa tensão culminasse, no século XX, nas conceituações mais extremas de dualismo e dicotomias por meio de várias formas de "*estruturalismo*" e "*historicismo*" que se confrontam na sua separação reificada.

6.2 O imperativo funcional do exclusivismo operacional

Na própria totalidade social, os pressupostos herdados e rigidamente reafirmados do sistema produtivo, e suas características mais transitórias, são reproduzidos de forma simultânea. São reproduzidos como elementos inseparavelmente unidos de um processo orgânico unificado. De fato, o caráter orgânico da autorreprodução da sociedade se afirma em virtude da *inseparabilidade prática* de suas várias dimensões em circunstâncias normais.

Dito de outra forma, em qualquer totalidade social historicamente dada as determinações *valorativas* (ou "axiológicas") e *funcionais* (na sociedade capitalista, geralmente "técnicas/tecnológicas") são entrelaçadas de forma tão estreita que nem mesmo teoricamente elas podem ser separadas de maneira clara sem que se adote um ponto de vista em relação ao sistema estabelecido. Pois, como resultado do processo incansável de confusão prática, os valores institucionalizados e estruturalmente dominantes tendem a aparecer em uma roupagem técnico-instrumental (sobretudo por já serem institucionalizados), fixando apenas os adversários no território dos valores contestáveis.

Assim, uma vez que a ordem estabelecida já se coloca sem discussão como algo "acima de qualquer contestação" em sua articulação estrutural fundamental, seus valores já institucionalizados podem facilmente assumir o manto da pura instrumentalidade. Ao mesmo tempo, valores *críticos* – ou seja, valores que aparecem abertamente como tal, sem o disfarce da instrumentalidade incontestável – devem ser condenados como "*heresia*" ou, mais recentemente, como "*irracionalidade oposicional*", "*emotivismo*" etc.

A perversa confusão prática manifesta nesses fenômenos pode ser claramente identificada em instituições como, por exemplo, a Santa Inquisição. Pois, apesar de alegar ser a "defensora da fé" contra toda heresia, a Santa Inquisição proclama abertamente seus valores. Assim, o conjunto específico de valores advogados dessa forma nunca pode ser considerado um entre uma multiplicidade de *conjuntos alternativos* (contestáveis). Pelo contrário, deve ser apresentado como o único regulador concebível e marco instrumental do todo social divinamente ordenado.

Ademais, como a questão crucial do ponto de vista da ordem estabelecida é sempre o controle efetivo da instrumentalidade dominante na prática, a admissão aberta da associação desta com valores só é viável enquanto o conjunto de valores socialmente consolidado é capaz de sustentar sua reivindicação *exclusiva* à existência, como no caso da Santa Inquisição mesma.

Não pode haver "tolerância" no nível da instrumentalidade dominante. É por isso que, tão logo (no curso do desenvolvimento histórico real) se admita que valores possam pertencer a conjuntos alternativos *legitimamente concorrentes* – não no rastro da proposta milagrosa de um "princípio de racionalidade" e "cálculo", mas como resultado da evolução da luta de classes em que a burguesia ascendente tem papel positivo –, a relação prática entre instrumentalidade e valores exige um realinhamento drástico.

Nesse sentido, paralelamente à consolidação da ordem socioeconômica do capital, a disputa entre conjuntos rivais de valores deve se transferir para uma *área separada*, na qual suas confrontações não coloquem em risco o funcionamento prático da nova estrutura. Pois, afinal, o que decide a questão é a *intolerância prática* do único conjunto de regras operacionais com as quais o modo de controle social do capital é realmente compatível, para não mencionar a amplamente difusa ideologia do "pluralismo".

Na realidade, o tão falado "pluralismo" tem como termos de referência apenas a *pluralidade de capitais*, mas *nunca* a possibilidade da instituição de uma alternativa valorativa e funcional significativa à regra do capital em si.

Na prática, a regra operacional imposta de *exclusividade* operacional (no plano da instrumentalidade dominante) corresponde a um *imperativo funcional* objetivo do sistema socioeconômico dado, e deve prevalecer precisamente nessa forma. Em completo contraste, a ideologia da "tolerância" com relação aos conjuntos alternativos de valores surge numa época da história em que a burguesia ainda é "intrusa" e, portanto, obrigada a negar a "intolerância" regulatória da velha ordem que evita o seu avanço. Mas, uma vez que a ordem burguesa da sociedade se consolida e o capital é capaz de afirmar a sua *intolerância estrutural* como algo natural, a própria "tolerância" deve ser exilada para uma esfera separada de valores abstratos e impotentes.

Assim, a "competição" é admitida como correta e adequada enquanto puder ser contida nos limites correspondentes à pluralidade de capitais. Mas, caso assuma a forma de um novo conjunto de valores que prevê ou implica uma alternativa funcional real ao quadro de intolerância estrutural, essa competição deve ser desqualificada e, se necessário, reprimida com todos os meios ao alcance do sistema. Pois nada pode perturbar a "funcionalidade racional" – ou seja, o modo específico de determinação valorativa e instrumental – da ordem estabelecida.

Dado que qualquer ordem social particular é compatível com apenas um conjunto fundamental de valores no nível das suas estruturas operacionais/instrumentais, é preciso haver formas historicamente específicas em que os conjuntos rivais – que surgem espontaneamente das contradições e dos antagonismos objetivos da própria ordem socioeconômica dada – são tratados na prática. A *exclusividade* mencionada antes é um *imperativo funcional* de todas as ordens sociais, já que o regulador fundamental do metabolismo social não pode ser outro que não um regulador *totalizante*. Entretanto, as formas históricas específicas nas quais prevalece esse imperativo funcional em diferentes formações sociais podem ser radicalmente distintas entre si.

O contraste se torna mais claro se nos lembrarmos do fato de que o capital precisa estabelecer suas próprias credenciais no curso do desenvolvimento histórico contra uma ordem socioeconômica que reivindica a validade absoluta de "mandamentos divinos", os quais constituem dois dos principais obstáculos à evolução progressiva do poder do próprio capital.

- O primeiro se relaciona com o dogma prático da "não alienabilidade da terra" cuja abolição é absolutamente vital para o desenvolvimento da agricultura capitalista;

- E o segundo obstáculo importante, que não pode ser tolerado pela burguesia em ascensão, é a proibição cristã imposta à "usura" (juros), ou "lucro pelo empréstimo sem alienação do capital", para usar a expressão da linguagem das acaloradas controvérsias da época.

Dessa forma, o capital é obrigado a se definir inicialmente como uma *alternativa global* reconhecidamente *histórica* à ordem estabelecida – mas ainda assim não menos legítima e viável, nem menos permanente em relação às suas futuras aspirações.

Isso está em nítido contraste com a atitude do seu adversário estabelecido. Pois essa última categoria rejeita a própria ideia de uma alternativa possível a si mesma na sua identificação exclusiva com o único conjunto admissível de valores para o qual ela reivindica uma linhagem não apenas histórica, mas *divina*, a fim de justificar sua superioridade apriorística a toda contingência concebível. (A Santa Inquisição é, evidentemente, apenas uma expressão institucional particular – em circunstâncias históricas especiais – dessa coincidência estrutural direta e uma identificação aberta de *valores absolutizados* com a *instrumentalidade dominante*.)

Mas, também no caso do capital, sua autodefinição como um conjunto alternativo de valores – historicamente constituído – não é, de forma alguma, o fim do processo. Pois o sempre dominante imperativo funcional da exclusividade – antecipado, curiosamente, pela conceituação burguesa do mundo: aquela que *rejeita* de maneira enérgica a "eternização" na sua forma teológico-intolerante e ao mesmo tempo a reconstitui numa nova forma secular ao alegar ter a *Razão como tal* (no seu absolutismo atemporal e em princípio incontestável) ao seu lado – deve se reafirmar uma vez que o capital detenha o controle geral do metabolismo social.

De modo significativo, portanto, podemos testemunhar no curso do desenvolvimento histórico do capital um desvio radical do significado do conceito de "alternativo". De um lado, ele perde o seu sentido *global* anterior – ou seja, sua dimensão propriamente axiológica – que é em princípio transferida para o *território separado dos valores*. Ao mesmo tempo, no espírito da nova parcialidade predominante na prática, um sentido *limitado* de "alternativo" se mantém no plano *funcional-instrumental*, correspondente à determinação estrutural mais íntima do capital como *pluralidade de capitais em competição* – e, nesse sentido estreito, alternativa.

Ademais, dada a definição funcional limitada do significado de "alternativo", e em virtude da separação dualística entre o "território dos valores" e o "território dos fatos", o capital

108   *Estrutura social e formas de consciência*

adquire a aparência de sistema eminentemente "racional". E enquanto na realidade esses desvios de significado são objetivamente impostos ao próprio capital – na medida em que, como modo específico de controle social geral, o capital não pode reconhecer a legitimidade de qualquer alternativa real ao seu próprio domínio, nem constituir uma *alternativa* ao seu próprio modo de operação em qualquer sentido significativo do termo –, o prosaico imperativo funcional da *exclusividade operacional totalizante* é racionalizado e idealizado pela filosofia burguesa como paradigma de "funcionalidade racional".

6.3 Valores dominantes disfarçados como complexos instrumentais: as ilusões da funcionalidade vazia de valor

Naturalmente, a estipulada transferência do significado axiológico de "alternativo" para um território separado é essencialmente um engano. Só pode ser uma impostura porque os valores intrínsecos ao modo de operação econômica e controle social do capital precisam continuar como *pressuposições globais não mencionadas* e *premissas práticas inquestionáveis* da ordem estabelecida, como já foi indicado. De fato, devem ser (e o são sem cerimônia) impostos como tal – direta ou indiretamente conforme determinem as circunstâncias – com eficácia prática incomparavelmente maior do que jamais poderia sonhar a Santa Inquisição em relação às suas próprias alegações de imposição divinamente sancionada da lei.

Assim, de forma objetiva, no modo real de funcionamento desse sistema, a contradição em valores não é de forma alguma eliminada nem transcendida pela adoção de uma estrutura categorial dualística. É apenas oculta pela postulação da radical separação de "fatos" – ou seja, as determinações operacionais/instrumentais/funcionais do complexo social – e "valores".

Mas não existe determinação operacional/funcional de um complexo *social* (por oposição à de um complexo *mecânico* limitado ou à de uma máquina) que não seja ao mesmo tempo uma *determinação de valor*. Como tal, ela envolve não somente algumas "escolhas originais", mas também "*escolhas correntes*" entre alternativas mais ou menos conflitantes (com consequências sociais de grande alcance para cada uma) em situações necessariamente em mudança, bem como a reafirmação constante da viabilidade das escolhas anteriores, na medida em que são reproduzidas, de preferência às possibilidades rivais. Consequentemente, a contradição de valores desce até o âmago do sistema dado e não pode ser resolvida nos limites do mundo real das determinações estruturais do capital.

É esta a razão pela qual a "solução" dualística é a única saída dessa dificuldade subjacente. Pois o dualismo filosófico geralmente adotado está aparentemente em posição para remover a contradição em questão estipulando de maneira abstrata, com base em nada além de seu próprio decreto, que "*não pode haver contradição em valores*" (Kant). A contradição aqui mencionada consiste em *ser* o capital – na sua gênese histórica e constituição objetiva – uma alternativa (ao seu antecessor) que, entretanto, *não é* uma alternativa genuína, porque não é capaz de tolerar nenhuma alternativa a si próprio; daí o fim da história e a concomitante "eternização" das relações econômicas já estabelecidas, uma vez que o capital está efetivamente no comando dos processos socioeconômicos vitais.

A adoção desse postulado arbitrário traz consigo a dissolução conveniente dos problemas em questão. Pois, ao se assumir como ponto de partida o postulado categórico da não conflitualidade apriorística em valores, duas outras proposições são derivadas – ideologicamente necessárias e "conclusivas":

1. "valores devem pertencer a um território radicalmente diferente", no qual não podem ser contestados pela realidade;

2. e dado que, em virtude de (1), os valores pertencem a um território no qual não se aplicam, nem se podem aplicar, as considerações de fato (*questio facti*), as contradições em valor identificadas (que percebemos em demasia na realidade da ordem estabelecida, até decidirmos nos cegar para toda evidência pela aceitação da matriz categorial dualística em si) não são, na verdade, contradições em valor e, portanto, são vazias de qualquer significância filosófica real (em contraste com o meramente "contingente" e "hipotético").

Mas existe ainda outro importante aspecto dessa dissolução dualística do problema. Pois ela não apenas transfere as questões de valor para um território separado, mas ao mesmo tempo as priva de sua *dimensão social*. O que continua a ser reconhecido como pertencente à esfera social propriamente dita não passa de determinações de instrumentalidade e funcionalidade – alegadamente desprovidas de valor. Valores assim devem tratar os indivíduos somente como simples indivíduos (que têm seus próprios "demônios privados" na terminologia de Weber[3]), se as escolhas e os "imperativos morais" associados a eles forem concebidos de acordo com os mandamentos da "razão prática" kantiana ou degradadas até o nível do "emocionalismo" filosoficamente injustificável.

Assim, o dualismo prevalece na forma de invenção da *individualidade abstrata* e sua oposição à realidade do *indivíduo social*, e no divórcio das determinações de valor do complexo social em relação às suas manifestações funcionais e instrumentais. E, é claro, nos dois casos, os remédios filosóficos dualísticos surgem em resposta a intranscendíveis contradições das práticas socioeconômicas do capital, oferecendo-lhes uma solução imaginária que racionaliza o mundo da aparência reificada e da fragmentação individualística. Graças ao "fetichismo da mercadoria" e à estrutura do maquinário produtivo subdividido de forma mistificadora – ainda que mais misteriosamente unificado –, a aparência de "neutralidade" operacional e funcional/instrumental é dominante no mundo da reprodução social, contaminando a consciência social com as ilusões da "funcionalidade racional vazia de valor" pela qual a ordem dada estabelece com sucesso suas reivindicações de legitimidade absoluta.

Compreensivelmente, contra desvantagens tão pesadas, não é apenas difícil, mas quase impossível, formular uma alternativa crítica à concepção compartimentada de valores de forma dualística na estrutura do discurso ideológico dominante, com suas pretensões de "neutralidade metodológica".

---

[3] É assim que [Max] Weber o expressa: "Quando se trata do indivíduo, uma coisa é o Diabo, e outra Deus, e o indivíduo deve decidir qual, *para ele*, é Deus, e qual é o Diabo. E é assim ao longo de todas as ordens da vida. [...] vamos para o trabalho e satisfazemos a 'demanda do dia' – tanto no nível humano como no profissional. Mas essa demanda é simples se cada um de nós encontra e *obedece* ao *demônio* que controla os fios de *sua* vida", Max Weber, *Gesammelte Aufsätze zur Wissenschaftslehre* (Tübingen, 1922), p. 545 e 555, citado em Georg Lukács, *The Destruction of Reason* (Londres, Merlin, 1980), p. 616 e 618.

110 *Estrutura social e formas de consciência*

Dada uma regra universalmente válida que se afirma com particular severidade nas circunstâncias de produção generalizada de mercadorias, apenas sob condições de crise importante pode surgir na teoria a questão de se imaginar uma estrutura alternativa de premissas práticas (desafiadoramente carregadas de valor) em resposta a alguma prática social já em desenvolvimento. Pela mesma razão, períodos históricos de relativa estabilidade se caracterizam pelo impacto paralisante dos *valores dominantes instrumentalmente disfarçados* que se impõem com a maior facilidade sobre a esmagadora maioria das classes subalternas como o "senso comum da época".

Em outro plano, esses períodos de estabilidade duradoura tendem a produzir tipos funcionalistas e estruturalistas de síntese intelectual, que geralmente conseguem penetrar as fileiras do antagonista potencial da ideologia dominante, como demonstraram há não tanto tempo as estranhas vicissitudes do "estruturalismo marxista"[4] na Europa e na América Latina, em circunstâncias que favoreceram em demasia o capital e forçaram o seu adversário a adotar uma postura *defensiva*.

Portanto, inevitavelmente, o surgimento de uma alternativa social abrangente e coerente (ou seja, o que pode com toda razão ser chamado de "alternativa hegemônica") implica o desafio direto às alegações, articuladas de forma anistórica, de "funcionalidade racional" e "organicidade natural" do metabolismo social historicamente dominante. Ao mesmo tempo, implica também um assalto crítico desafiador aos conjuntos velados de valores dos quais a modalidade estabelecida de metabolismo social é de fato estruturalmente inseparável. Essa contestação aberta aos valores dominantes, mais os seus equivalentes funcionais/instrumentais, é necessária para estabelecer as credenciais do marco alternativo com relação a todas as dimensões da vida social, das funções práticas mais limitadas do intercâmbio material às que exigem a reestruturação abrangente da complexa rede de produção e reprodução de valor.

6.4 Raízes ideológicas do dualismo metodológico

Como exemplo, consideremos a profunda interligação entre as leis na aparência "estritamente técnicas" do modo estabelecido de produção e as determinações sociais subjacentes, claramente carregadas de valor, do mesmo sistema. Para citar Marx:

---

[4] O estruturalismo em geral teve seu apogeu no período de expansão econômica e de consenso político do pós-guerra. Assim, na época em que estava intelectualmente confiante e que construiu impérios ele foi capaz de saudar a disseminação da sua influência até mesmo sob a forma de "estruturalismo marxista", apesar da profunda incompatibilidade entre o materialismo histórico e o estruturalismo anistórico. Da mesma forma, é altamente revelador que o "estruturalismo marxista" tenha alcançado maior sucesso na América Latina; um continente dominado então por vários regimes militares que forçaram a esquerda a uma posição compreensivelmente defensiva. E o reverso dessa relação também prevaleceu. Pois, uma vez que a crise do capital foi indicada pelo fim dos "milagres econômicos" (na Europa e na América Latina), acompanhada da reativação e intensificação dos antagonismos sociais – na Europa sob a forma do colapso da política de consenso, e na América Latina pela morte de várias ditaduras militares – pudemos testemunhar a completa desintegração não somente da corrente principal do estruturalismo, mas também a do "estruturalismo marxista" como força intelectual.

Na produção de mercadorias em geral, revela-se norma coativa e externa da concorrência o princípio de só se aplicar na fabricação de uma mercadoria o tempo de trabalho socialmente necessário, pois, falando-se superficialmente, cada produtor tem de vender a mercadoria ao preço de mercado. Na manufatura, torna-se lei técnica do próprio processo de produção o fornecimento de determinada quantidade de produto num tempo dado.[5]

Mas parar nesse ponto traria consigo – e, aos olhos daqueles que se identificam com o "ponto de vista da economia política", de fato *traz* – a aceitação da "fábula absurda de Menenius Agrippa, que representa *um ser humano como simples fragmento de seu próprio corpo*"[6], dada a sua inegável realização prática como a lei técnica totalmente desumanizadora da fábrica capitalista em que "Não somente cada detalhe do trabalho é distribuído a diferentes indivíduos, mas o indivíduo mesmo é transformado no motor automático de uma operação fracionada"[7].

Na realidade, é claro, a articulação técnica da produção é apenas o *resultado final* de um longo processo histórico que envolve a radical (e, nos seus aspectos humanos, extremamente brutal[8]) *derrubada* das práticas produtivas antes estabelecidas, junto

---

[5] Karl Marx, *O capital: crítica da economia política* (trad. Reginaldo Sant'Anna, 22. ed., Rio de Janeiro, Civilização Brasileira, 2004, v. 1, livro primeiro, parte 4, cap. XII), p. 400.

[6] Ibidem, p. 415. Os primeiros desenvolvimentos capitalistas criam "um mecanismo de produção cujos órgãos são seres humanos" (ibidem, p. 393). No período manufatureiro, o "ofício [na manufatura] continua sendo a base. [...] É justamente por continuar sendo a habilidade profissional do artesão o fundamento do processo de produção que o trabalhador é absorvido por uma função parcial e sua força de trabalho se transforma para sempre em *órgão dessa função parcial*" (idem). Ainda assim, seria completamente errado ignorar as bases naturais e históricas sobre as quais se erguem esses desenvolvimentos, vendo nelas algo unicamente capitalista, como o encontramos na dedução weberiana quase mística (bem como a que impõe a pergunta) da "vocação de vida", que vem do "espírito do capitalismo" (e vice-versa). Há uma base muito mais tangível para todos esses desenvolvimentos que o "espírito do capitalismo" de que Weber necessita para oferecer uma "refutação" do relato marxista. Podemos notar de passagem aqui que mesmo seus admiradores admitem que "Weber fez sua reputação acadêmica atacando o reducionismo econômico do determinismo marxista" (Ephraim Fischoff, "The Background and Fate of Weber's Wirtschaft und Gesellschaft", em Max Weber, *The Sociology of Religion*, Londres, Methuen, 1965, p. 282, introdução de Talcott Parsons) (cf. Karl Marx, *O capital*, cit., p. 394-5). O que é específico dos primeiros desenvolvimentos capitalistas não é a operação de forças econômicas conforme o princípio regulador de "vocação de vida" – muito menos o surgimento misterioso desta como *ethos* autossustentado produzido pelo "espírito protestante do capitalismo". Na verdade, o demiúrgico "espírito do capitalismo" foi precedido, no que se refere à "vocação de vida", por milhares de anos de práticas materiais bem estabelecidas e com frequência legalmente impostas em diferentes partes do mundo, algumas das quais devem ter sido conhecidas por Weber. Pelo contrário, a contribuição inovadora desses desenvolvimentos consiste no confinamento da atenção do trabalhador numa operação *fracionada*, sobre bases econômicas muito saudáveis (ainda que profundamente desumanizadoras) que favorecem o desenvolvimento completo da divisão de trabalho capitalista. Cf. ibidem, p. 395.

[7] Ibidem, p. 415. E aqui Marx acrescenta numa nota de rodapé: "Dugald Stewart chama os trabalhadores de manufatura 'autômatos vivos [...] empregados em trabalhos parciais'".

[8] Cf. ibidem, p. 827-8, 848 e 850 nota 221a. Nas últimas décadas do século XVII, de acordo com o ponto de vista da economia política do capital, o grande ídolo do moderno liberalismo, John Locke – latifundiário ausente em Somersetshire e funcionário altamente remunerado do governo –, prega a "criancice insípida" descrita por Marx. Insiste que a causa do "aumento dos pobres [...] não pode ser mais que o relaxamento da disciplina e a corrupção dos costumes; virtude e diligência sendo companheiros constantes de um lado, e corrupção e preguiça do outro. O primeiro passo, portanto, para forçar os pobres a trabalhar [...] deveria ser a restrição dos seus vícios pela estrita execução das leis que os condenam [por Henry VIII e Edward VI]" (John Locke, "Memorandum on the Reform

112 *Estrutura social e formas de consciência*

com todas as suas "leis técnicas"; a *separação forçada* da atividade produtiva humana (trabalho) das condições do seu exercício (meios de produção), como mencionado anteriormente; a cruel exploração e descaso para com até mesmo o *substrato natural* da existência humana[9], em subordinação direta às exigências reificantes de um deter-

---

of the Poor Law", em H. R. Fox Bourne, *The Life of John Locke*, Londres, King, 1876, v. 2, p. 378). Recebendo anualmente a remuneração quase astronômica de cerca de 1,5 mil libras por seus serviços para o governo (como membro da Comissão de Comércio, um de seus vários cargos), Locke não hesita em elogiar a perspectiva de os pobres receberem "um penny *per diem*" (ibidem, p. 383), ou seja, uma soma aproximadamente *1.000 vezes inferior* à própria renda de um de seus cargos no governo, diferença que ele considera, é claro, inteiramente justificada. Não chega a surpreender, portanto, que "o valor do seu patrimônio ao morrer – quase 20 mil libras, das quais 12 mil libras eram em dinheiro – fosse comparável ao de um comerciante rico de Londres" (Neal Wood, *The Politics of Locke's Philosophy*, Berkeley, Universidade da Califórnia, 1983, p. 26). Um feito notável para alguém cuja principal fonte de renda era explorar o – comprovadamente mais que generoso – Estado! Além do mais, por ser um verdadeiro cavalheiro, com grandes interesses a proteger, ele também propõe regular os movimentos dos pobres por meio da medida draconiana dos *passes* (cf. John Locke, "Memorandum on the Reform of the Poor Law", cit., p. 380). E, apesar de as brutais leis de Henrique VIII mencionadas por Marx em *O capital* só determinarem que se cortasse apenas "*metade* da orelha" de todos os criminosos *reincidentes*, nosso grande filósofo liberal e funcionário do Estado – uma das principais figuras do início do Iluminismo inglês – sugere uma melhoria daquelas leis, recomendando solenemente a perda *das duas* orelhas, a ser aplicada já a criminosos *primários* (idem). Ao mesmo tempo, no seu "Memorandum on the Reform of the Poor Law" [memorando sobre a reforma da Lei dos Pobres], Locke também propõe a instituição de casas de trabalho para os filhos dos pobres desde a tenra idade, argumentando que "os filhos dos trabalhadores são um peso comum para a paróquia, e são geralmente mantidos em ócio, de forma que seu trabalho é geralmente perdido para o público até que cheguem à idade de *doze ou catorze* anos" (ibidem, p. 383). A principal preocupação de Locke é como combinar com o máximo de economia a severa disciplina do trabalho e a doutrinação religiosa. Ele segue a orientação de Eduardo VI sobre como o senhor de escravos "há de alimentar o seu escravo a pão e água, sopa rala e todos os restos de carne que considerar adequados", com uma diferença significativa, na medida em que retira até mesmo os "restos de carne" da lista mesquinha do seu exemplo real (ibidem, p. 384-5). Assim, as medidas a serem aplicadas aos "pobres trabalhadores" eram radicalmente diferentes das que os "homens do Iluminismo" consideravam adequadas para si próprios. No final, tudo se resumia a relações ostensivas de poder, impostas com a maior brutalidade e violência no curso dos desenvolvimentos iniciais do capitalismo, não importando como fossem mais tarde racionalizadas nos "anais cheios de ternura da economia política". Naturalmente, a ideia de que o crescimento dos pobres e desempregados tivesse a sua causa no "relaxamento da disciplina e na corrupção dos costumes", e que a incapacidade de as pessoas encontrarem trabalho fosse atribuída à falta de "sua própria boa vontade", não será nunca abandonada pelos representantes do capital. Há alguns anos, o ministro conservador do Emprego aconselhou mais de três milhões de desempregados a pegar a bicicleta (que não tinham condições de comprar) e procurar emprego (ou seja, procurar "as antigas condições que já não existiam mais"). Esse conselho foi depois seguido por regulamentações governamentais que impunham cortes selvagens nos benefícios da Seguridade Social e nos fundos de pensão do Estado. E o governo conservador de Margaret Thatcher apresentou outra medida de que John Locke (mas talvez não Henrique VIII) teria se orgulhado. A medida em questão propunha compelir os jovens desempregados a continuar a busca de oportunidades de trabalho (inexistentes) depois de duas semanas no mesmo local na "Costa del Dole". Ao que eu saiba, ninguém ainda sugeriu restaurar a antiga ideia de cortar as orelhas de criminosos primários.

[9] Um dos aspectos mais importantes desse problema é que a produção generalizada de mercadorias explora, de modo implacável, até mesmo as propensões naturais da existência humana, na medida em que com o desenvolvimento da fábrica capitalista não somente temos a "elevação da força produtiva individual através da cooperação, mas a criação de uma força produtiva nova, a saber, a força coletiva. Pondo de lado a nova potência que surge da fusão de muitas forças numa força comum, o simples contato social, na maioria dos trabalhos produtivos, provoca *emulação entre os participantes, animando-os e estimulando-os*, o que aumenta a capacidade de realização de cada um, de modo que uma dúzia de pessoas, no mesmo dia de trabalho de 144 horas, produz um produto global muito maior do que 12 trabalhadores isolados, dos

minado modo de produção; e a imposição de um novo sistema de valores, com uma regulação *hierárquica e despótica* do processo de produção em si, corporificada num sistema *global de dominação e exploração* que comanda todos os aspectos da vida sob o sistema de produção generalizada de mercadorias, desde as relações de troca diretamente materiais até as atividades intelectuais e artísticas mais mediadas.

Ademais, o bom funcionamento e a *continuidade* economicamente viável ("racionalmente eficaz" e "calculável") da produção capitalista, de acordo com suas "leis técnicas", são inconcebíveis sem a reprodução *constante* de *todos* esses pressupostos – a qualquer custo – sob o poder supervisor último do *Estado capitalista*. Isso permanece verdadeiro mesmo que as modalidades descaradamente violentas de intervenção direta do Estado no exercício das funções reprodutivas da sociedade não tenham de vir à tona na ausência da pressão de crises totalmente abrangentes. Como o demonstra a experiência histórica, elas se apresentam com regularidade previsível sempre que as premissas práticas vitais da ordem socioeconômica dominante são colocadas em risco. Assim, de modo significativo, sob as circunstâncias de crises fundamentais torna-se necessário abandonar os instrumentos reguladores da "ideologia liberal", mais convenientes em outras circunstâncias[10]. Estes são substituídos por "estados de emergência" cujo propósito declarado é a reconstituição das condições que antes prevaleciam de "normalidade" capitalista, arbitrariamente identificada com "lei e ordem" como tal.

Assim, a aceitação das leis técnicas da produção capitalista pelo seu significado evidente, como "leis puramente técnicas", ou, da mesma forma, a postulação do "raciocínio técnico" e da "racionalidade instrumental" da produção de mercadorias, conforme a premissa arbitrária de uma "esfera estritamente econômica" (que é, por definição, isenta

---

quais cada um trabalha 12 horas, ou do que um trabalhador que trabalhe 12 dias consecutivos. É que o homem, um animal político, segundo Aristóteles, é por natureza um animal social" (Karl Marx, *O capital*, cit., cap. XI, p. 379). O que nos interessa aqui não é apenas uma relação social específica, mas aquela que ao mesmo tempo também manifesta ligação intrínseca do indivíduo com a espécie humana (cf. ibidem, p. 382 e 396). Entretanto, como todo o processo sob o capitalismo deve se subordinar aos imperativos do valor de troca sempre em expansão, as realizações positivas do desenvolvimento das forças produtivas da espécie são sempre contraditadas pelo impacto desumano das práticas de trabalho adotadas sobre os produtores individuais. Pois "a continuidade de um trabalho uniforme destrói o impulso e a expansão das forças anímicas, que se recuperam e se estimulam com a mudança de atividade" (ibidem, p. 396). Além disso, as faculdades intelectuais dos trabalhadores são igualmente afetadas em virtude da divisão do trabalho capitalista, que envolve não apenas a "especialização" técnica, mas também o *divórcio* sistemático do poder de controle dos trabalhadores e o alinhamento dessas forças *contra* eles (cf. ibidem, p. 416-7). Assim, os requisitos alienantes do processo de produção capitalista prevalecem sobre a inclinação natural espontânea, anulando as possibilidades objetivas do desenvolvimento multifacetado das faculdades humanas, no interesse da manutenção da pressão do modo de controle do capital sobre a sociedade como um todo.

[10] Tragtenberg enfatiza corretamente a linhagem liberal–socialdemocrata do corporativismo autoritário até chegar ao nazismo: "A teoria da empresa-instituição desenvolveu-se na Alemanha, sob Weimar, com Rathenau e Neumann, sendo depois adotada pelo nazismo, que reconheceu a importância político-social da empresa" (Mauricio Tragtenberg, *Administração, poder e ideologia*, São Paulo, Moraes, 1980, p. 13-4). Devemos também lembrar aqui a completa consonância das visões bonapartistas de Max Weber sobre a "democracia" e seu "líder" com as do general Ludendorff, um dos primeiros guerreiros de Hitler. Para uma análise penetrante da relação entre as grandes empresas e os desenvolvimentos ditatoriais no Brasil, cf. Octavio Ianni, *A ditadura do grande capital* (Rio de Janeiro, Civilização Brasileira, 1981).

de qualificações e, é claro, de contradições históricas), é problemática ao extremo, para dizer o mínimo.

Essa abordagem necessariamente produz conceituações distorcidas de forma sistemática, em conformidade com os interesses ideológicos que circunscrevem o horizonte social dos filósofos envolvidos. Pois uma compreensão adequada da verdadeira natureza e relativa viabilidade econômica das próprias leis técnicas exige situá-las no interior da moldura *unificada* do processo de produção e reprodução sociais, com todos os pressupostos e determinações axiológicas. A capacidade de fazê-lo exige, por sua vez, a adoção de um ponto de vista crítico a partir do qual pela primeira vez se torna visível a unificação atual das determinações sociais heterogêneas e antagônicas num organismo *social*.

Naturalmente, isso é inconcebível sem a identificação simultânea dos limites estruturais e *históricos* do modo dado de unificação prática, por oposição à sua falsa representação ideológica há muito estabelecida como "organismo natural". Em comparação, as diversas perspectivas dualísticas articuladas pela tradição filosófica aqui abordada representam essas relações de uma forma extremamente desconcertante. Pois superpõem a unidade complexa e a inseparabilidade prática das dimensões axiológicas e funcionais em algum tipo de sistema apriorístico.

Esses sistemas se propõem a estabelecer a separação *insuperável* das dicotomias identificadas, com o fim de transferir a questão do valor para um "domínio" independente e contido em si mesmo. E, sob esse aspecto, não importa realmente que alguns dos filósofos que se engajam nessas práticas não *chamem* o seu constructo apriorístico pelo nome correto, ao contrário, por exemplo, de Kant, que o faz. Pois estipulam a separação intransponível de valor social e funcionalidade técnica com base em premissas aprioristicas.

Assim, detrás do *dualismo metodológico* que separa de suas necessárias premissas práticas o *resultado final* historicamente dado, encontramos a *intenção ideológica* caracterizada por Marx como "eternização das relações de produção estabelecidas".

Compartimentar o mundo da experiência como faz o dualismo metodológico – ou seja, divorciar os pressupostos historicamente estabelecidos e constantemente reproduzidos do sistema da sua articulação estrutural ficticiamente atemporal, reduzindo assim tudo à sua funcionalidade atual – esconde o núcleo estratégico vulnerável do sistema contra o qual o seu adversário social deve montar um desafio radical. Isto se este último tem esperança de afirmar sua própria visão como uma alternativa prática viável, definida de modo coerente em todos os seus aspectos principais, das determinações diretamente axiológicas até as dimensões "técnicas" correspondentes.

Entretanto, o dualismo metodológico de separar o dado dos seus pressupostos práticos presta outro serviço muito importante à ideologia dominante. Pois, graças à capacidade assegurada em termos institucionais deste último de impor seus próprios pressupostos (nunca mencionados) ao debate teórico, as questões substantivas do conflito social são transformadas em questões de interesse "puramente metodológico", pois a *compartimentação dualística* é também *ipso facto* uma *redução* ideologicamente motivada.

Por isso, a proposta de um conjunto de valores novos e contestadores é, em princípio, privada do terreno em relação ao qual ela poderia ser considerada representativa de uma alternativa social verdadeira, a ser contestada como tal em termos substantivos. Em outras palavras, é privada *a priori* de qualquer significância "operacional" ou "funcional" em virtude da recusa automática do discurso ideológico dominante em reconhecer (no âmbito da matriz imposta de categorizações dualísticas/redutivas) a legitimidade da postura crítica de quem contesta diretamente o "domínio estritamente econômico" etc.

Graças à imposição bem-sucedida dessas premissas metodológicas, os valores e as estratégias sociais correspondentes em questão podem ser debatidos à exaustão com referência a um "domínio de valor" e sua "razão prática", contrapondo metodologicamente este ao "domínio dos fatos", ao mundo da "racionalidade técnica/administrativa/instrumental" etc., mas o resultado não poderá, por definição, afetar o "domínio do que é". E, enquanto isso, é claro, os pressupostos práticos necessários da ordem dominante podem se reproduzir no curso da autorreprodução ampliada do capital, sem serem perturbados nem mesmo pela possibilidade de interrogações teóricas relativas ao destino das relações de produção estabelecidas.

6.5 O sujeito introspectivamente orientado do discurso filosófico

Naturalmente, o dualismo metodológico que resulta da separação socialmente determinada entre o dado e seus pressupostos necessários, e entre a concomitante postulação de dicotomias e os "domínios" antitéticos (sem esquecer a hipóstase fetichista de "faculdades" humanas opostas umas às outras – como a "faculdade de raciocínio teórico" *versus* a "razão prática" – que se combinam com o caráter autônomo dos domínios postulados), precisa se relacionar diretamente com todas as outras características metodológicas dessa tradição. Pois trata-se de um sistema estritamente interligado no qual as várias partes não são só compatíveis entre si, mas também se reforçam de modo recíproco, ainda que o façam de forma contraditória conforme a natureza mesma do capital como "a contradição viva" (Marx).

Podemos avaliar melhor isso lembrando alguns pontos diretamente relacionados. Assim, "o ponto de vista da individualidade isolada" está longe de ser uma bênção filosófica mesmo aos olhos dos que o adotam. É extremamente irônico que a solução assumida pelos filósofos idealistas e materialistas dessa tradição, para superar as contradições do seu ponto de vista social, crie muito mais problemas do que consiga resolver. Pois a hipóstase de uma "natureza humana" genérica de que os indivíduos participam como "*genus*-indivíduo", em vez de constituir uma resposta viável para os problemas que gera a necessidade dessa própria hipóstase, apenas intensifica os seus dilemas.

O que ocorre, na verdade, é que afirmar a relação "orgânica" direta entre o indivíduo egoísta/isolado e a espécie humana apenas desloca as dificuldades originais para outras áreas. Por isso, os pensadores que adotam o ponto de vista da individualidade isolada se deparam com mistérios criados por eles próprios, dos quais não conseguem se livrar.

Esses mistérios surgem para onde quer que se olhe, como fica evidente pela forma como tratam todas as questões mais importantes da filosofia, da indagação sobre a natureza do conhecimento até a oposição que estabelecem entre "sujeito" e "objeto", entre o "particular" e o "universal", "aparência" e "essência", "fato" e "valor", "teórico" e "prático", entre a filosofia "para si" e "em si", e outras. A ironia é que sua tentativa genuína, mas inútil, de trazer para um denominador comum a individualidade isolada e a espécie humana, de acordo com o ponto de vista da economia política do capital, só reproduz com maior intensidade os objetos de sua perplexidade inicial, na forma de uma faixa proibitiva de dicotomias, dilemas e paradoxos cuja solução permanece necessariamente além do seu alcance.

O dualismo intranscendível está presente desde o início do sistema cartesiano, na forma como as próprias questões são percebidas e definidas em relação ao "Sujeito" filosófico. Pois as complexidades imanentes da prática social (interessada no mundo real pela realização de objetivos tangíveis) se transformam em dilemas teóricos desnorteantes e, no nível da subjetividade isolada, absolutamente insolúveis. Ademais, quanto mais extensamente evolui e se consolida o poder do capital, trazendo para o seu controle o metabolismo social em sua totalidade, mais as conceituações filosóficas da produção de mercadorias universalmente reificadoras, realizadas pelos representantes dessa tradição tendem a reduzir tudo à pergunta: "De que forma a cognição como tal pode ir além da sua imediaticidade subjetiva e chegar ao seu objeto?" (Husserl).

Além de tudo isso, eles se impõem duas condições irremediavelmente restritivas que no fim asseguram o fracasso da sua busca epistemológica.

A primeira – com exceção de um punhado de filósofos cujo exemplo apenas confirma a regra – ao conceber o sujeito como uma introspecção autorreferente do ego, ainda que sob vários nomes diferentes.

E a segunda, ao estipular para todos (inclusive para eles próprios) uma regra escolástica, e em última análise solipsística, segundo a qual a tarefa imposta à subjetividade da consciência cognitiva com relação ao seu objeto deve se realizar "rigorosamente dentro da esfera da imanência".

Assim, paradoxalmente, o mundo da reificação capitalista, que é *de facto* impenetrável do ponto de vista da individualidade isolada, produz um Sujeito alienado do discurso filosófico. Esse "Sujeito" é um constructo filosófico abstrato, especulativo e em grande parte arbitrário, derivado por meio da *obliteração redutiva* e sistemática das características sociais de todos os sujeitos individuais reais.

Considerado em relação à problemática filosófica da qual esse Sujeito orientado para dentro é portador, a principal função da sua constituição é reforçar a impressão de impenetrabilidade e incontrolabilidade, alterando o *status* ontológico da existência alienada e reificada do *de facto* para o *de jure*, como se *não pudesse ser de outra forma*.

Esse desvio ideológico crucial do *de facto* para o *de jure* se faz pela declaração dos múltiplos dualismos *reais* do modo de produção dominante – a que logo retornaremos – para corresponder perfeitamente à postulada "estrutura ontológica" do "ser autêntico". Pois nada seria capaz de legitimar e eternizar a ordem social dada com maior eficácia ideológica que a sua alegada identidade supra-histórica com as determinações ontológicas absolutas do próprio ser.

6.6 Do "dualismo irreconciliado" ao dualismo da reconciliação

O mérito por essa notável tentativa de superar as dicotomias dessa tradição dentro dos limites dos seus horizontes pertence, mais uma vez, a Hegel.

De fato, em alguns aspectos ele oferece soluções duradouras para algumas das dicotomias dos que o precederam, como demonstrado, por exemplo, na sua cáustica crítica de Kant. Como recorda Lukács, "Hegel ironiza várias vezes o 'saco de alma' de Kant, no qual se encontram todas as diversas 'faculdades' (teórica, prática etc.) e de onde elas devem ser 'tiradas'"[11].

Hegel é igualmente crítico da inconsistência e extrema incapacidade de [Karl Wilhelm Ferdinand] Solger em completar o seu prometido programa filosófico, na medida em que Solger não consegue se libertar do "dualismo irreconciliado" apesar da sua intenção explícita de ir além dele[12].

Além do mais, Hegel percebe claramente que a rígida oposição entre "inteligência" e "vontade" e o correspondente dualismo entre "ser" e "dever-ser" levam ao que ele chama de contradições desconcertantes. Pois:

> Enquanto a inteligência só trata de tomar o mundo como ele é, a vontade, ao contrário, tende a fazer primeiro o mundo como deve ser. O imediato, o achado-aí, conta para a vontade não como um ser firme, mas só como uma aparência, como algo nulo em si. Apresentam-se aqui as contradições em que se andam às voltas no ponto de vista da moralidade. É este em geral, nos aspectos práticos, o ponto de vista da filosofia de Kant, e também da filosofia de Fichte. O bem deve ser realizado; deve-se trabalhar para produzi-lo, e a vontade é apenas o bem em vias de ativar-se. Mas, se o mundo fosse como deve ser, com isso a atividade da vontade seria descartada. A vontade, pois, exige ela mesma que seu fim também não seja realizado.[13]

Mas, no fim, a forma hegeliana de resolver as contradições identificadas se revela uma não solução. Pois apenas transfere os dualismos – corretamente criticados – de um plano para outro, reproduzindo mesmo o caráter carregado do "dever-ser" da abordagem geral dos seus predecessores filosóficos na forma dos seus próprios postulados ideais. Hegel defende assim o seu argumento:

> É pelo processo da vontade mesma que ela é suprassumida, e [também] a contradição nela contida. A reconciliação consiste em que a vontade retorne, em seu resultado, à pressuposição do conhecimento; portanto, à unidade da ideia teórica e da ideia prática. A vontade sabe o fim como o que é seu, e a inteligência apreende o mundo como [sendo] o conceito efetivo. Essa é a verdadeira posição do conhecimento racional. O nulo e o evanescente constituem apenas a superfície, não a verdadeira essência do mundo [...]. A aspiração insatisfeita desvanece quando reconhecemos que o fim último do mundo tanto é realizado, como se realiza eternamente. Em geral, esta é a posição do homem [adulto] enquanto a juventude acredita que o mundo jaz, pura e simplesmente, no mal; e que é preciso fazer dele algo totalmente diverso.[14]

Assim, em lugar de um "*dualismo irreconciliado*" terminamos com um peculiar *dualismo da reconciliação* que rejeita explicitamente a possibilidade de uma *transformação completa* do mundo como contrária ao "*fim último*" e à "*verdadeira essência* do mundo". Esse apologético

---

[11] Georg Lukács, *História e consciência de classe: estudos sobre a dialética marxista* (trad. Rodnei Nascimento, São Paulo, Martins Fontes, 2003), p. 293.

[12] "Solger fängt mit einer *unversöhnten Dualismus* an, obwohl seine ausdrückliche Bestimmung der Philosophie ist, nicht in einem Dualismus befangen zu sein", G.W.F. Hegel, *Sämmtliche Werke*, Jub. Ausgabe, v. 20, p. 169.

[13] Idem, *Enciclopédia das ciências filosóficas em compêndio – 1830* (trad. Paulo Menezes com a colaboração de Pe. José Machado, 2. ed., São Paulo, Loyola, 1995, v. 1, cap. c, seção 2), p. 365.

[14] Idem.

118 *Estrutura social e formas de consciência*

dualismo hegeliano coloca, de um lado, "características superficiais" e "transitoriedade" (categorias de Hegel dirigidas contra todos aqueles que têm a temeridade de reconhecer a necessidade de uma completa transformação do existente) e, de outro, a "verdadeira essência" (correspondente à "verdadeira posição do conhecimento racional" para aquilo que o próprio Hegel é levado a admitir como sendo as "aspirações insatisfeitas" que ele, ainda assim, quer nos convencer de serem adequada e satisfatoriamente realizadas).

É altamente significativo que essa solução hegeliana sustente suas reivindicações de racionalidade ao declarar de maneira arbitrária que aquilo que considera socialmente inaceitável pertence ao domínio da "imaginação da juventude", ao passo que a cumplicidade resignatória com as *separações reais* e *contradições* da vida real se ajusta nos seus termos perversos à maturidade e dignidade da "forma de o homem olhar" o mundo na sua essencialidade. É esta a pseudossolução e dissolução do problema que encontramos em *Philosophy of Mind* [Filosofia do espírito] de Hegel, quando ele declara que "o homem" (mais uma vez, por oposição ao jovem)

> deve reconhecer o mundo como um mundo autônomo, concluído quanto ao essencial; aceitar as condições que lhe são postas por ele e arrancar de sua dureza o que quer ter para si mesmo. Só por necessidade o homem acredita prestar-se a essa obediência, em regra geral. Mas na verdade essa unidade com o mundo não deve ser reconhecida como uma relação de necessidade, mas como uma relação racional. O racional, o divino, possui o poder absoluto de efetivar-se, e desde sempre se realizou: [...] O mundo é essa efetivação da razão divina: apenas na sua superfície reina o jogo dos acasos sem-razão.[15]

A proposta "*unidade* com o mundo" é assim um *postulado* vazio – um "dever-ser" especulativamente transfigurado – e completamente conservador. Pois esse "dever-ser" preserva e idealiza o mundo estabelecido, apesar de suas contradições mais ou menos abertamente admitidas, como já completo, na sua natureza "essencial". Além disso, no espírito do dualismo hegeliano reconciliador, ele também declara que a postulada "completude" da "natureza essencial" do mundo corresponde à completa adequação ao "racional", por oposição às concepções falsas de todos aqueles que fixam os olhos apenas no "jogo dos acasos sem-razão". E o constructo apriorístico do "homem maduro *versus* o jovem impaciente e emocional" – que é imaginado para se ajustar à concepção hegeliana da *racionalidade como resignação* – reproduz o dualismo inerente ao ponto de vista da economia política do capital até mesmo no plano da antropologia, tentando escapar da recém-criada dificuldade postulando ao mesmo tempo o "processo do gênero [em relação] com a singularidade"[16] discutido antes. Não chega a surpreender, portanto, que as soluções de Hegel com relação ao dualismo e às dicotomias permaneçam no nível das negações parciais de Kant, Fichte, Solger e outros, reproduzindo, ainda que em termos caracteristicamente hegelianos, as mesmas contradições que ele tenta deixar para trás.

Deve-se admitir que as soluções hegelianas são formuladas de um ponto de vista relativamente mais elevado que o de seus predecessores. Ainda assim, seu sistema exibe de uma forma ainda mais surpreendente as limitações históricas da orientação

---

[15] Idem, *Enciclopédia das ciências filosóficas em compêndio – 1830*, cit., v. 3, cap. a, seção 1, p. 79.

[16] Ibidem, p. 81.

social e estrutura conceitual comuns, devido à manifestação do antagonismo social fundamental entre capital e trabalho, mais aberta na sua época do que num estágio anterior de desenvolvimento.

Podemos testemunhar o reaparecimento dos parâmetros metodológicos e ideológicos comuns do ponto de vista da economia política, na medida em que Hegel não consegue realizar mais que a pseudotranscendência das dicotomias e oposições dualísticas parcialmente criticadas no domínio puramente especulativo da Noção. Mas, ainda mais revelador, sob esse aspecto, é a estrutura dualística de todo o seu sistema filosófico, em que *categorias* lógico-dedutivas são superpostas à *realidade* do mundo histórico, liquidando no final a sua historicidade.

Também não deve surpreender que o curioso "dualismo *malgré lui*" de Hegel – ou seja, aquele que é ainda mais revelador precisamente por se afirmar contra as intenções explicitamente antidualísticas do filósofo – seja tão pronunciado na teoria hegeliana do Estado quanto na sua *Science of Logic* e em *A filosofia da história*. Assim, a oposição dualística entre "sociedade civil" e "Estado", que nos é oferecida em *A filosofia do direito*, com sua "resolução" carregada de deveres dos antagonismos da sociedade civil pela subsunção desta última sob o Estado idealizado, reproduz as mesmas dominações que dão forma às concepções de todas as maiores figuras intelectuais da época. Dessa forma, a crítica de Marx ao "dualismo místico" das soluções hegelianas identifica uma importante característica metodológica inseparável da intenção ideológica legitimadora comum a todos aqueles que compartilham do ponto de vista da economia política do capital.

A "oposição do *em-si* e [d]o *para-si*, de *consciência* e *consciência de si*, de objeto e *sujeito*, isto é, a oposição do pensar abstrato e da efetividade sensível ou da sensibilidade efetiva no interior do pensamento mesmo"[17]. Graças a essa conceituação das dicotomias, as contradições da vida real – inerentes ao inflexível poder de alienação do capital – podem ser reconhecidas (por um momento fugaz) e forçadas a desaparecer permanentemente através da redução "*apropriadora*" em "*entidades de pensamento*" abstratas. Uma redução que traz consigo, é claro, a eliminação ideologicamente motivada de sua *determinação social*. Citemos Marx:

> a apropriação do ser objetivo estranhado ou a suprassunção da objetividade sob a determinação do *estranhamento* – que tem de ir da estranheza (*Fremdheit*) desinteressada até o efetivo estranhamento hostil – tem para Hegel, ao mesmo tempo e até principalmente, a significação de suprassumir a *objetividade*, pois não é o caráter *determinado* do objeto, mas sim seu caráter objetivo que constitui, para a consciência de si, o escandaloso (*das Anstössige*) e o estranhamento. [...] Um papel peculiar desempenha, por isso, o *suprassumir* (*das Aufheben*), onde a negação e a conservação, a afirmação (*Bejahung*), estão ligadas. Assim, por exemplo, na filosofia do direito de Hegel, o *direito privado* suprassumido = *moral*, a moral suprassumida = *família*, a família suprassumida = sociedade civil (*bürgerliche Gesellschaft*), a sociedade civil suprassumida = Estado, o Estado suprassumido = *história mundial*. Na *realidade* (*Wirklichkeit*) continuam subsistindo direito privado, moral, família, sociedade civil, Estado etc.; apenas se tornaram [...] *momentos do movimento*.[18]

---

[17] Karl Marx, *Manuscritos econômico-filosóficos* (São Paulo, Boitempo, 2004), p. 121. Grifos de Marx.

[18] Ibidem, p. 129. Grifos de Marx.

120 *Estrutura social e formas de consciência*

Assim, é a atitude ambivalente de Hegel para com os antagonismos do mundo real – a sua percepção da significância deles do ponto de vista do capital, combinada com uma recusa idealista de reconhecer suas implicações negativas intranscendíveis para a ordem dada na estrutura do desenvolvimento histórico em curso – que é responsável por produzir essa curiosa "dissolução filosófica e essa restauração da empiria existente"[19].

Ao testemunhar o aparecimento de uma ação social que contesta a dominação estruturalmente imposta do seu ser pela propriedade privada (capital), Hegel é um pensador grande demais para simplesmente ignorar o conteúdo explosivo dos antagonismos sociais básicos no processo histórico de que ele é um dos mais agudos observadores e intérpretes. Mas Hegel também não é capaz de prever um mundo onde a dominação estrutural da propriedade privada pudesse realmente desaparecer. Daí ele transformar as dicotomias da vida real em "entidades do pensamento" em termos das quais se pode realizar a desejada pseudotranscendência reconciliadora. Assim, a "propriedade privada pensada suprassume-se no pensamento da moral". Uma estratégia intelectual que Hegel pode seguir sem problema porque "ação *sensível-efetiva* (*sinnliche wirkliche Action*) [...] deixa seu objeto permanecer na efetividade"[20].

6.7 Apriorismo moralizante a serviço do "espírito comercial"

Outro aspecto revelador do dualismo e das dicotomias ubíquos é a transformação radical do discurso moral em filosofia pós-cartesiana. O que nos é oferecido não tem nenhuma semelhança com, por exemplo, a estrutura categorial totalmente realista da ética aristotélica. Em nítido contraste, no universo filosófico pós-cartesiano somos confrontados com as concepções burguesas características de moral de que a *Crítica da razão prática*, de Kant, é o exemplo supremo – e, nos horizontes da sua classe, insuperável.

As soluções dessas éticas derivam diretamente da concepção dualística admitida do ser que, por sua vez, sustenta de forma circular as "conclusões" aprioristicamente estipuladas, no espírito do "primado da razão prática" kantiano.

Dentro dos parâmetros dessa ontologia dualística, o domínio hipostasiado do "dever--ser" representa a *contraimagem impotente* do mundo real em que, afinal, as "intenções morais" do indivíduo idealizado – de quem se diz pertencer ao mundo "numenal" ou "inteligível" no que se refere à base das suas determinações e deliberações – devem encontrar suas manifestações na forma de ações reais.

Além disso, a compartimentação dicotômica do ser permite corolários ideológicos muito convenientes, em perfeita harmonia com o ponto de vista da economia política. Pois, depois de estipular, como o faz Kant, que a "razão legislante *apriorística* pura não se interessa por propósitos *empíricos*, como os que se incluem sob o nome geral de felicidade"[21],

---

[19] Ibidem, p. 122.

[20] Ibidem, p. 132.

[21] Immanuel Kant, "Theory and Practice – Concerning the Common Saying: This May Be True in Theory But Does Not Apply to Practice", em Carl J. Friedrich (org.), *Immanuel Kant's Moral and Political Writings* (Nova York, Random House, 1949), p. 416.

ele pode conciliar as mais escandalosas contradições e desumanidades da vida real com os requisitos da "razão legislante *apriorística* pura" ao insistir que:

> A igualdade geral dos homens como sujeitos num estado coexiste imediatamente com a maior das desigualdades nos graus das posses que os homens têm [...] Portanto, a igualdade geral dos homens também coexiste com a grande desigualdade de direitos específicos, que podem ser bastante numerosos.[22]

Assim, a ontologia dualística e a dicotomia entre *de facto* e *de jure* deles derivadas servem a uma função completamente apologética. Pois *legitimam*, em nome de nada menos que a "razão legislante *apriorística* pura", as piores iniquidades das *de facto* existentes (ou seja, as determinações estruturais hierárquicas de dominação e subordinação dentro dos parâmetros antagônicos de classe da ordem estabelecida) ao declarar sua perfeita consonância com os elevados imperativos dessa "razão legislante apriorística".

Dado que, nos termos das premissas práticas na raiz dessa visão, as contradições do mundo real não podem ser eliminadas, mas, pelo contrário, devem ser preservadas e justificadas, e o papel "corretivo" da moralidade precisa ser confinado a exortações idealísticas dirigidas ao indivíduo, com referência à contraimagem impotente da realidade sob a regra do "dever-ser". E, significativamente, sob esse aspecto, não parece fazer nenhuma diferença se a estrutura filosófica geral em que surgem as proposições éticas carregadas de "dever-ser" é materialista ou idealista. Pois o caráter intranscendível das contradições sociais básicas do ponto de vista da economia política produz em todos os casos um apriorismo moralizante de algum tipo, não importa quão diferentes sejam os sistemas particulares sob outros aspectos.

Adam Smith, por exemplo, é altamente realista na compreensão das contradições mais gritantes da ordem estabelecida, reconhecendo que "enquanto não existir a propriedade não pode existir governo, cujo fim mesmo é assegurar a riqueza e defender os ricos dos pobres"[23].

De fato, ele nem hesita em reconhecer que, como resultado da evolução irresistível do "espírito comercial [...] as mentes dos homens se contraem e se tornam incapazes de elevação. A educação é desprezada, ou pelo menos negligenciada, e o espírito heroico é quase completamente extinto"[24], acrescentando a tudo isso o que soa, pelo menos por implicação, como uma forte condenação das relações iníquas predominantes, a saber, que "as pessoas que vestem o mundo estão elas próprias em farrapos"[25].

Mas, sobretudo porque Smith advoga, de maneira simultânea, o triunfo universal do "espírito comercial" com um entusiasmo sem limites, não há nada que ele possa oferecer em oposição ao fenômeno criticado, a não ser lamentos moralistas relativos à "embriaguez, revolta e devassidão" das classes trabalhadoras, cujos filhos perdem, a seu ver, "o benefício da religião, que é uma grande vantagem, não somente considerada no sentido pio, mas por lhes oferecer tema para pensamento e especulação"[26].

---

[22] Ibidem, p. 417-8.

[23] Adam Smith, "Lectures on Justice, Police, Revenue, and Arms", em Herbert W. Schneider (org.), *Adam Smith's Moral and Political Philosophy* (Nova York, Hafner, 1948), p. 291.

[24] Ibidem, p. 321.

[25] Ibidem, p. 320.

[26] Ibidem, p. 319.

Smith não consegue se separar da contradição de aprovar de todo o coração as fundações estruturais das manifestações negativas da ordem social que gostaria de condenar em contextos limitados. Assim, ele tem de se valer da postulação apriorística de várias determinações "naturais" vagas – como *"disposição"*, *"propensão"*, *"inclinação"* etc. – para explicar (ou melhor, para ser capaz de fugir da necessidade de explicar) algumas contradições sociais complexas e, do seu ponto de vista, totalmente insolúveis. Nesse espírito, ele nos diz que:

> Essa disposição de admirar, e quase adorar, os ricos e poderosos, e desprezar ou, pelo menos, negligenciar pessoas de condição pobre ou miserável, ainda que necessariamente para estabelecer e manter a distinção de classes e a ordem da sociedade, é ao mesmo tempo a maior e mais universal causa da corrupção dos nossos sentimentos morais.[27]

Como vemos, o fraco lamento de Adam Smith sobre a "corrupção dos nossos sentimentos morais" é imediatamente contrariado e invalidado pelo próprio filósofo de duas formas:

1. quando afirma que o objeto de sua crítica surge de uma "disposição" natural (portanto incontrolável);

2. e quando conclui que a disposição culpada em questão é de alguma forma *necessária* para o estabelecimento da hierarquia social e para a permanência da "ordem da sociedade" como tal.

Mais que isso, caso alguém passe a se preocupar com as consequências potenciais dessa corrupção moral – a qual *não podemos* evitar, e sobre a qual nem mesmo *devemos* tentar interferir no "mundo empírico" do "espírito comercial" e suas necessidades práticas, mesmo que "ideal e moralmente" *devêssemos* fazê-lo – Smith nos assegura na mesma obra que "os sentimentos de *aprovação e desaprovação moral* baseiam-se nas paixões mais vigorosas da *natureza humana* e, ainda que possam ser de alguma forma *distorcidas*, não podem ser inteiramente *pervertidas*"[28].

Assim, ainda que a *forma* de apriorismo moral que encontramos em Smith e em outros que escrevem na mesma linguagem seja diferente da variedade kantiana, sua substância é exatamente a mesma. Nem é essa profunda *afinidade estrutural* dos respectivos sistemas filosóficos – que à primeira vista parecem ser diametralmente opostos – realmente surpreendente a um exame mais detalhado. Pois, dado o ponto de vista comum da economia política burguesa, as determinações fundamentais da estrutura social hierárquica – a "distinção de classes e a ordem da sociedade" nas palavras de Smith, e "a maior desigualdade nas posses e direitos específicos", na terminologia kantiana – não podem ser seriamente questionadas por nenhum dos dois.

---

[27] Adam Smith, "The Theory of Moral Sentiments", em H. W. Schneider (org.), *Adam Smith's Moral and Political Philosophy*, cit., p. 102.

[28] Ibidem, p. 225. Isso é ainda mais notável por ser a proposta de Smith relativa à constituição de valores morais com base nos "nossos sentimentos de aprovação e desaprovação moral" feita em contraste direto com os "nossos sentimentos relativos a todo tipo de beleza". Pois imediatamente antes das linhas citadas, Smith insiste em que: "Os princípios da imaginação de que depende o *senso de beleza* são de uma natureza muito bela e delicada, e *podem facilmente ser alterados pelo hábito e pela educação*".

Como resultado, não apenas é necessário *admitir como dado* o apriorismo moral de todos os que se acomodam dentro desse horizonte (seja com base numa alegada "natureza humana", seja como uma "faculdade da razão" especial), mas também o seu papel deve ser definido como mera oposição ideal ao empiricamente dado que aquele apriorismo não é capaz de alterar de modo significativo.

Assim, nas concepções pós-cartesianas de moral é apresentado um sistema de "*dupla interpretação*": uma para o mundo ideal do "dever-ser" (onde, durante a fase otimista do desenvolvimento da burguesia em ascensão, não se pode permitir que prevaleçam a "corrupção dos nossos sentimentos morais" e o "poder do mal", seja diante da alegada incorruptibilidade última da "natureza humana", seja porque "dever-ser implica ser capaz"[29] etc.), e a segunda para servir à realidade prosaica dos "propósitos empíricos" que emanam das determinações exploradoras do "espírito comercial" idealizado.

Entretanto, as contradições internas dessa abordagem vêm à tona mesmo nos seus próprios termos de referência quando o filósofo moral – que adota o ponto de vista comum da economia política – cruza espadas com o economista político propriamente dito. Os dois são forçados a cruzar espadas não somente porque conceituam aspectos diferentes da mesma situação contraditória, mas acima de tudo porque as soluções propostas num contexto não podem ser contidas num compartimento fechado em si mesmo, mas revelam sua radical incompatibilidade com o outro.

Além do mais, ironicamente, o filósofo moral e o economista político são às vezes a mesma pessoa, como ilustram, por exemplo, as dificuldades de Adam Smith e Michel Chevalier. Nesses casos, o edifício ideológico da compartimentação dualística desaba diante dos nossos olhos tão logo comparamos as declarações contraditórias feitas pelos pensadores em questão nas suas diferentes capacidades. Dessa forma, o ponto de vista da economia política fracassa tanto na filosofia moral quanto no campo da economia política pela exposição das suas contradições internas. Pois, como observa Marx:

> Está fundado na essência do estranhamento que cada esfera me imputa um critério distinto e oposto: um, a moral; outro, a economia nacional, porque cada uma é um estranhamento determinado do homem e cada uma fixa um círculo particular da atividade essencial estranhada; cada uma se comporta estranhadamente com relação à outra. [...] Assim, o senhor *Michel Chevalier* repreende Ricardo por este abstrair da moral. Mas Ricardo deixa a economia nacional falar a sua própria linguagem. Se esta não fala moralmente, então a culpa não é de Ricardo. M. Chevalier abstrai da economia nacional, na medida em que moraliza, mas ele abstrai necessária e efetivamente da moral, na medida em que aciona a economia nacional. A relação do economista nacional com a moral, se, de outro modo, não é arbitrária, acidental e, por isso, infundada e não científica, se não ilude pela *aparência*, mas é considerada *essencial*, só pode ser, contudo, a relação das leis nacional-econômicas com a moral; se isto não tem lugar, ou antes, o contrário [tem lugar], o que pode fazer Ricardo? Além disso, a oposição entre a economia nacional e a moral é também apenas uma *aparência* e, *assim como é uma oposição*, novamente não é oposição alguma. A economia nacional apenas expressa, *a seu modo*, as leis morais.[30]

---

[29] Uma fórmula kantiana afirma, com moral categórica absoluta, que "uma vez que deva fazer, você pode", não importa o quanto sejam incapacitantes as condições que você deve encontrar no mundo empírico.

[30] Karl Marx, *Manuscritos econômico-filosóficos*, cit., p. 143.

124 *Estrutura social e formas de consciência*

De fato, a economia política se afasta necessariamente da ética para ser capaz de expressar à sua maneira as leis morais postuladas de acordo com seus dogmas fundamentais. Mas, da mesma forma, a ética deve se afastar do empírico para ser capaz de legitimar à *sua* maneira as leis da economia política.

No caso da "contabilidade dupla" da ética pós-cartesiana, essa curiosa correlação implica afirmar simultaneamente tanto que a "razão prática" (ou o seu equivalente empiricista) se interessa de maneira profunda pelos valores fundamentais (em consonância com os "sentimentos morais" incorruptíveis da "natureza humana", ou em sintonia com os "imperativos categóricos" que emanam do "mundo numenal" etc.), como que esses mandamentos grandiloquentes não se aplicam à tarefa de corrigir nem mesmo as "maiores desigualdades" do mundo dos "propósitos empíricos".

Convenientemente, portanto, nas versões "realísticas" do apriorismo moral pós-cartesiano, a "corrupção dos nossos sentimentos morais" pode ser virtuosamente observada e na prática desconsiderada. Da mesma forma que na conceituação kantiana da "Razão Prática" do ponto de vista da economia política, as máximas morais exigidas do indivíduo podem tanto ser modeladas na "forma da lei natural" como relegadas a um mundo numenal, para evitar o enfrentamento dos conflitos de valor que necessariamente emergem dos antagonismos do mundo real.

Não chega a surpreender, portanto, que os "demônios privados" de Weber – concebidos no espírito dualístico dessa tradição filosófica há muito estabelecida, ainda que na formulação das dicotomias weberianas específicas, as imagens e o aparato conceitual se ajustem à visão spengleriana pessimista da era conflituosa do seu autor – nada ofereçam ao indivíduo orientado a si mesmo além de "visões de mundo" descaradamente subjetivas e arbitrárias, bem como a faixa correspondente de "valores privados" irreconciliáveis, numa oposição irracional e absolutamente inviável ao mundo público da facticidade no qual a luta contra as desumanidades do "espírito comercial" deve ser ganha ou perdida.

6.8 A dominância do contravalor nas relações de valor antinômicas

Voltando a um problema indicado anteriormente, todos esses dualismos e essas dicotomias ideologicamente convenientes da economia política e da filosofia – sem esquecer a oposição entre o *de facto* e o *de jure* por meio da qual a contingência desumanizante do existente pode ser elevada a um estado glorificado de inalterável legalidade *de jure* – não podem ser explicados simplesmente em termos das determinações conceituais internas das várias teorias relacionadas. Pois só se tornam inteligíveis se as relacionarmos aos múltiplos dualismos e antinomias da ordem socioeconômica prevalente dos quais eles necessariamente emergem.

Com relação a estes últimos, no âmago da estrutura de dominação e subordinação dicotomicamente articulada da sociedade mercantil, nos confrontamos com o mais absurdo de todos os dualismos concebíveis: a oposição entre os *meios* de trabalho e o *trabalho vivo* em si.

Esse perverso dualismo prático encontra sua manifestação tangível ao longo da trajetória dos desenvolvimentos históricos do capital na interação e dependência estrutural instável entre *capital* e *trabalho* irreconciliavelmente antagônicas – ainda que não "eternizadas" pela economia política e filosofia, mas também material e institucionalmente protegidas e constantemente reforçadas. A conflitualidade irreprimível dessa interação e a instabilidade dela resultante tornam imperativo *reproduzir* a relação entre capital e trabalho como uma forma de dependência estrutural, protegida por uma complexa rede de determinações parciais que exibem todas um caráter intrinsecamente dicotômico e se integram desconfortavelmente numa estrutura geral dualística. E precisamente porque todo o sistema de dualismos reais do capital – sobrecarregado de funções reprodutivas vitais – é incapaz de neutralidade, apesar da grande variedade de alegações teóricas espúrias de "neutralidade de valor" que já nos são familiares, as estruturas duais historicamente dadas não são ordenadas "lateralmente" no mundo social, mas em estrita *subordinação* hierárquica de uma em relação à outra.

Essa é uma determinação da maior importância, trazendo consigo consequências de longo alcance para a teoria. Pois o imperativo prático insuperável da (super) e da (sub) ordenação – sem o qual o sistema do capital não poderia funcionar, independentemente do pensar desejoso encapsulado nos slogans "capitalismo do povo" e "democracia por ações"* – significa que *um* lado da relação *domina* necessariamente o outro, não importa o quanto ele dependa indissociavelmente do lado dominado para sua própria sustentação. De forma inevitável, portanto, no plano da vida socioeconômica em si, esse tipo de relação dualística desequilibrada só consegue estabilizar-se de modo temporário pela produção e reprodução de hierarquias rígidas e instrumentos de controle cada vez mais centralizados e reificados, prefigurando assim grandes explosões, em lugar de mediações flexíveis e transições dialéticas.

Quanto às consequências teóricas envolvidas, elas podem se resumir, com referência ao sofrimento incorrido, às tentativas de superar dialeticamente os dualismos e dicotomias reconhecidos nos parâmetros circunscritos pelo ponto de vista da economia política.

Elas estão condenadas ao fracasso mesmo quando o filósofo em questão é um grande pensador dialético, como o próprio Hegel. Pois uma vez que o sistema socioeconômico prevalente de (super) e (sub) ordenação é aceito como verdadeiro (como deve ser, é claro, do ponto de vista da economia política do capital), o programa anunciado de "mediação dialética" entre extremos reificados há de se revelar uma *falsa* mediação, pois não passa de uma apologia social direta ou indireta, e a promessa da "unidade dialética" (para substituir os dualismos e dicotomias mais ou menos abertamente reconhecidos), bem como o programa de realizar a "universalidade", (em "transcendência" das parcialidades opostas, mais uma vez dualisticamente definidas) nada serão além de postulados vazios carregados de "dever-ser" e, nos horizontes propostos, totalmente irrealizáveis.

Não pode haver solução teórica para os dualismos e dicotomias identificados enquanto os próprios processos sociais correntes reproduzirem de maneira constante as antinomias da vida real que geram essas conceituações teóricas. É por isso que, no final, mesmo o empreendimento dialético mais genuína deverá ser derrotada pela resistência da realidade do capital e terá de buscar refúgio na imaginária ilha deserta de seus próprios postulados ideais e "transcendências" conceituais ficticiamente universalistas.

---

* No original, *share-owning democracy*. (N. E.)

126   *Estrutura social e formas de consciência*

Se examinarmos agora com mais detalhe o dualismo prático absurdo da oposição entre *meios* de trabalho (capital) e trabalho *vivo*, descobriremos não somente que o primeiro domina o segundo, mas também que por meio dessa dominação a única relação verdadeiramente significativa entre sujeito e objeto é completamente *derrotada* na realidade, resultando em conceituações também derrotadas.

Paradoxalmente, o terreno de onde surge essa questão espinhosa não poderia ser mais tangível. Pois a relação real entre sujeito e objeto, na sua constituição original, é inseparável das condições de produção e reprodução da agência humana e da avaliação do objeto (os meios e materiais de produção) sem as quais não se pode conceber nenhuma reprodução metabólica social – por meio do específico modo humano de intercâmbio com a natureza. Ainda assim, através do prisma refrativo da mistificação filosófica (ligada ideologicamente a insuperáveis interesses de classe), a substância tangível do material e das relações sociais concretos subjacentes se metamorfoseia numa charada metafísica cuja solução só pode assumir a forma de algum postulado ideal irrealizável, decretando a *identidade* de sujeito e objeto. E sobretudo porque a questão, na sua determinação estrutural fundamental, trata da relação entre o *sujeito que trabalha* e o objeto de sua atividade produtiva – que sob a regra do capital só pode ser uma relação intrinsecamente exploradora –, a possibilidade de descobrir a natureza real dos problemas e conflitos em pauta, com vistas a transcendê-los de uma forma outra que não puramente fictícia, deve ser quase inexistente. Pois, na medida em que os pensadores – sejam eles economistas políticos ou filósofos burgueses – se identifiquem com o ponto de vista (e interesses materiais correspondentes) do capital, eles terão de imaginar uma "solução" de uma forma que deixe absolutamente intacta a relação quase anulada entre o sujeito que trabalha e seu objeto na realidade.

Como resultado da anulação prática dessa relação vital no mundo real, o verdadeiro sujeito da atividade produtiva essencial se degrada à condição de objeto prontamente manipulável. Ao mesmo tempo, o objeto original e o momento anteriormente subordinado do intercâmbio produtivo da sociedade com a natureza é elevado até uma posição a partir da qual ele pode usurpar o papel da subjetividade humana encarregada da tomada de decisão.

Esse novo "sujeito" da usurpação institucionalizada é na verdade um pseudossujeito, já que é forçado por suas determinações internas fetichísticas a operar dentro de parâmetros extremamente limitados, substituindo a possibilidade do projeto adotado de maneira consciente a serviço da necessidade humana pelos seus próprios ditames e imperativos – para os quais realmente "não pode haver alternativa"[31].

Caracteristicamente, em paralelo a esses desenvolvimentos, descobrimos que a filosofia ou codifica (e legitima) simplesmente a oposição inflexível entre sujeito e objeto no seu imediatismo claro, ou faz uma tentativa de "superá-la" por meio do postulado ideal de "*sujeito e objeto idênticos*".

---

[31] Um exemplo interessante é [Maurice] Merleau-Ponty. Pois enquanto ele corretamente censura o dualismo da filosofia de Sartre (em *As aventuras da dialética*, São Paulo, Martins Fontes, 2006 [1995]), só é capaz de opô-la a uma versão diluída da "identidade entre sujeito e objeto" hegeliana. Ao mesmo tempo, Merleau-Ponty também se prende ao postulado vazio do "universalismo" abstrato. Ver, a esse respeito, sua aguda polêmica com Sartre como recordado em "Intervention au colloque organisé par la Société Européenne de Culture à Venise", 25 a 31 de março de 1956, *Comprendre*, setembro de 1956.

Esta última é, evidentemente, uma proposição completamente mística que não nos leva a parte alguma, pois deixa o dualismo e a inversão existentes da relação no mundo real em pauta exatamente como estava antes do aparecimento dessa "crítica transcendente". E precisamente porque o dualismo prático e a superação da relação entre sujeito e objeto se *reproduzem* de modo constante na realidade, a filosofia nos apresenta repetidamente, de uma forma ou de outra, a problemática da dualidade de sujeito e objeto, tal como é vista na perspectiva do capital e sua economia política. Pois uma perspectiva social desse tipo não é capaz de questionar a realidade dessa *inversão*, muito menos a dominação exploradora do trabalho correspondente a ela. Em consequência, a solução do problema em questão continua sempre além do seu alcance determinado pelos imperativos cegos de sua própria pseudossubjetividade.

Nesse sentido, há de fato à nossa frente uma curiosa "identidade de sujeito e objeto", ainda que a sua realidade crua não pudesse ser mais diferente da sua conceituação e idealização filosóficas abstratas. Ela consiste na identificação totalmente arbitrária do *objeto* (meios de trabalho/capital) com a posição do *sujeito* (por meio da derivação da "autoconsciência" ou "identidade do sujeito" do discurso filosófico a partir da identificação dos pensadores com os objetivos que emanam das determinações materiais do capital como *autopostulante sujeito/objeto*), combinada com a eliminação simultânea do *sujeito real* (o trabalho vivo, o sujeito que trabalha) do quadro filosófico. Não é surpreendente, portanto, que a busca fugidia do "sujeito/objeto idêntico" persista até nossos dias como uma obsedante Quimera filosófica.

Outro dualismo prático da maior importância na sociedade capitalista se manifesta na relação entre troca e uso. Mais uma vez, tal como na relação pervertida entre sujeito e objeto, a troca tem sucesso em dominar o uso na proporção direta do grau em que a produção generalizada de mercadorias se estabiliza e *vence* o primado anterior do uso sobre a troca, afirmando também, sob esse aspecto, suas rígidas determinações e seus interesses materiais, com total descaso pelas consequências.

Como resultado desses desenvolvimentos, o valor de uso correspondente à necessidade pode adquirir o direito à existência somente se for conformado aos imperativos aprioristicos da autoexpansão do valor de troca. Portanto, é duplamente irônico que uma das principais filosofias da época deva se considerar defensora do "*utilitarismo*" num tempo em que todo interesse genuíno pela *utilidade não lucrativa* seja implacavelmente obliterado e substituído pela mercantilização universal de objetos e relações humanas, graças ao avanço a princípio irresistível do "espírito comercial" cujo triunfo a mesma filosofia aprova de todo o coração.

Para avaliar toda a importância dessa subordinação estrutural do uso à troca na sociedade capitalista, temos de situá-la no contexto de vários outros importantes dualismos práticos que têm impacto direto sobre ela – principalmente a inter-relação entre *abstrato* e *concreto, quantidade* e *qualidade, tempo* e *espaço*.

Em todos os três casos, devemos ser capazes de falar, em princípio, de uma interligação *dialética*. Entretanto, a um exame mais detalhado, descobrimos que nas suas manifestações historicamente específicas sob as condições da produção e troca de mercadorias, a dialética objetiva é subvertida pelas determinações reificadas do capital e *um* dos lados de cada relação domina rigidamente o outro.

128 *Estrutura social e formas de consciência*

Assim, o *concreto* é subordinado ao abstrato, o *qualitativo* ao quantitativo, e o *espaço* vivo das interações humanas produtivas – seja quando a pensamos como "natureza à mão" na sua imediaticidade, ou sob seu aspecto de "natureza trabalhada", ou mesmo quando a consideramos o ambiente de trabalho no sentido mais estrito do termo, ou, pelo contrário, com referência ao seu significado mais abrangente como a estrutura vital da existência humana sob o nome de *ambiente* em geral – é dominado pela tirania da *administração e contabilidade do tempo*, com consequências potencialmente catastróficas.

Além do mais, a forma como todos os quatro complexos são postos a interagir uns com os outros sob as determinações do capital agrava bastante a situação. Pois, em oposição à leitura às vezes weberiana de Marx feita por Lukács, em *História e consciência de classe*, o problema não é que a "atitude contemplativa" do trabalho "*reduz* o espaço e o tempo a um mesmo denominador e *o tempo* ao nível do *espaço*"[32], mas, pelo contrário, que "*O tempo é tudo, o homem não é nada*"[33]. A *redução* que descobrimos aqui trata do *trabalho* na sua *especificidade qualitativa*, e não do tempo e do espaço como tais. Na verdade, uma redução pela qual o "trabalho composto" qualitativamente específico e rico se transforma em "trabalho simples" totalmente empobrecido, afirmando, ao mesmo tempo, tanto a dominação do *abstrato* sobre o *concreto* como a dominação correspondente do *valor de troca* sobre o *valor de uso*.

Três citações de Marx ajudam a esclarecer essas ligações. A primeira é de *O capital* e compara a posição da economia política com os textos da Antiguidade clássica:

> A economia política, que só aparece como ciência autônoma no período manufatureiro, observa a divisão social do trabalho em geral do ponto de vista exclusivo da divisão manufatureira do trabalho, e vê nela apenas o meio de produzir, com a mesma quantidade de trabalho, mais mercadorias, barateando-as e apressando assim a acumulação do capital. Em vivo contraste com essa acentuação dada à quantidade e ao valor de troca detêm-se os escritores da Antiguidade clássica na qualidade e no valor de uso. [...] Qualquer menção eventualmente feita ao aumento da quantidade de produtos refere-se apenas à maior abundância dos valores de uso. Não se faz a menor alusão ao valor de troca, ao barateamento das mercadorias.[34]

A segunda citação ressalta a forma pela qual a *redução* exercida pelos economistas políticos oculta a *determinação social* dos indivíduos – privando-os assim de sua *individualidade*, pois não podem existir individualidade e particularidades verdadeiras na ausência da rica multiplicidade de determinações sociais – a serviço dos interesses ideológicos dominantes. É a seguinte:

> A *sociedade* – assim como aparece para o economista nacional – é a *sociedade burguesa* (*bürgerliche Gesellschaft*), na qual cada indivíduo é um todo de carências, e apenas é para o outro, assim como o outro apenas é para ele na medida em que se tornam reciprocamente meio. O economista nacional – tão bem quanto a política nos seus *direitos humanos* – reduz tudo ao homem, isto é, ao indivíduo, do qual retira toda determinidade, para o fixar como capitalista ou trabalhador.[35]

---

[32] Georg Lukács, *História e consciência de classe*, cit., p. 204.

[33] Karl Marx, *Miséria da filosofia* (trad. José Paulo Netto, São Paulo, Ciências Humanas, 1982), p. 58.

[34] Idem, *O capital*, cit., cap. XII, p. 420-1.

[35] Idem, *Manuscritos econômico-filosóficos*, cit., p. 149.

O interesse expresso na terceira citação está em íntima afinidade com a anterior, cujas implicações apontam para a dialética da verdadeira individualidade que surge das múltiplas mediações da determinação social. A isso se opõe, segundo Marx, a abstração redutiva dos economistas políticos que ligam diretamente a *individualidade abstrata* à *universalidade abstrata*. O trecho em questão focaliza a relação entre o trabalho simples e o composto e a subordinação dos homens à regra da quantidade e tempo. Nas palavras de Marx:

> A concorrência, segundo um economista americano, determina quantas jornadas de trabalho simples estão contidas numa jornada de trabalho complexo. Esta redução de jornadas de trabalho complexo a jornadas de trabalho simples não supõe que o trabalho simples é tomado como medida do valor? Por outro lado, tomar apenas a quantidade de trabalho como medida de valor, sem levar em conta a qualidade, supõe que o trabalho simples se tornou o fulcro da indústria. Supõe que os trabalhos são equalizados pela subordinação do homem à máquina ou pela divisão extrema do trabalho; supõe que os homens se apagam diante do trabalho; supõe que o movimento do pêndulo tornou-se a exata medida da atividade relativa de dois operários, da mesma maneira que o é da velocidade de duas locomotivas. Então, não há por que dizer que uma hora de um homem equivale a uma hora de outro homem; deve-se dizer que um homem de uma hora vale tanto como outro homem de uma hora. O tempo é tudo, o homem não é nada – quando muito, é a carcaça do tempo. Não se discute a qualidade. A quantidade decide tudo: hora por hora, jornada por jornada.[36]

Assim, na estrutura do sistema socioeconômico existente, uma multiplicidade de interligações antes dialéticas é reproduzida na forma de dualismos, dicotomias e antinomias práticos perversos, *reduzindo os seres humanos a uma condição reificada* (pela qual são levados a um denominador comum com – e podem ser substituídos por – "locomotivas" e outras máquinas) e ao *status* ignominioso de "*carcaça do tempo*". E, dado que é bloqueada a possibilidade de manifestar e realizar na prática o valor intrínseco e a especificidade humana de todos os indivíduos por meio da sua atividade produtiva essencial, como resultado desse processo de *redução alienante* (que determina que "um homem de uma hora vale tanto como outro homem de uma hora"), o valor como tal se torna um *conceito* extremamente *problemático*. Pois, no interesse da lucratividade capitalista, não somente não há espaço para a realização do valor específico dos indivíduos, mas, ainda pior, *o contravalor* deve sem cerimônia prevalecer sobre o valor e afirmar sua dominação absoluta como a única relação prática admissível de valor.

Adam Ferguson o admite francamente em uma das seções mais importantes do seu magistral *Essay on the History of Civil Society* [Ensaio sobre a história da sociedade civil] (1767):

> Todo empreendedor na indústria descobre que quanto mais ele subdivide as tarefas dos seus operários, e mais mãos ele emprega em artigos separados, mais diminuem as suas despesas e aumentam os seus lucros. [...] Nações de comerciantes passam a consistir de membros que, além da sua própria atividade particular, são ignorantes de todos os assuntos humanos e podem contribuir para a preservação e ampliação do bem comum sem fazer do interesse desse bem comum objeto de sua estima ou atenção. Todo indivíduo se distingue por sua vocação, e tem um lugar a que se adapta. O selvagem, que não conhece nenhuma distinção além da do seu mérito, do seu sexo, ou da sua espécie, e para quem a comunidade é o objeto soberano de

---

[36] Idem, *Miséria da filosofia*, cit., p. 57.

afeição, se espanta ao descobrir que num cenário dessa natureza, o fato de ser homem não o qualifica para nenhuma condição; ele foge para sua floresta com espanto, repugnância e aversão. [...] Muitas artes mecânicas, de fato, não exigem capacitação; elas se realizam melhor sob uma total supressão de sentimento e razão; e a ignorância é a mãe da indústria bem como da superstição. Reflexão e pensamento são sujeitos a erro; mas um hábito de mover a mão ou o pé é independente dos dois. As indústrias, assim, prosperam mais onde a mente é menos consultada, e onde a fábrica pode, sem grande trabalho de imaginação, ser considerada uma máquina cujas partes são homens.[37]

Esse é o contexto em que identificamos claramente o terreno prático para a construção dos edifícios éticos dicotômicos que vimos anteriormente. Pois a destruição da relação em que "fatos" e "valores", "ser" e "dever-ser" são inseparavelmente unidos no "valor intrínseco" e "mérito" demonstrável – não metafísicos, mas palpavelmente autoevidentes até mesmo para o "selvagem" de Ferguson – de indivíduos particulares engajados nas suas atividades do dia a dia, traz inevitavelmente consigo consequências radicais para o valor como tal. É separado num aspecto *utilitário estreito* (correspondente às necessidades da acumulação de capital e mercantilização universal do mundo do "ser"), e num "aspecto *ideal*" que – em vão – contrapõe o esquivo "valor moral" do seu separado "domínio do dever-ser" à realidade enraizada do existente.

No dualismo de *distribuição* e *produção* nos deparamos com a mesma característica de rígida determinação, na medida em que a distribuição unilateral (expropriação de classe) dos meios de produção – da maior importância estratégica – predetermina os parâmetros estruturais de produção por um período histórico tão longo quanto aquele em que o sistema de distribuição existente consiga se afirmar.

Esse é o ponto cego de todos aqueles que adotam o ponto de vista da economia política, mesmo quando são tão grandes pensadores quanto Adam Ferguson. Pois nessa questão vital, nem mesmo essa figura notável (e esquecida) do Iluminismo escocês é capaz de oferecer outra coisa que não contos de fadas e pseudoexplicações circulares, esperando nos fazer acreditar que "os *acidentes* que *distribuem* desigualmente os meios de subsistência, *inclinação* e *oportunidades favoráveis* atribuem as diferentes ocupações dos homens; e um senso de utilidade os leva, sem fim, a subdividir as suas profissões"[38].

Assim, as simples premissas de "acidentes", "inclinação", "oportunidades favoráveis" e "um senso de utilidade" se destinam a explicar (e legitimar) as desigualdades estruturais existentes, enquanto, significativamente, o problema principal relativo à expropriação

---

[37] Adam Ferguson, *An Essay on the History of Civil Society*, editado por e com prefácio de Duncan Forbes (Edimburgo, Edinburgh University Press, 1966), p. 181-3.

[38] Ibidem, p. 180. Devido à cegueira que compartilha com toda a tradição da economia política e filosofia clássicas no que se refere ao problema real da distribuição, até mesmo o cortante diagnóstico de Ferguson do que ele próprio considera serem os defeitos necessários do sistema capitalista é afinal uma versão diluída. Assim, num gesto reconciliador ele curiosamente confunde uma ideia genuína com um embelezamento acrítico da ordem dominante ao sugerir que "se muitas partes da prática de toda arte, e do detalhe de todo departamento, não exigem habilidades, ou, na verdade, tendem a se contrair e limitar as visões da mente, há outros que levam a reflexões gerais e à ampliação do pensamento. Mesmo na fábrica, o gênio do mestre talvez seja cultivado, enquanto o do operário inferior se perde. O estadista pode ter uma compreensão ampla dos negócios humanos, ao passo que os instrumentos que usa são ignorantes do sistema em que se combinam", ibidem, p. 183.

Dualismo e dicotomias na filosofia e na teoria social 131

unilateral dos *meios de produção* é *combinado* na generalidade vaga dos "acidentes que distribuem de maneira desigual os *meios de subsistência*", removendo assim a dimensão do *conflito de classe*. Como resultado, de modo conveniente se oculta que a distribuição na sociedade capitalista significa antes de tudo a distribuição dos seres humanos em classes sociais antagônicas, donde se segue necessariamente a dominação da produção de forma hierarquicamente ordenada, em associação íntima com todos os outros dualismos fundamentais e antinomias práticas da ordem dada que já vimos antes.

Hegel também não consegue resolver a dialética de produção e distribuição, independentemente das suas intenções e alegações em contrário. Isso é visível também no contexto da "universalidade" peculiar que ele nos oferece enquanto sustenta a absoluta – ou seja, aos seus olhos, de base filosófica – legitimidade das relações de classe estabelecidas[39]. Nesse ponto é necessário destacar que Hegel também *funde* os meios de *produção* com os meios de *subsistência*, bem como *trabalho* com *trabalho socialmente dividido*, de forma a glorificar o que chama de "*riqueza universal, estável*"[40]. Este último, ele deriva de uma "idealidade" fictícia que emerge das transformações conceituais hegelianas que espelham a *inversão* perversa das relações correspondentes na realidade.

Graças a essa dedução filosófica quase mística da realidade contingente do "espírito comercial" a partir da "Ideia Absoluta", a ordem social eternizada do "capital permanente universal", bem como a desigualdade estrutural inseparável dela, pode ser defendida em nome da superior "Razão dialética" contra a "*loucura da Compreensão* que toma como real e racional sua *igualdade* abstrata e seu 'dever-ser'", esquecendo-se de que:

> [Direito objetivo da particularidade do espírito], direito que não suprime, na sociedade civil, a desigualdade dos homens estabelecida pela natureza (elemento de desigualdade); pelo contrário, ele a reproduz a partir do espírito e eleva-a ao grau de desigualdade de aptidões, de fortuna e até de cultura intelectual e moral.[41]

O que testemunhamos aqui é sumamente revelador da importância das determinações ideológicas tanto para as metodologias idealistas como para as materialistas/empiricistas. Reconhecidamente, estas últimas não tiveram dificuldades em fundir suas alegadas "necessidades *naturais*" – como a "propensão para a troca e o escambo" de Adam Smith e as outras chamadas características da "natureza humana", consideradas em perfeita harmonia com a modalidade estabelecida de interação socioeconômica – com o estado de coisas historicamente dado, pois este não tem desacordo com a natureza no terreno da filosofia.

O mesmo não se dá, entretanto, com os filósofos idealistas, como Hegel, que não puderam evitar *hostilidade* até à palavra "natureza", já que natureza representa, aos seus olhos, o domínio filosoficamente inferior das "determinações sensuais". E, ainda assim, descobrimos que, de acordo com os interesses ideológicos que Hegel compartilha com os filósofos materialistas e economistas políticos da sua classe, ele não hesita nem um momento em fundir a *necessidade natural* (o ditame hegeliano de que

---

[39] G.W.F. Hegel, *Princípios da filosofia do direito* (trad. Orlando Vitorino, 3 ed., São Paulo, Martins Fontes, 2003), p. 167-85.

[40] Ibidem, p. 178.

[41] Ibidem, p. 179.

132 *Estrutura social e formas de consciência*

"a desigualdade dos homens estabelecida pela natureza", que falaciosamente iguala a diversidade autoevidente da natureza com a *desigualdade* socialmente criada e, decerto, bem problemática dos homens entre si) com *contingência histórica* para moldar segundo essa liga "a necessidade filosófica absoluta" – algo verdadeiramente espantoso vindo de um pensador idealista[42]. Pois, dessa forma, Hegel consegue conferir à desigualdade historicamente criada e *historicamente alterável* da sociedade civil – uma desigualdade agora idealmente metamorfoseada no "*direito à particularidade*" sobre a pressuposta base idealista de que "contém a *Ideia* um *direito objetivo da particularidade* do espírito"[43] – o *status* do *de jure* existente desde sempre.

6.9 A supressão das dicotomias: a questão da ação social

Em resumo: a sucessão interminável de dualismos e dicotomias filosóficos nos escritos concebidos do ponto de vista da economia política do capital – por exemplo, entre teoria e prática; pensamento e ser; sujeito e objeto; para si e em si; visões de mundo e conhecimento factual; imanência e transcendência; numenal e fenomenal; essência e aparência; essência e existência; forma e conteúdo; valor e fato; "dever-ser" e ser; razão e emoção; Razão e Compreensão; liberdade e necessidade; indivíduo e espécie; privado e público; político e social; Estado e sociedade civil; *de jure* e *de facto*; e muitos outros – permanece totalmente ininteligível sem os múltiplos dualismos e antinomias práticos da ordem socioeconômica que as metodologias dualísticas dessa tradição expressam e ajudam a manter, com forçoso compromisso e eficácia ideológicos. Vimos também que as dicotomias e antinomias objetivas da contingência histórica do capital constituem:

1. um sistema rigorosamente *interbloqueado* de determinações no qual:
2. *um* lado dos vários dualismos em questão *domina* o outro,
3. sobre a base de uma perversa *subversão e inversão* de algumas relações objetivas vitais,
4. estabelecendo assim *hierarquias rígidas* que rejeitam aprioristicamente
5. a possibilidade de *mediações* dialéticas e *transições* viáveis
6. na direção da mudança *estrutural*.

---

[42] Hegel recorre a um artifício semelhante em *Filosofia da história* (Brasília, Editora UnB, 1995), quando ajusta seus preconceitos. Ao descrever o "caráter africano", ele afirma que "os negros demonstram esse desprezo total com relação ao homem, que sob o ponto de vista jurídico e moral constitui a determinação básica", comparando o comportamento da "raça africana com o dos portadores do princípio do norte" – ou seja, os europeus colonizadores – por uma referência positiva ao comportamento *instintivamente* correto "entre nós". Mas, dado que esse argumento não concorda de forma alguma com o espírito da sua filosofia, ele é obrigado a acrescentar a essa frase uma curiosa reflexão posterior: "*se é que se pode falar apropriadamente do instinto entre os humanos*". Mas se, na verdade, dentro dos limites da filosofia idealista não podemos falar de instinto como característica do homem, qual seria a razão de usá-lo como faz Hegel – assim como usa uma lei natural fictícia que teria feito os homens "desiguais por natureza" – se não para usar as duas afirmativas, traindo por meio dessa ansiedade e concomitante inconsistência filosófica os seus interesses ideológicos?

[43] Idem, *Princípios da filosofia do direito*, cit., p. 179.

É por isso que o dualismo filosófico triunfa com tanta facilidade no universo conceitual pós-cartesiano, pregando soluções unilaterais (ou a impossibilidade apriorística de chegar às sínteses necessárias) nas quais somente uma abordagem dialética poderia ter as condições mínimas de enfrentar os problemas. De fato, o sucesso até mesmo da tentativa consciente e única de Hegel de superar de forma dialética as dicotomias dos seus predecessores se limita às regiões mais abstratas da *fenomenologia* e da *lógica*, precipitando novamente no "dualismo irreconciliado" – complementado no seu sistema pela defesa abstrata da "Compreensão" – tão logo esse grande fundador da dialética objetiva idealista volta a sua atenção para questões mais tangíveis e tenta subsumir sob suas categorias gerais os antagonismos irreconciliáveis do mundo real.

Assim, as "separações", alienações e oposições reificadas da realidade se afirmam no final em todos os planos, derrotando até mesmo os maiores esforços teóricos de extrair – *ex pumice acquam* ("água de pedra") – soluções dialéticas dos parâmetros objetivos restritivos de um mundo social dividido cujos antagonismos estruturais irremediáveis os pensadores em questão tentam "reconciliar" e defender.

A metodologia das conceituações dualísticas e dicotômicas que no final sempre prevalece, mesmo quando se faz uma tentativa consciente de eliminá-la, é o concomitante necessário desse problema ideológico. Tem seus corolários inseparáveis:

1. na *fusão* das distinções vitais sob determinações supostamente gerais e inalteráveis e, por essa via, a conveniente obliteração das suas especificidades sócio-históricas potencialmente explosivas;

2. na *circularidade* que resulta de ser jogado de um lado para o outro entre os dois polos das dicotomias abertamente reafirmadas e aceitas, ou, de fato, "os dualismos irreconciliados" que desconcertantemente ressurgem depois que um pensador, como Hegel, julga tê-los derrotado;

3. na ausência de *mediações* genuínas, mesmo quando o filósofo tem abstratamente consciência da sua importância;

4. na mera afirmação de *postulados* vazios – como a defesa carregada do "dever-ser" da "unidade" e "universalidade", com base na *parcialidade* acriticamente defendida – em lugar das sínteses teóricas objetivamente sustentadas e estratégias sociais práticas viáveis; postulados que se tornam necessários pela idealização de interesses parciais indefensáveis e simultâneas desigualdades, e pela ausência das mediações adequadas que acabamos de mencionar.

Polarização é a regra objetiva; "*reconciliação*" (sem mudar de maneira significativa o terreno social dessa polarização), o remédio sonhado. É assim que o ponto de vista da economia política do capital circunscreve o horizonte conceitual da teoria pós-cartesiana.

Por implicação, se quisermos prever a possibilidade de síntese dialética no lugar dos dualismos e dicotomias aqui examinados, é necessário adotar um ponto de vista teórico muito diferente. Um ponto de vista do qual os antagonismos fundamentais da ordem socioeconômica dada possam ser reconhecidos pelo que realmente são, em vez de falsamente explicados pela "Razão conciliatória".

Isso envolve, é claro, a identificação e a adoção de categorias adequadas que permitam entender a especificidade histórica dinâmica do ser social. Categorias pelas quais os

134 *Estrutura social e formas de consciência*

principais reguladores do intercâmbio socioeconômico e cultural-ideológico se tornam visíveis, em vez de obliterados por meio dessas fusões conceituais ideologicamente motivadas que já encontramos repetidamente até mesmo nas obras de grandes escritores. Pois é impossível tratar esses dualismos filosóficos sem a referência ao ponto de vista de uma agência social cuja intervenção prática no mundo real indique a possibilidade de *realmente* superar as antinomias e dicotomias hoje materialmente sustentadas, com base na ação *coletiva* articulada de modo consciente dos indivíduos *sociais*.

As categorias em questão são, é claro, radicalmente incompatíveis com a moldura categorial *individualística* em termos da qual o ponto de vista da economia política tenta tratar, por exemplo, a dicotomia de *sujeito* e *objeto*, oferecendo na melhor das hipóteses uma "síntese" altamente dúbia da dicotomia entre a subjetividade orientada a si mesma e o mundo social abrangente, reproduzindo simultaneamente a contradição entre o conhecimento total ou parcial e a "consciência totalizadora". Assim, o mínimo que podemos dizer a favor da adoção do "ponto de vista marxiano do indivíduo *social*" é que as soluções articuladas no interior das estruturas categoriais individualísticas só podem ser imperativos abstratos mesmo quando são apresentadas em forma "descritiva".

Podemos, por exemplo, pensar no "estadista" de Adam Ferguson, cuja sabedoria coletiva ou "combinada" deriva de tratar os outros como *ferramentas* (ver nota 38); ou na "astúcia da razão" de Hegel, que se relaciona com os indivíduos – mesmo os chamados "indivíduos da história mundial" – da mesma forma, só que dessa vez vestidos numa solene fantasia idealista. Pois, mesmo que adotemos essas soluções pelo que elas afirmam, a contradição subjacente entre as exigências da "consciência totalizadora" e as limitações inevitáveis da parcialidade auto-orientada (não importa o quanto seja "agregada") não é de forma alguma "superada". É apenas oculta temporariamente pela aceitação conciliadora do, e resignação ao, estado de coisas existente.

Mas, assim como os dualismos e as dicotomias da tradição filosófica pós-cartesiana surgem do terreno de uma prática social determinada, é impossível pensar em resolvê-los teoricamente apenas pela adoção de uma nova estrutura categorial, sem prever ao mesmo tempo uma ordem social alternativa de que se podem remover as antinomias *práticas* do sistema historicamente específico do capital. Para citar apenas um exemplo, a já mencionada tirania da *contabilidade do tempo* (que reduz o trabalho vivo a mero "fator de produção", ou o componente subalterno da categoria dos "custos unitários", no jargão econômico corrente), bem como o dualismo e a dominação assimétricos do mundo social nela implícitos, só pode ser superada numa estrutura qualitativamente diferente de *contabilidade social* (ou seja, uma contabilidade *verdadeiramente socialista*), orientada para a autodeterminação consciente de seus intercâmbios produtivos pelos indivíduos sociais em todos os níveis. Marx o expressa assim:

> Numa sociedade futura, onde desapareça o antagonismo entre as classes, onde não existam mais classes, o uso não será mais determinado pelo *mínimo* do tempo de produção: o tempo de produção consagrado aos diferentes produtos será determinado pelo seu grau de utilidade social.[44]

---

[44] Karl Marx, *Miséria da filosofia*, cit., p. 65.

Como podemos ver, aqui as categorias de "classes", "antagonismos de classe" e "utilidade social" se ligam à concepção de uma nova ordem social como objetivamente inerentes a (ou resultantes de) contradições da forma histórica dada. É assim que se torna possível antecipar a supressão das dicotomias de *uso* e *troca, tempo* e *espaço, produção* e *distribuição* etc., desde que estejamos dispostos a reconhecer sua inserção nas relações antagônicas de classe, prevendo ao mesmo tempo a transformação radical desta última por meio de ação social adequada. O mesmo vale para todos os outros dualismos, dicotomias e antinomias que encontramos ao longo deste levantamento. Mas, é claro, fazê-lo implica apartar-se do ponto de vista da economia política do capital e da individualidade isolada.

7
OS POSTULADOS DA "UNIDADE" E DA "UNIVERSALIDADE"

7.1 A incorrigível circularidade e o absoluto fracasso da mediação individualística

Como o ponto de vista da individualidade isolada é uma característica metodológica intransponível de toda essa tradição, a tentativa filosoficamente inescapável de ir além da sua mera particularidade é uma preocupação recorrente e gera seus próprios dilemas.

De um lado, enfrentar o problema em si é inevitável, porque não se pode abandonar abertamente as aspirações universalistas da filosofia enquanto se permanece conscientemente dentro de sua estrutura e seus requisitos tradicionais são subscritos. Pelo contrário, tais requisitos devem ser reafirmados de maneira constante e com maior insistência conforme mais problemática for a reivindicação à universalidade da filosofia particular em pauta, dada a sua base incorrigivelmente individualística. E, de outro lado, justo porque o ponto de vista da individualidade isolada circunscreve o horizonte das filosofias em questão, a tentativa de ir além de uma mera particularidade dentro de suas restrições estruturais produz não apenas uma estrutura inerentemente dualística, como já vimos no capítulo 6, mas também uma estrutura em que a dimensão de "unidade e universalidade" é apenas *admitida*, *postulada* ou *hipostasiada*, mas nunca realmente estabelecida.

Assim, nesses apelos problemáticos à "unidade" e à "universalidade", são oferecidas "garantias" aprioristicas como forma de evitar os dilemas do ego orientado a si mesmo e seu equivalente de classe (burguesa), em vez de soluções exequíveis para a dificuldade de relacionar o indivíduo isolado a um ambiente social viável. Basta recordar, sob esse aspecto, a linha de desenvolvimento que vai do "argumento ontológico" de Descartes até a "mônada absoluta" de Leibniz, sem esquecer a noção totalmente mistificadora das "mônadas sem janelas" de [Oswald Arnold Gottfried] Spengler. Da mesma forma, podemos mencionar aqui uma variedade de estratégias "universalizantes" do domínio filosófico pós-cartesiano, desde a tentativa de Kant de estabelecer a validade do "imperativo categórico" de sua *Individualethik* com referência ao "mundo inteligível" até chegarmos ao

138 *Estrutura social e formas de consciência*

que Husserl chama obscuramente de "alargamento sistemático do *a priori* universal, inato à essência da subjetividade [...] transcendental. É o alargamento do Logos universal de qualquer ser possível"[1]. Todas essas estratégias filosóficas nada fazem além de destacar a impossibilidade de extrair as desejadas "unidade" e "universalidade" da multiplicidade fragmentada das individualidades isoladas.

Evidentemente, Hegel está insatisfeito com a solução leibniziana da "mônada absoluta". Mas quando apresenta as razões da sua rejeição crítica à resposta de Leibniz, sua correção só pode consistir em ligar diretamente o presumido "princípio da introrreflexão ou individuação" e a aprioristicamente estipulada *absoluta unidade* de forma e conteúdo" a uma definição de "reflexão como uma *negatividade autorrelacionada*" e uma "*autorrepulsão*" de que a "positividade" de "postular e criar"[2] é misteriosamente derivada.

Husserl confessa que "os problemas da constituição estática e genética", que pretende desvelar, é "*enigmática*"[3], o que não deve causar espanto. Pois ele apenas *decreta* que "a progressão sistemática da explicitação fenomenológica transcendental do ego apodíctico consegue descobrir o sentido transcendental do mundo em toda a plenitude concreta na qual ele é o mundo da vida de todos nós"[4]. Tal como no caso das outras figuras representativas dessa tradição filosófica, a solução de Husserl também se descarrila por causa da incapacidade de produzir um conceito adequado de *mediação*. Ele só vê mediação em termos do "*Eu, que medito*"[5] pelo qual o mundo social "adquire [...] sentido existencial, nomeadamente como *analogia*"[6].

Portanto, é compreensível que a unidade e a universalidade "intermonadísticas" postuladas por Husserl nada mais são que uma versão do século XX cada vez mais "dissocializada" da "introrreflexão" hegeliana que, em Husserl, assume a forma de introspecção absolutizada. Segundo ele:

> o caminho que conduz a um conhecimento dos fundamentos últimos, no sentido mais elevado do termo, quer dizer, a uma ciência filosófica, é o caminho para uma tomada de *consciência universal de si próprio*, *monádica*, em primeiro lugar, e *intermonádica*, depois. Podemos igualmente dizer que a própria filosofia é um desenvolvimento radical e universal das meditações cartesianas, quer dizer, de um *conhecimento universal de si próprio* e abarca toda a *ciência autêntica*, responsável por si própria. O oráculo délfico γνῶθι σεαυτόν [conhece-te a ti mesmo] adquiriu um sentido novo. A ciência positiva é uma ciência do ser que *se perdeu no mundo*. É preciso, antes de mais, *perder o mundo pela* ἐποχή [*epoché*], para o reencontrar numa *tomada de consciência universal de si próprio*. *Noli foras iro*, diz Santo Agostinho, *in te redi, in interiore homine habitat veritas* [Não queiras sair, *volta para dentro de ti mesmo. A verdade mora no homem interior*].[7]

---

[1] Edmund Husserl, *Meditações cartesianas: introdução à fenomenologia* (trad. Maria Gorete Lopes e Souza, Porto, Rés, 1987), p. 195.

[2] G.W.F. Hegel, *Science of Logic* (Londres, Allen & Unwin, 1929), v. 2, p. 171.

[3] Edmund Husserl, *Meditações cartesianas*, cit., p. 171.

[4] Ibidem, p. 171.

[5] Ibidem, p. 188. [A tradução em inglês utilizada por Mészáros traz outra versão para o termo: "*I, the mediator*". Cf. Husserl, *Cartesian Meditations*, Martinus Nijhoff, The Hague, 1969, p. 150 – N. E.]

[6] Idem.

[7] Ibidem, p. 197-8.

E é assim que termina a busca do "alargamento do Logos universal de qualquer ser possível" e do "fundamento absoluto" da "ontologia universal concreta" e da "teoria das ciências concreta e universal" sobre as fundações da "egologia [...] do ego reduzido à esfera primordial"[8]. Tal como sugeriu Hegel, "a mediação deve dobrar e ligar seu fim ao seu início"[9], completando o círculo metodológico-ideológico do qual não se pode escapar.

Ao mesmo tempo, é assim que também se encerra a busca do "domínio da natureza pelo homem", derrotada pelas determinações inerentemente antagônicas que prevalecem na sociedade capitalista com relação à "dominação do homem pelo homem". Essa forma de dar fim à "dominação da natureza pelo homem", antes proclamada como positiva e de modo confiante, se deve à circunstância na qual uma dominação construtiva e não antagônica dos seres humanos sobre as condições de sua existência social é também a chave de uma adequada – historicamente sustentável e não destrutiva – dominação dos seus processos sociometabólicos reprodutivos em relação à natureza. Se a condição vital é violada, devido às determinações internas antagônicas da ordem social predominante, o círculo filosófico – ou o "círculo de círculos" reconhecido por Hegel – se mostra cada vez mais apertado, tornando impossível superar seu horizonte que se estreita e as limitações associadas a ele.

Naturalmente, os problemas são intensificados pela ausência do conceito apropriado de mediação social no discurso filosófico dominante. De nada vale, sob esse aspecto, contar com a noção quase mística de "intersubjetividade intermonádica" no lugar da mediação real. Pois é impossível extrair da "subjetividade intermonádica" a necessária – no sentido de ser historicamente viável e sustentável no longo prazo – mediação social.

Os "muitos enigmas" a que se referiu Husserl também se apresentam como a grande charada referente ao ego orientado a si mesmo. Pois, nas suas palavras,

> Eu, que medito, não compreendo o início como, em geral, chegar aos "outros" e a mim próprio, na medida em que os "outros" são postos "entre parênteses". [...] e apenas reconheço não obstante eu próprio, que "ao colocar-me eu próprio entre parênteses", como homem, como pessoa humana, conservo-me ainda contudo como ego.[10]

Assim, a viagem proposta por Husserl só pode ser uma viagem "para dentro", considerando a radical "perda do mundo" como condição necessária para o seu problemático sucesso.

Não há dúvida de que o *"mediador" isolado* da proposta "egologia do ego reduzido à esfera primordial" oferece uma autoafirmação monádica àqueles que se preocupam com a possibilidade de uma viagem a um "núcleo" sem núcleo – como a cebola paradigmática de Peer Gynt – do "homem interno [socialmente] colocado entre parênteses". Mas o problema é que a "universalidade" que se pode derivar dos imperativos metodológicos dessa viagem nunca representam mais que a projeção *puramente exortatória* de *postulados abstratos* irrealizáveis.

---

[8] Ibidem, p. 195-6.

[9] G.W.F. Hegel, *Science of Logic*, cit. p. 484.

[10] Edmund Husserl, *Meditações cartesianas*, cit., p. 188-9. [O trecho da tradução em inglês citado por István Mészáros é: "I, the mediator, do not understand how I shall ever attain others and myself as 'one among others', since all other men are 'parenthesized' (...) and I recognize only reluctantly that, when I 'parenthesize' myself qua man and qua human person, I myself am nevertheless to be retained qua ego". Cf. Edmund Husserl, *Cartesian Meditations*, cit., p. 150 – N. E.]

140 *Estrutura social e formas de consciência*

O próprio Peer Gynt é obrigado a perceber, perto do final do poema dramático de [Henrik Johan] Ibsen, que é extremamente censurável uma viagem sem interesses e relacionamentos humanos adequados – nos termos do grande poeta e dramaturgo norueguês, uma viagem só seria significativa e justificável se o seu princípio orientador verdadeiramente "distinguisse os humanos dos duendes da montanha", já que estes últimos, segundo o que se diz, satisfazem-se com o lema cruamente orientado a si mesmo: "Duende, *basta-te a ti mesmo!*"[11]. Na mesma página, Ibsen deixa claro que, para ele, "duendes da montanha" significa egoísta. De fato, numa das fases iniciais de sua viagem, Peer Gynt declara, ele próprio, que a *definição egoisticamente negativa* de si mesmo como alguém que vive "para e dentro da própria existência"[12] – pela qual ele deve ser repreendido no fim, por ter "*fracassado completamente no seu propósito de vida*"[13] – foi sua escolha deliberada. Como ele expressa orgulhosamente naquele estágio anterior de sua vida:

O que deve um homem ser?
Bem, minha resposta curta é "Ele mesmo"...
Guardando a si mesmo e suas posses
o que ele não pode fazer quando carregado
com o bem e o mal de outro homem.[14]

Entretanto, ao refletir no último ato sobre o sentido, se houver algum, dessa existência, Peer Gynt compara as fases particulares de sua própria jornada de vida – com autopunitiva ironia – com as camadas sem núcleo da cebola que tem na mão, ansiosamente descascada na tentativa de chegar ao esperado núcleo maciço, exclamando quando não o encontra:

Que número incrível de camadas!
Não chegamos logo ao âmago?
[Parte a cebola em pedaços]
Não, maldito seja eu se chegar. Até o centro
Não há nada mais que camadas – menores e menores...[15]

E quando, no fim do drama de Ibsen, Peer Gynt fatidicamente se vê diante das implicações e consequências dessa viagem, feita por uma pessoa vazia, somente o amor devotado de Solveig pode salvá-lo do destino de ser derretido em fragmentos de botão pelo *Moldador de Botões*, enviado para chamá-lo a responder perante o misterioso *Mestre*. Peer Gynt então chora procurando desesperadamente a confirmação de uma identidade humana com o núcleo real, quando se vê diante de Solveig, que é a corporificação mais pura da devoção e do amor humanamente válidos:

Onde estiveste Peer Gynt desde a última vez?
Onde? Desde que saltaste da mente de Deus?
Sabes? Se não souberes,

---

[11] Henrik Johan Ibsen, *Peer Gynt* (trad. Peter Watts, Londres, Penguin, 1966), p. 206.

[12] Ibidem, p. 106.

[13] Ibidem, p. 201.

[14] Ibidem, p. 106.

[15] Ibidem, p. 191.

Tenho de descer à terra das sombras. [...]
Onde estava eu – completo e inteiro?
Onde? Com o selo de Deus na minha testa?

E esta é a resposta profundamente comovente e redentora de Solveig, apesar de imerecida pela vida passada de Peer Gynt:

Na minha fé, na minha esperança e no meu amor.[16]

Assim, quando no fim da sua grande obra ressoam as agourentas palavras do *Moldador de Botões*, deixando mesmo então sem solução a crua alternativa da condenação ou fuga de Peer Gynt, as últimas palavras que ouvimos do poema dramático de Ibsen são cantadas com generosa devoção por Solveig. Primeiro ouvimos as palavras ameaçadoras do mensageiro do *Mestre*:

Voz do Moldador de Botões [atrás da cabana]
Peer, vamos nos encontrar na última encruzilhada
e então veremos se... não direi mais.

Mas elas são enfrentadas pela voz serenamente terna de Solveig, e Ibsen indica assim a possibilidade de um destino muito diferente para Peer Gynt:

Solveig [cantando mais alto ao sol]
Vou te embalar, vou te guardar;
Dorme e sonha, filho querido meu.[17]

Assim, nas palavras finais da peça de Ibsen, graças a Solveig – cujo núcleo mais íntimo é carinho profundamente amoroso – surge para Peer Gynt a perspectiva de fugir ao seu destino sombrio. Inesperadamente, abre-se para ele um destino de redenção, assim como na parte final de *Fausto* para o herói de Goethe, quando a intervenção divina o salva – e, naquele momento, somente a intervenção divina foi capaz de salvá-lo – das garras de Mefistófeles, depois de ter perdido a aposta com o diabo.

Naturalmente, é muito adequada para a literatura criativa essa espécie de liberdade poética e intervenção sobrenatural, até mesmo a reversão completa do que se poderia esperar num estágio anterior de desenvolvimento do enredo: a redenção potencial, no ato final de *Peer Gynt*, de um indivíduo "monádico" voltado para si mesmo. Pois nesse domínio apenas a complexidade abrangente do mundo criado de modo artístico e completado de maneira apropriada – na sua forma única de corporificar e transmutar metaforicamente as características significativas do mundo real historicamente específico de cujo solo surge uma grande obra de arte – é capaz de transmitir a mensagem do escritor. Assim, o tipo de procedimento artístico que encontramos na literatura, adequado para o objetivo de permitir ao escritor ser o criador soberano de um mundo representativo a seu modo e artisticamente coerente, está em completo acordo com a natureza íntima do discurso significativa e organicamente transfigurado – ou seja, estético e não discursivo. Mas ele não tem legitimidade na filosofia, em que o pensador é obrigado a formular suas fortes alegações discursivas e definir as condições

---

[16] Ibidem, p. 222.

[17] Ibidem, p. 223.

142   *Estrutura social e formas de consciência*

sob as quais a concepção filosófica em questão, defendida no terreno da evidência necessária e claramente avaliável, deve afirmar a sua validade, ajustando as alegações propostas aos seus termos de referência adequadamente sustentáveis.

A "sociedade de mônadas"[18] de Husserl é uma ideia extremamente problemática sob esse aspecto. Trata-se da tentativa puramente fictícia de se livrar das restrições incontornáveis da sua *concepção global solipsística*. Mas não existe aqui nenhuma superação viável da "redenção comunitária". A tentativa de Husserl está fadada ao fracasso pois, por sua própria natureza, o proclamado espírito comunitário não passa de um *decreto genérico* meramente admitido, considerando o caráter das mônadas. Espera-se que tomemos por evidente que

> só poderia imaginar uma pluralidade de mônadas como estando explicitamente ou implicitamente em comunicação [...]. A co-existência das mônadas, a sua simples simultaneidade, significa necessariamente uma coexistência temporal e uma "temporalização" sob forma de tempo real.[19]

Significativamente, a palavra "real", escrita entre aspas no fim da citação*, trai o solipsismo restante que não pode ser superado pela simples estipulação do decreto da "sociedade de mônadas".

A forma como Husserl prossegue na sua análise destinada a oferecer uma base metodológica sólida para a filosofia não melhora, nem pode melhorar, a situação. Pois ele insiste, mais uma vez em termos categóricos absolutos, que

> A ordem das disciplinas filosóficas seria a seguinte: em primeiro lugar a egologia "*solipsista*", a do *ego reduzido* à esfera primordial; em seguida viria a fenomenologia intersubjetiva, fundada sobre a egologia solipsista.[20]

E assim, sem perda de tempo com as reflexões metodológicas de Husserl, voltamos a uma tentativa de dar base monadológica até mesmo às preocupações mais tangíveis de valor e história. Eis como Husserl defende seu argumento:

> O ser, "primeiro em si", que serve de fundamento a tudo aquilo que há de objetivo no mundo, é intersubjetividade transcendental, a totalidade das mônadas que se unem em formas diferentes de comunidade e de comunhão. Mas, no interior de qualquer esfera monádica imaginável, *tornam a aparecer todos os problemas da realidade contingente, da morte, do destino*, o problema da possibilidade de uma *vida "autenticamente" humana* e que possui um "sentido" na acepção mais forte desse termo e, entre esses problemas, os do "sentido" da história e assim por diante, elevando-se sempre mais. Podemos dizer que residem aí os problemas *éticos e religiosos*, mas colocados num terreno em que deve ser colocada qualquer questão que possa ter para nós um sentido possível.[21]

---

[18]   Edmund Husserl, *Meditações cartesianas*, cit., p. 176.

[19]   Idem.

*   Ao contrário da edição brasileira, na tradução em inglês usada por István Mészáros a palavra "*real*" aparece grafada entre aspas: "It is essentially necessary that the togetherness of monads, their mere co-existence, be a temporal co-existence and then also an existence temporalized in the form: 'real' temporality". Cf. Edmund Husserl, *Cartesian Meditations*, cit., p. 139. (N. E.)

[20]   Ibidem, p. 196.

[21]   Ibidem, p. 156. Grifos de Husserl.

Ironicamente, entretanto, chega o momento da verdade para Husserl quando ele tenta desafiar, e talvez mesmo combater, de maneira genuína as assustadoras implicações da crise socio-histórica mundial em desdobramento – surgida no palco político internacional a partir da ameaça nazista e das óbvias barbárie e devastação associadas –, conceituada por ele como *Philosophy and the Crisis of European Man**. O desafio social e humano que emerge desses desenvolvimentos exigiriam uma forte intervenção social capaz de se igualar – se possível enfrentar e, por meio da sua força mobilizadora, até derrotar – ao poder destrutivo do adversário. Mas uma filosofia baseada nas fundações metodológicas da monadologia solipsística não será capaz de oferecer nenhuma ajuda nessa questão, dada a forma como define o relacionamento vital entre *teoria e prática*.

Dessa forma, o discurso de Husserl, apesar das inegáveis boas intenções do autor de tratar das manifestações da grave crise histórica do seu tempo, tende a se embaraçar irremediavelmente num círculo filosófico abstrato do qual parece não haver saída. Assim, somos informados por ele de que

> A *atitude teórica*, ainda que seja uma atitude profissional, é *totalmente não prática*. Assim ela se baseia num deliberado *epoché* de todos os *interesses práticos*, e consequentemente até mesmo aqueles de mais alto nível, que servem às necessidades naturais dentro da estrutura de ocupação de uma vida governada por tais interesses práticos.[22]

Não surpreende, portanto, que quando Husserl tenta "abrir um parêntese filosófico", depois de seu "deliberado *epoché* de todos os *interesses práticos*", seu discurso seja ainda mais problemático do que quando deliberadamente fechou esse parêntese. Pois, sob as circunstâncias de maio de 1935, quando a palestra de Husserl citada aqui foi apresentada em Praga, a *conflagração global* próxima já era claramente visível no horizonte, com o revanchismo agressivo de Hitler aliado ao fascismo de Mussolini e ao projeto extremamente destrutivo da direita japonesa em sua própria metade do mundo. Juntos, eles anunciam uma explosão que inevitavelmente envolveria toda a humanidade e, assim, destacam que nunca houve antes uma necessidade tão justificável de se envolver profundamente no interesse prático urgente de agir de forma enérgica contra a catástrofe ameaçadora. Mas, infelizmente, o diagnóstico do filósofo alemão está muito distante da situação real e da solução que se devia imaginar para todos os antagonismos sociais nitidamente evidentes e para as correspondentes tendências do desenvolvimento histórico real.

Dada a sua atitude filosófica introspectiva, Husserl permanece enredado na mais dúbia das estruturas conceituais do "homem europeu" supostamente exemplar e nos postulados valorativos totalmente anacrônicos – para não dizer piores – dessas estruturas, proclamados por ele como aplicáveis com inquestionável validade ao conjunto da humanidade. E essa linha de abordagem autodesarmadora numa situação histórica real de perigo crescente, reconhecida pelo próprio Husserl como um problema de grande crise, é

---

* A edição brasileira desta obra – *A crise da humanidade europeia e a filosofia* (trad. Urbano Zellis, 3. ed., Porto Alegre, EDPUCRS, 2008) – traz uma versão resumida do texto de Husserl; daí que optamos por manter a tradução da edição em inglês utilizada por István Mészáros. (N. E.)

[22] Edmund Husserl, "Philosophy and the Crisis of European Man", em *Phenomenology and the Crisis of Philosophy* (Nova York, Harper & Row, 1965), p. 168.

144 *Estrutura social e formas de consciência*

proposta por ele em nome de um discurso teórico "livre e universal". Como expressa na sua conferência sobre *Philosophy and the Crisis of European Man*:

> A filosofia tem o papel de uma disposição teórica livre e universal que abrange a um só tempo todos os ideais e o único ideal geral – em resumo, o universo de todas as normas. A filosofia tem de constantemente exercer por meio do homem europeu o seu papel de *liderança para toda a humanidade*.[23]

Assim, quando a necessidade de uma intervenção combativa prática contra as forças do barbarismo, no interesse da sobrevivência humana, se torna ainda mais urgente, Husserl só é capaz de oferecer uma retórica completamente bombástica, embora bem intencionada e nobre nas suas aspirações. Essa retórica filosófica abstrata, em vez de ajudar na mobilização daqueles que se dispõem a defender os valores do progresso humano, na realidade oculta a natureza real da ameaça, por mais tangível que esta se manifeste nas ações agressivas e destrutivas então não apenas em preparação, mas já em curso e em escala visivelmente crescente imposta pelo adversário nazista. Estas são as palavras de Husserl:

> A crise da existência europeia só pode terminar de duas formas: na ruína de uma Europa alienada do seu senso racional da vida, caída no ódio bárbaro contra o espírito, ou no renascimento da Europa a partir do espírito da filosofia, pelo *heroísmo da razão* que há de vencer definitivamente o naturalismo. O maior perigo para a Europa é o cansaço. Vamos, como "bons europeus", lutar a batalha contra esse perigo dos perigos com a espécie de coragem que não se encolhe nem mesmo diante da batalha sem fim. Se o fizermos, então, da aniquiladora conflagração da descrença, da feroz torrente de desespero com relação à missão do Ocidente para a humanidade, das cinzas do grande abatimento, surgirá a fênix de uma nova vida interior do espírito como a base de um futuro humano grandioso e distante, pois somente o espírito é imortal.[24]

Na realidade, o "homem europeu" – com suas ferozes ambições imperialistas e antagonismos inconciliáveis determinados por classe – é o *problema*, e não a *solução*. Diante das graves contradições realmente existentes da ordem social do capital, o apelo abstrato a uma filosofia idealizada – que projeta a "missão do Ocidente para a humanidade", no espírito de uma "intersubjetividade intermonádica" erigida sobre as fundações da "egologia do ego reduzido à esfera primordial" e de sua "introspecção absolutizada" – não será capaz de oferecer um meio de vencer a crise reconhecida pelo próprio Husserl. As categorias em que ele tenta caracterizá-la são lamentavelmente inadequadas para entender a gravidade social dos desenvolvimentos em curso. De fato, sua caracterização *abstrai* de forma deliberada os perigos da *dimensão social prática historicamente determinada*, na esperança de oferecer assim uma fundação filosófica absoluta – concebida no espírito problemático da "intersubjetividade intermonádica" – para o seu diagnóstico e a solução imaginada.

Dessa forma, a esfera social é comprimida nos limites inteligíveis em termos da visão do "*Eu, que medito*": um sujeito orientado a si mesmo absolutamente incapaz de se colocar à altura da dramática tarefa histórica. Mesmo no fim do raciocínio de Husserl só é oferecida a noção fugidia de "uma nova vida interior do espírito", sem qualquer explicação do porquê e do modo como se perdeu a presumida (mas de forma alguma filosoficamente demonstrada) "vida interior do espírito" original do suposto "homem europeu" e de que

---

[23] Ibidem, p. 178.

[24] Ibidem, p. 192.

forma ela poderia ser reconstituída com validade e eficácia duradouras, para que possa cumprir a "missão do Ocidente para a humanidade".

Assim, tudo permanece envolvido de forma misteriosa nas determinações mais abstratas do "dever-ser" completamente impotente, incapaz de ir além do nível de meros postulados. Embora Husserl exemplifique a sua característica metodológica de forma extremamente pronunciada, ela não está confinada à sua filosofia. Ele a compartilha com a longa tradição filosófica a que pertence. Pois a questão socialmente vital da *mediação* é – e deve permanecer sendo – extremamente problemática nos limites históricos da ordem social do capital.

Isso se deve primariamente à dominação objetiva das *mediações de segunda ordem* do sistema do capital, perversamente anistóricas bem como necessariamente alienantes, e servindo de modo circular aos próprios interesses[25], em vez das *mediações de primeira ordem* da reprodução sociometabólica como tal. As de segunda ordem são acriticamente admitidas e racionalizadas pelos pensadores que conceituam o mundo do ponto de vista da ordem social e econômica estabelecida do capital.

Portanto, a natureza intratável do problema segundo o qual os indivíduos são, sem-cerimônia, subsumidos sob *determinações antagônicas de classe* deve permanecer além do horizonte conceitual dos pensadores em questão. Essa circunstância vicia de maneira inevitável seu conceito de mediação de uma forma irremediavelmente individualística. Pois eles têm de evitar como à peste o reconhecimento dos antagonismos de classe que prevalecem na ordem social estabelecida, já que conceituam essa ordem a partir do ponto de vista irremediável do capital. Em vez de reconhecer sua natureza real, reduzem os antagonismos sociais intranscendíveis – que não podem ser mediados exatamente por serem antagonismos sociais estruturalmente intranscendíveis – às vicissitudes e aos conflitos individuais agregados, de forma a torná-los passíveis de tratamento pela mediação e compensação individualistas. E sob esse aspecto, é de importância secundária se a projetada solução da mediação deva ser cumprida pelo "*Eu, que medito*" ou pelas suas várias almas gêmeas. O que importa é que, dessa forma, os pensadores em questão são forçados a transfigurar diretamente o seu método preferido de mediação individualística em algum tipo de postulado pseudouniversalista.

É por isso que mesmo na maior das grandes concepções burguesas da história do mundo – a filosofia hegeliana – a mediação deve "se dobrar e ligar o seu fim ao seu início"[26], não apenas completando assim "o círculo de círculos"[27], mas também, simultaneamente, "transcendendo a mediação"[28] como tal de forma metafísica especulativa, deixando ao mesmo tempo absolutamente intacto o sistema historicamente inviável das mediações de segunda ordem do capitalismo (admitido desde o início).

---

[25] As duas são discutidas de forma resumida nos capítulos 3 e 4, seções 3.1, 3.2 e 4.4. Para uma análise mais detalhada desse problema, além da questão associada das mediações de primeira ordem, ver capítulo 4 do meu livro *Para além do capital: rumo a uma teoria da transição* (São Paulo, Boitempo, 2002).

[26] G.W.F. Hegel, *Science of Logic*, cit., p. 484.

[27] Idem.

[28] Ibidem, p. 485.

7.2 "O processo do *genus* com o indivíduo": a função reconciliadora dos modelos antropológicos

Como já vimos na última seção, Husserl postulou de forma ilusória a solução dos problemas reais da sociedade capitalista em perigoso processo de agravamento – problemas que, em sua época, explodiam na barbárie nazista – por meio do "*heroísmo da razão*". Essa projeção altissonante da proposta de saída da crise verdadeiramente histórica na sua conferência de Praga foi, se chegou a tanto, ainda mais ilusória que o apelo à ideia totalmente sem substância de solução dos dilemas que Hegel indicou em seu livro *Filosofia da história* – com referência à fase moderna do desenvolvimento histórico acriticamente idealizada por ele – pela ação da "*história futura*", depois de peremptoriamente afirmar já termos chegado à "realidade racional" do presente, em completa adequação ao desenvolvimento do Espírito do Mundo, "*o fim da história*".

Essas soluções irreais não são inconsistências marginais ou defeitos retificáveis pelo raciocínio crítico. Pelo contrário, são constituintes fundamentais insubstituíveis de um horizonte filosófico no qual cumprem a função de preencher as lacunas estruturalmente insuperáveis inerentes à concepção social dos respectivos pensadores. Os pressupostos práticos ideologicamente mais eficazes da ordem social racionalmente aceitável assumida pelos filósofos em questão, em sintonia com sua atitude individualística, os induz a evitar, contornar ou caracteristicamente transfigurar os antagonismos fundamentais de seu tempo. Isso se deve aos profundos e estruturalmente dominantes interesses investidos inseparáveis do ponto de vista próprio desses filósofos, correspondente ao ponto de vista incriticável do capital, que é mais ou menos conscientemente internalizado e ideologicamente racionalizado por eles.

Nesse sentido, a articulação individualista dos dogmas fundamentais de uma concepção histórica não é uma posição que se possa corrigir. Na filosofia hegeliana ela emerge da percepção desse grande filósofo alemão da condição inalterável das "individualidades agregadoras" apologeticamente utilizáveis. De maneira inevitável, isso traz consequências de longo alcance para a visão geral do filósofo.

O mundo social é certamente constituído de indivíduos separados. Mas eles são sempre parte integrante de um tecido social determinado que confere ao seu comportamento algumas orientações constrangedoras definíveis, de acordo com as determinações objetivas da própria estrutura social dada. Se o filósofo se afasta dessas determinações sociais objetivas e apresenta, em seu lugar, os indivíduos como entidades abstratamente autodefinidoras, ou como *genus*-indivíduos imaginados de modo especulativo (para não mencionar sua transformação nas mônadas de Husserl), nesse caso ele fecha para si mesmo o caminho que leva à descoberta de uma explicação histórica plausível dos futuros desenvolvimentos e da resolução de alguns dos dilemas sociais importantes cuja natureza desafiadora ele reconhece. É por isso que, no caso de Husserl, dada a sua atitude irremediavelmente individualística, como vimos anteriormente, a pura retórica do "heroísmo da razão" é convocada para provocar a mudança fundamental desejada por ele de modo genuíno. Seu conceito de "heroísmo da razão" é postulado como adequado misteriosamente para superar a "crise da existência europeia" e a ameaçadora "barbárie do espírito". Essa é uma projeção filosófica frágil em absoluto, introduzida por Husserl no lugar da necessária análise histórica das forças destrutivas claramente identificadas em ação na dada situação histórica da barbárie nazista tangivelmente real, em vez da vaga e abstrata "barbárie do espírito", que falha por completo em identificar as forças sociais que poderiam superá-la numa base duradoura. Pois é impossível imaginar que essas forças pudessem derivar da solipsística "subjetividade intermonádica".

Com relação à posição de Hegel, o postulado da "história futura" é, na melhor das hipóteses, a fuga desse grave problema. Porque não basta admitir que dentro da estrutura do Estado moderno – em geral idealizado por Hegel em larga escala – "perpetuam-se o movimento e a inquietação", levando à "colisão"[29], se as determinações objetivas subjacentes são diagnosticadas de forma errônea como decorrentes da "disposição" imprópria da *vontade individual* com relação ao Estado. Pois, nesse caso, o recurso a que se recorre de imediato – personificar a história no futuro, para que ela possa desejosamente estipular a forma não problemática de superar a contradição identificada dizendo que "é com essa colisão, com esse entrave, com esse problema, que a história agora se depara e para a qual tem que encontrar a solução em tempos futuros"[30] – não significa absolutamente nada na realidade. Isso porque a representação filosoficamente eternizável da natureza do conflito social e político como o que emana do comportamento de "individualidades agregadoras" é em si falsa, em completa sintonia com o interesse próprio e com o ponto de vista idealizador de si próprio do capital. É uma concepção burguesa tendenciosamente autoidealizadora da "vontade individual", que se considera corrigível com relação à sua ainda problemática "disposição", que de modo inevitável traz consigo a projeção gratuita da ação convenientemente capaz de resolver problemas da "história futura" como o totalmente infundado "dever-ser".

Essa abordagem prevalece de modo característico na concepção hegeliana, desconhecendo por completo o caráter antagônico e explosivo da *referência de classe* ordenada de maneira hierárquica e, portanto, inconciliável dos conflitos sociais historicamente dominantes. Pois o mito da "realidade racional" da ordem social estabelecida não pode ser perturbado pelo reconhecimento dos antagonismos hierarquicamente ordenados e estruturalmente inconciliáveis. Em comparação, as individualidades agregadoras podem se prestar à intervenção corretiva, tendo em vista a sua disposição temporariamente defeituosa em relação à inquestionável "racionalidade" do Estado moderno. É assim que a circularidade da definição de "vontade individual" e sua *necessária* (bem como verdadeiramente *adequada*) disposição para o Estado idealizado se ajustam à circularidade última da filosofia hegeliana, segundo a qual "*o que é racional é real e o que é real é racional*"[31].

Ninguém deve ter ilusões quanto ao caráter socialmente conciliador dessa abordagem carregada de "dever-ser", a despeito dos protestos de Hegel contra a presença do "dever-ser" na sua própria filosofia. Pois, embora insista que sua "ciência do Estado", ao representá-lo como "racional em si", esteja "alheio da construção ideal de um Estado como deve ser", ain-

---

[29] G.W.F. Hegel, *Filosofia da história* (trad. Maria Rodrigues e Hans Harden, São Paulo, UnB, 1995), p. 370.

[30] Idem.

[31] Idem, "Prefácio", em *Princípios da filosofia do direito* (trad. Orlando Vitorino, São Paulo, Martins Fontes, 2003), p. XXXVI.

148 *Estrutura social e formas de consciência*

da assim a sua alegada ciência se revela precisamente um idealizado "dever-ser" conciliador ao decretar que o Estado equivale ao "universo ético"[32]. E a conciliação buscada de forma consciente se torna explícita quando Hegel acrescenta a essa afirmação que "reconhecer a razão como rosa na cruz do sofrimento presente e contemplá-la com regozijo, *eis a visão racional, medianeira e conciliadora com a realidade*"[33].

Como sabemos muito bem, o "heroísmo da razão" de Husserl não realizou o que se esperava que fizesse. Nem a "história futura" foi capaz de resolver as contradições conceituadas pelo grande filósofo alemão como "agitação, tumulto e colisões", apesar dos 180 anos decorridos desde a formulação do seu postulado. Pelo contrário, os antagonismos inconciliáveis da nossa ordem social estruturada de forma hierárquica se intensificaram em larga escala nesse período, a ponto de hoje ameaçarem de modo agudo a própria sobrevivência da humanidade. Nenhum postulado desejoso como o da "vontade individual adequadamente disposta" – no seu apoio apologético do capital ao proposto "universo ético" do Estado –, para não falar do misterioso "heroísmo da razão" como salvador do universo "intermonádico" de Husserl, é capaz de livrar a humanidade do perigo real de dar um fim à própria história.

O tipo de conceituação tendenciosamente individualista dos antagonismos objetivos da ordem social estabelecida que acabamos de ver, e o uso do mesmo modo tendencioso de modelos orgânicos e antropológicos estão associados de maneira íntima. Seu denominador comum é a função que devem desempenhar na concepção social e histórica geral dos respectivos pensadores.

Sob esse aspecto, é óbvio o papel notório atribuído por Menenius Agrippa à imagem orgânica, segundo a qual se supõe que as funções interligadas do corpo humano justificam as desigualdades assustadoras que dominam a vida dos plebeus no corpo social. Essa visão totalmente apologética foi apresentada pelo senador romano ao povo comum, que apresentava seu enérgico protesto nas colinas do Monte Sacro, para fazê-lo aceitar voluntariamente o "seu lugar" – declarado o lugar correto e adequado – na sociedade.

Mais tarde o problema da analogia orgânica e do uso de modelos antropológicos se tornou bem mais complicado. Isso se deve à atitude crítica assumida pelas abordagens filosóficas progressistas contra a noção antes dominante da *providência teologicamente definida* na explicação da mudança histórica e seu ambiente religiosamente santificado, bem como regulado da forma mais autoritária. Assim, a insistência de Vico já mencionada, de que "este mundo civil foi certamente *feito pelos homens*"[34], introduziu um contraste radical emancipador entre a teologia tradicional e o que ele chamou de "*uma teologia civil raciocinada* pela providência divina"[35]. Ele articulou essa abordagem contrastante como uma concepção completamente secular, ainda que não pudesse levar de maneira consistente seu desejado projeto histórico à sua conclusão lógica. E as limitações características da sua concepção histórica, que vimos anteriormente nas seções 5.3 e 5.4, se deveram precisamente ao componente acrítico do

---

[32] Ibidem, p. XXXVII.

[33] Ibidem, p. XXXVIII.

[34] Giambattista Vico, *A ciência nova* (trad. Marco Lucchesi, Rio de Janeiro, Record, 1999), p. 131.

[35] Ibidem, p. 137.

postulado orgânico. Limitações do mesmo tipo são reconhecíveis em todas as teorias que tentam reduzir a ordem social – uma ordem multifacetada que, na verdade, é constituída como um complexo de complexos imensamente dinâmicos e em constante mudança histórica – a alguns aspectos do corpo humano naturalmente regulado dos indivíduos.

Em última análise, toda essa redução só pode gerar alguma analogia mais ou menos superficial, apesar da indiscutível intenção emancipatória. Pois o postulado socioeconomicamente tendencioso da "unidade orgânica" – que deveria cimentar as diversas partes do corpo *social* exatamente da mesma forma que a natureza une e determina o funcionamento do corpo do *indivíduo* – ignora a questão crucial do *tornar-se histórico* da admitida "totalidade orgânica" da sociedade, de forma a ser capaz de desconsiderar (e geralmente até mesmo cancelar de maneira explícita a base alegada de "plenitude orgânica" e a correspondente funcionalidade circular) a possibilidade de *mudança significativa* da ordem social historicamente dada. Portanto, não é de forma alguma surpreendente que mesmo as concepções burguesas mais progressistas, de Vico e Rousseau até Herder e Hegel, continuaram cativas dos seus próprios pressupostos acríticos da estrutura social correta e adequada, percebida e teorizada por eles do ponto de vista voltado, de modo inalterável, aos interesses próprios do capital.

O modelo orgânico-antropológico dos filósofos mencionados também contém um elemento *cíclico* e repetitivo revelador, que é contrário a uma explicação histórica genuína. Evidentemente, na filosofia de Vico a determinação cíclica do processo histórico de grande escala é inseparável de sua intenção iluminista secular. O mesmo vale para a concepção de história de Herder. Também no caso de Rousseau, a orientação iluminista é sempre dominante. Mas a forma como ele aplica o modelo orgânico-antropológico ao processo histórico também contém uma condição reveladora relativa ao perigo (e à inadmissibilidade última) dos levantes revolucionários, como veremos logo adiante. Mas o mais notável é que mesmo o sistema hegeliano de sequenciais "idades da vida humana" leva a um fechamento cíclico do "processo vital". Na filosofia hegeliana, isso é feito em nome de um novo começo ou de um ciclo renovado do postulado desenvolvimento apriorístico com referência ao "ancião" que – por meio de uma característica arbitrariamente conceituada, mas em termos de apologética social muito necessária a Hegel – volta "à infância carente de oposições"[36].

No seu *Discurso sobre a economia política*, Rousseau oferece uma analogia muito detalhada entre o *"corpo político"* em geral – que ele considera um corpo verdadeiramente *vivo* – e o corpo do homem. Como ele explica:

> O poder soberano representa a cabeça; as leis e os costumes são o cérebro, origem do sistema nervoso e sede do entendimento, da vontade e dos sentidos, dos quais os juízes e os magistrados são os órgãos; o comércio, a indústria e a agricultura são a boca e o estômago, que produzem a subsistência comum; as finanças públicas são o sangue que uma *economia* sábia, fazendo as funções do coração, reenvia a todo o corpo, distribuindo a comida e a vida.[37]

---

[36] G.W.F. Hegel, *Enciclopédia das ciências filosóficas em compêndio – 1830* (trad. Paulo Menezes com a colaboração de pe. José Machado, São Paulo, Loyola, 1995, v. 3, cap. A, seção 1), p. 81.

[37] Jean-Jacques Rousseau, *Discurso sobre a economia política e Do contrato social* (trad. Maria Constança Peres Pissarra, Petrópolis, Vozes, 1996), p. 24-5.

150 *Estrutura social e formas de consciência*

Ele passa então a dizer, em preparação ao seu severo aviso sobre o funcionamento correto e adequado do Estado, que

A vida *de um e de outro* é o *eu* comum ao todo, a sensibilidade recíproca e a correspondência interna entre todas as partes. Se essa comunicação cessa, se a *unidade formal* é desfeita e as partes contínuas encontram-se numa simples relação de justaposição? O *homem está morto* ou o *Estado desfeito*.[38]

Dessa forma, graças à autoridade conferida às suas comparações pelo fato de o que está em discussão é a *ordem da natureza*, ele pode concluir que

Então, o corpo político é também um *ser moral*, dotado de uma *vontade*; *e essa vontade geral* que tende sempre à conservação e ao bem-estar *de todo e de cada parte* e que é a fonte das leis, é para todos os membros do Estado a regra do *justo e do injusto*.[39]

Assim, ao final do raciocínio grandioso de Rousseau, os firmes *postulados morais* estão inseparavelmente interligados com a declarada natureza insuperável de todo o edifício. O modelo orgânico-antropológico torna-se assim a fundação de uma monumental – e, até os nossos dias, profundamente influente – concepção política em que a defesa da expediência prática não pode se divorciar da consideração da correção moral.

Entretanto, no sistema de Rousseau espera-se que os postulados morais realizem muito. Mesmo quando as contradições gritantes de uma ordem social e histórica são bastante evidentes, o bom trabalho do imperativo moral e político – que prescreve a absoluta observância do direito e a rejeição de todo ceticismo que possa questionar o fato de que "[tudo] que a lei ordena pudesse não ser legítimo"[40] – deve se contrapor a toda ideia de uma intervenção revolucionária no processo histórico. As visões de Rousseau são expressas com finalidade peremptória nessa questão, valendo-se acriticamente, nesse caso, do modelo orgânico-antropológico:

Não quer isso dizer que, do mesmo modo como certas enfermidades transformam a mente dos homens e nelas apagam a lembrança do passado, não se achem às vezes, na duração dos Estados, épocas violentas em que as *revoluções* fazem no *povo* o mesmo que determinadas crises fazem nos *indivíduos*, em que o horror do passado substitui o esquecimento, e o Estado, incendiado pelas guerras civis, renasce por assim dizer das cinzas e readquire o *vigor da juventude* saindo dos braços da morte. [...] São raros, porém, esses acontecimentos, *são exceções* cujo motivo sempre se acha na constituição *particular* do Estado excetuado. Não poderiam acontecer *duas vezes* no seio do mesmo povo, o qual pode tornar-se livre enquanto bárbaro, mas não o pode quando a alçada civil se apresenta gasta. As agitações, então, podem destruí-lo, *sem que as revoluções tenham possibilidades de o restabelecer*; e tão logo seus grilhões se rompam, tomba o povo disperso e deixa de existir. Daí por diante, passa a necessitar de um *senhor*, não de um *libertador*. Povos livres, recordai-vos desta máxima: *Pode-se adquirir a liberdade, mas nunca recobrá-la*.[41]

---

[38] Ibidem, p. 25.

[39] Idem.

[40] Ibidem, p. 237.

[41] Jean-Jacques Rousseau, *O contrato social e outros escritos* (trad. Rolando Roque da Silva, 15. ed., São Paulo, Cultrix, 2005), p. 54.

Assim, infelizmente, o modelo antropológico enfraquece amplamente a ideia de Rousseau da natureza do desenvolvimento social pela limitação das revoluções – ironicamente pouquíssimo tempo antes da maior delas: a Revolução Francesa de 1789, de que Rousseau se tornou um dos heróis mais reverenciados – a uma fase histórica que não pode se repetir, não importa a gravidade das determinações causais que exigem uma transformação social e histórica revolucionária. O postulado moral do "corpo político" correto e adequado deve prevalecer também sob esse aspecto. De modo evidente, a questão das restrições impostas pelo filósofo contra os levantes revolucionários é a afirmação do "dever-ser" moral. Pois ele deseja sacudir as pessoas da indiferença em relação ao curso correto de ação, para que possam se salvar do destino de "perturbação e destruição" ao "ter em mente a sua máxima" sobre a liberdade. Como podemos ver na passagem citada de *O contrato social*, a visão da saúde na sua contraposição à *doença* é, mais uma vez, o princípio orientador, a ser aplicado com igual validade a indivíduos e povos. Mas, ao desqualificar dessa forma, de acordo com o modelo orgânico-antropológico, a viabilidade das intervenções revolucionárias no processo histórico, Rousseau elimina uma das mais fundamentais forças explicativas do desenvolvimento da humanidade, apesar do radicalismo sem paralelo do seu diagnóstico das cruas violações não somente dos requisitos *substantivos*, mas também dos elementos *formais* da igualdade.

No ponto alto da elaboração das concepções históricas progressistas burguesas, Hegel oferece uma versão muito mais inteligente do modelo orgânico-antropológico. Pois ele não se contenta apenas com a caracterização de Rousseau do "*corpo político*" por analogia ao *corpo humano vivo*, e acrescenta uma notável dimensão nova ao relacionar diretamente os requisitos do desenvolvimento social, como estipulado na sua filosofia pela aprioristicamente antecipada autorrealização do Espírito do Mundo, ao processo de vida do ser humano individual, desde a *infância* até a *velhice*. Mas, de maneira significativa, também a sua versão exibe de forma clara as contradições devidas à orientação acrítica dessa abordagem com relação à ordem social e econômica estabelecida. Como já mencionado, até mesmo a ideia de repetitividade cíclica[42] – restringindo as visões de seus grandes predecessores – encontra lugar no sistema hegeliano, contribuindo assim para o enfraquecimento das genuínas realizações históricas de sua filosofia.

Como sabemos, Hegel adota a crença de [David] Ricardo de que as leis econômicas que se manifestam nos complicados processos reprodutivos da ordem do capital "não são meramente uniformidades observadas num sistema econômico dado, mas necessidades universais e inexoráveis"[43]. Assim, na sua conceituação da natureza e do funcionamento da ordem social à sua volta, Hegel apresenta uma visão segundo a qual o desenvolvimento do ser humano individual – da infância à velhice (e, nesse último estágio, de volta à infância) – ajusta-se rigorosamente aos requisitos da substantividade e da universalidade corretas e apropriadas do autorrealizado Espírito do Mundo e sua corporificação adequada na história do mundo e no universo ético do Estado moderno.

Como ele o expressa, "o curso de idades da vida humana se conclui em uma totalidade, determinada pelo conceito, de mudanças que são produzidas pelo *processo do gênero*

---

[42] Na discussão de Hegel sobre o "curso das idades da vida humana".

[43] Nota de T. M. Knox em G.W.F. Hegel, *The Philosophy of Right* (trad. T. M. Knox, Oxford, Clarendon, 1942), p. 376.

152 *Estrutura social e formas de consciência*

[*genus*] *com a singularidade* [o indivíduo]"[44]. A natureza conformista e apologética do desenvolvimento estipulado do *genus-indivíduo* é suficientemente clara desde o início da caracterização de Hegel do processo em evolução. Pois, de acordo com ele,

> Essa contradição da singularidade imediata e da universalidade substancial que está, em si, presente nela funda o processo vital da alma individual: um processo pelo qual a singularidade imediata dela é posta de acordo com o universal, e o universal efetivado nela. Assim, a unidade simples [e] primeira da alma consigo mesma é elevada a uma unidade mediatizada pela oposição; a universalidade inicialmente abstrata da alma é desenvolvida em universalidade concreta.[45]

E ele então decreta que "[...] o gênero [*genus*] efetiva-se verdadeiramente no espírito, no pensar nesse elemento que lhe é homogêneo"[46].

Ao definir dessa forma os seus termos de referência, Hegel é capaz de igualar *genus-individualidade* com *racionalidade* e *universalidade interna*, como exigido pela orientação reconciliatória de seu sistema filosófico. Assim, a ideia de entrar em conflito com a "realidade racional" do mundo dado só pode ser imaginada como uma característica estritamente transitória, admissível apenas no estado de imaturidade do *jovem* que tem rompida "a paz em que a criança vivia com o mundo"[47]. Mas, na idade da *virilidade*, essa atitude e esse comportamento se resumem apenas à *hipocondria* totalmente censurável e, na verdade, a um "humor doentio"[48].

O estágio idealmente conformista da virilidade nas idades sequenciais do homem é apresentado na filosofa hegeliana, em nome do "direito" e da "racionalidade" – e mesmo como completamente adequado ao interesse de "o jurídico, o ético e o religioso"[49] –, numa forma de discurso repleto de "dever-ser". Curiosamente, essa forma de raciocínio é adotada por Hegel apesar de seus protestos contra a ideia de que a conformidade prevalente na virilidade emerge com base na *necessidade*.

Para dar uma visão justa e precisa do raciocínio de Hegel nessa questão, é necessário citar em detalhe as suas palavras. Ao falar da forma adequada em que o *homem* deve se comportar, ele escreve:

> *deve reconhecer* o mundo como um mundo autônomo, *concluído* quanto ao essencial; *aceitar as condições que lhe são postas* por ele e arrancar de sua dureza o que quer ter para si mesmo. Só por *necessidade* o homem acredita prestar-se a essa *obediência*, em regra geral. Mas na verdade *essa unidade com o mundo não deve ser reconhecida como uma relação de necessidade*, mas como relação *reacional*. O racional, o divino, possui o poder absoluto de efetivar-se, e *desde sempre se realizou*: Não é tão importante que primeiro tivesse de esperar pelo começo de sua efetivação. O mundo é essa efetivação da razão divina: apenas na sua superfície reina o jogo dos acasos

---

[44] G.W.F. Hegel, *Enciclopédia das ciências filosóficas em compêndio – 1830*, cit., p. 81. [O trecho da tradução em inglês citado por István Mészáros é: "The sequence of ages in man's life is rounded into a notionally determined totality of alterations which are produced by the *process of the genus with the individual*", *Philosophy of Mind*, Oxford, Clarendon, 1971, p. 64 – N. E.]

[45] Ibidem, p. 72.

[46] Idem.

[47] Ibidem, p. 79.

[48] Idem.

[49] Ibidem, p. 80.

sem razão. Pode, portanto, o mundo, pelo menos com tanto direito – e, sem dúvida, com mais direito ainda que o indivíduo que se torna um homem –, ter a pretensão de valer como algo todo pronto e autônomo; e o *homem*, por isso, age de modo totalmente racional ao renunciar ao plano de uma completa transformação do mundo; e ao esforçar-se por efetivar seus fins, paixões e interesses pessoais unicamente *em seu entrosamento com o mundo*. Assim também lhe resta *espaço para sua atividade honrosa, de largo alcance, e criativa*. Com efeito, *embora o mundo deva ser reconhecido como já pronto no essencial*, não é nada de morto, nada de absolutamente em repouso; mas, como o processo vital, é algo que sempre se produz de novo; algo que *enquanto apenas se conserva*, ao mesmo tempo progride. Nessa *conservadora produção e desenvolvimento* do mundo consiste o trabalho do homem. Podemos, pois, de um lado dizer que o *homem só produz o que já existe*. Por outro lado, contudo, *é necessário* também que um progresso seja efetuado por sua atividade. [...] Por isso, podem os homens encontrar em *todas as esferas* de sua atividade prática satisfação e honra, se eles em toda a parte cumprem *o que se lhes exige na esfera* particular a que pertencem por *casualidade*, por *necessidade* exterior, ou por *livre escolha*.[50]

Assim, a noção convenientemente acrítica de "*genus*-indivíduo", com suas determinações pseudoantropológicas perfeitamente ajustadas à postulada "racionalidade do mundo" e sua "plenitude que se realizou desde sempre", permite a Hegel legitimar e racionalizar de forma ideológica a necessária *conformidade* à ordem estabelecida. As contradições do mundo real desaparecem ao se transferir a questão do desenvolvimento para o plano em que os *indivíduos* – dos quais é dito que corporificaram as determinações de seu *genus* – exibem por meio do seu comportamento as características genéricas das "idades [sequenciais] do homem" eternizadas (em relação às quais só podem se resignar se não quiserem ser desqualificados sob o rótulo de portadores de um "humor doentio"). Em lugar do mundo realmente existente de antagonismos estruturais inconciliáveis, onde terríveis desigualdades sociais são impostas por uma hierarquia de classe que domina os "processos de vida" da esmagadora maioria, somos confrontados com um quadro em que cada indivíduo pode individualmente encontrar realização em todas as esferas da sua atividade prática, "se eles em toda a parte cumprem o que se lhes exige na esfera particular a que pertencem". Pois, de forma miraculosa, supõe-se que todos eles tenham a sua disposição "espaço para sua atividade honrosa, de largo alcance, e criativa", até mesmo o "miserável"[51] idealizado em outro texto e as massas trabalhadoras de pessoas condenadas à "atividade de vida" da rotina mais alienante e desumanizante, conforme as prescrições "racionais" das idades do homem socialmente indefinidas. Dificilmente se poderia imaginar uma descrição mais apologética da ordem social e econômica existente.

A arbitrariamente proposta "*genus*-individualidade" é necessária – e de forma alguma apenas à filosofia hegeliana – porque a partir da analogia do ser humano estritamente *individual* seria impossível derivar as generalizações (postuladas de forma apriorística) relativas ao *corpo social*. Ao mesmo tempo, dada a forma em que é estruturada a ordem estabelecida, o modo alternativo de descrever o indivíduo numa escala social, como genuíno *indivíduo*

---

[50] Ibidem, p. 79-80.

[51] No contexto da postulação da "segunda alienação" (ou seja, a "supressão" fictícia) da sua existência alienada como mendigo na experiência sofrida na catedral, onde suas condições reais de alienação deveriam desaparecer como um floco de nuvem no horizonte distante, pela qual "ele é igual aos príncipes" aos olhos de Deus. Cf. G.W.F. Hegel, *Jenenser Realphilosophie* (Leipzig, Felix Meiner, 1931), v. 2, p. 267.

social dotado de características positivas cooperativas em relação às potencialidades objetivamente dadas de uma ordem social alternativa, é historicamente prematura. Afinal, a era de Hegel foi contemporânea apenas da emergência das contraimagens idealistas do *socialismo utópico*, completamente inviáveis em termos práticos.

Ainda assim, em certo ponto do real desenvolvimento histórico, ao contrário das concepções religiosas passadas e correspondentes restrições autoritárias, foram emancipatórias as generalizações percebidas do ponto de vista então relativamente progressista do capital, baseadas nos "*genus*-indivíduos" hipostasiados. Mas, ao mesmo tempo, foram acríticas, conservadoras e apologéticas em relação à hierarquicamente estruturada e irremediavelmente exploradora ordem socioeconômica. Mas, como é compreensível, a dimensão apologética teve de se tornar mais proeminente com a inexorável consolidação da ordem capitalista. É por isso que ela se tornou mais problemática na filosofia de Hegel que nos escritos de seus predecessores. Pois ele estava situado no tempo numa conjuntura historicamente mais significativa, em que a alternativa potencialmente viável do trabalho apareceu no horizonte e *começou* a se afirmar como força combativa nas primeiras escaramuças do movimento socialista. Essa importante correlação é destacada pelo fato de o gênio filosófico de Hegel – inspirado em primeiro lugar pelo terremoto social e político que explodiu no período dramático que se seguiu à Revolução Francesa e às guerras napoleônicas, do qual ele foi um observador agudo e simpático – ter sido capaz de elaborar a tentativa mais monumental e sistemática de estabelecer um acordo entre as potencialidades positivas e as contradições inerentes ao horizonte burguês, ainda que em forma especulativa.

Ainda assim, as sequenciais "idades da vida humana" não passaram de uma concepção completamente apologética, bem como a "*unidade*" e a "*universalidade*" consideradas intrínsecas ao processo de vida tendenciosamente caracterizado. O processo de vida concebido dessa forma por Hegel é extremamente problemático na medida em que opera com a ajuda do conceito lógico-metafísico apriorístico da apenas declarada "mediação", em vez de uma categoria historicamente inteligível e identificável de *mediação social*. Isso porque a *conclusão* apologética – e a *raison d'être* subjacente – de todo o empreendimento é pressuposta desde o início.

Essa circularidade reveladora é realizada por Hegel da mesma forma como a vemos decretada na teoria kantiana da insuperável "insociável sociabilidade" dos seres humanos individuais na "sociedade civil", devida ao pressuposto de que a propensão dos indivíduos a se comportarem de modo antagônico em relação uns aos outros, como *genus*-determinação, seja "*evidente na natureza humana*"[52]. Naturalmente, a motivação subjacente na filosofia kantiana e hegeliana é também a mesma: a afirmação da absoluta consonância da ordem política e social burguesa com as postuladas, mas nunca demonstradas, determinações da "*natureza humana*" que, se forem verdadeiras, confeririam de forma automática as determinações adequadas de *necessidade* e *universalidade* à ordem estabelecida – apesar da *contingência histórica* e do dolorosamente óbvio *particularismo discriminatório* da sociedade realmente existente. Aos olhos de Kant, a justificativa para a sombria afirmação da "associabilidade" insuperável é que "não se pode criar algo

---

[52] Immanuel Kant, *Ideia de uma história universal de um ponto de vista cosmopolita* (trad. Rodrigo Naves e Ricardo R. Terra, São Paulo, Brasiliense, 1986), p. 13.

absolutamente reto "*de uma madeira tão retorcida, da qual o homem é feito*, não se pode fazer nada reto"[53]. E a "prova" da conclusão peremptoriamente afirmativa da filosofia kantiana nada mais é que o pressuposto arbitrário da deformidade determinada pela natureza da "natureza humana inata": um verdadeiro *círculo vicioso* filosófico, socialmente inspirado. Na filosofia hegeliana, a afirmativa de um conceito lógico-metafísico da mediação produz resultado não menos problemático.

Como a consonância socialmente apologética da "virilidade" com os requisitos absolutos do mundo que se realiza é o princípio orientador real (ou seja, o *terminus ad quem* geralmente velado) da argumentação de Hegel, pelo qual o homem maduro é convocado "*ao reconhecimento da necessidade e racionalidade objetivas do mundo já presente, acabado*"[54], os passos particulares que levam a essa tendenciosa "premissa conclusiva" são estritamente subordinados ao postulado do projeto geral. Pois, Hegel insiste – na forma de uma justificativa extremamente curiosa do "processo vital" dos seres humanos individuais que evolui historicamente, como vimos antes – em que "o racional, o divino, possui o poder absoluto de efetivar-se, e *desde sempre se realizou*: não é tão importante que primeiro tivesse de esperar pelo começo de sua efetivação"[55].

Assim, somos convidados a partir da construção lógico-metafísica segundo a qual "A *alma*, que de início é *completamente universal*, tendo-se *particularizado* da forma como já indicamos e finalmente *se determinado até o estágio final da individualidade*, agora entra em *oposição* à sua universalidade interna, à sua substância". Dessa definição inicial de oposição, Hegel tem condições de deduzir o seu misterioso conceito da "mediação" e a filosoficamente necessária "universalidade concreta". É assim que, imediatamente após a última frase citada, continua o seu argumento:

> Essa contradição da singularidade imediata e da universalidade substancial que está, em si, presente nela funda o processo vital da alma individual: um processo pelo qual a singularidade imediata dela é *posta de acordo com o universal*, e o universal efetivado nela. Assim, a *unidade* simples e primeira da alma consigo mesma é elevada a uma *unidade mediatizada pela oposição*; a *universalidade* inicialmente *abstrata* da alma é desenvolvida em *universalidade concreta*.[56]

Assim, tudo acontece no domínio das deduções conceituais hegelianas, com base nas "premissas lógico-metafísicas conclusivas" estipuladas aprioristicamente e as quais lhe permitem afirmar com finalidade categórica que o racional autorrealizador "desde sempre se realizou". E, naturalmente, desse tipo de determinação dos termos de referência de Hegel – relativos à "contradição" lógico-metafísica abstrata, à "unidade mediatizada pela oposição" e à "universalidade concreta" da alma adequadamente particularizada – segue-se com absoluta igualdade categórica que na idade da "virilidade" (o apologético *terminus ad quem* da sua reflexão sobre a *genus*-individualidade), *qualquer* desvio do mundo realmente existente em relação à *conformidade com o universal* idealmente postulado (ou seja, qualquer tentativa de desafiar praticamente os imperativos da ordem estabelecida da

---

[53] Ibidem, p. 16.

[54] G.W.F. Hegel, *Enciclopédia das ciências filosóficas em compêndio – 1830*, cit., p. 71.

[55] Ibidem, p. 79.

[56] Ibidem, p. 72.

156 *Estrutura social e formas de consciência*

"sociedade civil" e seu "estado ético") tem de ser desqualificada como as manifestações de um "humor doentio".

Finalmente, é necessário dizer algo sobre o caráter completamente apologético e não histórico do peculiar componente cíclico-repetitivo das sequenciais idades da vida humana. Mais uma vez, os termos de referência da teorização de Hegel da velhice são definidos de tal forma, em nítido contraste com as características de definição da virilidade adequadamente integradas e racionalmente conformadoras, a levar de volta à idealidade fictícia do seu *terminus ad quem* vindo de duas direções: de um lado, da memória distante do jovem rebelde e, de outro, da problemática monotonia do velho. Assim, somos convidados a aceitar que

> O ancião vive sem interesse determinado, porque renunciou à esperança de poder efetivar os ideais antes cultivados, e o futuro não lhe parece prometer nada de novo, pois ele acredita, antes, já conhecer o universal, o essencial, de tudo o que eventualmente possa acontecer-lhe. Assim o sentido do ancião está somente voltado para esse universal e para o *passado* ao qual deve o conhecimento desse universal.[57]

Nem mesmo o conhecimento e a sabedoria acumulados pelo velho ao longo da vida têm algum sentido. Pois a sua sabedoria acumulada, "essa coincidência perfeita da atividade subjetiva com o seu mundo – conduz de volta à infância carente de oposições"[58].

Assim, tudo pode começar de novo sem que o "movimento" circular da infância até a velhice leve a parte alguma além da "atualidade racional" conformista do presente, tal como corporificado com total adequação pela pretendida *genus*-individualidade do homem inquestionavelmente submisso. Para visualizar um movimento histórico real e uma solução significativamente diferente além da resignada esterilidade da velhice, como descrita por Hegel, seria necessário apelar para a ideia de *renovação*, com referência às forças sociais realmente existentes capazes de operar essa renovação, em vez da apologética circularidade da postulada *repetição* da infância. Mas a precondição dessa solução seria uma avaliação radicalmente crítica do ponto de vista do capital. E isso é obviamente inconcebível para Hegel.

Pelo contrário, a escolha que se oferece a Hegel tem de ser – dadas as determinações gerais da sua concepção filosófica, devotadas ao ponto de vista do capital e aos constrangimentos concretos do seu problema social e histórico – uma versão particular do modelo cíclico-repetitivo. A forma como ele teoriza a velhice, para oferecer ainda outra justificação para a total submissão da virilidade na sequência de idades, leva-o literalmente a um *beco sem saída*. Nesse ponto não há mais, nem pode haver, *movimento*: condição fatal para uma concepção supostamente histórica que se supõe ajustada à racionalidade corrente do Espírito do Mundo que se autorrealiza. Não é consolo dizer, nesse caso, como o faz Hegel em sua *Filosofia do direito*, que

> a filosofia chega sempre muito tarde. Como pensamento do mundo, só aparece quando a realidade efetuou e completou o processo da sua formação. O que o conceito ensina mostra-o a história com a mesma necessidade: é na maturidade dos seres que o ideal se ergue em face

---

[57] Ibidem, p. 81.

[58] Idem.

do real, e depois de ter apreendido o mundo na sua substância reconstrói-o na forma de um império de ideias. Quando a filosofia chega com a luz crepuscular a um mundo já a anoitecer, é quando uma manifestação de vida está prestes a findar. Não vem a filosofia para a rejuvenescer, mas apenas reconhecê-la. Quando as sombras da noite começaram a cair é que levanta voo o pássaro de Minerva.[59]

E, ainda assim, em *Philosophy of Mind* [Filosofia do espírito], Hegel é obrigado a fazer exatamente o que diz que não pode ser feito nas linhas citadas anteriormente. Pois, tendo chegado ao *beco sem saída* devido aos requisitos perversos da sua apologética social – corporificada na "virilidade" conformista e na contraimagem justificadora do velho a caminho da morte real – Hegel tem de inventar um *pseudomovimento* em que nenhum movimento histórico é viável. E o único meio de fazê-lo é *"rejuvenescer o mundo"* de maneira arbitrária pela imposição do fictício novo começo da *infância* na sequência eternizada de idades, de acordo com o modelo cíclico-repetitivo da sua *genus*-individualidade. Somente a natureza duplamente apologética e por completo anistórica da abordagem cíclico-repetitiva adotada pode assim permitir a Hegel projetar a continuação do processo de vida além do beco sem saída ficticiamente completado. Assim, graças à *aparência* de um movimento que se reduz à mera *repetição*, e nunca de *renovação* significativa, a "realidade racional" idealizada do capital pode continuar para sempre, sem nenhum desafio ao seu comando alienante.

A *lembrança* estéril *do passado* domina a visão do velho, esvaziando assim tanto a "universalidade" quanto a "substantividade" da sua real significância. Ao mesmo tempo, a coincidência sem vida do velho, como um sujeito, com o seu mundo é rejeitada por Hegel com base no fato de não ser dotada de *oposição*. Entretanto, não devemos ter ilusões com relação a esses termos de referência. Pois, tanto a lembrança do passado – a *Erinnerung* hegeliana – quanto o conceito lógico-metafísico da *oposição* (que tem um papel tão importante no conceito de *mediação* de Hegel) são muito problemáticos. No universo conceitual do filósofo o contrário de *Erinnerung* é *Entässerung*. E este último significa, para ele, *alienação objetificante*, que é impensável sem algum tipo de atividade e movimento. Nesse sentido, esse par de opostos sem dúvida vai além da vida sem sentido do velho. Mas de que forma? Certamente não pela imaginação de uma transformação historicamente viável do que existe. Pois a filosofia hegeliana como um todo afirma a *absoluta insuperabilidade da alienação* como a determinação ontológica mais interna da "realidade racional" do existente. E também dessa forma a circularidade do processo de vida do *genus*-indivíduo, dominado da infância até a velhice pela lembrança do passado, e de volta à idade da infância (não em realidade, mas como postulado genérico tendencioso), acentua o caráter conciliador do modelo orgânico-antropológico na filosofia de Hegel. Pois a oposição entre *Erinnerung* e *Entässerung* só pode sublinhar o *triunfo da alienação*, também tornada explícita em muitos outros trechos no sistema hegeliano.

---

[59] Idem, *Princípios da filosofia do direito*, cit., p. XXXIX.

7.3 Fragmentação e o "desejo da unidade"

Husserl, na sua própria forma de abordar a importante questão da *fragmentação* – problematicamente confinada por ele ao domínio do discurso filosófico idealista –, fala da "*nostalgia de uma filosofia viva*"[60]. E ele diagnostica assim os problemas aparentemente intratáveis:

> O *estado de divisão* no qual se encontra atualmente a filosofia, a atividade desordenada que ela desenvolve dá o que pensar. Do ponto de vista da *unidade científica*, a filosofia ocidental está, a partir de meados do século anterior, num estado de decadência manifesta em relação às épocas precedentes. A unidade desapareceu totalmente: na determinação do objetivo enquanto posição dos problemas e do método. [...] em vez de uma *filosofia una e viva*, que possuímos nós? Uma produção de obras filosóficas crescente até ao infinito, mas à qual falta qualquer ligação interna. [...] O que a estas [filosofias] falta é um "*espaço espiritual comum*", onde possam tocar-se e fecundar-se mutuamente. [...] A confusão da situação atual não provirá do fato de os impulsos resultantes dessas *Meditações* [de Descartes] terem perdido a sua vitalidade primitiva, porque o *espírito* de responsabilidade filosófica radical desapareceu? Qual é o sentido fundamental de qualquer filosofia verdadeira? Não será o de tentar libertar a filosofia de qualquer preconceito possível, para fazer dela uma ciência verdadeiramente autônoma, realizada em virtude de evidências últimas, *extraídas do próprio sujeito*, e encontrando nestas evidências a sua justificação absoluta? Esta exigência, que alguns acham exagerada, não pertencerá à própria essência de qualquer filosofia verdadeira? [61]

Como vemos, Husserl não percebe nada de errado na manutenção da ilusão da "responsabilidade filosófica radical" da filosofia. Ele procura um "espaço espiritual comum" em que as variedades "divididas" das filosofias poderiam de alguma forma encontrar sua elogiável unidade. Assim, mais uma vez, não se levanta a questão das razões pelas quais os discursos filosóficos fragmentados, que Husserl deplora, perderam sua alegada unidade, que teriam antes da metade do século XIX. Ele simplesmente afirma que o problema se deve à circunstância de as forças motrizes das *Meditações* desenvolvidas por Descartes terem perdido a validade original. E por que a perderam? Aparentemente, "porque o *espírito* de responsabilidade filosófica radical desapareceu". Dessa forma, tudo continua preso a uma premissa circular – bem de acordo com a conclusão apriorística e a recomendação ilusória do autor – que invariavelmente se recusa a enfrentar a estrutura social e histórica estabelecida e a mudança dramática do horizonte dos desenvolvimentos de que a própria filosofia moderna é parte integrante, ainda que corresponda a apenas uma parte. Não deve nos surpreender de forma alguma que essa seja a mesma espécie de raciocínio circularmente referente a si mesmo que já vimos anteriormente – relacionado à total irrealidade do "*heroísmo da razão*" postulado por Husserl na conferência de Praga – como o remédio recomendado para a catástrofe ameaçadora da barbárie nazista da sua época.

Na verdade, a "vitalidade primitiva" da posição de Descartes também é apresentada por Husserl como irremediavelmente inadequada para a sua própria projeção da "ciência verdadeiramente autônoma". Ele fala de "preconceitos" que levam a nada menos do que o pecador "*contrassenso*" que, aos seus olhos, deveria dominar o clima intelectual quando Descartes concebeu suas *Meditações*. Como ele o diz:

---

[60] Edmund Husserl, *Meditações cartesianas*, cit., p. 15.

[61] Ibidem, p. 13-4.

Infelizmente, isso aconteceu a Descartes, na sequência de uma confusão que parece pouco importante, mas que lhe foi assaz *funesta*, que faz do ego uma *substantia cogitans* separada, uma *mens sive animus* humana, ponto de partida de raciocínios de *causalidade*. Foi esta confusão que fez de Descartes o pai desse *contrassenso filosófico* que é o *realismo transcendental* [...] Descartes não se conformou inteiramente a este princípio. É por isso que, num certo sentido, tendo já feito a maior das descobertas, Descartes não *alcançou o sentido próprio, o da subjetividade transcendental*. Não atravessou o pórtico que conduz à *filosofia transcendental verdadeira.*[62]

Assim, se a "vitalidade primitiva" cartesiana já está irremediavelmente cativa – sob as circunstâncias de seu próprio tempo, como um "contrassenso", que deve ser categoricamente rejeitado do ponto de vista da "filosofia transcendental verdadeira", fechada em si mesma e por isso mesmo elogiada – de Husserl, nesse caso a misteriosa "perda" é apenas um instrumento puramente retórico de apoio à proposta "subjetividade transcendental". É assim porque a perda de um "*contrassenso*" em filosofia é um avanço intelectual, e não um *fatídico descarrilamento*, como alega o autor. Na verdade, a rejeição husserliana da situação imperdoável de Descartes – sua óbvia preocupação com *causalidade* e *realismo* e, portanto, com a relevância da evolução do desenvolvimento científico da sua época até o mundo realmente existente, no imaginado serviço positivo do "domínio da natureza pelo homem" – é necessária para Husserl exatamente porque *ela não se perdeu*, mas porque *ele próprio deseja perdê-la*. De fato, ele deve perdê-la para oferecer uma base solipsística à introspecção absolutizada da sua "*egologia do ego reduzido* à esfera primordial", no espírito da sua "monadologia", e, ao mesmo tempo, ao "alargamento sistemático do *a priori* universal, inato à essência da subjetividade transcendental", como vimos anteriormente.

Se quisermos fazer alguma coisa com relação aos problemas – por sua própria natureza abrangentes – historicamente produzidos e socialmente muito danosos da fragmentação, junto com as tendências negativas de desenvolvimento intelectual associadas, tal como o "*estado de divisão* da filosofia", nas palavras de Husserl, devemos avaliá-los no seu ambiente socioeconômico, político e cultural adequado. Não se pode transformar o impacto deplorado desses desenvolvimentos, minimamente inteligíveis sequer, numa autorreferencialidade da filosofia e nem através dela; sem mencionar o fracasso necessário em afetar positivamente numa base duradoura suas determinações causais subjacentes na sua complexidade geral. E, sob esse aspecto, não faz a menor diferença o quanto sejam elevadas as alegações retóricas ligadas à intervenção remediadora postulada se tudo permanece confinado ao domínio orientado a si mesmo da própria filosofia. Nem mesmo se quisermos considerar a noção de Husserl sobre o papel *absolutamente responsável* da "subjetividade transcendental".

A dolorosa limitação dessa abordagem – inseparável do horizonte metodológico de Husserl – é que a correção solipsística do "contrassenso filosófico" de Descartes leva o autor a um beco sem saída. Ele abstrai completamente tanto a estrutura social e histórica em que nasceu a concepção cartesiana como as circunstâncias reais de seu próprio tempo, quando os problemas sempre mais graves da fragmentação social, a compartimentação e o estilha-

---

[62] Ibidem, p. 37-8.

çamento socialmente indefensável do empreendimento intelectual continuam a afirmar seu impacto negativo com crescente intensidade. Husserl tenta elaborar um apriorístico método *atemporal* de categóricas projeções em resposta a um problema eminentemente *histórico*. Deseja superar o que chama de "estado de divisão no qual se encontra atualmente a filosofia, a atividade *desordenada*"[63] pelo seu próprio método de certeza apodíctica e validade supra-histórica universal, proclamada nas bases absolutas postuladas da "*responsabilidade filosófica radical*" que a seus olhos não exigem referências sociais e históricas tangíveis além da dúbia afirmação genérica de que algo se perdeu. Dessa maneira, ele nos oferece o fechamento do círculo metodológico centrado na "absoluta interioridade" da filosofia autorreferencial por meio da qual Husserl pode "*perder o mundo pela* ἐποχή [*epoché*]"[64]. Mas o preço a ser pago por esse fechamento do círculo metodológico – não apenas por Husserl, mas pela humanidade em geral, graças à defesa mais ou menos consciente da tendência claramente identificável e em evolução da destruição da natureza na nossa época –, é que se torna filosoficamente mais fácil abandonar toda preocupação com o programa original cartesiano do "domínio da natureza pelo homem" e sua necessária ligação com um relacionamento historicamente sustentável de não adversidade entre seres humanos. E hoje ninguém pode negar as consequências desastrosas desse fracasso.

Sartre, apesar de ter adotado na juventude o método fenomenológico, rejeitou enfaticamente, já no seu trabalho inicial de síntese, *O ser e o nada*, o solipsismo de Husserl. Ao mesmo tempo ele considera a subjetividade transcendental de Husserl não apenas *inútil*, mas até mesmo um *desastre*. É assim que Sartre apresenta o seu argumento:

> Anteriormente, supus poder escapar ao solipsismo recusando o conceito de Husserl sobre a existência de um "Ego" transcendental. Parecia-me, então, que nada mais restava na minha consciência que fosse privilegiado com relação ao outro, já que a tinha esvaziado de seu sujeito. Mas, na verdade, embora continue convicto de que a hipótese de um sujeito transcendental é inútil e prejudicial, o fato de abandonarmos tal hipótese não faz avançar um só passo a questão da existência do outro. [...] Assim, por ter reduzido o ser a uma série de significações, o único nexo que Husserl pode estabelecer entre meu ser e o ser do outro é o do *conhecimento*; portanto, não escapou, mais do que Kant, ao solipsismo.[65]

Em uma obra muito posterior, *Questão de método*, Sartre tenta oferecer uma análise historicamente concretizada da natureza e base motivadora do empreendimento cartesiano. Como ele diz:

> o racionalismo analítico e crítico de grandes cartesianos lhes sobreviveu: nascido na luta, voltou-se sobre ela para esclarecê-la; no momento em que a burguesia se empenhava em solapar as instituições do Antigo Regime, ele atacava as significações peremptas que tentavam justificá-las. Mais tarde serviu o liberalismo e deu uma doutrina às operações que tentavam realizar a "atomização" do proletariado.[66]

---

[63] Ibidem, p. 13.

[64] Ibidem, p. 198.

[65] Jean-Paul Sartre, *O ser e o nada* (trad. Paulo Sérgio Perdigão, 15. ed., Petrópolis, Vozes, 2007), p. 305-6.

[66] Idem, *Questão de método* (trad. Bento Prado Jr., 4. ed., São Paulo, Difusão Europeia do Livro, 1979), p. 11, nota 2.

E, no mesmo contexto, Sartre também destaca claramente a forma como o ponto de vista histórico do capital se refletia, ainda que de forma tênue, nas diversas abordagens cartesianas, ao dizer que

> No caso do cartesianismo, a ação da "filosofia" permanece *negativa*: ela desobstrui, destrói e *faz entrever*, através das complicações infinitas e dos particularismos do sistema feudal, *a universalidade abstrata da propriedade burguesa*.[67]

Consequentemente, não pode haver legitimidade alguma em se tratar de maneira atemporal nem os dogmas cartesianos historicamente mais distantes, nem a reconsideração da questão do legado cartesiano sob as circunstâncias do século XX.

Da mesma forma, Sartre critica de maneira correta a abordagem geral de Husserl quando escreve:

> [...] Husserl pôde falar de *evidência apodíctica*, mas é porque se mantinha no terreno da pura *consciência formal*, alcançando-se ela mesma em sua *formalidade*: é necessário encontrar nossa experiência apodíctica no *mundo concreto da História*.[68]

Esse ponto é importante não somente em relação a Husserl, mas em termos de sua validade filosófica geral. Ainda assim é irônico que mesmo o Sartre "*marxisant*", apesar da sua consciência da necessidade de elucidar o "mundo concreto da História" para tornar o processo histórico verdadeiramente inteligível, permaneça, na sua *Crítica da razão dialética*, confinado às "*estruturas formais da história*", como mencionado anteriormente.

Em geral, as dificuldades se tornam mais pronunciadas na filosofia de Sartre quando ele tem de tratar da questão ideologicamente mais entrelaçada do sujeito histórico. Em contraste com Kant – que na sua *Ideia de uma história universal de um ponto de vista cosmopolita* e em outros textos ainda tentava relacionar organicamente os indivíduos particulares à categoria mais abrangente a que pertenciam, a saber, a humanidade –, a passagem do tempo nas concepções burguesas da história demonstra a esse respeito uma significativa *involução*. Assim, na concepção heideggerizada do existencialismo ateu, exemplificado por *O ser e o nada* de Sartre, é oferecido o seguinte raciocínio:

> Mas, caracterizando-se Deus como ausência radical, o esforço para realizar a humanidade como *nossa* é renovado sem cessar e *sem cessar resulta em fracasso*. Assim, o "nós" humanista – enquanto *nós-objeto* – propõe-se a cada consciência individual como um ideal *impossível de atingir*, embora cada um guarde a ilusão de poder chegar a ele ampliando progressivamente o círculo das comunidades a que pertence; esse "nós" humanista mantém-se como um *conceito vazio*, mera indicação de uma possível extensão do uso vulgar do nós. Toda vez que utilizamos o "nós" nesse sentido (para designar a humanidade sofredora, a humanidade pecadora, para *determinar um sentido objetivo da história*, considerando o homem como um *objeto* que *desenvolve suas potencialidades*), limitando-nos a indicar certa experiência concreta a ser feita *em presença* do terceiro absoluto, ou seja, Deus. Assim, o conceito-limite de humanidade (enquanto totalidade do *nós-objeto*) e o conceito-limite de Deus implicam-se mutuamente e são correlatos.[69]

---

[67] Idem.

[68] Idem, *Crítica da razão dialética* (trad. Guilheme João de Freitas Teixeira, Rio de Janeiro, DP&A, 2002), p. 155.

[69] Idem, *O ser e o nada*, cit., p. 523-4.

162 *Estrutura social e formas de consciência*

Ainda assim, apesar dessa espécie de caracterização tendenciosa, a "humanidade como nossa" realmente existe, mesmo que na forma ainda gravemente alienada sob as circunstâncias históricas presentes. Pois, sob as condições prevalentes, a humanidade se afirma como a *história do mundo* articulada de forma antagonista, corporificada nas realidades inescapáveis do *mercado mundial* e na aparentemente incontrolável, autoimposta *divisão do trabalho em escala mundial*. Além disso, o conceito de humanidade que desenvolve suas potencialidades objetivas não implica a formulação de um ideal impossível, do ponto de vista do "terceiro absoluto", Deus. Esse tipo de concepção falsa só pode surgir quando se caracteriza de forma falaciosa a humanidade como um "nós-*objeto*", e "o homem como um *objeto que desenvolve suas potencialidades*", como faz Sartre na passagem citada. Pois, contrariamente a todas as variedades mistificadoras de existencialismo ateu, apenas como *sujeito genuíno* da transformação histórica a humanidade pode se tornar inteligível no presente contexto.

Tudo que é necessário para dar sentido à "humanidade como nossa" é entender a desconcertante realidade das estruturas materiais e ideal-ideológicas de dominação no processo de sua evolução objetiva e potencial dissolução; nunca do ponto de vista mistificador do "terceiro absoluto", mas do ponto de vista do *sujeito histórico* inter e transindividual. Se, entretanto, o filósofo – adepto de uma concepção individualística do processo social – admite a natureza do conflito como inerente à "solidão ontológica do Para-si" – como faz Sartre em *O ser e o nada*, em contraste com a sua *Crítica da razão dialética* –, nesse caso o processo histórico como tal (na ausência de um sujeito histórico plausível) se torna problemático ao extremo para ele, quando não desprovido de inteligibilidade por completo.

Considerações semelhantes se aplicam à avaliação realista da importante questão da interação viável das forças maiores na sociedade realmente existente e à possibilidade de produzir um resultado historicamente viável. Se isso não for feito, acabamos por afirmar o impasse apriorístico de indivíduos atomisticamente concebidos, descritos no âmbito da estrutura de postulados pseudo-ontológicos proclamados de modo arbitrário. Citemos Sartre mais uma vez:

> Assim, a classe oprimida encontra sua *unidade de classe* no conhecimento que dela tem a classe opressora [...]. Mas a experiência do nós permanece no terreno da psicologia individual e continua sendo simples símbolo da *almejada unidade das transcendências*; [...] as subjetividades continuam fora de alcance e *radicalmente separadas*. [...] Em vão desejaríamos um nós humano no qual a totalidade intersubjetiva tomasse consciência de si como subjetividade unificada. Semelhante ideal só poderia ser um *sonho* produzido por uma passagem ao limite e ao absoluto, *a partir de experiências fragmentárias e estritamente psicológicas*. [...] Por isso, seria inútil que a realidade-humana tentasse sair desse dilema: transcender o outro ou deixar-se transcender por ele. A essência das relações entre consciências não é o *Mitsein* [estar com], mas o *conflito*.[70]

Como vemos, o quadro sombrio de Sartre – o decreto da insuperabilidade absoluta das presumidas predeterminações "ontológicas" que constituem a estrutura categorial de *O ser e o nada* – começa com a afirmação totalmente gratuita de que o conceito de "nós-sujeito" perde sentido por completo sem a sua oposição à *classe opressora* como condição elementar

---

[70] Ibidem, p. 522, 526-7 e 530-1.

de inteligibilidade. Além disso, essa oposição à classe opressora, na sua inevitável aspiração coletivista, é uma concepção errada e condenada ao fracasso. Toda a questão de apenas levantar a possibilidade de o "nós-sujeito" (como um "nós" adequado) *agindo* de tal forma que possa causar uma ordem social qualitativamente diferente é desconsiderada por Sartre com base em um campo arbitrário de definições totalmente desprovido de qualquer fundação socialmente identificável. É desconsiderada de forma circular com base na *premissa* "conclusiva" segundo a qual qualquer coisa que o "nós-sujeito" pudesse tentar fazer necessariamente desqualificaria o seu propósito declarado de afirmar na prática seus objetivos estratégicos viáveis – como empreendimento coletivo genuíno – devido ao fato de estar se *iludindo* de maneira irremediável. Pois, na visão de Sartre, sua ação mal concebida deve ser condenada à categoria de "*experiências fragmentárias e estritamente psicológicas*". Assim, é excluída de forma categórica (e categorial) até a mais remota possibilidade de uma *alternativa histórica* viável ao domínio do capital – o que é evidentemente inconcebível sem a intervenção não somente negadora-combativa, mas também, no longo prazo, em termos positivamente sustentáveis, de um *sujeito histórico* apropriado ao processo de transformação significativa. Tal possibilidade precisa ser excluída porque o processo histórico, com seus atores objetivamente existentes e identificáveis, é reduzido por Sartre às vicissitudes mais ou menos aleatórias da *psicologia individual*. Como questão de determinações ontológicas proclamadas de forma apriorística, supõe-se que o "nós-sujeito" se constitua em uma coalescência ilusória – e, pior ainda, ilusória a si mesma – de experiências psicológicas individualistas que levam a parte alguma. Nenhum empreendimento histórico transformador significativo pode ser extraído daí.

Dessa maneira, o círculo metodológico – que admite de maneira peremptória como estabelecido o que deveria de fato ser filosoficamente demonstrado – fecha-se mais uma vez, apesar da presença inegável de referências históricas em *O ser e o nada* de Sartre e também na sua crítica a Husserl. Mas, evidentemente, na visão do jovem Jean-Paul Sartre, a história é tendenciosamente representada do ponto de vista do capital, densa de eternizações heideggerianas da ordem prevalente[71]. Sem dúvida, a *fragmentação alienante*, em suas várias formas, é reconhecida em *O ser e o nada*, mesmo que primariamente na forma de experiências psicológicas, ao mesmo tempo que decreta que as subjetividades envolvidas necessariamente "continuam fora de alcance e *radicalmente separadas*". Assim, somos informados de que é completamente vã a esperança de que a totalidade intersubjetiva dos indivíduos, os quais se propõem a se constituir como "nós-sujeito" contra a classe opressora, possam obter a consciência de si mesmos como "subjetividade unificada". Dessa forma tipicamente qualificada, ele não nega o fato de "*ansiar por uma subjetividade unificada*" como uma preocupação importante – e uma preocupação não apenas intelectual – do século XX. Mas ele exclui enfaticamente a possibilidade da sua realização. Pois a redução tendenciosa dos antagonismos sociais e históricos a experiências psicológicas individuais traz consigo a implicação paralisante de que o "nós-sujeito" não pode ser nada mais substantivo do que um "simples *símbolo* da *almejada unidade das transcendências*". E essa de forma alguma é a parte mais sombria do fechamento do círculo ontológico e metodológico de

---

[71] E, dessa forma, Sartre tenta ir além da visão histórica de *O ser e o nada*. Discutirei no meu próximo livro, continuação deste, intitulado *Estrutura social e formas de consciência: a dialética da estrutura e da história* (São Paulo, Boitempo, no prelo), até que ponto ele tem sucesso nesse esforço em seu *Crítica da razão dialética*.

164 *Estrutura social e formas de consciência*

O ser e o nada. Pelo contrário, é a desoladora e declarada conclusão-pressuposta, segundo a qual "seria *inútil que a realidade humana* tentasse sair desse dilema: transcender o outro ou deixar-se transcender por ele. A essência das relações entre consciências não é o *Mitsein* [estar com], mas o *conflito*". Além do mais, o conflito em questão não é a confrontação social potencialmente progressista, mas o conflito psicológico difuso de forma ubíqua entre indivíduos separados, o que deixa todos os lados do divisor social estilhaçados, como uma infinidade de fragmentos monadológicos. Assim, no espírito da proclamada ontologia existencial de *O ser e o nada*, a fragmentação alienante se destina a permanecer para sempre o "problema humano". Ao mesmo tempo, todo anseio por uma unidade transformadora de forças socialmente eficazes, capaz de instituir uma ordem alternativa hegemônica viável além da destrutividade das determinações estruturais do capital, está condenada à futilidade de um empreendimento irracional sem esperanças.

Por várias razões, a figura mais representativa a tratar apaixonadamente dos problemas básicos discutidos nesta seção foi o filósofo húngaro Georg Lukács.

Primeiro, porque se dedicou a produzir textos teóricos ao longo de um período excepcionalmente longo, de quase setenta anos. Em boa parte desse período, entre 1902, quando iniciou sua carreira de publicações em diversos órgãos culturais húngaros importantes, até 1971, quando morreu, esteve concentrado em uma de suas principais obras de síntese, *A ontologia do ser social**. Inevitavelmente, sua orientação como pensador criativo passou por mudanças significativas, e no presente contexto altamente relevantes, nessas longas décadas, como veremos a seguir.

Segundo, porque – devido à sua condição social, filho de um banqueiro altamente influente, aliado político muito rico do conde István Tisza, primeiro-ministro da monarquia austro-húngara, com extensas ligações internacionais – o jovem Lukács sentiu os dilemas da fragmentação e alienação capitalistas no *núcleo interno* mesmo da ordem exploradora capitalista. Nesse sentido, para o jovem Lukács a adesão espontânea "natural" ao seu nós-sujeito, no esquema sartreano confinado ao "terreno da *psicologia individual*", só poderia ter significado a aliança com a *classe opressora*, e não com seu adversário histórico: uma escolha completamente insensível e retrógrada que ele não poderia fazer. Na realidade, Lukács, apesar de seu ambiente extremamente privilegiado, rebelou-se desde a tenra idade contra tal perspectiva, preferindo aliar-se de maneira mais ou menos consciente com a orientação revolucionária socialmente bem fundamentada do grande poeta húngaro da sua época, Endre Ady. Essa escolha antecipava em grau significativo sua opção mais radical, perto do fim da Primeira Guerra Mundial. De fato, também depois de ter se mudado para a Alemanha em 1909, onde colaborou intimamente com alguns dos principais intelectuais daquele país, como Georg Simmel e Max Weber, e de ter voltado temporariamente à Hungria depois de ter estourado a guerra, ele sempre manteve uma atitude eticamente rebelde. Não surpreende, portanto, que ele tenha dissentido do entusiasmo chauvinista pela aventura guerreira do imperialismo alemão, encampada até mesmo por intelectuais como Thomas Mann (admirado pelo próprio crítico literário Lukács já muito tempo antes da guerra) e seu amigo Max Weber. Assim, a posição do jovem Lukács de *dissidente*

---

* Georg Lukács, *Ontologia do ser social: os princípios ontológicos fundamentais de Marx* (trad. Carlos Nelson Coutinho, São Paulo, Ciências Humanas, 1979). (N. E.)

crítico – não somente em relação à cultura e à história alemãs, mas também *vis-à-vis* à tendência principal das concepções teóricas húngaras exemplificadas pelo jornal *Nyugat* [Ocidente] – continuou a dar forma à sua orientação criativa em todos os seus principais textos, até ser forçado a fazer uma opção irretratavelmente radical em meio ao tumulto revolucionário de 1917–1918.

E, terceiro, porque, ao longo do seu desenvolvimento intelectual e político, Lukács atingiu o estágio em que se convenceu da necessidade de se distanciar da estrutura categorial de todas as suas obras anteriores, inclusive *Die Seele und die Formen* [A alma e as formas], publicada na Hungria em 1910 e na Alemanha em 1911, "Aesthetic Culture" [Cultura estética], publicada na Hungria em 1913, e *A teoria do romance**, publicada originalmente em 1916. Isso se deu por ele ter abraçado o marxismo como filósofo e militante politicamente engajado.

Sob esse aspecto, dois pontos são particularmente relevantes. Primeiro, que a maneira crítica como Lukács enfrentou o arsenal categorial dos seus próprios textos da juventude foi a de um desenvolvimento *orgânico*, e não da espécie de "conversão" muito conhecida no século XX, daquela em que os envolvidos podem facilmente se desligar com a mesma facilidade de quando emergiram pela primeira vez em sua vida. Assim, a atitude crítica que Lukács assume em relação aos desenvolvimentos culturais da época, dominada por sua própria classe, não foi definida de uma distância remota, muito menos da posição apriorística que caracterizava muitos textos sectários. Foi articulada do ponto de vista de alguém que sentiu agudamente *de dentro* os dilemas que afetavam de forma profunda a criação de uma realização intelectual válida. Dessa forma, ele foi capaz de assumir não apenas uma atitude crítica, mas também *autocrítica* em relação às determinações e aos dilemas em questão. O segundo ponto a ser considerado sob esse aspecto trata da forma como Lukács, graças ao seu desenvolvimento filosófico orgânico que sempre rejeitou firmemente a ideia de partir de uma *tábula rasa* conveniente definida por seus próprios interesses ideológicos, teve condições de colocar numa *perspectiva histórica* as categorias de modo autocrítico examinadas da sua própria obra anterior. Em outras palavras, nesse domínio ele nunca sacrificou as *continuidades* relevantes em prol de algumas *descontinuidades* apressada e unilateralmente admitidas, em nome de algo, mais ou menos proclamado de modo arbitrário, "*radicalmente novo*" nos domínios cultural e político.

É assim que um dos notáveis feitos intelectuais do século XX pôde se alicerçar em bases *dialéticas* seguras, com respeito pela evidência histórica, chegando ao âmago do presente partindo do passado. Um passado carregado que não poderia simplesmente ser deixado para trás; tinha de ser superado – no sentido da profundamente *insightful* [penetrante] categoria hegeliana de ser *aufgehoben*; ou seja, superada/preservada/elevada a um nível mais alto – fazendo uso dos elementos potencialmente emancipatórios do seu legado contraditório. O encontro de Lukács com o marxismo lhe ofereceu um ponto de vista do qual poderia tentar a avaliação da época histórica do capital, com todos os seus aspectos desconcertantemente complexos e entretecidos.

---

* Idem, *A teoria do romance* (trad. José Marcos Mariani de Macedo, São Paulo, Editora 34, 2000, Coleção Espírito Crítico). (N. E.)

166 *Estrutura social e formas de consciência*

Essa virada radical abriu para Lukács a possibilidade de se dedicar no devido tempo à *síntese* geral com que ele, na juventude, podia apenas *sonhar* em vão, com a sua defesa eloquente da necessidade de se empenhar em um *sistema* filosófico de grande alcance, bem como nas várias tentativas fracassadas de realmente escrevê-lo[72]. Naturalmente, a avaliação autocrítica da sua própria obra da juventude – até hoje muito elogiada – foi realizada sobre essa base. Mas não foi de forma alguma uma via de mão única. O fato de ele ser capaz de situar os conceitos e dilemas crítica e autocriticamente examinados de uma perspectiva histórica marxiana abrangente, dando a eles o peso e a significância que mereciam, contribuiu num sentido positivo e duradouro para seu próprio desenvolvimento futuro, para não mencionar o caráter extremamente problemático das categorias que o jovem Lukács compartilhou durante quase duas décadas com alguns dos seus contemporâneos.

Já em 1909 Lukács respondeu em termos amplamente positivos à obra de Thomas Mann. Sentindo grande afinidade pela forma como Mann tratava a objetividade, acentuando seus dilemas e sua aparente insegurança, Lukács escreveu o seguinte numa de suas resenhas:

> objetividade talvez nunca possa existir sem certa ironia. O interesse mais sério pelas coisas é sempre um pouco irônico, pois em algum lugar ou outro deve se tornar óbvio o grande abismo entre causa e efeito, entre a invocação do destino e o destino invocado. E quanto mais natural parece o fluxo natural das coisas, mais verdadeira e profunda parece essa ironia. Deve-se admitir que ela só emerge claramente em *Buddenbrooks**, como se fosse a única fonte. Nos textos posteriores de Mann essa ironia toma formas diferentes, ainda assim sua raiz mais profunda continua sendo esse sentimento de afastamento da *grande comunidade vegetativa, e o intenso desejo dela.*[73]

Tal como Thomas Mann, o jovem filósofo húngaro sentia a mesma desarticulação entre uma síntese e uma unidade objetivas, e o mesmo intenso desejo por elas, num mundo em que o abismo entre "causa e efeito", "intenção e resultado", "valor e realidade", parecia crescer cada vez mais. Mas, é claro, para ele a ironia não poderia trazer a solução desejada.

A abstração um tanto retórica do nível geral da inquirição do jovem Lukács – as categorias de "alma e formas" [*Seele und Formen*], "valor e realidade" [*Wert und Wirklichkeit*], "a altura do ser" [*Gipfel des Seins*], "a restrição pura sobre a vontade pura" [*der reine Zwang auf den reinen Willen*], "o pináculo do ser" [*der Hohepunkt des Daseins*], e outras semelhantes – impediu-o de identificar as mediações concretas que poderiam transcender a imediatidade rejeitada pelo momento em direção à uma totalidade concreta, e não na direção de "essências metafísicas" hipostasiadas, como parece ser o caso de seus primeiros trabalhos.

Caso se começasse – como o fez o jovem Lukács – da premissa de que o sistema filosófico poderia oferecer a "perfeição gelada, final"[74], a margem da atividade do crítico teria de ser muito ilusória. Pois, às entidades mais abstratamente definidas do "sistema" era atribuído o metafísico valor-quociente da sempre fugidia "finalidade de perfeição".

---

[72] Ver os volumes póstumos de Georg Lukács, *Heidelberger Philosophie der Kunst – 1912-1914* (Darmstadt/ Neuwied, Hermann Luchterhand, 1974) e *Heidelberger Aesthetik – 1916-1918* (Darmstadt/Neuwied, Hermann Luchterhand, 1974), editados por György Márkus e Frank Benseler.

* Thomas Mann, *Os Buddenbrook: decandência de uma família* (trad. Herbert Caro, Rio de Janeiro, Nova Fronteira, 1981, Coleção Grandes Romances). (N. E.)

[73] Georg Lukács, "Royal Highness", em *Essays on Thomas Mann* (Londres, Merlin, 1964), p. 135-7.

[74] Idem, *Soul and Form* (Londres, Merlin, 1974), p. 1.

O problema da necessária e, no contexto adequado, válida mediação, apesar do reconhecimento da "imediatidade má" do naturalismo, simbolismo etc., continuava totalmente sem solução. Foi essa a principal razão pela qual o jovem Lukács foi derrotado no final, forçado a procurar uma solução onde ela não poderia ser encontrada: numa oposição "kierkegaardizada" e misticamente inclinada para o "sistema". Mesmo quando, alguns anos depois, tentou incorporar à sua própria visão alguns temas e métodos importantes de Hegel, Lukács não conseguiu fugir das tentações de prosseguir no discurso do paradoxo kierkegaardiano. Assim, a uma distância astronômica da definição hegeliana da verdade como *o todo*, ele afirmou que "a Verdade é apenas subjetiva – talvez; mas *subjetividade* é certamente *verdade*"[75]. Não deve causar espanto, portanto, que o Lukács maduro falava com desconfiança de um "Hegel kierkegaardizado" com referência a essa fase do seu próprio desenvolvimento intelectual.

O jovem Lukács só poderia projetar "*o anseio do sistema*"[76], admitindo ao mesmo tempo, ainda que com uma interrogação incorporada, "*a desesperança última de todo anseio*"[77]. Suas reflexões sobre esse complexo de problemas foram expressas com a profunda originalidade do seu ensaio "The Metaphysics of Tragedy" [A metafísica da tragédia]. Ele expressou sua argumentação da seguinte maneira:

A tragédia é o tornar-se real da concreta *natureza essencial do homem*. A tragédia dá uma resposta firme e segura à questão mais delicada do platonismo: a questão de se coisas *individuais* podem ter ideia ou *essência*. A resposta da tragédia coloca a questão ao contrário: somente o que é individual, somente algo cuja individualidade é levada ao limite último, é adequado à sua ideia – ou seja, é realmente existente. O que é geral, o que abrange todas as coisas e ainda assim não tenha cor ou forma próprias, é *fraco* demais *na sua universalidade, vazio* demais *na sua unidade*, para jamais se tornar real. [...] O *desejo mais profundo da existência humana* é a raiz metafísica da tragédia: o *desejo do homem pela individualidade*, o desejo de transformar o pico estreito da sua existência num plano amplo percorrido tortuosamente pelo caminho da sua vida, e seu significado numa realidade diária.[78]

Tal linha de raciocínio, com essa preocupação forçosamente expressa pela *universalidade* e *unidade* centrada na necessidade de estar engajado numa busca autêntica da individualidade, inevitavelmente leva Lukács a questionar a natureza e o poder aparentemente autoimpositivo da história. Suas opiniões paradoxalmente intensificadas foram assim resumidas:

A história aparece como o símbolo profundo do destino – da regular acidentalidade do destino, sua arbitrariedade e tirania que, em última análise, é sempre justa. A luta da tragédia pela história é uma grande guerra de conquista contra a vida, uma tentativa de encontrar o *significado da história* (que está incomensuravelmente longe da vida) na vida, de extrair da vida o significado da história como o verdadeiro *sentido oculto da vida*. Um sentido de história é sempre a necessidade mais viva; a *força irresistível*; a forma pela qual ela ocorre é a *força da gravidade* do mero acontecer, a força irresistível dentro do fluxo das coisas. É a necessidade de tudo estar ligado com tudo mais, a *necessidade que nega o valor*; não há diferença entre pequeno e grande, significativo

---

[75] Idem, "The Foundering of Form Against Life", em *Soul and Form*, cit., p. 32.

[76] Idem, "The Metaphysics of Tragedy", em *Soul and Form*, cit., p. 17.

[77] Ibidem, p. 93.

[78] Ibidem, p. 162.

e insignificante, primário e secundário. O que é, teve de ser. Cada momento segue o que veio antes, sem ser afetado por objetivo ou propósito.[79]

Dessa forma – devido à caracterização do significado da história como o "sentido oculto da vida", que se afirma como "a irresistível força da gravidade dentro do fluxo das coisas" e como a "necessidade que nega o valor" – os princípios orientadores fundamentais da vida dos indivíduos tinham de ser relativizados ao extremo, apagando as linhas de demarcação entre "pequeno e grande", "significativo e sem significado", bem como "primário e secundário", sem dessa forma deixar ao final qualquer margem para o exercício de *objetivo e propósito*. Um quadro sombrio que só podia se tornar ainda mais sombrio quanto mais se acentua, na forma de um paradoxo inexorável, que a necessidade histórica é a mais próxima da vida e a mais distante dela. O impacto de se operar com essa estrutura categorial tinha de ser a irracionalidade que a tudo permeia, tornando ainda mais problemática a ideia do anseio pessoal. Pois, no fim da estrada, se supunha que se encontrava o destino de não ser capaz de fugir à condição desoladora de ser "*ferramenta cega de um capataz idiota e alheio*". O jovem Lukács o expressou da seguinte maneira:

> A história, por meio da sua *realidade irracional*, força a *universalidade pura* sobre os homens; ela não permite ao homem expressar *sua própria ideia*, que em outros níveis é *igualmente irracional*: o contato entre eles produz algo que é estranho a ambos – a saber, *universalidade. A necessidade histórica* é, afinal, das necessidades a mais próxima da vida. Mas também a mais distante da vida. A percepção dessa ideia que é possível aqui é apenas uma forma tortuosa de chegar à sua percepção essencial. [...] Mas toda a vida do homem inteiro é também uma forma tortuosa de chegar a outros objetivos mais altos; o *anseio pessoal* mais profundo do homem e sua luta para obter o que anseia são meramente as *ferramentas cegas de um capataz idiota e alheio*.[80]

As perguntas irremediavelmente sem resposta para Lukács à época em que escreveu "The Metaphysics of Tragedy" (1910) eram: poderia alguém encontrar significado na história de uma forma radicalmente diferente da que não se apresentasse como uma misteriosa "força da gravidade"? Seria necessário que a história se afirmasse pelo postulado tumulto sem significado de "acontecimentos" particulares e revelasse uma ordem inteligível para os indivíduos somente quando tudo já estivesse irrecuperavelmente enterrado no passado? Como se poderia verdadeiramente superar a oposição aparentemente inconciliável entre valor e realidade histórica? Seria o problema inevitável da humanidade o fato de aqueles que se supõe terem alcançado a plena autorrealização e entendido "o anseio do homem pela individualidade" deverem se "estilhaçar contra o Todo"?[81] Como se poderia evitar que os indivíduos engajados na luta pela plenitude da vida fossem dominados por uma irracionalidade universal – supondo-se que anseiem por isso igualmente? Seria possível imaginar o domínio da história, não nos termos universalistas hipostasiados, mas de forma tal que a personalidade dos indivíduos envolvidos no empreendimento da autêntica autorrealização pudesse encontrar escoadouros genuínos para sua efetivação adequada e sustentável no mundo real?

---

[79] Ibidem, p. 167-8.

[80] Ibidem, p. 171.

[81] Ibidem, p. 160.

Para responder de forma crível essas perguntas, era necessário entrar num universo diferente do discurso. Entretanto, a estrutura categorial e metodológica da abordagem geral do jovem Lukács, apesar da admirável realização formal de muitos de seus ensaios, tornava isso impossível.

A questão da fragmentação surgiu repetidamente nos textos do jovem Lukács, sob muitos de seus aspectos. Assim, em relação aos requisitos do conhecimento sustentável, ele se queixava lamentosamente de que

O conhecimento humano é um niilismo psicológico. Vemos mil relações, ainda assim nunca entendemos uma ligação genuína. As paisagens da nossa alma não existem em parte alguma; ainda assim, nelas toda flor e toda árvore são concretas.[82]

Essa visão se ligava, em *Soul and Form*, a uma concepção irrealizável da ética exemplificada pelas linhas abaixo:

Forma é o juiz mais alto da vida [...] uma *ética*; [...] A validade e força de uma ética não dependem de a ética ser ou não aplicada. Portanto, somente *uma forma que tenha sido purificada até se tornar ética* pode, sem por isso se tornar cega e empobrecida, *esquecer a existência de tudo que é problemático e bani-lo para sempre do seu domínio*.[83]

Naturalmente, enquanto mantivesse essa posição, Lukács barrava sua própria estrada para descobrir uma saída do labirinto autoimposto de contradições. Pois uma ética que pudesse *"esquecer a existência de tudo que fosse problemático e bani-lo para sempre do seu domínio"*, a fim de se tornar uma "forma purificada", estaria condenada não somente a se tornar cega e empobrecida, mas também à total irrelevância.

Para elaborar uma abordagem criativamente sustentável era necessário que Lukács realizasse um reexame radical da sua concepção de ética e forma. O primeiro passo importante nessa direção foi dado por ele em *A teoria do romance*. Nessa obra, a rebelião ética anterior, bastante vaga, começou a adquirir uma estrutura de referência mais tangível e mais radical em intenção, embora durante algum tempo fosse uma estrutura "puramente utópica", de acordo com o julgamento retrospectivo do Lukács maduro. Como escreveu em 1962, no prefácio de uma nova edição de *A teoria do romance*, era utópica porque "nem sequer no plano da intelecção mais abstrata havia na época algo que mediasse minha postura subjetiva com a realidade objetiva"[84]. E acrescentou:

A teoria do romance não é de caráter conservador, mas subversivo. Mesmo que fundamentada num utopismo altamente ingênuo e totalmente infundado: a esperança de que do colapso do capitalismo, do colapso – a ele identificado – das categorias socioeconômicas inanimadas e hostis à vida, possa nascer uma vida natural, digna do homem.[85]

O insolúvel em *A teoria do romance*, de acordo com o Lukács maduro, foi ele ter tentado formular na sua obra de juventude

---

[82] Ibidem, p. 190.

[83] Ibidem, p. 173-4.

[84] Idem, *A teoria do romance*, cit., p. 8, Prefácio.

[85] Ibidem, p. 16.

170 *Estrutura social e formas de consciência*

uma concepção de mundo voltada a uma fusão de ética de "esquerda" e epistemologia de "direita" (ontologia, etc.). [...] uma ética de esquerda, norteada pela revolução radical, aparece alinhada a uma exegese tradicionalmente convencional da realidade.[86]

Outra consideração importante que deve ser levada em conta sob esse aspecto era a avaliação de Hegel por Lukács – já não mais "kierkegaardizado" – na década de 1920. A nova abordagem passou a ser, em geral, mais positiva, mas ao mesmo tempo firme e precisamente crítica ao tratamento dado pelo grande filósofo alemão às categorias em relação às quais o próprio Lukács teve de mudar radicalmente a sua posição. Assim foi expresso por ele no seu importante artigo sobre "Moses Hess und die Probleme der idealistischen Dialektik" [Moses Hess e o problema da dialética idealista]. Foram estes os pontos principais da análise penetrante de Lukács:

> A enorme contribuição intelectual de Hegel consistiu no fato de ele ter colocado teoria e história em relação dialética entre si, tê-las entendido numa penetração dialética recíproca. Mas, em última análise, sua tentativa fracassou. Ele não conseguiu chegar à *unidade genuína de teoria e prática*; tudo que conseguiu foi preencher a sequência lógica de categorias com rico material histórico, ou racionalizar a história, na forma da sucessão de *formas, mudanças estruturais, épocas* etc., que ele elevou ao patamar de *categorias* pela sua sublimação e abstração. Marx foi o primeiro a ver através desse falso dilema. Ele não deduziu a sucessão de categorias nem da sequência lógica, nem da sua sucessão histórica, mas reconheceu "sua sucessão como determinada por meio da relação que têm entre si na sociedade burguesa". Dessa forma, ele não se limitou a dar a base dialética real que Hegel procurou em vão, não se limitou a colocá-la de pé, mas também levantou a crítica da economia política (de que ele tinha feito a base da dialética) da rigidez fetichista e estreiteza abstrativa a que estava sujeita a economia, mesmo no caso de seus maiores representantes burgueses. A crítica da economia política já não é uma ciência ao lado das outras, não é apenas superposta às outras como uma "ciência básica"; pelo contrário, ela abraça todo o mundo da história das "*formas de existência*" (as categorias) da sociedade humana.[87]

Podemos ver nesse contexto que a base sobre a qual Lukács elogiava Hegel era "ele ter colocado teoria e história em relação dialética entre si, tê-las entendido numa penetração dialética recíproca". Em outras palavras, Hegel ofereceu uma concepção dialética de *totalidade*, em absoluto contraste com a concepção *subjetivista* de verdade antes vista por Lukács. Ao mesmo tempo, no lado crítico da então proposta avaliação desses problemas, a questão da "*unidade*", em contraste com as reflexões do jovem Lukács sobre o tema, não era mais subsumida sob a ideia do "*desejo*", fosse ele viável ou não, mas adquiria uma estrutura de referência tangível dentro dos requisitos de uma genuína *unidade de teoria e prática*. Além disso, as *categorias* pelas quais o mundo da experiência – inclusive toda a busca genuína do indivíduo – tornou-se inteligível tiveram de se separar do seu envoltório que em termos idealísticos racionaliza, sublima e abstrai.

Da maior importância para o desenvolvimento de Lukács foi o reexame radical da categoria da *forma*. No passado, como vimos, a categoria utilizada de maneira ampla da "*forma*" foi idealizada por Lukács, que chegou a ponto de querer igualá-la, na sua variedade desconcer-

---

[86] Ibidem, p. 18.

[87] Georg Lukács, "Moses Hess und die Probleme der idealistischen Dialektik", em *Schriften zur Ideologie und Politik* (Neuwied/Berlim, Hermann Luchterhand, 1967), p. 268.

tantemente "purificada", a uma espécie de *ética* irreal por completo. Assim, enquanto no passado as "formas" eram concebidas pelo jovem Lukács como um conjunto de categorias abstratas e especulativas – até mesmo poeticamente embelezadas[88] –, agora elas passavam a ser entendidas, no seu sentido marxiano, como as *Daseinformen* da sociedade capitalista contemporânea. Por isso, elas não poderiam ser teorizadas de maneira isolada, nem emergir prontas de um domínio filosófico e estético hipostasiado, mas somente como *formas de existência* fundamentais da própria sociedade humana. Essa foi a única maneira de lhes conferir relevância explicativa de longo alcance, inclusive a elucidação da maneira em que dão contorno – na sua capacidade de "*übergreifendes Moment*" (ou seja, com um fator de importância fundamental última), afirmadas no sentido de *reciprocidade dialética* sobre cuja base as *Daseinformen* da sociedade são, elas próprias, articuladas e historicamente transformadas – também ao domínio filosófico e estético.

Certamente, nesse ponto de seu desenvolvimento, quando escreveu "Moses Hess und die Probleme der idealisticschen Dialektik", Lukács já formulava suas ideias dentro de uma estrutura socialista de discurso. Muito antes, em 1910, ele chegou a considerar, ainda que por um breve momento, a relevância do socialismo. Mas o jovem Lukács, sem exame mais sério, descartou o seu papel potencial, em razão de seu fracasso em se colocar à altura das demandas da categoria da "alma", quase misticamente concebida nos seus primeiros escritos. Tudo o que pôde dizer à época em que escrevia "Aesthetic Culture", na sua disposição especulativa, foi que "[embora] a única esperança estivesse no proletariado, no socialismo [...] parece que o socialismo não possui o *poder religioso* capaz de preencher *toda a alma*: um poder que caracterizou a cristandade primitiva"[89].

De modo significativo, a reavaliação radical de Lukács sobre as categorias dos seus escritos de juventude trouxe consigo também uma mudança essencial em relação à sua abordagem do mundo da criação artística e da ética, com validade duradoura para o resto de sua vida. Duas citações breves ilustram essa mudança de maneira evidente. A primeira põe em relevo – num contraste óbvio com a concepção hegeliana da História do Mundo como a "verdadeira teodiceia, a justificação de Deus na História"[90] – que "toda verdadeira obra de arte é uma *antiteodiceia* no sentido mais estrito do termo"[91]. E a segunda defendeu a proposição, seminalmente importante para Lukács, de que "*Ética* é o campo crucial da luta fundamental e decisiva entre *esta mundanidade* e a *mundanidade do outro*, da real transformação superadora-preservadora da particularidade humana"[92]. É assim que as categorias discutidas nesta seção – as quais se originaram dentro da estrutura conceitual dos pensadores que no seu tempo haviam expressado, de uma forma ou de outra, dilemas e dúvidas sobre o domínio opressivo exercido por sua própria classe – foram colocadas

---

[88] O jovem Lukács chamou seus próprios ensaios de "poemas intelectuais", citando de maneira aprovadora nesse sentido o velho [Friedrich] Schlegel, que usou pela primeira vez essa caracterização com relação à obra de Tiberius Hemsterhuys. Ver Georg Lukács, *Soul and Form*, cit., p. 18.

[89] Georg Lukács, "Esztétikai kultúra", *Renaissance*, Budapeste, 1910.

[90] G.W.F. Hegel, *Filosofia da história*, cit., p. 373.

[91] Georg Lukács, *Die Eigenart des Aesthetischen* (Darmstadt/Neuwied, Hermann Luchterhand, 1963), v. 2, p. 837.

[92] Ibidem, p. 831.

172 *Estrutura social e formas de consciência*

numa perspectiva histórica adequada e transferida com comovente autenticidade por Lukács, que na juventude sentiu interiormente os mesmos dilemas e dúvidas, para um universo muito diferente de discurso.

7.4 "A vontade geral ideal deveria também ser a vontade empiricamente geral"

O título desta seção foi tomado das páginas de conclusão da *Filosofia da história* de Hegel. Ele se refere à corporificação – irremediavelmente contraditória, na visão de Hegel – dos princípios do liberalismo no Estado moderno. Essa maneira de ordenar no mundo moderno a vida de indivíduos particulares e os complicados processos legislativos do Estado representa um dilema insolúvel para Hegel, conforme ele admitiu em sua postulada projeção de como a "perpétua agitação, tumulto e colisão" – de acordo com o hegeliano esquema das coisas que caracteriza o Estado liberal – teriam de ser resolvidos pela "história futura".

Compreensivelmente, essa foi uma questão de importância fundamental para Hegel. Pois, fiel à sua idealização do "princípio protestante em seu aspecto secular", como se supunha ter sido incorporado ao Estado por Frederico, o Grande, da Prússia, Hegel afirmou que o rei prussiano governou "não se colocando ao lado dessa ou daquela opinião; tinha *consciência da universalidade*, que é a profundeza do espírito e a força consciente do pensamento"[93].

O raciocínio por trás dessa conclusão idealizante sem limite tratava de nada menos do que a natureza postulada do "*mundo germânico*", a qual representava o clímax histórico e filosófico do sistema hegeliano como um todo. Como Hegel deixou claro,

> Então se apresenta o mundo germânico, o quarto momento da história universal: comparado aos momentos anteriores, corresponderia à *velhice*. A velhice natural é fraqueza, mas a velhice do *espírito* é a perfeita maturidade e *força*; nela, ele retorna à *unidade* consigo, em seu caráter totalmente desenvolvido como *espírito*.[94]

Já vimos que Hegel resolveu os problemas filosóficos que emergiam da velhice nos períodos da vida humana pela circularidade do retorno à infância, como citado antes. Aqui, ele os resolveu por meio do seu *decreto definidor*, segundo o qual, no caso do *espírito*, a velhice era equivalente a "*perfeita maturidade e força*". E ele *teve* de encontrar esse tipo de solução, pois era um requisito necessário de sua concepção filosófica geral que uma *reconciliação* que durasse para sempre deveria ocorrer no curso da História do Mundo entre o "princípio mundano" e o "princípio espiritual". De um lado, de acordo com Hegel, essa reconciliação era inconcebível anteriormente ao mundo alemão. E, de outro, a *determinação definidora da máxima importância* e absoluta legitimação da quarta e conclusiva fase da concepção hegeliana da História do Mundo era precisamente a postulada *reconciliação permanente* dos dois princípios que tinham de constituir uma *unidade absolutamente inabalável*. Tinha de ser assim porque "A mundaneidade *deve ser* adaptada ao princípio espiritual"[95]. É essa

---

[93]   G.W.F. Hegel, *Filosofia da história*, cit., p. 360.

[94]   Ibidem, p. 97.

[95]   Idem.

Os postulados da "unidade" e da "universalidade" 173

harmonia que se supõe plenamente realizada na fase alemã da História do Mundo. Pois, nessa fase irreversível, o espírito segue

> produzindo a sua obra sob a forma de pensamento, e tornando-se capaz de realizar o racional graças unicamente ao princípio da mundaneidade. Acontece que, em virtude da eficácia de determinações *universais*, que têm seu fundamento no princípio do espírito, o reino do pensamento é engendrado no real. Desaparece a antítese da Igreja e do Estado; o espírito adapta-se à realidade e forma-se como existência orgânica em si. O Estado não é mais inferior à Igreja, nem lhe é subordinado. Esta última não conserva qualquer privilégio, e o espiritual não é mais estranho ao Estado. *A liberdade encontrou o instrumento para realizar o seu conceito*, bem como a sua verdade. Isso é o *resultado final* a que o processo histórico *deve chegar*.[96]

Além disso, esse estado ideal das coisas deve permanecer para sempre conosco, tal como a regra do capital deve prevalecer na história do mundo pelo resto dos tempos. Pois a "extensão do tempo é algo muito relativo e o espírito pertence à *eternidade*; para ele, não há propriamente extensão"[97].

Dado o seu nítido contraste com essa visão, não é de forma alguma difícil imaginar que Hegel teve de considerar absolutamente desconcertante a formação do Estado no Liberalismo dominante já existente e potencialmente ainda mais dominante. Ele não poderia minimizar sua relevância histórica, nem considerar qualquer solução admissível para a total "*incompatibilidade*" que identificou no liberalismo entre a "vontade subjetiva"[98] e os requisitos absolutos da "consciência da universalidade" que ele louvava – como perfeitamente adequada à harmonia que ele também afirmou entre o princípio protestante e o princípio secular – na atitude com relação ao Estado de Frederico, o Grande[99].

Naturalmente, a contradição óbvia entre a formação do Estado liberal e sua própria concepção do Estado germânico idealmente realizado não se reduzia a uma complicação histórica menor no esquema de coisas hegeliano. Pelo contrário, representou uma maciça invasão, a mais reveladora com relação à estrutura categorial e metodológica, bem como a conclusão postulada de filosofia e História do Mundo, tal como articulada em seu sistema. Pois Hegel afirmou categoricamente que:

> o verdadeiro é a *unidade da vontade universal e subjetiva*. No *Estado*, o *universal* está nas leis, em determinações gerais e racionais. Ele é a ideia divina, tal qual existe no mundo. [...] A lei é a objetividade do espírito e da vontade em sua verdade [...] *quando a vontade subjetiva do homem se submete às leis, a oposição entre liberdade e necessidade desaparece*.[100]

---

[96] Idem.

[97] Idem.

[98] Ibidem, p. 369.

[99] Na página 372 do seu livro *Filosofia da história*, Hegel descreve o que considera ser o envolvimento adequado ao monarca nas questões de Estado, correspondente ao conjunto da prática de Frederico. É assim que ele o expressa: "O governo repousa no funcionalismo, mas a decisão pessoal do monarca está acima de tudo, pois uma última decisão é, como já foi mencionado, totalmente necessária. No entanto, nas leis fixas e na organização definida do Estado, a decisão única do monarca foi abandonada, dando-se pouca atenção ao substancial. Deve-se considerar uma grande felicidade quando um povo tem um nobre monarca no poder. Também isso pouco se deve a um grande Estado, pois esse Estado tem a sua força na razão do monarca".

[100] Ibidem, p. 40.

Agora Hegel teve de admitir que em vez de submissão aos requisitos das "determinações gerais e racionais" do Estado "ético", *a vontade subjetiva dos homens* aparentemente continuava a afirmar sua demanda de que "a vontade universal deve também ser a empiricamente universal – os indivíduos devem, como tal, governar ou, pelo menos, participar do governo"[101]. Hegel não pôde considerar a legitimação de nenhuma outra forma de racionalidade que não a que correspondesse aprioristicamente à *"determinação em si da razão"*, na qual estava "o feito, a realização"[102] no "presente eterno" do espírito e na sua "realização completa [...] na existência: o Estado"[103]. Como via o mundo do ponto de vista do capital, Hegel não poderia possuir o conceito de *antagonismos de classe* estruturalmente enraizados, pois esse conceito viciaria a estrutura postulada da "realidade racional" inquestionável do sistema social cujo ponto de vista ele tinha em comum com os maiores representantes da economia política burguesa, inclusive Adam Smith. Ele poderia considerar menos ainda, mesmo por um momento, a ideia de que uma racionalidade fundamentalmente diferente – e historicamente sustentável – pudesse de fato surgir da evolução, positiva em potencial, dos antagonismos *sociais* (em vez dos tendenciosamente representados atomísticos-individualísticos). Portanto, de maneira compreensível, Hegel só poderia argumentar da seguinte forma:

> Não satisfeito em que vigorem os direitos racionais, com a liberdade da pessoa e da propriedade, e a existência de uma organização política na qual se encontrem vários círculos da vida civil, cada um devendo realizar a sua tarefa específica e com aquela influência sobre o povo que é exercida pelos membros inteligentes da comunidade, o *"liberalismo"* opõe a tudo isso o *princípio atomístico*, aquele que insiste no domínio das *vontades individuais*, afirmando que toda forma de governo deve emanar desse poder expresso e ter a sua sanção.[104]

Assim, a atitude negativa de Hegel foi determinada pela circunstância de o "liberalismo", como forma de Estado, não se conformar à sua concepção idealizada em que a *"vontade subjetiva"* e a *"vontade racional"* se encontram em completa *"unidade"* sob a "universalidade da Razão", resolvendo assim, imaginariamente, a *"oposição entre liberdade e necessidade"*. Por compartilhar essencialmente o mesmo ponto de vista do seu presumido adversário, Hegel não pôde submeter à crítica o vazio fundamental da posição liberal. A saber: como beneficiário explorador da ordem do capital, estruturalmente antagônica e irreconciliável por sua própria natureza, não poderia comprometer-se com os requisitos *substantivos* ("empíricos") de fazer prevalecer de maneira efetiva a *vontade geral* em todos os domínios da vida social. Pois a formação do Estado liberal perpetrou a regra da *pluralidade de capitais* – que passava intermitentemente de algumas de suas personificações para *outras* – contra a *classe estruturalmente subordinada do trabalho*. Assim, apenas "perpetrou a vontade subjetiva de muitos" – às vezes no governo e às vezes na oposição – de que Hegel se queixou. Mas perceber esse tipo de vazio radicalmente diferente era impossível do ponto de vista do capital que Hegel compartilhava de maneira plena com o liberalismo.

---

[101] Ibidem, p. 369.

[102] Ibidem, p. 23.

[103] Idem.

[104] Ibidem, p. 369-70.

Da perspectiva inatacável de sua própria abordagem, Hegel não hesitou em decretar em sua *Filosofia da história,* sob a forma de um postulado categoricamente afirmado, que:

O único pensamento que a filosofia aporta é a contemplação da história; é a simples ideia de que a *razão* governa o mundo, e que, portanto, a história universal é também um processo racional. [...] a razão [...], a *substância* como força infinita, [...] é, pois, aquilo através do qual e no qual toda realidade tem o seu ser e sua existência. Ela é a *força infinita*, porque a razão não é tão imponente ao ponto de ser apenas um ideal, um simples dever ser [...]. Ela é o *conteúdo infinito*, toda essência e verdade.[105]

No processo de definir sua própria posição, entra no quadro Leibniz, um de seus grandes predecessores alemães. Hegel faz uma importante referência ao método desse pensador quando aborda a preocupação comum aos dois, a que ele chama de "uma justificação dos caminhos de Deus". Ao mesmo tempo, o autor de *Filosofia da história* acentua uma diferença importante entre eles nesse aspecto e caracteriza o problema da seguinte forma:

Durante algum tempo, esteve em voga admirar a sabedoria divina nos animais, plantas e destinos individuais. Se se admite que a Providência se manifesta em tais objetos e coisas, por que acusá-lo na história universal? Essa matéria parece bastante extensa. Mas a *sabedora divina, isto é, a razão*, é idêntica nas grandes e pequenas coisas, e nós não precisamos considerar Deus por demais fraco por utilizar a sua sabedoria nas grandes coisas. Nosso conhecimento visa ganhar noção de que o fim da sabedoria eterna se produziu à base da natureza e do espírito real e ativo no mundo. Nossa observação é, em certa medida, uma teodiceia, uma justificação de Deus que Leibniz tentou a seu modo, metafisicamente, mediante categorias ainda indeterminadas e abstratas: assim deveria ser entendido o mal no universo, e o espírito pensante deveria reconciliar-se com o mal.[106]

Em contraste com Leibniz, a teodiceia de Hegel tinha de ser *positiva* do começo ao fim. Essa orientação inalterável é uma característica crucial da filosofia hegeliana em sua inteireza. Foi o que ocorreu quando algumas afirmações nada marginais do sistema hegeliano – como "o que é racional é real e o que é real é racional", por exemplo – foram expressas em um tom de nítida resignação, sem alterar ainda que minimamente a alegação geral de positividade e finalidade. Portanto, não é surpreendente que muitos exemplos dessa alegada positividade tivessem de ser vistos como uma *falsa positividade* por todos aqueles, Marx incluso, que se recusaram a colocar a própria posição em conformidade com o ponto de vista eternizado do sistema do capital.

Dada a sua *positividade apriorística*, a *reconciliação* (ou "*conhecimento conciliador*") sempre tem de prevalecer especulativamente no sistema hegeliano. Na visão de Hegel,

não existe uma maior exigência para tal *conhecimento conciliador* do que a história universal. Essa reconciliação só pode ser alcançada pelo conhecimento do *afirmativo*, no qual desaparece o negativo, tornando-se este *subordinado e superado pela consciência*, em parte o que é o objetivo final do mundo; de outra parte, a *realização* desse objetivo nele, sem que o mal seja finalmente mantido ao seu lado.[107]

---

[105] Ibidem, p. 17.

[106] Ibidem, p. 21.

[107] Idem.

176 *Estrutura social e formas de consciência*

Por admitir esse tipo de postulado positivo como absolutamente predominante no universo sob a soberania da razão, era inconcebível para Hegel considerar, sobre a corporificação necessária da razão no Estado, uma ideia diferente da que ele havia realmente estipulado. Portanto, foi assim que Hegel tratou as dúvidas que poderiam surgir a respeito dessa questão e que teriam de ser firmemente caladas:

> *Podem existir* diversas opiniões e pontos de vista sobre leis, constituição, governo, mas a conscientização *tem que ser* aquela que subordina e abandona todas essas opiniões perante o *substancial do Estado*; além disso, ela tem que ser aquilo diante do que *não exista nada mais sublime ou sagrado*.[108]

É por isso que Hegel não pôde contemplar nenhuma outra explicação inteligível para o fracasso de conformar sua concepção do "Estado ético" ideal que não fosse a recusa irracional dos indivíduos particulares de colocar sua "vontade subjetiva" sob a autoridade absoluta da "vontade racional".

Portanto, suas conclusões não poderiam ser alteradas por qualquer formação alternativa à do Estado realmente existente, como o liberal, por exemplo, que ele só pôde designar para o trabalho da "história futura". E essa estranha noção de "história futura" foi, ela própria, arbitrariamente hipostasiada. Pois o único sentido em que tal coisa poderia ser entendida no esquema de coisas de Hegel em relação ao Estado seria a criação da *conformidade total* ao modelo do "Estado ético" com que ele se identificava por completo. Em outras palavras, essa "história futura" não era *de forma alguma futura*, pois já existia no "eterno presente" da História do Mundo realmente realizada em sua fase final – alemã – de desenvolvimento, ao lado da sua formação do Estado ideal.

O que tinha de ser incontestavelmente respeitado, de acordo com Hegel, era que

> a história universal nada mais é que o desenvolvimento do conceito de liberdade. Todavia, a liberdade objetiva – as leis da liberdade *real* – exige a *submissão da vontade fortuita*, pois esta última é meramente formal. Quando a objetividade é racional em si mesma, a visão da razão *tem* que lhe corresponder, e assim existe também o momento essencial da *liberdade subjetiva*.[109]

Dessa forma, se supunha que todo o edifício da filosofia hegeliana – que igualou a *Razão* nela corporificada a nada menos que a *sabedoria divina*[110] – seria inatacável por todo o porvir, precisamente por causa da sua racionalidade ordenada de forma divina. Todo "*princípio*" digno de interesse filosófico, de acordo com Hegel, tinha seu lugar alocado nela, passando do "abstrato" ao "concreto", e todos eles estavam reunidos no âmbito da estrutura da História do Mundo, que deveria expor "a justificação dos caminhos de Deus", tendo incontestável no seu cume o idealizado Estado hegeliano.

Ainda assim, após um exame mais cuidadoso, descobre-se que todo o edifício foi erigido sobre as fundações de *postulados* categoricamente afirmados, e de forma alguma apenas com relação à afirmação da "unidade" e "universalidade", como predicado por toda a tradição filosófica em exame.

---

[108] Ibidem, p. 367.

[109] Ibidem, p. 373.

[110] Como já vimos na citação tirada da página 21 de G.W.F. Hegel, *Filosofia da história*, cit.

Para começar, encontramos o postulado de que "o racional, o divino, possui o poder absoluto de *efetivar-se*, e desde sempre *se realizou*", como vimos antes. Além disso, se couberem dúvidas com relação a essas afirmativas categóricas, Hegel nos oferece, repetidamente, uma garantia adicional relativa ao *poder* incontestável do divino ao dizer que "não é tão importante que primeiro tivesse de esperar pelo começo de sua efetivação". Ou: "a razão não é tão imponente ao ponto de ser apenas um ideal, um simples dever-ser". E, mais uma vez: "e nós não precisamos considerar Deus por demais fraco por utilizar a sua sabedoria nas grandes coisas". Uma vez que tenhamos entrado nessa estrutura de discurso, concordando com base numa *definição autoevidente* que ninguém poderia ou deveria desejar sugerir que o divino e sua pressuposta identidade com a Razão pudessem ser "desprovidos de poder" ou "por demais fracos", o postulado original, implícito na afirmação categórica de Hegel relativa à "efetivação autorrealizada" da ordem divina – ou o Espírito do Mundo – numa História do Mundo positiva em desenvolvimento, como refletido na filosofia hegeliana, adquire legitimidade e validade atemporal.

O fechamento da *história humana real*, em nome do "presente eterno" arbitrariamente postulado como correspondente à estrutura temporal do espírito, não é menos problemático. Somos informados por Hegel que

> ao percorrermos o passado [...] só lidamos com o *presente*. A filosofia, ao ocupar-se do verdadeiro, só tem a ver com o *eternamente presente*. Para a filosofia, tudo que pertence ao passado é resgatado, pois a ideia é sempre presente e o espírito é imortal; para ela *não há passado nem futuro*, apenas *um agora essencial*. [...] A vida desse espírito atual é um *círculo de estágios* [...]. Os estágios que o espírito parece ter já ultrapassado, ele ainda possui em sua profundidade *atual*.[111]

Essa visão é inseparável da afirmação do *"objetivo final"* do Espírito do Mundo e sua realização plenamente adequada no *presente*. Dizer que o espírito preserva o passado nas profundezas do seu presente é uma coisa. Mas dizer que "não há passado nem futuro" é outra completamente diferente. Pois, dessa forma, o que ele realmente afirma é que não pode haver nenhum *futuro* significativamente diferente para os seres humanos e suas instituições historicamente criadas: uma posição *apologética* em absoluto. E ele mantém essa posição de forma a ser capaz de saudar o Estado idealizado como a corporificação final da "ideia divina, tal qual existe no mundo". E esse tipo de realização do Espírito do Mundo sempre foi pretendido assim, de acordo com o postulado "objetivo final". Pois no Estado "a liberdade encontrou o instrumento para realizar o seu conceito", sua verdadeira existência. Este é o *resultado último* que o processo da História *"deve cumprir"*, como vimos decretado por Hegel na página 97 de sua *Filosofia da história*.

O conceito hegeliano de *"unidade e universalidade"* foi subsumido sob sua definição de verdade em sua relação com o Estado. Pois ele insistiu que "o verdadeiro é a *unidade da vontade universal e subjetiva*. No *Estado*, o *universal* está nas leis, em determinações gerais e racionais". Ele reconheceu que esta era uma questão difícil. Mas Hegel só podia ver uma forma de solucionar o problema inerente à relação entre a vontade subjetiva dos indivíduos e o Estado, enquanto insistia sempre na

---

[111] Ibidem, p. 72.

178 *Estrutura social e formas de consciência*

necessidade vital da sua solução. E, é claro, a solução advogada por Hegel teria de ser a inquestionável *submissão* da vontade subjetiva à ideia divina corporificada nas leis do Estado. Ao mesmo tempo, quando afirmou o legítimo imperativo da submissão, ele também postulou de forma otimista que *"quando a vontade subjetiva do homem se submete às leis, a oposição entre liberdade e necessidade desaparece"*. E foi além ao falar da *subjugação* necessária da vontade subjetiva ou contingente, não hesitando mais uma vez em equipará-la à percepção da liberdade, nesse caso, na verdade, à percepção da *liberdade subjetiva*. O raciocínio hegeliano anteriormente citado começou com uma ressalva ("quando"), mas terminou com a conclusão convenientemente derivada de uma *necessidade*. Foram estas as suas palavras: "Quando a objetividade é racional em si mesma, a visão da razão tem que lhe corresponder, e assim existe também o momento essencial da *liberdade subjetiva*".

Mas, *e se* questionarmos esse postulado hegeliano conciliador fundamental opondo-o à pergunta "o que é racional é real e o que é real é racional"? Isso poderia criar uma margem de ação legítima para os indivíduos? Não para exibir, de forma caprichosa e irracional, a sua "mera vontade contingente", mas para intervir de maneira criativa no processo histórico em andamento, para cumprir os seus objetivos conscientemente escolhidos e sustentáveis numa base duradoura? Ou teremos de nos resignar à "submissão" e "subjugação" da "vontade subjetiva ou contingente" por parte dos indivíduos realmente existentes? E o que se pode extrair da relação definida nesses termos ao fazê-lo no interesse do cumprimento *especulativo* da *"unidade e universalidade"* aprioristicamente prejulgadas pelos requisitos do Estado idealizado, contentando-nos com o tipo puramente fictício de *"liberdade subjetiva"*? Naturalmente, para assumir a tarefa de dar respostas a essas perguntas, seria necessário seguir uma linha muito diferente de investigação ideológica e metodológica.

É extremamente irônico que as restrições de Hegel relativas à ausência da capacidade de se realizar [*unrealizability*] da "vontade geral ideal" como "empiricamente geral" não se aplicam ao liberalismo. Pois nunca foi intenção do liberalismo, e nunca o será no futuro, a corporificação prática dos princípios ideais da vontade geral na sua estrutura de Estado legislativo. O apelo aos "muitos", deplorado por Hegel, serviu a propósitos eleitorais bastante limitados, sem nunca alterar de forma alguma a estrutura da ordem socioeconômica estabelecida. Também, na sua formulação original, a teoria da vontade geral não visava a sua tradução em práticas de Estado imediatamente disponíveis. Tentava estabelecer os princípios reguladores *moralmente louváveis* da legislação e administração, até agora em vão na história. Ainda assim, a realização de alguns aspectos da "vontade geral empírica" permanece viável sob condições sociais adequadamente alteradas. Mas instituir os princípios reguladores validamente aplicáveis sob tais condições exigiria a redefinição radical do sujeito histórico na prática social real, como sujeito comunitário genuíno, ao contrário das "individualidades agregadoras" da tendência principal da filosofia burguesa e a personificação especulativa hegeliana da História do Mundo.

7.5 Unificação pelo processo de reprodução material

Na medida em que resulta praticável sob as circunstâncias da sociedade de classes, a "unificação" é levada adiante de maneira rotineira pelo complexo de reprodução material em si, que não pode se divorciar dos poderosos instrumentos e do arsenal institucional da ideologia dominante. Apenas em períodos de crise aguda essa relação é alterada de forma significativa. Devemos nos lembrar que os levantes revolucionários, os quais derrubaram por períodos mais curtos ou mais longos essa espécie de normalidade, surgiram dessas crises agudas, no rastro de grandes desastres militares, desde a Comuna de Paris de 1871 até a Revolução Russa de 1917, sem esquecer os terremotos sociais na Europa Oriental que se seguiram à derrota sofrida pela Alemanha nazista na Segunda Guerra Mundial.

Naturalmente, o fato de a ideologia dominante desfrutar de apoio esmagador do complexo geral de reprodução material não significa que, nas conceituações que surgem da preocupação com "unidade" e "universalidade" por parte dos pensadores que adotam o ponto de vista do capital, as relações reais de poder de hierarquia e dominação estruturais possam ser reconhecidas com alguma intenção corretiva. Nem mesmo quando afirmam – e idealizam de maneira tendenciosa – seu compromisso com a *reforma*. Pelo contrário, o significado real do seu discurso sobre "*unidade social*" e "*universalidade equitativa*" se destina a ser usado como *evidência* óbvia e inquestionável do projetado *aperfeiçoamento racional* supostamente em vigência na sociedade, graças ao compromisso esclarecido e explicitamente declarado dos pensadores em questão.

Entretanto, os melhoramentos postulados são sempre confinados ao *círculo vicioso* da *distribuição* consumível, na sua absoluta dependência da propriedade das relações de *produção*, que não se podem mencionar, muito menos alterar. Sob esse aspecto, é relevante que até mesmo um gênio filosófico do porte de Hegel possa cometer a falácia elementar[112] de *confundir* os meios de *produção* e os meios de *subsistência*, no interesse da eternização do mundo do capital, como mencionado anteriormente. Esta é a falácia mais reveladora, a qual exigiria muito mais que a "correção" usualmente confinada ao domínio filosófico. Pois a natureza do problema subjacente é que, como no mundo historicamente criado os meios e materiais de produção estão distribuídos da forma mais injusta, entre uma pequena minoria de pessoas – a saber, entre os estruturalmente privilegiados do capital e as personificações convenientemente servis –, essa predeterminação do processo de reprodução social impõe o seu limite estritamente *preconcebido*, até mesmo sobre a distribuição mais bem-intencionada das mercadorias produzidas de maneira capitalista e alocadas ao consumo individual. Essa forma de controlar a própria produção invariavelmente exige, e ao mesmo tempo *justifica*, o "racional-consensual aperto do cinto" por parte das classes trabalhadoras – em contraste com toda reforma fictícia – sempre que os imperativos da produção (e concomitante expansão do capital) assim o exijam. Ao mesmo tempo, como as instituições reformadoras do intercâmbio reprodutivo social – desde as hierarquicamente

---

[112] Cf. G.W.F. Hegel, *Princípios da filosofia do direito*, cit., p. 173-8. De forma característica, a exclusão do "homem necessitado" dos privilégios conferidos aos seus proprietários pela propriedade privada é justificada com base na afirmação de que "a propriedade é a corporificação da vontade livre de outros".

180 *Estrutura social e formas de consciência*

ordenadas fábricas particulares até o mercado que a tudo abarca, e das instituições culturais e educacionais da ordem estabelecida aos corpos de tomada de decisão da sociedade – são necessariamente preconcebidas a partir das mesmas determinações, não se pode esperar mudança significativa. É dessa forma que se abstrair do discurso teórico enclausurado em si próprio – sobre a alegada capacidade reformadora da "unidade e universalidade" –, a partir do poderoso papel do processo de reprodução material, só pode obscurecer e mistificar as coisas, não importa o quanto essa linha de abordagem seja conscienciosamente seguida pelos pensadores particulares.

Portanto, nessa estrutura de discurso, tudo o que se diz sobre "unidade" e "unificação" racionalmente adotada – postulada no terreno imaginário da completa "reciprocidade" e "mutualidade" de todos os indivíduos na sociedade, projetando assim a realização autoevidente do "interesse universal" – permanecerá extremamente problemático. Pois o que é omitido de maneira tendenciosa da referência assumida é a distribuição brutalmente imposta às pessoas em classes sociais opostas em uma relação antagônica, alocando a maioria esmagadora delas, quando da "acumulação primitiva do capital", à classe estrutural e hierarquicamente subordinada, controlada por um longo período na história com até mesmo as formas mais opressivas de punição, inclusive a exterminação em massa dos chamados "vagabundos". E quando a inevitável *compulsão econômica* dos trabalhadores torna supérfluas as formas anteriores de brutal controle político, já que a expansão do capital pode ser assegurada de forma primária pela modalidade ubiquamente prevalente de compulsão econômica apoiada pela estrutura legislativa do Estado capitalista, a ficção da completa reciprocidade se torna lugar-comum. Ao mesmo tempo, perde visibilidade a dimensão mais importante da *divisão social hierárquica do trabalho estruturalmente imposta* – que traz consigo a alocação inalterável da esmagadora maioria das pessoas à classe subordinada e economicamente explorada. Ela se transubstancia numa *divisão* puramente *técnica do trabalho*, que não pode, é claro, ser questionada por nenhuma pessoa mentalmente sã.

Essa visão idílica do universo social é característica de todos os mais importantes pensadores da economia política burguesa, os quais adotam o ponto de vista do capital como axiomaticamente válido. Hegel segue os passos deles e transfere o idílio para o nível mais abstrato de generalização filosófica.

> O que há de universal e de objetivo no trabalho liga-se à abstração que é produzida pela especificidade dos meios e das carências e de que resulta também a especificação da produção e a divisão dos trabalhos. [...] Essa abstração das aptidões e dos meios completa, ao mesmo tempo, a dependência mútua dos homens para a satisfação das outras carências, assim se estabelecendo uma necessidade total. [...] Na dependência e na reciprocidade do trabalho e da satisfação das carências, a apetência subjetiva transforma-se numa contribuição para a satisfação das carências de todos os outros. Há uma tal mediação do particular pelo universal, um tal movimento dialético, que cada um, ao ganhar e produzir para sua fruição, ganha e produz também para a fruição dos outros.[113]

Certamente, Hegel não pode negar que a compulsão está de alguma forma presente nesse processo. Mas ele também transubstancia idealmente a compulsão em um momento

---

[113] Ibidem, p. 178.

Os postulados da "unidade" e da "universalidade" 181

constitutivo orgânico do melhor de todos os mundos imagináveis. Seu raciocínio prossegue assim, imediatamente após as palavras citadas*:

> A necessidade que há no *encadeamento completo de que todos dependem* é a riqueza universal, estável, que oferece a *cada um* a *possibilidade* de nela participar pela sua cultura e suas aptidões. Ser-lhe-á assim assegurada a sua existência, ao mesmo tempo que mantém e aumenta, como produto do seu *trabalho* mediatizado, a riqueza geral.[114]

Mas o que dizer daqueles que não trabalham e ainda assim têm muito mais que os meios de subsistência assegurados para si por meio dos privilégios aprioristicamente estabelecidos, corporificados na sua propriedade privada – idealizada por Hegel e energicamente protegida pelo "Estado ético"? Esse tipo de pergunta embaraçosa, que poderia solapar a finalidade idílica projetada das determinações do Espírito do Mundo, não encontra lugar em nenhum discurso concebido do ponto de vista do capital. Pois a ficção da completa "reciprocidade" e "mutualidade" deve ser mantida a qualquer custo, apesar de toda evidência em contrário.

Naturalmente, não podemos abstrair a realidade objetiva da *mediação* que se afirma nessas relações. Nada poderia funcionar no mundo social sem ela. Mas somente na filosofia especulativa se pode definir a mediação real, como vimos sendo feito por Hegel, mesmo que alguns de seus componentes fossem tomados por empréstimo dos clássicos da economia política.

Se fosse verdade, como afirma Hegel, que devemos confiar no intercâmbio entre os "princípios" fundamentais de particularidade e universalidade, nesse caso, o melhor que poderíamos esperar da "realidade racional" do existente, por meio das boas obras desses princípios, seria o tipo de "reciprocidade" e "mutualidade" que poderiam dar a impressão de resolver o problema do afirmado egoísmo [*selfishness*] (ou egoísmo subjetivo) de cada indivíduo – ao transformar sua "complexa interdependência" em fruição universalmente compartilhada – sem nada mudar no mundo real. Pois dessa miraculosa transformação se diz que ocorre graças à forma como "a apetência subjetiva transforma-se numa contribuição para a satisfação das carências de todos os outros. Há uma tal mediação do particular pelo universal, um tal movimento dialético, que cada um, ao ganhar e produzir para sua fruição, ganha e produz também para a fruição dos outros"**, produzindo assim um relacionamento harmônico e sustentável de cada um e de todos os indivíduos entre si. E eles nem precisam mudar conscientemente sua autoafirmação egoísta, porque a *própria mediação* – nas palavras

---

* Na edição em inglês utilizada por Mészáros, o trecho equivalente é: "The compulsion which brings this about is rooted in the complex interdependence of each on all, and it now presents itself to each as the universal permanent capital which gives each the opportunity, by the exercize of his education and skill, to draw a share from it and so be assured of his livelihood, while what he thus earns by means of his work maintains and increases the general capital". Cf. G.W.F. Hegel, *Philosophy of Right*, cit., p. 130. (N. E.)

[114] Ibidem, p. 178-9.

** G.W.F. Hegel, *Princípios da filosofia do direito*, cit., p. 178. [O trecho da edição em inglês citado por István Mészáros é: "subjective self-seeking turns into a contribution to the satisfaction of the needs of *everyone else*. That is to say, by a *dialectical advance,* subjective self-seeking turns into the *mediation* of the particular through the universal, with the result that each man in earning, producing, and enjoying on his own account is *eo ipso* producing and earning for the enjoyment of everyone else". Cf. *Philosophy of Right*, cit., p. 129-30 – N. E.]

de Hegel, "mediação do particular pelo universal" – está destinada a fazê-lo automaticamente por eles: pela redefinição do caráter universal "*da apetência subjetiva*" como *fruição universal*. Dessa forma, o que é inerentemente problemático – devido à presumida fixidez da "natureza humana" egoísta – torna-se insuperavelmente digno de elogios, tal como nas crônicas da economia política burguesa.

Entretanto, a questão da mediação não pode ser tratada como intercâmbio especulativo de princípios filosóficos abstratos. O problema real não é a *mediação individualística* felizmente concluída e positivamente absolvida de toda culpa possível pelo principio da universalidade, como descrito por Hegel. Pelo contrário, é a *mediação* conflitiva/adversante envolvida na forma em que as *relações de poder* potencialmente mais destrutivas são tratadas na sociedade realmente existente pelo complexo intercâmbio entre suas classes opostas de forma antagônica.

Se um pensador abstrai de maneira especulativa a relação de classe insuperavelmente conflituosa característica da ordem social do capital, ignorando o fato de que as duas classes fundamentais da sociedade constituem a alternativa hegemônica uma da outra (como todos aqueles que conceituam o mundo do ponto de vista do capital abstraem dela, evitando como o diabo a cruz o tema do antagonismo estruturalmente enraizado), nesse caso, os conflitos, ainda assim identificados, por não poderem se ocultar nem mesmo da abordagem mais conciliadora, devem ser arbitrariamente reduzidos a vicissitudes individualísticas, de forma a se transfigurarem no devido tempo em virtudes espúrias, como já vimos anteriormente. Isso é feito apesar do fato de não se poder tornar inteligível o funcionamento da ordem social estabelecida apenas em termos das interações de, não importa quantos, "*genus-indivíduos*", em vez de descrever de maneira adequada as *mediações reais* extremamente complicadas e multidimensionalmente conflituosas por meio das quais os *indivíduos sociais* se relacionam com sua própria classe e com seu adversário histórico. O fracasso tendencioso em entender dessa forma a *mediação social antagonista*, já que ela não pode ser colocada de acordo com o ponto de vista do capital, não se limita a negar a inteligibilidade do processo histórico real como um todo[115]. Ao mesmo tempo, ele também remove a *margem de intervenção significativa dos indivíduos sociais* – independentemente do lado em que se encontram em relação ao divisor social – do processo histórico em desenvolvimento contraditório, apesar da professada ideologia da "liberdade". Pois é impossível tornar inteligível o processo histórico, ainda que minimamente, sem dar o devido peso ao envolvimento ativo dos indivíduos *sociais* – por oposição ao arbitrariamente conceituado *egoísmo isolado*. Admitir para os "*genus*-indivíduos" a fixidez da "natureza humana egoísta" não oferece nenhuma solução sob esse aspecto.

No caso de Hegel, descobrimos que, *ao reverter a ordem causal real*, ele retrata de forma mistificadora a determinação vital de ser *ambicioso-egoísta* como se ela emanasse diretamente dos próprios indivíduos, embora, na realidade, ela seja imanente ao campo ontológico insuperável do capital. Esse campo ontológico historicamente constituído foi na verdade *imposto aos indivíduos*, os quais não podiam se decidir a deixar de operar dentro da estrutura da ordem sociometabólica dada. Consequentemente, os indivíduos tiveram de *internalizar* o *imperativo objetivo da autoexpansão* do sistema – sem isso o sistema como

---

[115] Naturalmente, não há mais necessidade de tornar inteligível o processo histórico tão *aberto para o futuro*, uma vez que se possa descrever o mundo como o "*presente eterno*" da ordem social do capital.

tal não poderia sobreviver – como se surgisse de dentro de seus próprios objetivos e de seus propósitos pessoais *determinados pela natureza*. Dessa forma, Hegel teve condições de não somente produzir um dualismo filosoficamente absolutizado da ordem social do capital (sua "sociedade civil" e seu "Estado ético político"), como também glorificar o desenvolvimento histórico correspondente à alegada "realização da liberdade", em completa sintonia com o plano fundamental do Espírito do Mundo.

Quanto mais nos aproximamos do nosso próprio tempo, mais intratáveis se tornam esses problemas. Os postulados de "unidade e universalidade" continuam a se renovar de maneira constante na tendência dominante da teoria burguesa, ainda que com uma dose cada vez maior de cinismo e hipocrisia, mesmo em oposição ao inegável pano de fundo histórico das duas devastadoras guerras mundiais do século XX, bem como dos incontáveis levantes sociais em grande escala – que não teriam ocorrido se houvesse substância nos contos de fadas da universalmente benevolente "mão oculta" e na igualmente fantasiosa projeção hegeliana da completa reciprocidade e "fruição universal" produzidas pela *mediação* do egoísta "particular por meio do universal". Agora a saga idílica trata do "capitalismo do povo" e da "soberania do consumidor individual" (a ser exercida pelas donas de casa capitalisticamente devotadas que "pesquisam preços" em supermercados mais ou menos idênticos), para não mencionar as palavras "liberdade" e "democracia" repetidas de modo insistente no discurso político. E, para coroar todas essas bênçãos, prometem-nos constantemente a unidade e a universalidade últimas da *globalização* realizada de forma plena, com a qual, certamente, todo indivíduo viverá em grande felicidade.

Mas o problema é que nossa realidade social e histórica não poderia ser mais perturbadoramente diferente. Pois devido ao desperdício e ao uso imprudente dos recursos das práticas produtivas do sistema estabelecido, que solapa visivelmente as condições de vida no planeta, associado às aventuras militares genocidas das mais poderosas "democracias" em nome da "liberdade", sem qualquer indicação de até onde elas poderão chegar, chegamos a um estágio de desenvolvimento do sistema do capital no qual a *destruição da humanidade* já desponta no horizonte, a menos que uma mudança radical de estrutura possa prevalecer no futuro previsível.

Quando a "mão invisível", que nada possui de equitativa, encontrou seu adversário organizado no movimento da classe trabalhadora, as personificações do capital tiveram de reconhecer de alguma forma os conflitos socioeconômicos em curso. Mas apenas para serem combatidos por vários meios, no interesse declarado de criar "unidade" entre as partes conflitantes. Uma das abordagens defendidas, teorizada e instituída por Frederic Winslow Taylor, reivindicava para si o *status* de "administração científica". Seu dogma básico foi expresso da seguinte maneira:

> A grande revolução que ocorre na atitude mental das duas partes sob administração científica é que os dois lados deixam de ver a divisão dos excedentes como a questão mais importante e, juntas, elas voltam a atenção para o aumento do excedente até que este se torne tão grande que passe a ser *desnecessário lutar pela forma como vai ser dividido*.[116]

---

[116] Frederic Winslow Taylor, *Scientific Management* (Nova York, Harper and Row, 1947), p. 29. [A edição brasileira desta obra – *Princípios da administração científica*, 8 ed., São Paulo, Atlas, 1995 – não contém o trecho citado – N. E.]

184 *Estrutura social e formas de consciência*

Taylor também fazia propaganda da sua utopia empresarial, "a substituição do contencioso e da luta pela cooperação fraterna e cordial"[117]. Mas era assim que ele caracterizava (e tratava) o "irmão" empregado na sua fábrica:

> Ora, um dos primeiros requisitos para um homem ser capaz de lidar com ferro-gusa como ocupação regular é ser tão estúpido e passivo a ponto de parecer, na sua atitude mental, mais com um touro que com qualquer outro tipo. [...] É tão estúpido que a palavra "porcentagem" não tem nenhum significado para ele.[118]

Na verdade, a parte realmente "estúpida" – ou melhor, capitalisticamente cega – nessa relação eram Taylor e seus iguais. Pois as personificações do capital nunca poderiam entender que o problema real não é *o tamanho do excedente a ser dividido* – isso só teria importância temporária, pois até mesmo a produção mais espetacularmente aumentada da sociedade pode ser dissipada por uma gerência irresponsável e pela destruição militarista, como já vimos muito bem na nossa própria sociedade –, mas *quem faz a alocação do produto social total e para que fins.*

Nos idílicos contos de fadas do passado, em que tudo deveria ser gerido da melhor forma possível pelas várias conceituações da "mão invisível", produzindo não somente a expansão constante da riqueza, mas também a "unidade" e a "universalidade", sem esquecer a "fruição universal" para todos os indivíduos, a questão de "*quem*" e "*para que fim*" não poderia surgir. Pois tudo era considerado idealmente resolvido para sempre pela premissa apriorística da própria misteriosa autoridade diretora, seja sob o nome de "mão invisível" ou de "astúcia da razão". Mas, mesmo depois da evaporação da esperança associada à transubstanciação original do processo real de reprodução social, quando emergiram claramente os antagonismos de classe, as personificações empresariais do capital e seus apologistas ideológicos nada mais podiam oferecer além do novo conto de fadas de remediar tudo por meio da percepção iluminadora de que

> quando se substitui o antagonismo e a luta pela cooperação e ajuda mútua, eles se juntam para tornar enormemente maior do que foi no passado o excedente, há amplo espaço para grandes aumentos de salários e aumentos igualmente grandes dos lucros para o industrial.[119]

Sob esse aspecto, nada mudou desde então. Até mesmo o "Estado de bem-estar social" foi teorizado – e instituído numa pequena parte do mundo – sobre a mesma base, sem nenhuma garantia para o futuro. Pois, mesmo naqueles poucos países, o Estado de bem-estar social só foi instituído conjunturalmente, retirando num ritmo alarmante as melhorias relativas da condição de vida das classes trabalhadoras, sob o impacto da crise estrutural do capital.

Um dos principais ideólogos do capital após a Segunda Guerra Mundial, Raymond Aron, não hesitou em postular a realização do "*universalismo ocidental*", desconsiderando com desprezo, ao mesmo tempo, todos aqueles que continuaram a expressar preocupação crítica pela apavorante desigualdade que dominava a esmagadora maioria da humanidade

---

[117] Ibidem, p. 30.

[118] Ibidem, p. 60.

[119] Ibidem, p. 29.

como "megalomania, antiamericanismo, o 'progressismo' típico dos intelectuais latinos, estejam eles à margem do Sena, em Havana ou no Rio de Janeiro"[120]. Ele também decretou peremptoriamente que "na idade da sociedade industrial não há contradição entre o interesse dos países subdesenvolvidos e o dos países avançados"[121]. Não causa espanto, portanto, ele não ver nada de estranho na forma em que o imperialismo do pós-guerra rearticulou seu modo de dominação. Ele o idealizou ao dizer que "uma *sociedade universal* está nascendo [...]. O Ocidente está morrendo como 'cultura' separada, mas tem futuro como *centro de uma sociedade universal*"[122].

Nenhum argumento racional seria capaz de alterar esse tipo de atitude – irrestritamente apologética e autocomplacente – com relação à ordem estabelecida. Raymond Aron defendeu com o zelo de um cruzado a perspectiva "atlanticista", a ser imposta sob a dominação militar norte-americana[123], identificando-a à forma final do "universalismo". Sua concepção de "unificação" era igualmente convincente. Vendo-a do "centro de uma sociedade universal", do ponto de vista do capital, Aron não seria capaz de perceber nela nenhuma dificuldade, pois, na sua perspectiva, não poderia haver contradição entre o interesse dos países subdesenvolvidos e o dos países avançados. Portanto, as pessoas que tivessem a temeridade de expressar seu desacordo seriam categoricamente condenadas como "intelectuais antiamericanos megalomaníacos". Assim, alguns dos dogmas genuínos do *liberalismo* foram transformados há várias décadas nos farisaicos artigos de fé do agressivo *neoliberalismo*. E desde então não houve falta de tentativas de atualizá-los no mesmo espírito.

Naturalmente, os graves problemas do nosso mundo realmente existente não desaparecem por meio dos postulados, cada vez mais vazios, de "unidade" e "universalidade". Sua falta de substância teórica não significa que seja impossível transformá-los em princípios práticos orientadores do perigoso aventureirismo neoliberal, especialmente quando os imensos interesses investidos do complexo militar industrial – glorificados por Raymond Aron (como vimos na nota 123) – os apoiam de todas as formas, graças à sua influência sem paralelo também no domínio cultural. Hoje, essa transformação está ocorrendo muito além das fronteiras da "Aliança Atlântica" original – definidas antes em termos defensivos explícitos – que tiveram de ser, e foram, redefinidas para fins de intervenção militar agressiva em todo o mundo. Ao mesmo tempo, a crônica insolubilidade dos problemas que deveriam ser enfrentados de maneira positiva, e não tratados de forma destrutiva, traz o perigo de a humanidade perder o controle de suas condições de sobrevivência.

---

[120] Raymond Aron, *The Industrial Society: Three Essays on Ideology and Development* (Nova York, Praeger, 1967), p. 40.

[121] Ibidem, p. 24.

[122] Ibidem, p. 74.

[123] Aron tentou justificar seu "universalismo" da seguinte maneira: "O *orçamento norte-americano para a defesa* representa três quartos do gasto militar total da *Aliança Atlântica*. [...] No nosso século, um *Estado-nação de segunda classe* não é uma estrutura adequada para a completa expressão humana". Idem, "The End of the Ideology Age?", em Chaim I. Waxman (org.), *The End of Ideology Debate* (Nova York, Simon and Schuster, 1968), p. 29.

Assim, a necessidade de encontrar soluções viáveis do ponto de vista histórico para os problemas da nossa ordem social antagônica nunca foi mais urgente. Como sabemos, sob as circunstâncias prevalentes da ordem social do capital, chega-se à "unificação", ainda que em grau limitado, pelo processo de reprodução material. As relações potencialmente destrutivas de poder estão contidas e são administradas dentro desse processo – mais ou menos sob a força de inércia, pois as apostas em geral não envolvem a questão da mudança radical – pela força da mediação conflitiva/adversante dos seus interesses pelas classes em contenda.

É o que cria a ilusão de que a forma usual de adversidade pode ser mantida *permanentemente* como a modalidade dominante do processo de reprodução social. O conceito de *mediação conflitiva* é assim subsumido sob a ideia de *equilíbrio*, e é projetado esperançosamente no futuro. De modo doloroso se ignora que, mesmo quando prevalece uma aparência de equilíbrio, esta já opera sob o *impacto causal* das *relações de poder* material e político dadas que favorecem a ordem dominante, e não por si mesma. Isso acontece não importa o quanto se possa elaborar o maquinário institucionalizado de equilíbrio. O que é sempre omitido do raciocínio mais ou menos cínico de louvor ao equilíbrio é precisamente a *natureza do conflito* – seja ele estrutural ou conjuntural – e a *magnitude das apostas* envolvidas.

Na nossa época, diante da *crise estrutural* do sistema do capital na sua inteireza, o conflito em questão é *estrutural*, e não conjuntural. Ao mesmo tempo, a magnitude das apostas envolvidas não poderia ser maior. Pois, apesar de todos os esforços para esconder as contradições sob o proverbial tapete, o desperdício e a destruição já são visíveis em toda parte. Assim, apenas a instituição e a consolidação historicamente viáveis da *alternativa hegemônica* à ordem cada vez mais destrutiva de reprodução social do capital podem oferecer uma saída da nossa crise estrutural que se aprofunda. Postulados abstratos de unidade e universalidade não nos levam a lugar algum. Nem mesmo quando são formulados no mais alto nível de generalização filosófica, como vimos na obra de Hegel.

Permanece o desafio de elaborar mediações materiais e culturais socialmente viáveis – e não mais as cruelmente impostas às classes subordinadas. Ou seja, resolver os nossos problemas exige a instituição de formas qualitativamente diferentes de mediação por meio das quais a prática hoje dominante de administração irresponsável, com impacto fatalmente negativo sobre a natureza, e a tendência crescente de destruição militarista sejam relegadas ao passado. Mas, é claro, tudo isso é sinônimo de uma reestruturação radical da nossa ordem social estabelecida, conforme um projeto humano escolhido de forma consciente e energicamente executado, a ser cumprido num futuro não muito distante, no curso do nosso inevitável período histórico de transição.

Nenhuma alternativa historicamente sustentável será viável sem um reexame radical das *premissas práticas* da ordem social do capital. A característica fundamental da forma de mediação ideológica e material há muito prevalente no nosso processo de reprodução social é a *dominação estritamente hierárquica* e *estruturalmente imposta* da esmagadora maioria das pessoas, correspondente à única premissa operacional concebível da ordem estabelecida em que as funções de *direção têm de ser* atribuídas da forma mais autoritária às personificações do capital, apesar de toda a retórica sobre "democracia" e "liberdade". Pois o sistema do capital não poderia se sustentar, nem pelo período mais curto, de nenhuma outra forma.

Os postulados da "unidade" e da "universalidade" 187

A alternativa hegemônica necessária à ordem dominante, pelo contrário, não poderia cumprir seus objetivos sem a elaboração e a instituição bem-sucedidas de um modo *significativamente democrático* e *totalmente cooperativo* de mediação material e cultural. Esse tipo – qualitativamente diferente – de mediação não conflitiva só pode ser orientado pelos intercâmbios produtivos e distributivos *comunitariamente* organizados dos indivíduos sociais entre si. Em outras palavras, um sistema de reprodução "*diretamente social* e não um modo de *post festum social*[124], no qual, *em vez da* hoje dominante *divisão social hierárquica* do trabalho, prevalece a organização e a *coordenação* das atividades produtivas, administradas de forma consciente pelos produtores livremente associados com base na sua *igualdade substantiva*.

Os importantes aspectos metodológicos da busca desse projeto serão explorados no próximo capítulo.

---

[124] Karl Marx, *Grundrisse: Foundations of the Critique of Political Economy* (trad. Martin Nicolaus, Londres, Penguin, 1973), p. 170-2.

8
MÉTODO EM UMA ÉPOCA HISTÓRICA DE TRANSIÇÃO

8.1 A reorientação marxiana do método

O bastante conhecido "Prefácio" de Marx à sua *Contribuição à crítica da economia política* de 1859 é de absoluta relevância para nosso presente contexto. Esse texto apresenta duas proposições igualmente importantes. Primeiro, que a ordem sociometabólica do capital há muito estabelecida é a última forma de reprodução social antagônica na história humana; segundo, que as condições materiais para superar o antagonismo estrutural da ordem socioeconômica agora dominante são elas mesmas criadas no interior da estrutura da sociedade burguesa dada. Estas são suas palavras:

> As relações de produção burguesas são a última forma contraditória do processo de produção social, contraditória não no sentido de uma contradição individual, mas de uma contradição que nasce das condições de existência social dos indivíduos. No entanto, as forças produtivas que se desenvolvem no seio da sociedade burguesa criam ao mesmo tempo as condições materiais para resolver essa contradição.[1]

A primeira proposição é importante porque o antagonismo entre capital/trabalho é um *antagonismo de classes* fundamental, que subjuga a esmagadora maioria da sociedade à dominação estrutural hierárquica do capital. É uma relação não reformável de dominação e subordinação a qual poderia não ser reproduzida de modo sustentável em uma sociedade futura por meio da inversão dos papéis entre a vasta maioria dominada e a pequena minoria dominante. Pois esta seria muito incapaz de reproduzir sozinha as condições primárias de existência até para ela mesma, sem mencionar para toda a sociedade.

No que se refere à relevância vital da segunda proposição, é necessário lembrar que sem um nível avançado de atividade produtiva, que seja plenamente adequado para

---

[1] Karl Marx, "Prefácio", em *Contribuição à crítica da economia política* (trad. Maria Helena Barreiro Alves, 2. ed., São Paulo, Martins Fontes, 1983), p. 25.

satisfazer as necessidades genuínas da totalidade dos indivíduos sociais – em contraste com a amplamente discriminatória distribuição do produto social em favor de uma minúscula minoria no passado –, os conflitos e antagonismos se sucederiam[2]. É por esse motivo que Marx insiste, na mesma página do citado "Prefácio" de sua *Contribuição à crítica da economia política*, que:

> Uma organização social nunca desaparece antes que se desenvolvam todas as forças produtivas que ela é capaz de conter; nunca relações de produção novas e superiores se lhe substituem antes que as condições materiais de existência destas relações se produzam no próprio seio da velha sociedade. É por isso que a humanidade só levanta os problemas que é capaz de resolver e assim, numa observação atenta, descobrir-se-á que o próprio problema só surgiu quando as condições materiais para o resolver já existiam ou estavam, pelo menos, em vias de aparecer.[3]

Dois comentários são necessários a esta altura, não apenas para evitar desentendimentos, mas também para combater certa hostilidade superficial. O primeiro é que Marx fala apenas sobre a criação das *condições materiais* necessárias dentro da estrutura da antiga sociedade, repetindo a mesma expressão diversas vezes em uma curta passagem. Ele está bastante consciente da necessidade de se desenvolver de maneira apropriada as condições políticas e culturais/teóricas – assim como as educacionais existentes – que apresentam um grande desafio para futuro. É por isso que Marx frisa que "o próprio educador tem de ser educado"[4], em franco contraste com o socialismo utópico, a exemplo da posição de Robert Owen – segundo ele, é preciso "dividir a sociedade em duas partes [os educadores e os educados], a primeira das quais está colocada acima da sociedade". E Marx também se refere a uma tarefa histórica inevitável para a "criação em massa dessa consciência comunista", que significa "a consciência da necessidade de uma revolução radical"[5]. Em outras palavras, o bem-sucedido cumprimento da tarefa histórica exige o preenchimento de um empreendimento revolucionário político, teórico e educacional ao qual o próprio Marx dedica sua vida inteira, precisamente porque essas dimensões do desafio histórico em questão não podem ser resolvidas pelos processos materiais espontâneos da antiga sociedade.

O segundo comentário que deve ser adicionado aqui refere-se à gravidade e à urgência dos problemas que temos de enfrentar sob as presentes condições históricas da ordem antagônica do capital. Pois, nesse aspecto, as décadas de desenvolvimento pós-Segunda Guerra tornaram a situação incomparavelmente mais grave do que fora durante a vida de Marx. Sem dúvida, ele já havia sublinhado em 1845 que, devido aos antagonismos alienantes do modo de controle de reprodução social do capital,

---

[2] Marx fala a respeito de "um pressuposto prático, absolutamente necessário, pois sem ele apenas se generaliza a escassez e, portanto, com a *carestia*, as lutas pelos gêneros necessários recomeçariam e toda a velha imundice acabaria por se restabelecer", Karl Marx e Friedrich Engels, *A ideologia alemã* (trad. Rubens Enderle, Nélio Schneider e Luciano Cavini Martorano, São Paulo, Boitempo, 2007), p. 38, nota c.

[3] Karl Marx, *Contribuição à crítica da economia política*, cit., p. 25.

[4] Karl Marx e Friedrich Engels, *A ideologia alemã*, cit., p. 537-8.

[5] Ibidem, p. 41-2.

No desenvolvimento das forças produtivas advém uma fase em que surgem forças produtivas e meios de intercâmbio que, no marco das relações existentes, causam somente malefícios e não são mais forças de produção, mas forças de destruição.[6]

E antecipando o sentido do célebre aviso de Rosa Luxemburgo sobre "socialismo ou barbárie", Marx também insistiu, na mesma obra, que:

Chegou-se a tal ponto, portanto, que os indivíduos devem apropriar-se da totalidade existente de forças produtivas, não apenas para chegar à autoatividade, mas simplesmente para assegurar a sua existência.[7]

Entretanto, o que na década de 1840 era uma remota possibilidade até mesmo em termos tecnológicos militares, atualmente tornou-se uma inegável e assustadora realidade. Pois, desde o tempo em que essas linhas citadas foram escritas por Marx, a humanidade teve de confrontar não apenas as desumanidades de duas guerras mundiais devastadoras, junto com uma multiplicidade de conflagrações militares menos globais, mas não menos destrutivas – incluindo a Guerra do Vietnã e a atual intervenção genocida promovida pelo dominante poder imperialista no Oriente Médio –, como também a possibilidade de uma aniquilação potencial de toda a humanidade e, ao mesmo tempo, a destruição de toda a vida sobre a Terra, por meio de armas de destruição em massa nucleares, químicas e biológicas prontas para serem ativadas com a maior facilidade. E como se isso não fosse o bastante, as práticas produtivas ubiquamente impostas da *produção destrutiva* do capital já estão ativamente engajadas em infligir danos irreversíveis sobre a *própria natureza*, minando com isso as condições elementares de existência da humanidade. Assim, por um lado, enquanto no passado nunca se deu ao *potencial produtivo* um uso positivo, por outro, a *realidade destrutiva* dos desenvolvimentos em andamento – tanto no plano militar quanto no de reprodução social – não apenas se equipara como também supera as forças produtivas da humanidade a ponto de uma destruição potencialmente total, sob o controle das personificações mais que ávidas do capital. Pois destruir é muito mais fácil que construir. É isso que inevitavelmente qualifica a sentença de Marx citada, segundo a qual "a humanidade só levanta os problemas que é capaz de resolver".

Como mencionado nos parágrafos finais da seção 7.5, sob as presentes condições de aprofundamento da crise estrutural do sistema do capital, a elaboração de um modo qualitativamente diverso e *não antagônico* para mediar o metabolismo social é a condição vital de sucesso para o futuro. Consequentemente, a necessária preocupação com as questões do método apropriado para manejar os severos problemas e dificuldades de nossa época de transição histórica está intimamente relacionada a este tópico. A importância dessa exigência mediadora qualitativamente nova não pode ser exagerada. Pois, se aqui se provar impossível a elaboração no futuro próximo de um modo não antagônico de mediação da relação entre humanidade e natureza, assim como entre os próprios indivíduos, isso poderia fazer da viabilidade mesma de instituir uma ordem reprodutiva socialista genuína algo muito desanimador.

---

[6] Ibidem, p. 41.

[7] Ibidem, p. 73.

192 *Estrutura social e formas de consciência*

O ponto de partida necessário nesse aspecto, para a reorientação do método herdado do passado, é submeter a uma crítica radical a modalidade estabelecida de mediação de reprodução social sob o domínio do capital. Esse ponto pode ser resumido a partir da diferença fundamental entre *mediações de primeira e de segunda ordem*. Estas, como as conhecemos, são *mediações irremediavelmente antagônicas*, constituindo um sistema de controle sociometabólico que precisa ser superado em sua totalidade, como um "*sistema perversamente orgânico*", e substituído por sua *alternativa hegemônica*, constituída e consolidada, novamente, como um *sistema orgânico* historicamente viável e totalmente cooperativo. A teoria da *alienação*[8] de Marx, na qualidade de arcabouço explanatório das mediações de segunda ordem antagônicas do capital, está profundamente concentrada em tais problemas. Seus primeiros diagnósticos e soluções estão articulados em seu sistema *in statu nascendi*, por ele escritos em Paris e publicados postumamente sob o título *Manuscritos econômico-filosóficos de 1844*.

O contraste entre as mediações primárias e as antagônicas mediações de segunda ordem é absolutamente impressionante. As mediações necessárias para todas as formas viáveis de reprodução social são:

- a regulação necessária, mais ou menos espontânea, da atividade biológica reprodutiva e o tamanho da população sustentável, em conjunção com os recursos disponíveis;

- a regulação do processo de trabalho por meio do qual o necessário intercâmbio da comunidade com a natureza possa produzir os bens necessários para a satisfação humana, como também as ferramentas de trabalho, empreendimentos produtivos e conhecimento apropriados pelos quais o próprio processo reprodutivo possa ser mantido e aprimorado;

- o estabelecimento de relações de troca adequadas sob as quais as necessidades historicamente cambiantes dos seres humanos possam ser interligadas com o propósito de otimizar os recursos naturais e produtivos disponíveis – incluindo os culturalmente produtivos;

- a organização, a coordenação e o controle da multiplicidade de atividades por meio das quais as exigências materiais e culturais do processo de reprodução sociometabólico bem-sucedido de comunidades humanas progressivamente mais complexas possam ser asseguradas e protegidas;

- a alocação racional dos recursos materiais e humanos disponíveis, lutando contra a tirania da escassez por meio da utilização econômica (no sentido de economizar) dos modos e meios de reprodução da sociedade dada, na medida do viável sobre a base de um nível de produtividade alcançável e dentro dos limites das estruturas socioeconômicas estabelecidas;

- e a promulgação e a administração de regras e regulamentos da sociedade dada como um todo, em conjunção com outras funções e determinações primárias mediadoras.

Como podemos ver, *nenhum* desses imperativos mediadores primários em e por si mesmos implica o estabelecimento de *hierarquias estruturais* de dominação e subordinação como a estrutura necessária da reprodução sociometabólica. Em franco contraste, as

---

[8] Ver meu livro *A teoria da alienação em Marx* (São Paulo, Boitempo, 2006).

mediações de segunda ordem do sistema do capital não poderiam ser mais distintas em seu caráter. Elas podem ser resumidas da seguinte forma:

- a família nuclear, articulada como o "microcosmo" da sociedade, o qual, além de seu papel na reprodução da espécie, participa em todas as relações reprodutivas do "macrocosmo" social, incluindo a mediação necessária das leis do Estado para todos os indivíduos e, assim, diretamente necessária também para a reprodução do Estado;
- os meios de produção alienados e suas "personificações" por meio das quais o capital adquire "vontade férrea" e consciência rígida, estritamente demandado a impor sobre todos a conformidade com relação às exigências objetivas desumanizantes da ordem sociometabólica dada;
- o dinheiro assumindo uma multiplicidade de formas mistificantes e progressivamente mais dominantes no curso do desenvolvimento histórico, chegando ao domínio total do sistema monetário internacional dos dias de hoje;
- objetivos de produção fetichistas, submetendo de uma forma ou de outra a satisfação de necessidades humanas (e a provisão correspondente de valores de uso) aos imperativos cegos da expansão e acumulação do capital;
- trabalho estruturalmente divorciado da possibilidade de controle, seja nas sociedades capitalistas, nas quais deve funcionar como trabalho asssalariado coagido e explorado pela compulsão econômica, seja sob o controle pós-capitalista do capital sobre a força de trabalho politicamente dominada;
- variedades de formação de Estado do capital em seus terrenos globais, nos quais podem confrontar-se uns contra os outros (por vezes com os mais violentos meios, deixando a humanidade à beira da autodestruição), como Estados nacionais orientados a si mesmos;
- e o descontrolado *mercado mundial* em cuja estrutura os participantes, protegidos por seus respectivos Estados nacionais por meio das relações de poder dominantes, devem se acomodar às precárias condições de coexistência econômica enquanto se empenham em obter a mais alta vantagem praticável para si ao ludibriar suas contrapartes concorrentes, aqui lançando inevitavelmente as sementes de mais conflitos destrutivos.

Em relação à maneira em que todos esses componentes do modo de controle sociometabólico estabelecido estão interligados podemos apenas nos referir a um *círculo vicioso*. Pois as mediações de segunda ordem particulares se sustentam reciprocamente, tornando impossível impedir a força alienante e paralisante de qualquer um deles quando tomados isoladamente, enquanto o imenso poder de autorregeneração e de imposição do sistema como um todo é deixado intacto. Com base em dolorosa evidência histórica, a verdade desconcertante é que o sistema do capital tem sucesso em impor-se – por meio de interconexões estruturais de suas partes constituintes – sobre esforços emancipatórios parciais dirigidos a alvos específicos e limitados. Por conseguinte, o que deve ser confrontado e superado pelos adversários da ordem de reprodução sociometabólica estabelecida e incorrigivelmente discriminatória é não apenas a força definitivamente autossustentadora da extração de mais-valia do trabalho do capital,

194 *Estrutura social e formas de consciência*

mas também o poder negativo devastador – a inércia aparentemente proibitiva – de suas conexões circulares[9].

A concepção que vislumbra a superação das mediações de segunda ordem antagônicas do capital é inseparável da reavaliação radical do contraste metodologicamente seminal entre o *ponto de vista da filosofia*, herdado da típica caracterização burguesa da ordem social, e o qualitativamente diverso ponto de vista oferecido pelo próprio Marx. Do modo como formulara na décima de suas "Teses sobre Feuerbach", Marx insistiu que "o ponto de vista do velho materialismo é o da *sociedade civil*; o ponto de vista do novo é o da *sociedade humana*, ou o da *humanidade social*". Ao mesmo tempo, na orientação marxiana do método, a relevância desse necessário ponto de vista que parte da sociedade civil não pode confinar-se ao antigo materialismo, contrastado naquela "Tese sobre Feuerbach" com a defesa marxiana do materialismo. Pois, de modo característico, as filosofias idealistas especulativas, incluindo a de Hegel – com suas postuladas "individualidades agregativas", supostamente fazendo valer enquanto indivíduos egoístas os interesses conflitivos estritamente individualistas de cada indivíduo particular contra todos os outros – são caracterizadas pelas mesmas limitações de ponto de vista. Marx tornou isso muito claro em seu "Prefácio" de 1859 à *Contribuição à crítica da economia política*, ao acentuar que:

> Nas minhas pesquisas cheguei à conclusão de que as relações jurídicas – assim como as formas de Estado – não podem ser compreendidas por si mesmas, nem pela dita evolução geral do espírito humano, inserindo-se pelo contrário nas condições materiais de existência de que Hegel, à semelhança dos ingleses e franceses do século XVIII, compreende o conjunto pela designação de "sociedade civil"; por seu lado, a anatomia da sociedade civil deve ser procurada na economia política.[10]

A razão pela qual a adoção do "ponto de vista da sociedade civil" como o princípio orientador geral da filosofia teve de ser submetida a uma crítica radical foi porque, ao reduzir de maneira conveniente *as contradições sociais antagônicas* da ordem social estabelecida às vicissitudes estritamente pessoais de indivíduos egoístas, e a partir disso hipostasiar tais contradições como ontologicamente insuperáveis, a ordem hierárquica social efetivamente existente, em princípio, permaneceu *além da crítica*. E pode prosseguir exatamente como antes com suas atividades reprodutivas no interior da estrutura de suas – destrutivas e definitivamente autodestrutivas – mediações antagônicas de segunda ordem. Pois, se os problemas reais do antagonismo social são transfigurados individualisticamente e abstraídos de modo arbitrário do único substrato no qual podem ser abordados de maneira apropriada, a saber, na dita "sociedade civil" mesma, na qual as "condições materiais de existência" as produzem e reproduzem constantemente, naquele caso a posição metodológica adotada pode cumprir de modo bem-sucedido sua função ideológica de *racionalizar o existente* em um modo plenamente conciliador. É por esse motivo que Marx insiste, na citação anterior, que a sociedade burguesa era "contraditória não no sentido de uma contradição individual, mas de uma contradição que nasce das condições de existência

---

[9] Para uma discussão mais detalhada desses problemas ver o capítulo 4 de meu livro *Para além do capital: rumo a uma teoria da transição* (São Paulo, Boitempo, 2002).

[10] Karl Marx, *Contribuição à crítica da economia política*, cit., p. 24.

social dos indivíduos", adicionando ao mesmo tempo a condição crítica crucial de que "as forças produtivas que se desenvolvem no seio da sociedade burguesa criam ao mesmo tempo as condições materiais para resolver esta contradição"[11]. Este foi precisamente o tipo de diagnóstico, tanto das contradições realmente existentes quanto de sua potencial resolução, que precisava ser evitado por todos aqueles que adotaram em suas conceituações do mundo o eternizante "ponto de vista da sociedade civil".

Ademais, esse tipo de tratamento da "sociedade civil", adotado já pelos grandes representantes intelectuais da burguesia em ascensão, possuía o benefício adicional para eles de ajudar a criar as condições especulativas para a idealização do próprio Estado capitalista ao separar a dimensão política abrangente dos problemas de seu solo material – por meio da abstração imaginária do estado da realidade material da "sociedade civil". Essa abordagem característica de separação estrutural foi duplamente conveniente. Pois o que podia, ao menos em princípio, trazer resultados no mundo real, a confrontação necessária dos antagonismos materiais e políticos intimamente associados – na medida em que progrediram no âmbito reprodutivo da "sociedade civil" –, foi categoricamente excluído de qualquer consideração em vista da falsa conceituação da sociedade civil como sendo o terreno da individualidade agregativa estritamente egoísta. E, pelo mesmo motivo, no idealizado domínio separado do Estado, no qual os antagonismos materiais da sociedade não poderiam sequer ser identificados de maneira apropriada, muito menos adequadamente superados, postulava-se de forma arbitrária a solução de uma "ordem natural" única e sua "racionalidade" inquestionável, excluindo toda possibilidade de transformar minimamente a dominação hierárquica estruturalmente consolidada do trabalho pelas não analisáveis (e absolutamente inalteráveis) premissas e imperativos práticos do sistema do capital.

Assim, era inconcebível esperar algum remédio de uma concepção de dois "domínios" tão artificialmente separados, a dita sociedade civil e o idealizado "Estado ético". A estruturalmente reforçada fundação material exploradora e opressiva da sociedade – na qual o trabalho vivo foi categoricamente separado dos meios de produção e, assim, radicalmente divorciado do exercício de todas as funções societais diretivas – foi transfigurada na pretensa e mutuamente benéfica *igualdade* de indivíduos livremente associados por contrato (independentemente de seus conflitos pessoais egoístas, mas supostamente compatível com a harmonia societal); e toda essa construção foi envolvida pelas camadas reificadas de mistificação apropriadas ao funcionamento material da mais que improvável "sociedade civil", no intento de fazê-la ideologicamente aceitável. Ao mesmo tempo, os procedimentos *formais/legais* do Estado idealizado do ponto de vista capitalista – o qual na realidade fora *totalmente dominado* pelo *poder material do capital necessariamente pressuposto*, impondo até as mais violentas forças repressivas (internamente contra sua própria força de trabalho e externamente na forma de guerras contra outros Estados), quando quer que a defesa da ordem estabelecida o exigisse – jamais poderiam contemplar qualquer mudança significativa por si mesmos. Pois as funções vitais do Estado foram historicamente articuladas como a *preservação* legal, política e militar (assim como assegurada nas relações de classes internas da sociedade capitalista pela grande variedade de forças policiais) das estruturas existentes

---

[11] Ibidem, p. 25.

196 *Estrutura social e formas de consciência*

de dominação e subordinação. Desse modo, tornou-se possível para a grande figura do movimento iluminista escocês, Adam Smith, idealizar o domínio do capital como o *"sistema natural da liberdade e justiça completas"*[12]. E Hegel também não teve dificuldade alguma em encontrar uma caracterização, assim como uma justificação, igualmente reconciliatória e idealizante da ordem estabelecida ao postular que "se tornou objetiva a reconciliação que, em imagens e em realidade da razão, desenvolve o Estado"[13].

Assim que as condições operativas reais da ordem sociometabólica do capital foram definidas de tal forma, por meio da conveniente separação entre a "sociedade civil" e o Estado, nenhuma solução positiva historicamente sustentável poderia ser vislumbrada como a alternativa hegemônica ao modo de reprodução estabelecido sem expor o caráter totalmente indefensável de suas determinações estruturais antagônicas. A reorientação marxiana do método foi dedicada precisamente a esse propósito.

Marx tratou com sarcasmo todos aqueles que quiseram oferecer algumas concessões limitadas e condescendentes sobre a forma prevalente da *distribuição* aos consumidores na ordem socioeconômica do capital enquanto mantinham seu modo de *produção* antagônico fetichisticamente intacto. Assim, ele escreveu que

> é sobremaneira *absurdo* quando John Stuart Mill diz: "As leis e condições da produção de riqueza assumem o caráter de *verdades físicas* [...] Não é assim com a *distribuição* de riqueza. Essa é uma questão exclusiva de instituições humanas".
>
> As "leis e condições" da produção de riqueza e as leis de "distribuição de riqueza" são as mesmas leis sob diferentes formas, e ambas mudam, enfrentam o mesmo processo histórico; sendo assim, são apenas momentos de um processo histórico.
>
> Não requer grandes aprofundamentos para compreender que se o ponto de partida é o trabalho livre ou assalariado, emergindo da dissolução da escravidão, as máquinas só podem *surgir* em antítese ao trabalho vivo, como propriedade que lhe é alheia, e como poder que lhe é hostil; ou seja, que devem confrontá-lo como capital. Mas é tão fácil quanto perceber que as máquinas não deixarão de ser agentes da produção social quando se tornarem, por exemplo, propriedade de trabalhadores associados. No primeiro caso, entretanto, sua distribuição, ou seja, o fato de que *não pertencem ao trabalhador*, é da mesma forma uma condição do modo de produção fundado no trabalho assalariado. No segundo caso, a mudança na distribuição terá início numa transformação na base *da produção*, uma nova fundação criada pela primeira vez pelo processo histórico.[14]

Naturalmente, a sobremaneira absurda separação e contraposição de Mill entre produção e distribuição foi concebida no interesse de eternizar a ordem de reprodução social estabelecida como um todo, ao declarar seu componente de produção como assumindo o

---

[12] Adam Smith, A *riqueza das nações* (trad. Luiz João Baraúna, 19. ed., São Paulo, Nova Cultural, 1996, Coleção Os Pensadores, vol. II), p. 100.

[13] G.W.F. Hegel, *Princípios da filosofia do direito* (trad. Orlando Vitorino, São Paulo, Martins Fontes, 2003), p. 317. Há até um toque de cinismo com relação às efetivas funções destrutivas do "Estado ético", incluindo a idealização de suas guerras, quando – desdenhando da otimista projeção de Kant de "paz eterna" – ele conclui que "a estagnação em que os mergulharia numa indefinida tranquilidade, assim uma paz eterna faria estagnar os povos", ibidem, p. 298.

[14] Karl Marx, *Grundrisse: Foundations of the Critique of Political Economy* (trad. Martin Nicolaus, Londres, Penguin, 1973), p. 832-3.

caráter de *verdades físicas*. Por conseguinte, Mill não poderia oferecer nada além de pseudoconcessões vazias também sobre a própria distribuição, pois em seu esquema de coisas a distribuição tinha de permanecer *encerrada* nas supostas determinações fisicamente inalteráveis da produção enquanto tal. O completo fracasso de todas as tentativas posteriores no século XX, das tímidas reformas liberais aos ruidosamente alardeados programas socialdemocratas de transformação da sociedade (por fim abandonados de forma humilhante, de acordo com a receita do "socialismo evolucionário", o qual se supunha ser estabelecido por meio do método de "*tributação progressiva*", instituído no interior da estrutura do Estado de bem-estar), confirmou amplamente a validade do sarcasmo de Marx.

Ao mesmo tempo, quando oferece piedosa esperança para um modo de distribuição significativamente reformado, a dimensão mais importante do modo liberal/socialdemocrata de abordar os problemas – por meio da separação grosseira e antidialética daquilo que não pode de forma alguma ser separado na realidade efetiva – significava que o intercâmbio das *mediações antagônicas* do metabolismo social não poderia ser alterado de modo concebível como premissa prática necessária da vida social. Mudanças poderiam ser projetadas apenas nas margens mais estreitas e nas franjas. E isso levou a descartar de forma categoricamente absoluta qualquer ideia de instituir o *socialismo* como a historicamente sustentável *alternativa hegemônica à ordem social do capital*.

A reorientação radical do método de Marx foi, ao contrário, concebida com o propósito de tornar viável aquele avanço em direção à "*nova forma histórica*". Essa é a razão pela qual ele frisou com muita ênfase na última de suas "Teses sobre Feuerbach", que "os filósofos apenas *interpretaram* o mundo de diferentes maneiras; o que importa é transformá-lo"[15]. A mudança qualitativa vislumbrada por Marx – metodologicamente vital para a *crítica da economia política* como *anatomia dos antagonismos estruturais da sociedade civil* – foi resumida por ele como o estabelecimento necessário do *sistema comunal de produção e distribuição*. Pois apenas por meio desse tipo de intercâmbio sociometabólico entre a humanidade e a natureza, e entre os próprios indivíduos, o círculo vicioso da *mediação antagônica* poderia ser rompido e substituído por um novo modo de *mediação comunal* não antagônica.

A esse respeito a questão central refere-se à forma específica de mediação por meio da qual a estrutura hierárquica da *divisão do trabalho,* sob o domínio do capital, poderia abrir caminho para o modo de reprodução diretamente social da "nova forma histórica". Em outras palavras, refere-se ao estabelecimento dos parâmetros e a direção na qual – nas palavras de Marx – "*no lugar* de uma divisão do trabalho"[16] (cujos imperativos materiais são impostos sem-cerimônias sobre os sujeitos do trabalho) a atividade vital conscientemente autocontrolada dos indivíduos sociais poderia ser integrada em uma totalidade produtivamente viável e humanamente realizadora.

De acordo com Marx, sob a divisão do trabalho que prevalece na sociedade mercantilizada, os indivíduos são mediados entre si mesmos e combinados de modo ineludível em uma totalidade social *estruturada de forma antagônica* por meio do sistema capitalista

---

[15] Cf. a 11ª e conclusiva tese de Marx sobre Feuerbach em Karl Marx e Friedrich Engels, *A ideologia alemã*, cit., p. 535.

[16] Karl Marx, *Grundrisse*, cit., p. 172.

198 Estrutura social e formas de consciência

de produção e troca de mercadorias. E isso é regido pelo imperativo do valor de troca em constante expansão ao qual deve ser estritamente subordinado todo o restante – das mais básicas e íntimas necessidades dos indivíduos às mais variadas atividades produtivas materiais e culturais às quais se dedicam na sociedade capitalista.

O sistema comunal vislumbrado por Marx posiciona-se em completo contraste com essa mediação societal estruturada de modo antagônico que não pode evitar impôr-se de modo brutal sobre os indivíduos por meio da relação de valor. As principais características do modo comunal de troca estão enumeradas em uma passagem seminal dos *Grundrisse*[17]:

- a determinação da atividade vital dos sujeitos trabalhadores como um vínculo necessário e individualmente significativo na *produção diretamente geral* e sua correspondente *participação direta* no mundo de produtos disponíveis;

- a determinação do próprio produto social como inerentemente comunal e geral desde o início, em relação às *necessidades e propósitos comunais*, baseando-se na cota especial que os indivíduos particulares adquirem na produção comunal em andamento;

- a participação plena dos membros da sociedade também no *consumo comunal propriamente dito*: uma circunstância que acaba por tornar-se deveras importante, em vista da inter-relação dialética entre produção e consumo, sobre cuja base esta é caracterizada de modo adequado sob o sistema comunal como definitivo "consumo *produtivo*"[18];

- a *organização* planificada do trabalho (ao invés de sua divisão alienante, determinada pelos imperativos autoafirmativos do valor de troca na sociedade mercantilizada) de tal modo que a atividade produtiva dos sujeitos particulares do trabalho seja mediada de uma forma não reificada-objetificada, por meio da troca de mercadorias, mas por meio das *condições intrinsecamente sociais do próprio modo de produção dado*, no interior do qual os indivíduos são ativos.

Essas características tornam bem claro que a questão central é o estabelecimento, em termos históricos, de uma *nova mediação* do intercâmbio metabólico da humanidade com a natureza e da *atividade produtiva autodeterminada* progressivamente entre os indivíduos sociais.

A tarefa da desmistificação tinha de ser buscada de modo firme nesse âmbito. Primeiro, em relação ao conceito de *troca*, tratado de forma tendenciosa e com arbitrariedade unidimensional, características dos economistas políticos e filósofos que adotam o ponto de vista da sociedade civil. Citando Marx:

> O caçador e o pescador individuais e isolados, a partir dos quais partem Smith e Ricardo, pertencem às concepções sem imaginação dos robinsonianos do século XVIII, as quais de forma alguma expressam apenas uma reação contra a sofisticação exacerbada e um retorno a uma vida natural mal compreendida, como os historiadores culturais imaginam. Também se baseia no tal naturalismo o *contrato social* de Rousseau, que coloca sujeitos autônomos, naturalmente independentes, em relação e conexão mediante contrato. Esta é a semelhança, aquela meramente estética, dos robinsonianos, grandes e pequenos. É, antes, a antecipação da "sociedade civil", em preparação desde o século XVI e andando a passos largos em direção à maturidade no

---

[17] Ibidem, p. 171-2.

[18] Aqui podemos ver a relevância da dura crítica de Marx à oposição não dialética entre produção e distribuição formulada por John Stuart Mill.

XVIII. Nessa sociedade de competição aberta, o indivíduo aparece separado dos laços naturais etc., os quais em períodos históricos anteriores o converteram em um acessório de um conglomerado humano definido e limitado. Smith e Ricardo ainda se apoiam com os dois pés sobre os ombros dos profetas do século XVIII, em cujas imaginações esse indivíduo do século XVIII – o produto da dissolução das formas feudais da sociedade e das novas forças de produção desenvolvidas desde o século XVI – aparece como um ideal, *cuja existência eles projetam sobre o passado*. Não como um resultado histórico, mas sim como o ponto de partida da história. Como o *Indivíduo Natural* apropriado de sua noção de natureza humana, não surgindo historicamente, mas *depositado pela natureza*. Essa *ilusão* tem sido comum a cada nova época até os dias atuais. [...] Somente no século XVIII, na "sociedade civil", as várias formas de interconexão social confrontam o indivíduo como um mero meio para seus fins privados, como necessidade externa. Mas a época que produz esse ponto de vista, aquele do *indivíduo isolado*, é também precisamente aquela das relações sociais (e, sob essa perspectiva, gerais) mais desenvolvidas até esse ponto. O ser humano é no sentido mais literal um *zoon politikon*, não um mero animal gregário, mas um animal que pode se individuar apenas em meio à sociedade.[19]

No século e meio transcorrido desde o momento em que estas linhas foram escritas por Marx nada mudou substancialmente em termos metodológicos e ideológicos nas conceituações formuladas do ponto de vista da "sociedade civil" e da economia política, correspondendo ao ângulo privilegiado do capital. Ou seja, nada além de perder sua credulidade ingênua original em favor de assumir um caráter abertamente apologético e, por vezes, até cinicamente sacralizador, como no caso de Hayek e sua laia. Hoje não há mais *ilusões* genuínas abrigadas de modo sério em tais escritos. Porém, a projeção anistórica das *relações de troca capitalistas* com o passado mais remoto e a presunção arbitrária da idealizada *naturalidade do sistema como um todo* para propósitos ideológicos, em conjunto com a fictícia *natureza humana* da individualidade isolada, estão com mais evidência hoje do que em qualquer outra época.

Ademais, o fato é que nas várias concepções de "sociedade civil" o culto do indivíduo isolado é distorcido de maneira gritante. Pois sob o domínio do capital encontramos a forma social "mais desenvolvida até esse ponto"de relações de reprodução social nas quais o indivíduo efetivamente existente "pode se individuar apenas em meio à sociedade". Em outras palavras, não se pode sequer começar a pensar sobre as características definidoras elementares da individualidade capitalista sem seus *vínculos orgânicos* inseparáveis com a mais complexa estrutura de determinações sociais em movimento já vista na história. Esse fato desconfortável permanece como uma contradição fundamental da ordem estabelecida, e é insuperável no interior dos limites estruturais de tal ordem.

É justo por esse motivo que a *distribuição* deve ser separada da – e imaginariamente oposta à – *produção*, para criar uma credibilidade ilusória de uma ordem "natural" orientada pela (e em direção à) ótima satisfação das necessidades da individualidade isolada, quando na verdade oculta a efetividade das pressuposições práticas e dos imperativos materiais objetivos impostos pela ação bem-intencionada das *personificações do capital*.

Em relação ao terreno da *produção* enquanto tal, nem mesmo a remota *aparência* de um sistema coerente – capaz de surgir do *caos dos intercâmbios estritamente individualistas*

---

[19] Karl Marx, *Grundisse*, cit., p. 83-4.

e de adicionar milagrosamente em sua constituição um sistema socioeconômico "globalizado" totalmente não problemático – poderia ser plausível sequer por um momento. Tão só a metodologia "sobremaneira absurda" de abstrair a distribuição de sua necessária base de produção (incuravelmente nociva), pode gerar o mito de uma sociedade equitativa enquanto preserva absolutamente intactas suas determinações discriminatórias *estruturalmente reforçadas*. Além disso, a dimensão mais significativa da *distribuição mesma*, quando considerada em sua integralidade dialética – o tabu absoluto a respeito da distribuição primária de meios e materiais de produção à propriedade exclusivista das personificações do capital –, é removida (caberia dizer com mais propriedade: contrabandeada) da "sobremaneira absurda" preocupação condescendente com a "distribuição" desconjuntada de produtos aos consumidores, como parte e parcela das mistificações convenientemente derivadas do "ponto de vista da sociedade civil".

Entretanto, não obstante toda a mistificação metodológica e ideológica, a contradição subjacente fundamental não pode ser removida do sistema. Pelo contrário, cada vez mais se aprofunda e se intensifica, e mais cedo ou mais tarde deverá ser contemplada na própria realidade. Pois não estamos falando de um traço periférico ou marginal, mas sim de uma contradição central do sistema do capital em sua totalidade: aquele entre a tendência em *direção à socialização crescente e integração global da produção* e a intocável *apropriação privada* do produto societal total, incluindo, obviamente, os meios de produção potencialmente mais poderosos de toda a sociedade inventados pela ciência e expropriados de modo unilateral em subordinação às necessidades e determinações autoexpansivas do capital.

Ninguém poderia (ou, talvez, nem mesmo desejaria) negar que, hoje, a "globalização" – independente do quão em voga seja tratá-la como regra – pertence às "relações *sociais* (e, sob essa perspectiva, *gerais*) mais desenvolvidas até esse ponto", nas palavras de Marx, embora os ideólogos do capital sejam sem dúvida propensos a negar seu caráter contraditório. Não obstante, o problema grave é que a tendência realmente existente de globalização não pode ser levada a uma completude histórica sustentável por causa da contradição fundamental entre o crescimento significativo da socialização da produção e a cada vez mais exclusivista – em sua definitiva tendência *monopolística/imperialisticamente* destrutiva – apropriação/expropriação de todas as suas dimensões, incluindo sua base produtiva.

Tampouco devemos ser crédulos o suficiente para aceitar a afirmação propagandística e serviente a si mesma de que a "globalização" é um tipo radicalmente novo de desenvolvimento cujo resultado seria: vivermos felizes para sempre em todo o mundo. Na realidade ela é inseparável de uma categoria vital do desenvolvimento global do sistema, e neste sentido é tão antiga quanto o próprio capital industrial. Ou seja, a tendência inexorável em direção à *concentração e centralização do capital*[20]. De fato, o progresso dos *desenvolvimen-*

---

[20] Marx descreve o processo de centralização do capital como a expropriação de muitos por poucos capitalistas, sublinhando ao mesmo tempo as implicações de longo alcance desse processo para a socialização da produção em uma escala global. Assim é colocado pelo próprio: "Essa expropriação se opera pela ação das leis imanentes à própria produção capitalista, pela centralização dos capitais. Cada capitalista elimina muitos outros capitalistas. Ao lado dessa centralização ou da expropriação de muitos capitalistas por poucos, desenvolve-se, cada vez mais, a forma cooperativa do processo de trabalho, a aplicação consciente da ciência ao progresso tecnológico, a exploração planejada do solo, a transformação dos meios de trabalho em meios que só podem ser utilizados em comum, o emprego econômico de todos os meios de produção manejados

tos monopolísticos em geral não é de modo algum inteligível sem essa categoria. Ademais, até o tipo monopolístico de desenvolvimento não é tão novo quanto frequentemente se presume. Pois Marx havia posto em relevo já em 1857, em seus *Grundrisse*:

> Como um outro exemplo das posições divergentes que pode ocupar a mesma categoria em diferentes estágios sociais: uma das formas mais recentes da sociedade burguesa, *sociedades anônimas por ações*. Estas também aparecem, no entanto, em sua origem, nas grandes e privilegiadas empresas de *monopólio*.[21]

Assim, por exemplo, a monopolisticamente privilegiada e militarmente protegida Companhia das Índias Orientais, em um passado até certo ponto remoto, foi uma óbvia precursora do imperialismo colonial. As duas guerras mundiais do século XX são uma lembrança inegável da suposta natureza "benéfica em todos os aspectos" de tais desenvolvimentos. Tampouco podemos dar-nos ao luxo de fantasiar sobre a tendência da globalização em andamento se abstraímos suas profundas interconexões com as mais cruéis formas de dominação imperialista, incluindo a determinação de seus esmagadores poderes dominantes para precipitar até mesmo *guerras genocidas*, caso e quando quer que lhe sirva, no modelo do passado imperialista.

A reorientação marxiana do método é importante de modo vital em todos esses aspectos, pois as graves e globalmente intensificadas contradições de nossa ordem social não podem ser deixadas permanentemente sob o manto da mistificação metodológica e ideológica. A contradição irreconciliável entre socialização e apropriação da produção – identificada ao sublinhar-se que "a época que produz o ponto de vista do *indivíduo isolado* é também precisamente aquela das relações sociais (e, sob essa perspectiva, geral) mais desenvolvidas até esse ponto, em que o indivíduo só pode se individuar em meio à sociedade" – deve ser resolvida numa forma histórica sustentável. Ou seja: trazendo o metabolismo social em sua totalidade, incluindo a satisfação das necessidades genuínas dos indivíduos, em plena sintonia com a necessária socialização da produção, e isso sendo feito de tal modo que possa ser controlado de maneira apropriada pelos próprios indivíduos sociais livremente associados.

A única maneira concebível de cumprir de forma bem-sucedida essa tarefa histórica é por meio da instituição e consolidação do verdadeiro *sistema comunal* de produção e consumo, em sua inseparabilidade dialética recíproca, como sempre fora defendido por Marx. Nesse âmbito, não pode haver "ponto intermediário", como evidenciado claramente pelo total fracasso de todas as tentativas reformistas que no passado foram concebidas do ponto de vista e no espírito de uma "sociedade civil" historicamente insustentável.

Uma das questões metodológicas mais importantes a esse respeito refere-se à distorção tendenciosa e à projeção mistificadora das relações de troca capitalistas em direção ao passado remoto.

---

pelo trabalho combinado, social, o envolvimento de todos os povos na rede do mercado mundial e, com isso, o caráter internacional do regime capitalista", Karl Marx, *O capital: crítica da economia política* (trad. Reginaldo Sant'Anna, 18. ed., Rio de Janeiro, Civilização Brasileira, 2002, v. 2, livro primeiro, parte 7, cap. XXIV, seção 7), p. 875.

[21] Idem, *Grundrisse*, cit., p. 108.

Sem dúvida, nenhuma forma social em qualquer nível de complexidade é concebível sem *alguma forma* de relação de troca. De fato, o termo "social" é em certo sentido sinônimo disso. A "única" questão é que a troca precisa ser entendida como inseparável, de modo genuíno, da própria vida social. É isso que, em última instância, decide a questão quando nos referimos à necessária *sustentabilidade histórica* da *alternativa hegemônica* à ordem sociometabólica do capital.

Contudo, o grave problema é que as relações de troca sob o domínio do capital estão sujeitas à tirania da lei do valor. As consequências inevitáveis disso são alienantes e rigidamente constrangedoras para os seres humanos – como a dominação até das mais fundamentais necessidades de incontáveis milhões, dependentes dos valores de uso para a satisfação de suas necessidades, e a necessidade capitalista imposta em insensível subordinação à produção de valores de troca que geram lucros.

Na atualidade, o significado central do termo "troca" refere-se ao inevitável *intercâmbio metabólico com a natureza* por parte da humanidade, por um lado, e às *relações de intercâmbio dos indivíduos particulares entre eles mesmos*, por outro. Independente do que possam vir a ser as formas históricas específicas, esse é o caso exigido para realizar os objetivos vislumbrados da reprodução social da humanidade.

Nesse sentido fundamental, o significado da categoria de intercâmbio é inseparável da *mediação historicamente necessária*, indicando de modo claro o caráter *processual* daquilo que realmente está em jogo. Em franco contraste, sob a tirania da lei do valor, somos confrontados com as determinações fetichistas/reificantes *da troca de mercadorias*. Pois, no interior da estrutura do sistema do capital, a única forma possível de legitimar valores de uso correspondentes às necessidades humanas é produzir mercadorias que assegurem os *lucros*, sob o imperativo da acumulação de capital sempre expansiva.

Isso é extremamente problemático porque, na realidade, a satisfação das necessidades humanas está vinculada à provisão de bens ou produtos, seja como *objetos* ou *serviços*, e não de *mercadorias*. Entretanto, sob o domínio do capital, o significado de "produtos" é brutalmente distorcido, pois eles podem ser legitimados no âmbito da produção e distribuição do sistema do capital apenas enquanto *produtos mercantilizados*, sejam objetos ou serviços. E, pior ainda, até mesmo o exercício da *força de trabalho* – e, com ele, a sobrevivência do próprio trabalho vivo sob o domínio do capital – pode adquirir legitimidade para sua reprodução (ou seja, sua sobrevivência contínua) apenas sob a condição de que seja *convertido em mercadoria*.

Observando as condições para a reprodução em seu sentido fundamental, como intercâmbio metabólico da humanidade com a natureza e dos indivíduos particulares entre si, o papel atribuído aos *produtos* requer reflexão crítica, sem mencionar a *mercantilização dos produtos* que deve ser rejeitada como uma desumanização ultrajante. Pois, mesmo em relação aos *produtos*, a questão permanece ineludível: o quão justificáveis são os propósitos para os quais são produzidos quando considerado o ponto de vista da satisfação humana genuína dos indivíduos livremente associados, e não em sintonia com as determinações alienantes das relações de troca capitalistas que necessariamente as convertem em mercadorias, inventando e impondo sobre a sociedade até as mais artificiais "necessidades" (na verdade, apetites artificiais) quando as condições de lucratividade o exigem.

Nesse sentido, o papel reservado aos produtos pode constituir apenas uma etapa subordinada nesse complexo de problemas. A primazia pertence ao lado ativo/produtivo, mesmo se esse fato é seriamente distorcido pela modalidade capitalista da *objetivação* que assume de modo necessário a forma de *alienação* e *reificação* fetichista. Ainda assim, a verdade nua e crua é que também a mercadoria capitalista deve ser primeiro *produzida*, por meio do intercâmbio e da troca de uma grande multiplicidade de *atividades*, antes que possa entrar no mercado na busca direta de lucro.

É aqui que podemos ver a grande importância da defesa, por Marx, do *sistema comunal de produção e consumo* como a única solução viável às mediações antagônicas do capital e como a alternativa hegemônica viável à ordem estabelecida. Em gritante contraste com a produção de mercadorias e suas relações de troca reificadas, o caráter histórico inovador do *sistema comunal* define-se por meio de sua orientação prática em direção à troca de *atividades*, e não apenas de *produtos*[22]. Naturalmente, a alocação de produtos emerge da própria atividade produtiva organizada de forma comunal. Mas o ponto é que, no sistema comunal, a primazia necessariamente pertence à *autodeterminação* e à correspondente *organização das atividades mesmas* na qual os indivíduos livremente associados se envolvem em concordância com sua necessidade enquanto seres humanos ativos e criativos. Em outras palavras, sob o sistema comunal, a produção ocuparia de maneira consciente o lugar em resposta à necessidade, sobretudo, à necessidade básica dos indivíduos da *atividade vital humanamente realizadora*. Pois esta é uma questão *inerentemente qualitativa*, e somente os *próprios indivíduos* podem ser seus juízes, em contraposição à idealizada "mão invisível", que é apenas um nome mais respeitável para a tirania da lei do valor do capital.

A transição radical das relações de troca estabelecidas orientadas para a produção e distribuição de *produtos mercantilizados* – ou nem mesmo plenamente mercantilizados, como no sistema de tipo soviético – a um modo qualitativamente diverso, baseado na troca de *atividades*, é o único caminho viável para substituir a modalidade antagônica, definitivamente destrutiva, de mediação do intercâmbio metabólico da humanidade com a natureza e dos indivíduos entre si, por uma alternativa socialmente harmônica e historicamente sustentável. Pois se as atividades são predeterminadas por objetivos prévios de produção, sejam eles estabelecidos pelos imperativos da produção de mercadorias ou por uma autoridade política separada, em vez dos objetivos mesmos serem estabelecidos sobre a base das determinações conscientes dos indivíduos que se ocupam das várias atividades produtivas, nesse caso não pode haver nenhuma garantia contra antagonismos que surjam em torno da distribuição dos produtos ou acerca do modo pelo qual as atividades são designadas aos indivíduos produtores em subordinação às metas de produção preestabelecidas. É por esse motivo que não pode haver "ponto intermediário" entre a modalidade antagônica de reprodução social e o sistema comunal.

---

[22] Ibidem, p. 171. Como exposto por Marx: "Desde o início, o caráter comunal da produção converteria o produto em produto comunal, geral. A troca que originalmente ocorre na produção – que não seria uma troca de valores de troca, mas de *atividades*, determinadas por *necessidades e propósitos comunais* – incluiria desde o começo a participação dos indivíduos no *mundo comunal dos produtos*".

204 *Estrutura social e formas de consciência*

Outra razão vital para o estabelecimento do sistema comunal defendido por Marx é a irreversível natureza perdulária de todos os sistemas de produção e distribuição possíveis que não sejam orientados pela atividade vital conscientemente escolhida dos indivíduos associados. Ou seja, os indivíduos que intercambiam livremente suas atividades entre eles mesmos, baseados não na *divisão hierárquica*, mas na *organização substantivamente equitativa do trabalho*, em concordância com um *plano abrangente* estabelecido pelos e para os próprios indivíduos.

Geralmente se aceita que, por meio do desenvolvimento das forças produtivas da sociedade, incluindo o grande avanço da ciência, abre-se a possibilidade de se superar a escassez para a humanidade. Mas a produção da abundância, há muito prevista, está condenada a permanecer como uma *potencialidade abstrata* sem um modo adequado de produção e distribuição, que seria viável apenas sob o sistema comunal. Tornar tal potencialidade abstrata em *efetividade criativa* exige a reorientação do processo de reprodução social como um todo, de tal forma que os bens e serviços produzidos de maneira comunal possam ser *plenamente compartilhados*, e não *individualisticamente desperdiçados*, por todos aqueles que participam da produção e do consumo imediatamente sociais, porque eles optam e controlam por definitivo sua própria atividade. Se prescindirem desse tipo de autorregulação consciente, até mesmo os recursos da mais rica sociedade possível permanecerão aprisionados no interior do *círculo vicioso da escassez autorrenovadora e imponente* até em termos dos apetites descontrolados de grupos relativamente limitados de pessoas, e muito mais, em consequência, em relação à totalidade de indivíduos.

Dois comentários finais fazem-se necessários a esta altura. Primeiro, que no campo da economia e da filosofia políticas a determinação social do método na época do capital corre em direção *totalmente contrária* a tudo isso ao *eternizar* as relações de troca do sistema do capital, historicamente estabelecidas e necessariamente transitórias em termos de época, assim como pelo preocupante culto do indivíduo isolado em consonância com esses elementos. A conclusão é que o engajamento constante no trabalho da desmistificação crítica permanece como um desafio para nós.

O segundo comentário a ser feito é que a reorientação marxiana do método põe em relevo a *inseparabilidade* dos aspectos *metodológicos* dos problemas encontrados em sua dimensão substantiva. Contrariando a frequente separação especulativa e formalista do método em relação aos aspectos complexos e contradições da vida social – na teoria costumeiramente justificada sob o argumento de que a clarificação de pontos metodológicos complicados envolve a investigação das facetas mais mediadas do discurso filosófico –, as questões de método não estão menos envolvidas com os problemas *substantivos* da vida social. Com frequência o caso é o oposto, e as grandes dificuldades e complicações metodológicas surgem precisamente da extrema complexidade e contraditoriedade das questões socioeconômicas em jogo, exigindo uma abordagem radical crítica das próprias questões substantivas a fim de torná-las capazes de capturar sua dimensão metodológica. A reorientação marxiana do método vista nesta seção é um exemplo ilustrativo de como trazer à vida de modo pleno até mesmo os problemas mais complexos e abstratos de modo proibitivo no discurso filosófico tradicional, e elucidando-os a partir da interdependência de suas dimensões fundamentais.

8.2 Da "ciência da lógica" de Hegel à visão marxiana da ciência

O afastamento de Marx em relação a Hegel, apesar de seu completo reconhecimento das grandes conquistas da *dialética* hegeliana, é expresso de maneira clara já nos *Manuscritos econômico-filosóficos de 1844*, a primeira articulação abrangente da nova abordagem sobre a alienante ordem sociometabólica do capital. Enquanto reconhece que Hegel oferece uma síntese monumental do desenvolvimento filosófico, incluindo a explicação única sobre *objetivação* e *alienação*, Marx retrata o modo hegeliano de conceituar a sucessão de categorias como meras *entidades do pensamento*, em contraste com sua suposta personificação do mundo da efetividade. Há uma passagem central nos *Manuscritos econômico-filosóficos de 1844*, em que Marx caracteriza o sistema hegeliano como um todo da seguinte forma:

> Um papel peculiar desempenha, por isso, o *suprassumir* (*das Aufheben*), onde a negação e a conservação, a afirmação (*Bejahung*), estão ligadas.
>
> Assim, por exemplo, na filosofia do direito de Hegel, o *direito privado* suprassumido = *moral*, a moral suprassumida = *família*, a família suprassumida = *sociedade civil* (*bürgerliche Gesellschaft*), a sociedade civil suprassumida = *Estado*, o Estado suprassumido = *história mundial*. Na *realidade* (*Wirklichkeit*) continuam subsistindo direito privado, moral, família, sociedade civil, Estado etc.; apenas se tornaram *momentos*, existências e modos de existência (*Daseinsweisen*) do homem, que não têm validade isolados, se dissolvem e se engendram reciprocamente etc., *momentos do movimento*.
>
> [...] Por um lado, este suprassumir (*Aufheben*) é um suprassumir do ser pensado, portanto, a propriedade privada *pensada* suprassume-se no *pensamento* da moral. E porque o pensar se supõe ser imediatamente o outro de seu si, *efetividade sensível*, portanto a sua ação vale para ele também como ação *sensível-efetiva* (*sinnliche wirkliche Action*), este suprassumir pensante, que deixa seu objeto permanecer na efetividade, acredita tê-lo ultrapassado efetivamente.[23]

Ao mesmo tempo, Marx também destaca que a abordagem especulativa abstrata de Hegel para esses problemas surge de um ponto de vista determinado, reconciliador e social. Isso é colocado por ele da seguinte forma:

> Hegel se coloca no ponto de vista dos modernos economistas nacionais. Ele apreende o *trabalho* como a *essência*, como a essência do homem que se confirma; ele vê somente o lado positivo do trabalho, não seu [lado] negativo. O trabalho é o *vir a ser para si* (*Fürsichwerden*) *do homem* no interior da *exteriorização* ou como homem *exteriorizado*. O trabalho que Hegel unicamente conhece e reconhece é o *abstratamente espiritual*. O que forma, assim, a *essência* da filosofia em geral, a *exteriorização do homem que se sabe* (*wissender Mensch*), ou a ciência *exteriorizada que se pensa*, isto Hegel toma como sua essência [...]
>
> O Si é, porém, somente o homem *abstratamente* concebido e gerado por meio da abstração. O homem é *âutico* (*selbstisch*). Seu olho, seu ouvido etc., são *âuticos*; cada uma de suas forças essenciais tem nele a propriedade da *ipseidade* (*Selbstigkeit*). Mas por essa razão é, então, totalmente falso dizer: a *consciência de si* tem olho, ouvido, força essencial. A consciência de si é, antes, uma qualidade da natureza humana, do olho humano etc., não é a natureza humana [que é] uma qualidade da *consciência de si*.[24]

---

[23] Idem, *Manuscritos econômico-filosóficos* (trad. Jesus Ranieri, São Paulo, Boitempo, 2004), p. 130-1.

[24] Ibidem, p. 124-5. Grifos de Marx.

206 *Estrutura social e formas de consciência*

Desse modo, a crítica de Marx a Hegel é centrada em dois pontos principais, ambos de fundamental importância. Primeiro, a fusão hegeliana das categorias de objetivação e alienação*, tendenciosamente ofuscando a natureza desta, e o segundo, a abstração especulativa e reconciliadora por parte de Hegel dos problemas práticos vitais e das contradições do mundo realmente existente. Ambos estão em sintonia com o ponto de vista interessado da economia política, correspondendo ao ponto de vantagem estruturalmente assegurado do capital em dada fase do desenvolvimento histórico.

Com relação ao primeiro ponto, Marx destaca enfaticamente que, no que diz respeito a Hegel,

> Não que a essência humana se *desumanize*, se *objetive* em oposição a si mesma, mas sim que ela se *objetive* na *diferença* do, e em *oposição* ao, pensar abstrato, [é o que] vale como a essência posta e como [a essência] a ser suprassumida (*aufzuhebende*) do estranhamento. [...] já está latente enquanto gérmen, enquanto potência, como um mistério, o positivismo acrítico e do mesmo modo o idealismo acrítico das obras hegelianas posteriores, essa dissolução filosófica e essa restauração da empiria existente.[25]

Assim é que as duas categorias seminais de *objetivação* e *alienação* são fundidas de um modo que as encontramos unidas de maneira inextrincável na filosofia hegeliana desde a origem, e não apenas em seus estágios finais – mais abertamente conservadores –, em que nada pode ser feito na realidade sobre o poder alienante do capital, não importa o quão desumanizante seja o impacto que exerce sobre aqueles que a ele se sujeitam e que sob ele padecem: fato reconhecido pelo próprio Hegel na ocasião. A "dissolução filosófica e essa restauração da empiria existente" é eminentemente bem-sucedida em cumprir seu trabalho reconciliador – e decerto apologético – daquela maneira, deixando o capital em pleno controle da ordem social estabelecida.

O segundo ponto da crítica de Marx não é menos importante. Referindo-se à questão muito debatida da "verdade objetiva", em uma de suas "Teses sobre Feuerbach", ele a define da seguinte maneira:

> A questão de saber se ao pensamento humano cabe alguma verdade objetiva [*gegenständliche Wahrheit*] não é uma questão da teoria, mas uma questão *prática*. É na prática que o homem tem de provar a verdade, isto é, a realidade e o poder, a natureza interior [*Diesseitigkeit*] de seu pensamento. A disputa acerca da realidade ou não realidade do pensamento – que é isolado da prática – é uma questão puramente *escolástica*.[26]

Assim, de acordo com Marx, a solução não somente para os mistérios especulativos da filosofia idealista, mas ao mesmo tempo para todos os problemas e contradições aparentemente intratáveis da ordem social efetivamente existente, incluindo aqueles conceituados de um modo característico até mesmo pelos maiores representantes da economia política clássica, deve ser buscada por meio de uma reorientação radical do próprio pensamento,

---

* Na edição em português de *Manuscritos econômico-filosóficos*, cit., esse mesmo termo de Marx foi traduzido como "exteriorização". Na versão em inglês adotada por István Mészáros, o termo é "*alienation*". (N. E.)

[25] Ibidem, p. 121-2. Grifos de Marx.

[26] Segunda tese sobre Feuerbach em Karl Marx e Friedrich Engels, *A ideologia alemã* cit., p. 533. Grifos de Marx.

em claro contraste com as concepções filosóficas do passado. Isso significa que, na visão de Marx, é preciso buscar uma forma de abordagem qualitativamente diferente ao adotar--se "esta mundaneidade* do pensamento", o que significa que toda investigação teórica deve estar firmemente focada na prática transformadora relevante aos seus interesses. Desse modo, a ideia de unificar teoria e prática adquire uma importância fundamental na concepção marxiana do mundo em um estágio bastante inicial de seu desenvolvimento, permanecendo constantemente como um de seus princípios orientadores vitais.

Fiel a essa linha de abordagem muito diferente, Hegel, em sua *Sciense of Logic,* elogia a língua alemã como possuidora de "muitas vantagens sobre as outras línguas modernas [...] tanto que devemos reconhecer aqui um *espírito especulativo* na língua"[27]. Em carta para Engels, escrita um ano após publicar o primeiro volume de *O capital,* Marx comenta com um toque de ironia a respeito das virtudes especulativas das categorias lógicas que emergem da língua germânica e de outras.

> o que diria o velho Hegel no outro mundo se ouvisse que em alemão e norueguês o geral [*Allgemeine*] quer dizer tão somente terra comum [*Gemeinland*] e o particular [*Sundre, Besondere*] apenas a separação da propriedade da terra comum dividida? Afinal de contas, eis aqui as categorias lógicas surgindo bem a partir de "*nossa relação*".[28]

Obviamente, apesar do escopo magistral da filosofia hegeliana, a lacuna era grande demais para ser coberta tanto pela identificação reconciliadora da alienação desumanizante com a natureza teórica e insuperável na prática das categorias de objetivação e externalização, em geral, quanto pela definição da tarefa do filósofo em termos completamente *especulativos* e não *práticos*, cruciais para a transformação societal. De fato, quando Marx começara a formular suas ideias principais, ou seja, na era em que a ordem burguesa atingiu o fim de sua dinâmica de ascensão histórica, tornou-se necessário conceber os problemas da filosofia e da ciência de um modo radicalmente diverso não apenas da "ciência da lógica" hegeliana, mas também de todas aquelas abordagens que continuaram a manter sua lealdade, direta ou indiretamente, em relação ao ponto de vista da economia política do capital. Pois era impensável vislumbrar e defender de qualquer outra forma a necessária emancipação socioeconômica e humana do trabalho, assim como instituir seu modo alternativo hegemônico historicamente viável de controle sociometabólico ao incurável e perdulário sistema do capital.

De acordo com Hegel "o *fim último e supremo* da ciência [é considerar] o suscitar [...] [da] *reconciliação* da razão consciente de si com a razão *essente, com a efetividade*"[29].

Nesse espírito reconciliador Hegel frequentemente trata com franco sarcasmo aqueles que oferecem críticas àquilo que ele mesmo considera a "realidade racional". Ele faz isso em nome da ordem Divina e da Ideia, referindo-as a um domínio filosófico ao qual, em

---

* Na edição em português de *A ideologia alemã,* cit., esse termo de Marx foi traduzido como "natureza interior". Na edição em inglês adotada por István Mészáros, o termo é "*this-worldliness*". (N. E.)

27 G.W.F. Hegel, *Science of Logic* (Londres, George Allen & Unwin, 1929, v. 1), p. 40.

28 Karl Marx, "Letter to Engels" (25/3/1868). Disponível em: <http://marxists.org/archive/marx/works/1868/letters/68_03_25.htm>.

29 G.W.F. Hegel, *Enciclopédia das ciências filosóficas em compêndio – 1830* (trad. Paulo Menezes com a colaboração de Pe. José Machado, 2. ed., São Paulo, Loyola, 1995, v. 1), p. 44.

208 Estrutura social e formas de consciência

sua visão, as considerações de tempo histórico não podem ser aplicadas. Como vimos no capítulo 7, ele nunca perde a oportunidade de afirmar que a ordem Divina ou a Ideia não são "tão importantes" a ponto de não poderem ter já se realizado completa e eternamente, e que isto, ademais, tenha sido feito "desde sempre".

Em outro contexto, Hegel reitera o mesmo pensamento em *Science of Logic* ao dizer que:

> A realidade do racional se opõe à fantasia popular [...] mesmo no campo da política. Como se o mundo tivesse aguardado por ela para aprender como deveria ser, e não fora! [...] O objeto da filosofia é a Ideia: e *a Ideia não é tão impotente a ponto de meramente possuir um direito ou uma obrigação a existir sem efetivamente existir*. O objeto da filosofia é uma *efetividade* da qual tais objetos, regras e condições sociais, são apenas o exterior superficial.[30]

Assim a crítica hegeliana do "dever-ser" está preocupada, de modo característico, com a rejeição plena da defesa voltada a introduzir mudanças significativas na ordem política e social estabelecida.

Hegel também mantém que "um filosofar *sem sistema* não pode ser algo *científico*"[31]. Ao mesmo tempo, também enfatiza, com frequência e de maneira enérgica, a necessidade e sua pretensão de apresentar ao público a realização plena de seu próprio sistema – embora permaneça rechaçando vivamente a "fantasia popular" da "filosoficamente requerida e adequada ciência avançada", como vimos anteriormente.

O fundamento sobre o qual ele rejeita a "fantasia popular" não é o elitismo episte-mológico. Hegel é, muito pelo contrário, um democrata bastante ilustrado no que se refere à capacidade do público em geral de compreender até mesmo o mais elevado nível de generalização filosófica. Seu fundamento para desdenhar de forma peremptória a "fantasia popular" em todas as suas manifestações é primordialmente um conservadorismo social e político, muito em sintonia com a orientação geral da "ciência filosófica avançada" de seu sistema especulativo. É por isso que ele afirma da forma mais clara possível que "o que interessa ao Estado é a questão do *discernimento culto* e não *popular*"[32]. E isto, obvia-mente, não é uma questão de disputas conceituais abstratas referentes à teoria do Estado, mas uma matéria *prática* de tomada de decisão efetiva, com grave impacto potencial na *realidade* do Estado, como visto e idealizado pelo próprio Hegel.

Esta é a razão pela qual Hegel não pode tolerar a perigosa intromissão da defesa da "de-cisão popular" – pela "fantasia popular" ou qualquer outra coisa – no interior do domínio da tomada de decisão política do Estado, que representa a tão exaltada, porém problemática ao extremo, "mundaneidade" do sistema hegeliano. Não pode haver concessão alguma nesse âmbito. De fato, no interesse de preservar a integridade de sua própria teoria conservadora do Estado, ele não hesita em até mesmo violar sua regra estabelecida de maneira explícita sobre a rejeição do "dever-ser", quando lhe convém fazê-lo.

Um exemplo óbvio a esse respeito é quando ele afirma categoricamente – em relação às exigências da Constituição legítima, decerto em sintonia com sua teoria de Estado – que "se essa distinção entre obedecer e comandar é necessária, diz-se que é porque não ha-

---

[30] Idem, *Science of Logic* (Londres, George Allen & Unwin, 1929), v. 1, p. 10.

[31] Idem, *Enciclopédia das ciências filosóficas em compêndio – 1830*, cit., p. 55.

[32] Idem, *Filosofia da história* (trad. Maria Rodrigues e Hans Harden, São Paulo, UnB, 1995), p. 43.

veria outro modo"[33]. Entretanto, quando se trata de justificar a posição adotada por Hegel como "absolutamente necessária", não obstante a contradição com alguns de seus próprios princípios, ele pode oferecer pouco além de um extremamente vazio – irrealizável e jamais realizado de maneira efetiva – "dever-ser". É assim que Hegel tenta se desvencilhar do labirinto conceitual e da armadilha que ele próprio criou para si, com relação à defesa da "distinção entre aqueles que comandam e aqueles que obedecem":

> Entretanto, obedecer parece *não estar de acordo com a liberdade*, e ordenar *parece* ser mesmo oposto ao fundamento do Estado, que corresponde ao *conceito de liberdade*. [...] Então, pelo menos, *dever-se-ia* tomar uma diretriz que fizesse com que os cidadãos que obedecessem às ordens o fizessem o mínimo possível, e que desse margem também a um mínimo de arbitrariedade; o conteúdo daquilo que se torna necessário comandar, diante do essencial, seria *definido e decidido pelo povo*, pela vontade de muitos ou por todos os indivíduos. O *Estado*, todavia, *deve ter força e poder* como realidade, como unidade individual.[34]

Como podemos ver, o *dever-ser* "instado" por Hegel – completamente em vão – na Constituição, referindo-se ao poder de tomada de decisão do povo, é, na verdade, nada além da colisão entre duas ordens do "*dever-se-ia*": uma desejosamente defendida em favor do "*povo*", e a outra realmente garantida ao *Estado*, devido a suas características definidoras sobremaneira importantes de acordo com as quais o Estado hegeliano deve possuir "*força e poder*", para ser capaz de cumprir suas funções estipuladas. E, invariavelmente, na concepção hegeliana, entre essas duas ordens de "dever-se-ia" (ou "dever-ser"), precisam prevalecer de forma incondicional as exigências absolutas do Estado. Ademais, na mesma página da citação anterior, Hegel também tenta atenuar, e até mesmo minimizar, a contradição entre "comandar/obedecer" e a liberdade que não pode deixar de reconhecer. É o que faz não somente quando diz que aqueles que comandam somente "*aparentam*", contradizendo o princípio da liberdade tão fundamental a sua própria ideia de Estado, mas também quando ele adiciona que o reforço da exigência absoluta de comandar e obedecer pelo próprio Estado "parece ser tão somente uma limitação compulsória, *externa* e contrária à liberdade apenas no *abstrato*".

Desse modo, Hegel é perfeitamente consistente em ambas as instâncias. Ou seja, tanto quando expressa sua reserva mais forte possível sobre o uso da forma imperativa de "dever-ser" em argumentos filosóficos, como quando viola a mesma regra e se impõe sem hesitações ao anteriormente desprezado imperativo de "dever-ser" quando necessita. Naturalmente, a consistência é *substantiva* e não *formal*. Não é formal porque sua própria prática filosófica mostra claramente, pelo contrário, a *violação formal* de sua própria regra. Mas, é claro, não sem uma importante *razão substantiva* no que se refere à filosofia hegeliana mesma. Pois uma leitura cuidadosa das passagens que vimos antes revela que essa rejeição da "fantasia popular", que possui a temeridade de se imiscuir na "realidade política" – e o desprezo de Hegel pelo que se ousa imaginar que "o mundo tivesse aguardado por ela para aprender como deveria ser, e não conseguira!" – e o exemplo contrário de reconciliar de modo dúbio a "necessidade absoluta" de comandar e obedecer com a ideia esvaziada de

---

[33] Ibidem, p. 43.

[34] Idem.

liberdade, em nome de um deveras vazio, mas filosofica/ideologicamente muito conveniente "dever-ser", ambos correspondendo de modo pleno ao *conservadorismo substantivo* (e, ao mesmo tempo, à consistência paradoxal) da concepção hegeliana do Estado idealizado.

Como podemos ver, Hegel se mantém, de fato, fiel à sua própria definição de que "o fim último e supremo da ciência" de forma muito distinta é o "suscitar [...] [da] reconciliação da razão consciente de si com a razão essente, com a efetividade".

Contudo, a própria definição hegeliana é bastante problemática. Pois o modo pelo qual Hegel caracteriza o "o fim último e supremo" de sua ciência filosófica requer a submissão totalmente apologética da "razão consciente de si" à "razão essente" em sua forma destrutiva e irracional – ou seja, em sua forma alienada e não simplesmente objetificada-externalizada – como convém de modo pleno à ordem sociometabólica do capital pela "*efetividade*" idealizada de Hegel. Em outras palavras, Hegel define, em nome da própria "razão consciente de si", a tarefa da filosofia ao requerer a *submissão voluntária* de todos – submissão de todos, melhor dizendo, com exceção daqueles que já se encontram prontamente desqualificados por ele como culpados da ilusória "fantasia popular" – às premissas e aos imperativos práticos e desumanizantes de algo muito distante da "efetividade racional" do existente. E Hegel faz isso em uma época cuja grande tarefa histórica – sob o impacto dos explosivos antagonismos sociais dos quais ele é uma atenta e observadora testemunha – consiste na cada vez mais urgente *mudança radical* do mundo.

O princípio metodológico orientador fundamental da filosofia hegeliana, centrado na Ideia Absoluta, é inseparável de sua orientação ideológica reconciliadora. É por isso que a temporalidade histórica aberta em direção ao futuro deve ser banida em nome do "eterno presente", que por si só presume-se ser apropriado ao "círculo de círculos" do Absoluto encerrado metolodogicamente em uma cápsula. Nas palavras de Hegel:

> [a] definição do absoluto, de que é a ideia, agora é ela mesma absoluta. Todas as definições anteriores voltam a essa. A ideia é a verdade, pois a verdade é que a objetividade corresponda ao conceito [...].[35]

E também adiciona que:

> A ideia pode ser compreendida:
> • como a razão (essa é a significação filosófica própria para razão);
> • como o sujeito-objeto, além disso;
> • como a unidade do ideal e do real; do finito e do infinito; da alma e do corpo;
> • como a possibilidade que tem, nela mesma, sua efetividade;
> • como aquilo cuja natureza só pode ser concebida como existente etc.; porque na ideia estão contidas todas as relações do entendimento, mas em seu infinito retorno e identidade em si mesmos.[36]

Assim a reconciliação defendida por Hegel não pode admitir limite algum de tempo ou extensão. Deve ser absoluta, porque a ideia realizadora da Ideia Absoluta não é compatível com mais nada. Não é compatível com qualquer condicionamento temporal, relacionado às determinações sócio-históricas potencialmente transformadoras, por que

---

[35] Idem, *Enciclopédia das ciências filosóficas em compêndio – 1830*, cit., p. 348.

[36] Ibidem, p. 350.

a Ideia Absoluta enquanto tal não pode tolerar nem mesmo a sombra de qualquer cisão ou dissensão no futuro de sua *efetividade plenamente cumprida*". E isso se deve ao fato de que a Ideia Absoluta precisa ser pensada sempre como já *plenamente cumprida*: um postulado categórico reiterado de forma constante pelo próprio Hegel.

Vimos no início deste capítulo que, na visão de Marx,

a humanidade só levanta os problemas que é capaz de resolver e assim, numa observação atenta, descobrir-se-á que o próprio problema só surgiu quando as condições materiais para o resolver já existiam ou estavam, pelo menos, em vias de aparecer.[37]

Esses pensamentos remetem a uma passagem escrita por Hegel na qual se lê:

Devemos estar persuadidos que o verdadeiro tem a natureza de eclodir quando chega o seu tempo, e só quando esse tempo chega se manifesta; por isso nunca se revela cedo demais nem encontra um público despreparado.[38]

Esses raciocínios são muito similares em alguns aspectos; e ainda assim estão muito distantes. Pois o que está em questão no caso de Marx é a realidade tangível da própria ordem de reprodução *socialmente antagônica* e *hierarquicamente consolidada* do capital. Tal antagonismo é contrastado por Marx com a caracterização econômico-política, distorcida de maneira tendenciosa, de um puro "antagonismo individual" correspondendo à "natureza humana" e, dessa forma, tanto *absolutamente insuperável* no mundo prático da "sociedade civil", como também legitimamente *eternizável* na teoria econômica e política. Por conseguinte, o que Marx sugere é a articulação de uma *mudança societal efetiva* historicamente dinâmica e, em meio aos explosivos antagonismos sociais, também há muito atrasada, definida em termos de suas próprias *premissas práticas objetivas* – na qualidade da ordem hegemônica alternativa qualitativamente distinta do trabalho – colocada em oposição ao modo de controle progressivamente destrutivo do capital.

O apelo de Hegel à ideia de que a verdade "tem a natureza de eclodir quando chega o seu tempo, e só quando esse tempo chega se manifesta" é também a asserção de um tipo de "mundaneidade", não obstante a roupagem especulativa na qual nos é apresentada. Porém, é uma variedade diferente de "mundaneidade" precisamente no que se refere a seus termos de referência cruciais. Não apenas porque postula a "verdade" vinculada especulativamente à Ideia Absoluta e nesse ponto encerrada de forma definidora no círculo do infinito "retorno e identidade em si mesmos". O principal problema é que quase tudo – e certamente *tudo* ideologicamente conveniente no sentido de corresponder de modo irrestrito ao ponto de vista da economia política, no espírito apologético do ângulo privilegiado do capital a serviço de si mesmo – pode ser derivado de tal definição da Verdade Absoluta. E quando isso gera a proposição de que "a Europa é *o fim da história universal*"[39] – como nos é dito por Hegel no que ele explicitamente denomina a "teodiceia, a justificação de Deus na história"[40] –, então

---

[37] Karl Marx, *Contribuição à crítica da economia política*, cit., p. 25.

[38] G.W.F. Hegel, *Fenomenologia do espírito* (trad. Paulo Menezes, 4. ed., Petrópolis, Vozes, 2007, Prefácio), p. 70.

[39] Idem, *Filosofia da história*, cit., p. 93.

[40] Ibidem, p. 373.

nos vemos confrontados pela perturbadora experiência de que, na obra de um dos maiores filósofos da história, uma *falsidade absoluta* pode estar de forma inextricável vinculada à afirmação arbitrariamente especulativa daquilo que ele diz ser a "Verdade Absoluta". Esse é o motivo pelo qual a definição hegeliana do "*fim último e supremo da ciência*", em sua inseparabilidade assegurada especulativamente da "*reconciliação* da razão consciente de si com a razão essente, com a *efetividade*" – que significou justificar-se a si mesma em nome do Absoluto, proibindo por meio da modalidade idêntica da racionalização ideológica qualquer *mudança histórica* no mundo real – precisava ser radicalmente suplantada no sistema marxiano por uma concepção de ciência muito diversa.

Sob o nome de "astúcia da razão" e "Providência divina", correspondendo à sua própria versão da "mão invisível" de Adam Smith para descrever a modalidade reprodutiva do capital, Hegel compara tais processos a um silogismo e explica que:

> O *meio-termo total* é então essa potência interior do conceito enquanto *atividade*, com a qual o *objeto* está reunido imediatamente, enquanto *meio*, e sob o qual se mantém. [...] É a *astúcia* da razão que o fim subjetivo – enquanto é a potência desses processos, em que o *objetivo* se desgasta e se suprassume [em seus processos] um no outro – a si mesmo se conserve *fora desses processos*, e seja *o que* neles *se conserva*.
>
> A razão é tanto *astuta* como *poderosa*. A astúcia consiste, de modo geral, na atividade mediatizante que, deixando os objetos segundo sua natureza atuar uns sobre os outros, e desgastar-se uns nos outros, contudo, sem se imiscuir nesse processo, [a razão] leva somente *o seu* fim à realização. Nesse sentido, pode-se dizer que a Providência divina se comporta como a astúcia absoluta em relação ao mundo e a seus processos. Deus deixa-fazer os homens, com suas paixões e interesses particulares, e o que resulta por isso é a realização das *suas* intenções, que são outra coisa do que primeiro tratavam de fazer aqueles de que Deus se serve no caso. [...]
>
> O fim alcançado é, por isso, somente um objeto, que é também, por sua vez, meio ou material para outros fins; e assim por diante, até o *infinito*.[41]

Em relação à modalidade de reprodução necessária ao capital, a questão é supostamente protegida pela "astúcia da razão" e pela "Providência divina": será assim realmente *para sempre*? Ou haverá um modo historicamente sustentável de superar o "círculo de círculos" reprodutivo do capital?

Certamente, se os processos sociais efetivos não forem liberados de seu envoltório especulativo reconciliador para, então, seguirem seu curso de ação conscientemente designado, nesse caso a "mão invisível" – em qualquer de suas variantes econômico-políticas – pode permanecer no controle da modalidade de reprodução circular da "sociedade civil". É, portanto, necessário não apenas explicar teoricamente, mas também *superar na prática* as forças que dominam o intercâmbio societal e retiram seu poder adicional do caráter mistificador de seu modo de existência.

É aqui que a crítica da alienação e da reificação – que requer a definição desmistificadora da categoria de *alienação* em seus termos próprios de referência, extraídos de sua submersão hegeliana no interior da *objetivação/externalização* – afirma sua importância. Pois essa maneira de clarear o real sentido da alienação ajuda a transformar o mistério

---

[41] Idem, *Enciclopédia das ciências filosóficas em compêndio – 1830*, cit., p. 346.

especbulativo em algo perfeitamente compreensível. Para citar uma passagem relevante de *A ideologia alemã*, a questão é

> como se explica que o comércio, que não é mais do que a troca de produtos de indivíduos e países diferentes, domine o mundo inteiro por meio da relação de oferta e procura – uma relação que, como diz um economista inglês, paira sobre a terra igual ao destino dos antigos e distribui com mão invisível a felicidade e a desgraça entre os homens, funda e destrói impérios, faz povos nascerem e desaparecerem – enquanto com a superação da base, da propriedade privada, com a regulação comunista da produção e, ligada a ela, a supressão da relação alienada dos homens com seus próprios produtos, o poder da relação de oferta e procura reduz-se a nada e os homens retomam seu poder sobre a troca, a produção e o modo de seu relacionamento recíproco?[42]

Assim, o que é de fato necessário a esse respeito não é uma acomodação reconciliadora das pessoas ao poder alienante da reclamada "efetividade racional", mas sua suplantação eficiente na prática e historicamente viável por uma ordem alternativa. Pois, como uma imposição aparentemente misteriosa da racionalidade em questão sobre os processos socioeconômicos e históricos efetivos,

> a própria ação do homem torna-se um poder que lhe é estranho e que a ele é contraposto, um poder que subjuga o homem em vez de por este ser dominado. [...] Esse fixar-se da atividade social, essa consolidação de nosso próprio produto num poder objetivo situado acima de nós, que foge ao nosso controle, que contraria nossas expectativas e aniquila nossas conjeturas, é um dos principais momentos no desenvolvimento histórico até aqui realizado.[43]

Assim, o princípio orientador fundamental da concepção marxiana de ciência se converte em como *assumir o controle* sobre todos os aspectos do processo de reprodução social, desde aqueles diretamente envolvidos nas condições materiais básicas de existência da humanidade até as mais mediadas atividades artísticas teóricas e criativas da vida dos indivíduos sociais. Naturalmente, dado o caráter dinâmico dos problemas em questão, tanto em relação ao desenvolvimento humano da maneira como progrediu no passado quanto em relação à sua trajetória conscientemente planejada no futuro, a abordagem inteira precisava ser histórica de forma inevitável. Em contraste com as concepções filosóficas do passado não poderia haver dúvida sobre um desfecho histórico ideologicamente conveniente. Pois os desafios emancipatórios do ser social envolvido não poderiam de forma alguma tornar-se inteligíveis sem manter em mente sua dimensão histórica de maneira constante.

Por conseguinte, a questão de "Por que a história?" foi respondida por Marx com estas palavras: "Os homens têm história porque têm de *produzir* sua vida, e têm de fazê-lo de modo *determinado*"[44]. Nesse sentido não poderia haver qualquer coisa misteriosa ou especulativa/metafísica a respeito do processo histórico real. Pelo contrário, seu quadro de referência fora descrito por Marx nos termos mais tangíveis ao pôr em relevo o importante ponto substantivo de que "o primeiro ato histórico é, pois, a produção dos meios para a satisfação dessas necessidades"[45]. E ele resumiu a orientação metodológica

---

[42] Karl Marx e Friedrich Engels, *A ideologia alemã*, cit., p. 39.

[43] Ibidem, p. 37-8.

[44] Ibidem, p. 34, nota a. Grifos de Marx.

[45] Ibidem, p. 33.

214 *Estrutura social e formas de consciência*

fundamental da nova abordagem no mesmo espírito: "conhecemos uma única ciência, a ciência da história"[46].

Marx rejeitou com veemência a ideia de que vários domínios da atividade intelectual humana deveriam constituir campos teóricos autônomos e voltados para si mesmos, com critérios de investigação histórica opostos de maneira artificial. É assim que ele coloca a questão: "Não há história da política, do direito, da ciência etc., da arte, da religião etc."[47]. Todos esses campos tiveram de ser investigados como partes integrantes de um todo coerente. Do mesmo modo que ele rejeitara a oposição entre ciências naturais e humanas, insistindo em que, no futuro

> a ciência natural perde a sua orientação abstratamente material, ou antes idealista, tornando-se a base da ciência *humana*, como agora já se tornou – ainda que em figura estranhada – a base da vida efetivamente humana; uma *outra* base para a vida, uma outra para a *ciência* é de antemão uma mentira; [...] Tanto a ciência natural subsumirá mais tarde precisamente a ciência do homem quanto a ciência do homem subsumirá sob si a ciência natural: será *uma* ciência.[48]

O fato de que no transcurso da história moderna a ciência natural pudesse se converter na base real da vida humana apenas sob uma *forma alienada*, por meio de desenvolvimentos industriais e comerciais capitalistas, devido às suas determinações estruturais sedimentadas e articuladas de maneira hierárquica, as quais, por sua própria natureza, tinham de submeter a potencialidade criativa do trabalho humano aos imperativos da expansão do capital, constituiu, obviamente, um grande impedimento para o futuro. Assim, a realidade desumanizante de tais desenvolvimentos precisava ser erradicada da única maneira viável sob as circunstâncias existentes; ou seja, por meio da transformação intransigente da ordem social estabelecida em sua totalidade. E isso trouxe consigo a definição marxiana de ciência em sua inseparabilidade da mais radical *intervenção prática* no processo de transformação social. A explicação teórica isolada não poderia oferecer as soluções requeridas nesse âmbito; nem mesmo a de tipo programaticamente antiespeculativo. Tampouco era suficiente dedicar-se apenas à *negação* da ordem dada. A negação do sistema do capital tinha de ser combinada com a demonstração da viabilidade histórica da ordem *hegemônica alternativa* positiva necessária, personificada em um movimento emancipatório social globalmente progressivo. As "Teses sobre Feuerbach" – defendendo a *unidade de teoria e prática* – tornou absolutamente claro que a *prática revolucionária*, no sentido mais óbvio de seus termos de referência, teria de assumir o papel central na concepção marxiana de ciência. É por isso que pela primeira vez na história uma teoria científica de mudança estrutural foi articulada e diretamente vinculada por seu fundador à realização necessária da tarefa histórica de criar um *movimento revolucionário consciente* capaz de instituir a propugnada estratégia de *transformação global*.

Uma vez que o alvo da crítica marxiana tinha de ser o sistema fetichista e alienante do capital em sua totalidade, incluindo todas as suas *determinações estruturais*, a categoria de *estrutura social* adquiriu importância seminal na nova teoria. Pois era inconcebível assumir o controle do processo vital da reprodução social sem compreender claramente, por meio

---

[46] Ibidem, p. 86, nota d.

[47] Ibidem, p. 77.

[48] Karl Marx, *Manuscritos econômico-filosóficos*, cit., p. 112.

do ato de desmistificação, as alavancas e as forças determinantes da própria estrutura estabelecida. Como colocado por Marx, a *observação empírica* deve trazer à tona,

> sem nenhum tipo de mistificação ou especulação, a conexão entre a estrutura social e política e a produção. A estrutura social e o Estado provêm constantemente do processo de vida de indivíduos determinados.[49]

Por consequência, ao colocar de lado a mistificação especulativa que envolve tais relações – devido ao poder aniquilador do "fetichismo da mercadoria" (que transforma relações sociais em coisas e coisas em desconcertantes relações sociais) – e ao enfatizar a conexão do anteriormente enigmático tratamento da estrutura social e do Estado com o processo vital tangível de indivíduos definidos, torna-se possível perceber "a necessidade e simultaneamente a condição de uma transformação, tanto da indústria como da estrutura social"[50]. Esta é a única maneira pela qual pode ser vislumbrada a libertação dos indivíduos sociais definidos de sua escravidão no interior do "círculo de círculos" reprodutivo do capital, superando aqui o poder da "astúcia da razão" autoafirmativa, até mesmo quando é santificada pela "Providência divina" hegeliana.

O poder aniquilador do "fetichismo da mercadoria" está claramente manifesto na relação social descrita de forma mistificadora na filosofia sob o postulado do *sujeito-objeto idênticos*.

Paradoxalmente, esse postulado desempenhou papel importante em uma das obras filosóficas mais importantes do século XX. Trata-se de *História e consciência de classe,* de Georg Lukács, que afirmou ali de modo célebre:

> Uma vez que Hegel representa – como será mostrado – o ápice do racionalismo, ele só pode ser superado por uma relação entre o pensamento e o ser que não seja mais contemplativa, na demonstração concreta do *sujeito-objeto idêntico*.[51]

O próprio Lukács depois critica com veemência algumas das principais posições filosóficas que ele próprio adotou em sua obra de transição rumo ao marxismo (publicada pela primeira vez em 1923), incluindo sua versão da identidade sujeito-objeto, caracterizando-as como uma tentativa muito problemática de conceber um "hegelianismo exacerbado"[52]. Mas foi precisamente esta a razão pela qual [Maurice] Merleau-Ponty, após abandonar sua posição anterior de intelectual radical e companheiro de lutas de Jean-Paul Sartre, celebrou de maneira tendenciosa *História e consciência de classe,* em *As aventuras da dialética*[53], como a encarnação clássica de um "marxismo ocidental" algo mítico.

Naturalmente, a ideia lukacsiana da identidade sujeito-objeto era muito diversa da de Hegel. Lukács não se referia à Ideia Absoluta e ao Espírito do Mundo, mas sim ao

---

[49] Karl Marx e Friedrich Engels, *A ideologia alemã*, cit., p. 93

[50] Ibidem, p. 32.

[51] Georg Lukács, *História e consciência de classe: estudos sobre a dialética marxista* (trad. Rodnei Nascimento, São Paulo, Martins Fontes, 2003), p. 291, nota 93.

[52] Lukács resumiu sua crítica no extenso prefácio que escreveu em 1967 para a nova edição de *História e consciência de classe*.

[53] Maurice Merleau-Ponty, *As aventuras da dialética* (São Paulo, Martins Fontes, 2006).

proletariado como "o sujeito-objeto idêntico do processo histórico"[54]. Contudo, ao fazer essa transição, não poderia tornar sua noção de "ser mais hegeliano que Hegel" em algo menos especulativo e idealista que o tão reverenciado postulado hegeliano. Por duas razões. Primeiro, porque – em contraste com a *realidade* da existência proletária sob as condições do domínio do capital sobre a sociedade – ele poderia somente projetar uma *potencialidade abstrata* sobre o futuro, e isso apenas na forma do dúbio conceito weberiano de "consciência atribuída"[55]. E, segundo, porque o verdadeiro ponto que remete à relação complexa entre sujeito e objeto é a *unidade* histórica de ambos, tanto em relação ao passado como em relação ao futuro, e não sua *identidade* especulativamente postulada.

O problema a esse respeito é o perverso efeito aniquilador da divisão social do trabalho historicamente dinâmica que culmina no fetichista sistema do capital. Uma importante passagem dos *Grundrisse* de Marx ajuda a iluminar a natureza dos processos materiais, centrados ao redor do sujeito do trabalho e das condições objetivas de sua atividade, as quais, ao fim, são transfiguradas – e extremamente distorcidas – no postulado idealista da identidade sujeito-objeto. A passagem em questão é:

> assim como o sujeito trabalhador é um indivíduo natural, um ser natural, da mesma forma a primeira condição objetiva de seu trabalho aparece como a natureza, a terra, como um corpo inorgânico. O próprio indivíduo não é apenas o corpo orgânico, mas, ainda, esta natureza inorgânica como sujeito. Esta condição não é algo que ele tenha produzido, mas algo que encontrou a seu alcance, algo existente na natureza e que ele pressupõe. [...] o fato do trabalhador encontrar as condições objetivas de seu trabalho como algo *separado* dele, como *capital*, e o fato do capitalista encontrar os trabalhadores *carentes de propriedade*, como *trabalhadores abstratos* – a troca que tem lugar entre *valor* e *trabalho vivo* – supõem um processo histórico, por mais que o capital e o trabalho assalariado, eles mesmos, *reproduzam* esta relação e a elaborem tanto em seu alcance objetivo como em profundidade.
>
> E este *processo histórico, como vimos, é a história da evolução tanto do capital como do trabalho assalariado.* Em outras palavras, *a origem extra econômica da propriedade, simplesmente, significa a gênese histórica da economia burguesa*, das formas de produção a que as categorias da economia política dão expressão teórica ou ideal. [...]
>
> O que exige explicação não é a *unidade* de seres humanos vivos e ativos com as condições naturais e inorgânicas de seu metabolismo com a natureza e, portanto, sua apropriação da natureza; nem isto é o resultado de um processo histórico. O que tem de ser explicado é a *separação* entre essas condições inorgânicas da existência humana e a existência ativa, *uma separação somente completada, plenamente, na relação entre o trabalho assalariado e o capital.*
>
> No relacionamento de escravidão e de servidão não há tal separação; o que acontece é que uma parte da sociedade é tratada pela outra como simples condição inorgânica e natural de sua própria reprodução. O escravo carece de qualquer espécie de relação com as condições objetivas de seu trabalho. Antes, é trabalho em si, tanto na forma de escravo como na de servo, situado entre outros seres vivos (*Naturwesen*) como condição inorgânica de produção, juntamente com o gado ou como um apêndice do solo. Em outras palavras: as condições originais de produção surgem como *pré-requisitos naturais*, como condições naturais de existência do produtor, do mesmo

---

[54] Georg Lukács, *História e consciência de classe,* cit., p. 46.

[55] O leitor interessado pode encontrar uma discussão detalhada de *História e consciência de classe* de Lukács em vários capítulos de meu livro *Para além do capital*, cit., capítulos 6 a 10.

modo que seu corpo vivo, embora reproduzido e desenvolvido por ele, não é, originalmente, estabelecido por ele, surgindo, antes, como seu pré-requisito.[56]

Como podemos ver, a possibilidade de revelar o verdadeiro caráter da relação entre o sujeito do trabalho e seu objeto, junto com o potencial emancipatório inerente a tal desvelamento, emerge apenas sob as condições do capitalismo, como resultado de um longo processo de desenvolvimento histórico e produtivo. Pois, em completo contraste com o escravo, que "carece de qualquer espécie de relação com as condições objetivas de seu trabalho", o sujeito do trabalho da "escravidão do salário" de fato insere-se na estrutura do empreendimento capitalista como um *sujeito* do trabalho. Isso se dá apesar de seu caráter de sujeito ser imediatamente obliterado no momento mesmo de sua entrada na "fábrica despótica", que precisa funcionar sob a autoridade absoluta do *pseudossujeito usurpador*, o *capital*, transformando o sujeito real, o trabalhador, em uma mera peça da engrenagem produtiva do sistema do capital. E já que o sujeito do trabalho sob tal sistema está condenado a existir como "*trabalhador abstrato*", por ser *carente de propriedade* – muito ao contrário do escravo e do servo que não são de forma alguma "carentes de propriedade", mas parte integrante desta e, portanto, muito distantes de serem "abstratos" – o "escravo do salário" está por completo à mercê da capacidade e boa vontade do capital em empregá-lo, e disso depende sua própria sobrevivência. Isso, novamente, não poderia ser mais contrastante com a relação original (primitiva) entre o sujeito do trabalho e as condições objetivas (necessárias) de sua atividade produtiva. Pois aquela relação é caracterizada pela "*unidade* de seres humanos vivos e ativos com as condições naturais e inorgânicas de seu metabolismo com a natureza".

Assim, a questão real da relação sujeito-objeto é a de como *reconstituir* – em um nível de plena consonância com o desenvolvimento produtivo atingido na história – a *unidade necessária dos sujeitos do trabalho* com as condições objetivas alcançáveis de sua atividade vital significativa. A identidade do sujeito com o objeto jamais existiu, nem tampouco poderia existir. Porém, comparada com o passado, a reconstituição qualitativamente diversa da *unidade entre trabalho vivo e o sujeito ativo, e as condições objetivas exigidas para o exercício das energias criativas humanas*, de acordo com o nível de avanço produtivo alcançado, é tanto viável quanto necessária. A oposição – e decerto sob o domínio do capital a *contradição antagônica* – entre o trabalho vivo e as condições necessárias para seu exercício é um absurdo total: o truque mais sórdido da "astúcia da razão" hegeliana. A mistificação filosófica que se manifesta no postulado da identidade sujeito-objeto é o corolário necessário dessa relação objetiva, ainda que absurda, tal como é percebida a partir do ângulo privilegiado do capital. Pois a contradição em questão só pode ser reconhecida se permanecer totalmente compatível com os *imperativos estruturais* do capital na qualidade de modo de controle eternizado do metabolismo social. Esta é a razão pela qual, na reconstituição *da unidade do sujeito do trabalho com as condições objetivas de sua atividade* em um nível qualitativamente mais elevado, o remédio social de fato viável deve se metamorfosear no postulado místico do sujeito-objeto *idêntico*.

---

[56] Karl Marx, *Formações econômicas pré-capitalistas* (trad. João Maia, 6. ed., São Paulo, Paz e Terra, 1991), p. 81-3. Ver também *Grundrisse: Foundations of the Critique of Political Economy* (trad. Martin Nicolaus, Londres, Penguin, 1973), p. 488-90.

218 *Estrutura social e formas de consciência*

Como pudemos ver no capítulo 6, temos aqui, diante de nossos olhos, a mais peculiar "identidade sujeito-objeto", mesmo que em sua realidade nua e crua muito distinta de sua idealização filosófica. Ao refletir a *anulação prática fetichista* da relação entre o real sujeito do trabalho e seu objeto, tanto como meios do trabalho quanto como seu produto, enquanto trabalho armazenado na forma de capital acumulado (o qual, a partir daqui, assume de forma usurpadora para si o papel do sujeito em comando), a idealização filosófica mistificadora consiste em derivar a "*consciência de si*" ou a "*identidade do sujeito*" especulativas do discurso *filosófico* a partir da identificação dos pensadores com os objetivos exploratórios que emanam das *premissas práticas inalteráveis* do capital como *sujeito-objeto proposto por si próprio*, combinado com a eliminação simultânea do sujeito real – trabalho *vivo* e não *armazenado*, o *genuíno sujeito do trabalho* – do cenário filosófico. Esse é o motivo pelo qual a busca elusiva pelo "sujeito-objeto idêntico" – como uma *fictícia* solução reconciliatória do problema, que deixa intocada a própria relação exploratória no mundo da dissimulada "efetividade racional"– persiste até os nossos dias como uma recorrente quimera filosófica.

Hegel afirma de forma incisiva que o conhecimento real não pode se satisfazer com a aparência, mas deve alcançar uma posição na qual a "aparência se torna igual à essência"[57]. É desse modo que retrata o processo como um todo, admitindo que isso não se dá sem "ambiguidade", mas superando a seu modo a reconhecida ambiguidade:

> Esse movimento *dialético* que a consciência exerce *em si mesma* [...] é justamente o que se chama *experiência* [...]. A consciência sabe *algo*: esse objeto é a *essência* ou o *Em-si* para a consciência; com isso entra em cena a *ambiguidade* desse verdadeiro. [...] Esse último aparece, de início, apenas a reflexão da consciência sobre si mesma: uma representação não de um objeto, mas apenas de seu saber do primeiro objeto. Só que, como foi antes mostrado, o primeiro objeto se altera ali para a consciência; deixa de ser o Em-si e se torna para ela um objeto tal, que *só para a consciência é o Em-si*. [...] É essa situação que conduz a série completa das figuras da consciência em sua necessidade. Só essa *necessidade* mesma – ou a *gênese* do novo objeto – se apresenta à consciência sem que ela saiba como lhe acontece. Para nós, é como se isso lhe transcorresse por trás das costas. [...] É por essa necessidade que o caminho para a ciência já é ciência ele mesmo, e portanto, segundo seu conteúdo, é ciência da *experiência da consciência*. [...] A consciência, ao abrir caminho rumo à sua verdadeira existência, vai atingir um ponto onde se despojará de sua aparência: a de estar presa a algo estranho, que é só para ela, e que é como um outro. Aqui a *aparência se torna igual à essência*, de modo que sua exposição *coincide* exatamente com esse ponto da ciência autêntica do espírito. E, finalmente, ao *apreender sua verdadeira essência*, a consciência mesma designará a natureza do próprio *saber absoluto*.[58]

Sem dúvida, o "saber absoluto" produzido de maneira especulativa, sob todas suas denominações generosamente descritas na específica passagem da *Lógica* de Hegel citada antes, é prestativo em todos os modos e em todo contexto. Pois em sua constituição tudo se resume a "*apreender sua verdadeira essência*" por meio do "movimento dialético que a consciência exerce *em si mesma*", como convém aos procedimentos da filosofia idealista.

Entretanto, quando a questão é a necessidade prática de superar a dominação escravizadora da objetivação *alienante*, reforçada de forma constante pelo poder aniquilador

---

[57] G.W.F. Hegel, *Fenomenologia do espírito*, cit., p. 82.

[58] Ibidem, p. 80-2.

do *fetichismo da mercadoria*, um modo muito diverso deve ser encontrado para varrer a *falsa aparência* no intento de assumir o controle sobre as *relações substantivas* estruturalmente consolidadas da ordem social estabelecida. Pois sob o comando do modo de controle alienante/fetichista do capital – que transforma os sujeitos do trabalho em meros objetos dominados por completo pelo sujeito usurpador do capital – "uma relação social definida, estabelecida entre os homens, assume *a forma fantasmagórica de uma relação entre coisas*"[59], ou, em outras palavras, assume a forma mistificadora de "relações *materiais* entre *pessoas* e relações sociais entre *coisas*"[60]. Em consequência, "a própria atividade social possui a forma de uma atividade das coisas sob cujo controle se encontram, ao invés de as controlarem"[61].

Nenhuma consciência especulativa "ao apreender sua verdadeira essência" poderia ser de algum auxílio para mudar tal estado de coisas. Pois a dolorosa e inegável verdade histórica é, e permanece sendo, que:

> A estrutura do processo vital da sociedade, isto é, do processo da produção material, só pode desprender-se do seu véu nebuloso e místico no dia em que for obra de homens livremente associados, submetida a seu controle consciente e planejado.[62]

É por isso que a ciência precisava ser libertada de seu envoltório especulativo. Tinha de ser reorientada de maneira radical – em concordância com seus vislumbrados objetivos vitais na prática e efetivamente emancipatórios – em seu sentido marxiano.

8.3 A crítica da economia política

Todas as principais obras de Marx carregam o título ou subtítulo de "uma crítica da economia política", começando pelos manuscritos de 1857–1858 de *Grundrisse zu einer Kritik der Politischen Economie* [esboços de uma crítica da economia política], publicados postumamente, seguidos pelo livro publicado pelo próprio em 1859 sob o título de *Contribuição à crítica da economia política*, e coroado por seu magistral, mesmo que inacabado, *O capital*, obra que leva o subtítulo *crítica da economia política*. Ademais, os extensos volumes de suas *Teorias da mais-valia* também pertencem ao mesmo complexo de investigações. Assim, obviamente, um acerto de contas crítico com a economia política ocupou um lugar central na obra de Marx.

Deveria existir uma boa razão para que Marx dedicasse tantos anos de sua vida à análise crítica da economia política. Como ele explicitou em seu "Prefácio de 1859" para *Contribuição à crítica da economia política*, ele se convencera de que a "a anatomia da sociedade civil deve ser procurada na economia política"[63].

---

[59] Karl Marx, O *capital*, cit., v. 1, livro primeiro, parte 1, cap. XII, p. 94.

[60] Ibidem, p. 95.

[61] Ibidem, p. 96.

[62] Ibidem, p. 101.

[63] Idem, *Contribuição à crítica da economia política*, cit., p. 24.

220 Estrutura social e formas de consciência

De maneira compreensiva, ele contrapôs nos mais sinceros termos a economia política clássica com a "economia vulgar", dizendo que:

> no meu entender, economia política clássica é toda a economia que, desde W. Petty, investiga os *nexos causais das condições burguesas de produção*, ao contrário da economia vulgar, que trata apenas das relações aparentes, rumina, continuamente, o material fornecido, há muito tempo, pela economia científica, a fim de oferecer uma explicação plausível para os fenômenos mais salientes, que sirva ao uso diário da burguesia, limitando-se de resto, a sistematizar *pedantemente* e a proclamar como verdades eternas as ideias banais, presunçosas, dos capitalistas sobre seu próprio mundo, para eles *o melhor dos mundos*.[64]

Contudo, o tratamento e a rejeição aguçados da "economia vulgar" são de uma importância secundária nesse empreendimento. O verdadeiro alvo da crítica marxiana é a *economia política clássica*, sobretudo porque em seu tempo investigou – de modo confesso a partir do ângulo privilegiado do capital – as *relações reais de produção* na sociedade burguesa. A grande tarefa da prática sócio-histórica é a suplantação radical da própria ordem burguesa. Isso envolve, é claro, a superação crítica de tais teorias que corporificam descobertas científicas genuínas reveladoras da natureza daquela ordem de reprodução social, em contraste com suas vulgarizações apologéticas pedantes e superficiais. Esse é o único caminho para aprender sobre a "anatomia da sociedade civil" conhecida historicamente que foi incorporada na obra da economia política clássica. Isso significa um processo de aprendizado a ser realizado no intento de ser capaz de ir além da "sociedade civil" como descrita na economia política clássica, não importando o quão idealizada seja a imagem apresentada pelos grandes representantes da teoria econômica. Pois a ideia de uma *suplantação crítica* não pode ser equacionada de forma simplista com a noção imediata de *negação* e *rejeição*. Uma crítica válida deve incorporar também os *pontos fortes* – ou seja, as conquistas reais – de um adversário científico no sentido dialético de "*superação preservadora*" e "*preservação superadora*".

As características definidoras da "nova forma histórica" advogada por Marx – a alternativa hegemônica do trabalho no modo estabelecido de reprodução sociometabólica – devem ser formuladas em seus próprios termos de referência. Mas tal processo não pode originar-se de um vácuo histórico. O ponto importante de contato teórico entre a ordem social existente e a sociedade alternativa vislumbrada pode ser apenas a economia política clássica uma vez que esta contém genuinamente a "anatomia da sociedade civil". Em nossos próprios dias, a economia política clássica já segue desempenhando um papel central – tanto diretamente como por meio de suas vulgarizações apologéticas[65] – na regulação dos processos da ordem capitalista. Os pontos da crítica definidos por Marx, ou por qualquer outro, para suplantar de maneira permanente as generalizações teóricas representativas formuladas pelas figuras clássicas da economia política a partir do ponto de vista do capital, adquirem sua validade apenas se as *raisons d'être* – ou seja, as determinações estruturais objetivas na raiz das teorias referidas – forem destacadas no sentido de uma "crítica ima-

---

[64] Idem, *O capital*, cit., v. 1, livro primeiro, parte 1, cap. I, p. 103.

[65] A esse respeito, é importante lembrar o uso reacionário que é feito de Adam Smith por Hayek em seus escritos de cruzada, como *Caminho da servidão* (Rio de Janeiro, Instituto Liberal, 1987).

nente". Isso quer dizer, uma crítica que reconheça também as circunstâncias especiais e as motivações históricas dos pensadores em questão, e não apenas suas limitações de classe como as visualizadas a partir do ponto de vista qualitativamente diverso e da distância necessária da "nova forma histórica" vislumbrada.

É por isso que não devemos nos surpreender quando lemos os generosos comentários de Marx sobre os clássicos da economia política, indicando ao mesmo tempo as razões pelas quais eles *tinham de* adotar uma posição limitada e problemática. Para citá-lo:

> A economia política analisou, de fato, embora de maneira incompleta, o valor e sua magnitude, e descobriu o conteúdo que ocultam. Mas nunca se perguntou por que ocultam esse conteúdo, por que o trabalho é representado pelo valor do produto do trabalho, e a duração do tempo de trabalho, pela magnitude desse valor. Fórmulas que pertencem, claramente, a uma formação social em que o processo de produção domina o homem, e não o homem o processo de produção, são consideradas pela consciência burguesa uma *necessidade tão natural quanto o próprio trabalho produtivo*. [...]
>
> A insuficiência da análise de Ricardo sobre a magnitude do valor, a melhor, é, contudo, insuficiente, como se verá nos Livros Terceiro e Quarto desta obra. Quanto ao valor em geral, a economia política clássica não distingue, expressamente e com plena consciência, entre trabalho representado no valor e o mesmo trabalho representado no valor de uso do produto. [...]
>
> Uma das falhas principais da economia política clássica é não ter conseguido devassar – partindo da análise da mercadoria e, particularmente, do valor da mercadoria – a forma do valor, a qual o torna valor de troca. Seus mais categorizados representantes, como A. Smith e Ricardo, tratam com absoluta indiferença a forma do valor ou consideram-na mesmo alheia à natureza da mercadoria. O motivo não decorre apenas de a análise da magnitude do valor absorver totalmente sua atenção. Há uma razão mais profunda. A forma do valor do produto do trabalho é a forma mais abstrata, mais universal, do modo de produção burguês, que, através dela, fica caracterizado como uma espécie particular de produção social, de acordo com *sua natureza histórica*. A quem considere esse modo de produção *a eterna forma natural da produção social*, escapará, necessariamente, o que é *específico* [*differentia specifica**] *da forma do valor* e, em consequência, da forma mercadoria e dos seus desenvolvimentos posteriores, a forma dinheiro, a forma capital etc. Encontram-se, por isso, economistas que concordam plenamente em ser a magnitude do valor medida pelo tempo de trabalho, mas sustentam, em relação ao *dinheiro*, figura conclusa do equivalente geral, as ideias mais contraditórias e extravagantes.[66]

Isto nos leva a uma questão da maior importância metodológica. Pois por meio do exame crítico do modo pelo qual a economia política lida com a forma-dinheiro, Marx concentra sua atenção numa *inversão* metodológica frequente – e ao mesmo tempo muito reveladora socialmente – das efetivas relações históricas envolvidas. De maneira inevitável, tal inversão transubstancia a real natureza do processo em andamento de um modo reconciliador.

Ao tentar elucidar um problema aparentemente muito complicado, Marx insiste que "a dificuldade não reside em demonstrar que dinheiro é mercadoria, mas como, por que e através de que meios dinheiro é mercadoria"[67]. Para fazê-lo, não basta destacar as falhas

---

* Na tradução em inglês adotada por István Mészáros, esse trecho vem grafado em latim. (N. E.)

[66] Karl Marx, *O capital*, cit., v. 1, livro primeiro, parte 1, cap. I, p. 101-3.

[67] Ibidem, cap. II, p. 116.

222 *Estrutura social e formas de consciência*

e insuficiências das explicações oferecidas pela economia política clássica. Também é necessário acentuar as determinações sócio-históricas objetivas subjacentes a tais falhas. Por conseguinte, Marx deixa claro que

> Segundo essa aparência ilusória, uma mercadoria não se torna dinheiro somente porque todas as outras nela representam seu valor, mas, ao contrário, todas as demais nela expressam seus valores, porque ela é dinheiro. Ao se atingir o resultado final, a fase intermediária desaparece sem daixar vestígios. [...] Daí a magia do dinheiro. Os homens procedem de maneira atomística no processo de produção social e suas relações de produção assumem uma configuração material *que não depende de seu controle nem de sua ação consciente individual*. Esses fenômenos se manifestam na transformação geral dos produtos do trabalho em mecadorias, transformação que gera a mercadoria equivalente universal, o dinheiro. O *enigma* do fetiche dinheiro é, assim, nada mais do que o enigma do fetiche *mercadoria* em *forma patente e deslumbrante*.[68]

O que precisa ser explicado é, portanto, a "magia do dinheiro" que assume a forma de "enigma do dinheiro" inseparável do "enigma da mercadoria" na produção generalizada de mercadorias. Mas a solução de tais enigmas requer a adoção do método correto. A questão central aqui é "o que é *específico* [*differentia specifica*] *da forma do valor*", como mencionado antes. Pois – segundo o importante princípio metodológico de que "a chave para a anatomia do macaco é a anatomia dos seres humanos"[69], e não vice-versa, ou seja, que a forma mais elevada de desenvolvimento abre a possibilidade de explicar as menos elevadas – no interior da estrutura socioeconômica do desenvolvimento mais avançada na história e correspondentemente multifacetada torna-se possível encontrar respostas aos "enigmas" indicados. Mas eles não podem ser elucidados sem uma análise histórica abrangente do desenvolvimento humano que investigue a relação metabólica entre a humanidade e a natureza assim como dos indivíduos entre eles mesmos, em seu terreno objetivo de determinação. Isso quer dizer: de um modo que seja de maneira simultânea *ontologicamente social* e *abrangentemente histórico*. O que implica uma análise da *differentia specifica* que de modo constante traga à lembrança a totalidade do desenvolvimento sócio-histórico levando à fase mais avançada por meio da demonstração de sua *gênese abrangente*, enquanto subsuma ou incorpore em seus resultados explicativos também as características definidoras relevantes das fases anteriores.

Nesse sentido, Marx explica que "O dinheiro é um cristal gerado necessariamente pelo processo de troca, e que serve, de fato, para equiparar os diferentes produtos do trabalho e, portanto, para convertê-los em mercadorias"[70].

O terreno no qual essa conversão ocorre é tanto ontologicamente social quanto histórico em um sentido abrangente, indo bem além da fase capitalista de desenvolvimento em relação ao passado e também ao futuro. Para citar Marx:

> As coisas são extrínsecas ao homem e, assim, por ele *alienáveis*. Para a *alienação* ser recíproca, é mister que os homens se confrontem, reconhecendo, tacitamente, a respectiva posição de pro-

---

[68] Ibidem, p. 117.

[69] Ver a introdução de Marx aos *Grundrisse*, cit.

[70] Karl Marx, *O capital*, cit., v.1, livro primeiro, parte 1, cap. II, p. 111.

prietários particulares dessas coisas alináveis e, em consequência, a de pessoas independentes entre si. Essa condição de independência recíproca não existe entre os membros de uma comunidade primitiva, tenha ela a forma de uma família patriarcal, de uma velha comunidade indiana ou de um estado inca etc. A troca de mercadorias começa nas fronteiras da comunidade ou com membros de outras comunidades. Mas, virando os produtos mercadorias na vida externa da comunidade, por contágio, também se tornam mercadorias dentro dela. [...] Por isso, com o tempo, passa-se a trazer para a troca, intencionalmente, pelo menos uma parte dos produtos do trabalho. A partir desse momento, consolida-se a dissociação entre a utilidade das coisas destinadas à satisfação direta das necessidades e a das coisas destinadas à troca. Seu valor de uso dissocia-se do seu valor de troca. [...]

A necessidade dessa forma desenvolve-se com o número e a variedade crescentes das mercadorias que entram no processo de troca. O problema surge simultaneamente com os meios de sua solução. [...] Os povos *nômades* são os primeiros a desenvolver a forma dinheiro, porque toda a sua fortuna é formada por bens móveis, *diretamente alienáveis*, e seu gênero de vida os põe constantemente em contato com comunidades estrangeiras, induzindo-os à troca dos produtos.[71]

Dessa forma, é necessário entender a profundidade histórica de tais desenvolvimentos não apenas a fim de compreender a natureza apropriada e a força, junto com as limitações, da presente forma de produção generalizada de mercadorias de maneira ubíqua, mas também os desafios para o futuro. Pois é demasiado simplista vislumbrar a instituição da ordem hegemônica alternativa do trabalho à ordem de reprodução social do capital por meio da tomada política do Estado capitalista. Esta é *reversível*, como a dolorosa evidência histórica mostra, e somente pode ser uma parte da tarefa transformadora. Pois o desafio histórico consiste em ir *para além do capital* no sentido pleno do termo, englobando todas as dimensões do complexo processo emancipatório, incluídas suas dimensões ontológicas sociais que remontam ao passado muito distante, como indicado anteriormente. Assim, o entendimento apropriado das características multidimensionais da ordem estabelecida (que por meio de seu progresso histórico efetivo transformam aquela ordem em um genuíno *sistema orgânico*) e a correspondente elaboração das estratégias exigidas para sua transformação radical (que também deve vislumbrar a ordem sociometabólica alternativa como um *sistema orgânico* objetivamente sustentável) só podem ser definidas em um sentido completamente histórico.

Entretanto, as conceituações tendenciosas de tais processos concebidos a partir do ângulo privilegiado do capital, até pelos grandes representantes da economia política, nos apresentam uma abstração arbitrária da *differentia specifica*, ou seja, as necessárias e muito específicas determinações da forma mais desenvolvida de *produção generalizada de mercadorias* do presente. Isso é feito por duas razões, as quais são paradoxalmente complementares. Primeiro, para ser capaz de projetar a forma generalizada de produção de mercadorias sobre o passado mais remoto. E, segundo, para traçar uma linha direta de conexão entre as formas arcaicas pré-capitalistas e as presentes. Em ambas as maneiras as conceituações econômico-políticas são bem-sucedidas em obliterar o caráter histórico dos desenvolvimentos complexos que efetivamente levaram da troca *esporádica* e *local* de mercadorias à sua forma capitalista histórica dada, devido a suas contradições antagônicas

---

[71] Ibidem, p. 112-3.

definitivamente explosivas e necessariamente transitórias, mesmo que predominantes de modo universal em um período determinado.

Assim, as imagens político-econômicas características são formuladas a partir do ângulo privilegiado do capital no interesse de *considerar* o modo de produção burguês "a eterna forma natural da produção social". O que desaparece de cena desse modo revelador é a *dimensão sobremaneira importante* da gênese histórica do resultado final. Sua obliteração abre as portas para a completa inversão das relações efetivas em andamento, mas estruturalmente consolidadas. Como resultado, muitas coisas podem ser distorcidas por completo de uma maneira "atemporal", reconciliadora e serviente a si mesma.

Vimos que a real origem histórica das relações de propriedade da economia burguesa – na qual os meios de produção são privadamente expropriados pelas personificações do capital e mantidos sob seu controle – é bastante distorcida nas categorias da economia política como se fosse neutra e "*extra econômica*", e assim eximida por definição de toda crítica possível da exploração econômica capitalista. Na realidade, contudo, estamos falando de um processo inerentemente histórico – ou seja, da "história evolucionária do capital e do trabalho" – do qual as formas mais brutais da dita "acumulação primitiva" do capital, incluindo o extermínio de mais de uma centena de milhares de "vadios" e "vagabundos" apenas na Inglaterra, são *uma* parte integrante. Além disso, a *raison d'être* da origem "extra econômica" do processo explorador – ou melhor, a permanente *subjugação do trabalho* a uma *autoridade de comando separada* – é totalmente reproduzida e perpetuada sob o capitalismo, mesmo que sob uma forma distinta. Ao mesmo tempo, a questão central da violenta *mudança* da *unidade* original do sujeito do trabalho com as condições objetivas de seu trabalho para a modalidade capitalista na qual ele é *estruturalmente separado* de tais condições objetivas – "uma separação que é apenas completada de modo total na relação entre trabalho assalariado e capital" – é obliterada por completo, permitindo tanto à economia política quanto à filosofia a conveniente teorização falsa da *relação sujeito-objeto* por meio da qual o pseudossujeito usurpador do capital pode manter seu domínio de modo legítimo sobre o trabalho, e obviamente sobre a sociedade como um todo, para sempre.

Desse modo, concentrar a atenção naquilo que realmente precisa ser explicado – ou seja, no caso há pouco mencionado, o processo histórico da *separação* dos meios de produção e o trabalho vivo, e a respeito da misteriosa "forma-dinheiro" discutida anteriormente e da "relação-valor", a questão de por que o "enigma do dinheiro" é inseparável do "enigma da mercadoria" na produção generalizada de mercadorias – está muito distante de ser uma questão acadêmica. Tais interrogações chegam ao coração mesmo das relações sociais substantivas ao colocar em relevo a importância metodológica vital de sua *dimensão histórica* e sua constante violação até mesmo pelas figuras eminentes da economia política a serviço da *eternização* da ordem social do capital.

O fato de a ordem produtiva constituir um *sistema orgânico*, como o modo de reprodução sociometabólica do capital também o faz, não pode significar de forma alguma que esteja eximida das condições e determinações objetivas de sua própria gênese histórica, mesmo que cada gênese não seja óbvia à primeira vista, devido ao poder aniquilador mistificatório dos próprios processos socioeconômicos efetivos, assim como de suas racionalizações ideológicas tendenciosas na economia política e na filosofia.

Podemos ver isso explicado claramente em uma das passagens mais importantes, do ponto de vista metodológico, dos *Grundrisse* de Marx. Partindo da investigação da relação histórica entre capital e a propriedade da terra, é assim que ele define a matéria:

> se a primeira forma de indústria, a manufatura de larga escala, já pressupõe a dissolução da propriedade da terra, então esta é, por sua vez, condicionada pelo desenvolvimento subordinado do capital em suas formas primitivas (medievais) que surgiu nas cidades e, ao mesmo tempo, pelo efeito do fluxo de manufaturas e comércio em outros países (daí a influência da Holanda sobre a Inglaterra no século XVI e na primeira metade do XVII). Esses mesmos países já haviam enfrentado o processo, a agricultura fora sacrificada em prol da criação de gado e os grãos eram obtidos de países que ficaram para trás, como a Polônia etc., por meio de importação (Holanda novamente).[72]

Após esboçar resumidamente o pano de fundo histórico de tal forma, no intento de clarear essas matérias em relação à Inglaterra (considerada "neste âmbito o país modelo para os demais países continentais"[73]), Marx explicita seus pontos metodológicos gerais da maneira que segue:

> Deve manter-se em mente que as novas forças e relações de produção não se desenvolvem do *nada*, nem caem do céu ou tampouco do ventre da Ideia que se autopropõe; mas sim do interior e em antítese ao desenvolvimento existente da produção e das relações de propriedade tradicionais herdadas. Enquanto no sistema burguês *completo* toda relação econômica *pressupõe todas as outras em sua forma econômica burguesa*, e tudo que é *posto* é assim também uma *pressuposição*, este é o caso com *todo sistema orgânico*. Esse sistema orgânico em si mesmo, *na qualidade de uma totalidade*, possui suas *pressuposições*, e seu desenvolvimento em sua totalidade consiste precisamente em *subordinar todos os elementos da sociedade a ele*, ou criar a partir dela os órgãos que ainda lhe faltam. *É assim que se torna uma totalidade historicamente*. O processo de tornar-se tal totalidade constitui um momento de seu processo, de seu desenvolvimento.[74]

Ao mesmo tempo, em continuação direta às linhas citadas, Marx coloca em foco a relação substantiva e socioeconomicamente vital entre o capital e o trabalho assalariado, a fim de compreender o processo histórico global e os deliberados ajustes econômicos e políticos que devem ser feitos quando as condições dos desenvolvimentos em recente progresso o exijam em prol do interesse do sistema do capital em expansão. É assim que ele ilustra o problema com um exemplo histórico particular:

> Por outro lado, se no interior de uma sociedade as modernas relações de produção, ou seja, o capital, são desenvolvidas em sua totalidade e essa sociedade então se apropria de um novo território, como, por exemplo, as colônias, então descobre, ou melhor, seu representante, o capitalista, descobre que seu capital deixa de ser capital sem trabalho assalariado e que um dos pressupostos deste não é a propriedade da terra em geral, mas a moderna propriedade da terra; propriedade da terra a qual, como renda capitalista, é cara, e que, como tal, exclui o uso direto do solo pelos indivíduos. Daí a teoria das colônias de Wakefield, seguida na prática pelo governo inglês na Austrália. A propriedade da terra é aqui artificialmente tornada mais cara no intento de transformar os trabalhadores em assalariados, para fazer o capital agir como capital e assim tornar

---

[72] Idem, *Grundrisse,* cit., p. 277-8.

[73] Ibidem, p. 277.

[74] Ibidem, p. 278.

produtiva a nova colônia; para desenvolver riqueza nela, ao invés de usá-la, como na América, para a momentânea deliberação dos trabalhadores assalariados. A teoria de Wakefield é infinitamente importante para uma compreensão correta da moderna propriedade da terra.[75]

Como podemos ver, o sistema orgânico plenamente desenvolvido do capital não pode manter seu modo necessário de reprodução expansiva sem uma dominação convenientemente rentável do trabalho assalariado sob todas as circunstâncias, incluindo o bastante incomum estabelecimento de uma forma única de expansão colonial na Austrália. Pois a dominação econômica do trabalho sempre permanece como a principal *pressuposição* do sistema, incluindo as condições da produção generalizada de mercadorias. Naturalmente, a propriedade da terra deve ser transformada em *agricultura capitalista* para adaptar-se de modo apropriado ao sistema orgânico pois, de outra forma, precisamente o caráter orgânico de tal sistema seria perturbado. O resultado é então, obviamente, uma questão de relação de forças sob as circunstâncias prevalentes. Dada a dominância histórica da produção generalizada de mercadorias ao tempo em que a necessidade de instituir as condições da agricultura capitalista surge na Austrália ocupada, não pode haver dúvida a respeito do estabelecimento da necessária pressuposição do trabalho assalariado rentável, a ser alcançado por meio da subordinação de todos os elementos da sociedade pelo próprio capital e, com isso, "criar os órgãos que ainda lhe faltam".

Como as pressuposições são criadas depende, evidentemente, da natureza das circunstâncias prevalentes; muito diferentes, no caso da Austrália do século XIX, da *gênese histórica* do sistema do capital em sua totalidade. No presente contexto não importa de modo algum se o estabelecimento das pressuposições requeridas assume a forma "moderada" dos ajustes político-econômicos recomendados por Wakefield na Austrália do século XIX, sob as condições plenamente desenvolvidas da produção generalizada de mercadorias na "terra mãe" colonial, ou a extrema brutalidade e violência da *acumulação primitiva* do capital, analisada a fundo em *O capital* de Marx. Mas é muito importante ter em mente que o desenvolvimento do *sistema do capital* como um todo possui uma *profundidade histórica* e um escopo de *determinações metabólicas sócio-ontológicas* – como indicado claramente pelo próprio Marx em algumas das passagens de *O capital* citadas antes – incomparavelmente mais extensas do que os poucos séculos de sua *fase capitalista* específica. Se não compreendermos a natureza de tais determinações, algumas das quais alcançam milhares de anos no passado, não podemos ter uma dimensão apropriada do *sistema orgânico* do capital, menos ainda dos desafios que devem ser enfrentados e superados por meio do *sistema orgânico* qualitativamente diverso da necessária *alternativa hegemônica* do trabalho ao modo estabelecido de reprodução sociometabólica (retornaremos a este tópico na próxima seção, que trata da "autocrítica como princípio metodológico"), pois as falhas e reviravoltas trágicas do passado tiveram muito a ver com problemas subjacentes.

A orientação *eternizante* da economia política contradiz em todos os sentidos os princípios metodológicos enumerados por Marx nos *Grundrisse* citados anteriormente. Tratou sua ordem socioeconômica e política idealizada como se tivesse caído "do céu ou [...] do

---

[75] Idem. Edward Gibbon Wakefield (1796–1862) é o autor de *A View of the Art of Colonization, with Present Reference to the British Empire* (Londres, John W. Parker, 1849). Ele propôs que o governo deveria reservar terras nas colônias e pôr um preço mais elevado sobre ela do que o do mercado aberto.

ventre da Ideia que se autopropõe". Não estava nem um pouco interessada no que vinha *antes* de subir ao palco da história, nem no que poderia vir *depois* dela. As questões de "antes" ou "depois" não poderiam constituir parte alguma de seu arcabouço explicativo, exceto na forma de projeções arbitrárias para trás e para frente, postuladas com base no proclamado caráter "*natural*" imutável do existente.

A circunstância de que "no sistema burguês completo toda relação econômica pressupõe *todas as outras em sua forma econômica burguesa*, e tudo que é posto é assim também uma pressuposição" foi considerada até mesmo pelas figuras de destaque da economia política como base ampla o bastante para supor a *validade eterna* dos princípios operativos estabelecidos e agora dominantes de sua ordem reprodutiva, ignorando o fato de que o tipo de relação circular entre o que é na verdade postulado e o que já constitui uma pressuposição em sua ordem é característico de *todos os sistemas orgânicos*, independentemente da duração de seu ciclo de vida; ou seja, que a relação desse tipo não pode prover qualquer garantia para o futuro. Dessa maneira, a orgulhosa *eternização* da ordem dada, característica de sua abordagem, constituiu ao mesmo tempo um *círculo vicioso* incorrigível. Em outras palavras, era equivalente às apologias circulares do modo de reprodução sociometabólica estruturalmente consolidado, orientado a fazer desaparecer nas imagens teóricas concebidas a partir da perspectiva privilegiada do capital tanto a *gênese histórica* de seu sistema como a factibilidade de sua *suplantação histórica*.

Sem dúvida, a circularidade inseparável da *eternização* teórica oferecida pela economia política não era de forma alguma pura invenção dos pensadores referidos. Ela tinha raízes na perversa circularidade do próprio sistema do capital em sua constituição objetiva. Melhor dizendo, correspondeu ao fato de que a mercadoria é tanto a *pressuposição* como o *produto* do desenvolvimento do capital enquanto um sistema de reprodução social em movimento global. Nesse sentido, sem compreender a natureza precisa da circularidade objetiva do sistema do capital – por meio da qual o trabalho vivo, como *trabalho objetivado e alienado*, torna-se capital e, como *capital personificado*, confronta e domina o trabalho – não há escapatória do círculo vicioso da autorreprodução expandida do capital. Pois o poder que domina o trabalho é o do próprio trabalho social circularmente transformado, assumindo uma "forma atrofiada/travestida" e se afirmando na desconcertante "situação fetichista na qual o *produto é o proprietário do produtor*"[76]. Em outras palavras,

> o "caráter social" etc. do trabalho do trabalhador o confronta, tanto como noção quanto como fato, e não apenas como algo estranho a ele, mas hostil e antagônico, assim como *objetivado* e *personificado* no capital.[77]

Assim, para ser capaz de romper o círculo vicioso do capital enquanto modo estabelecido de reprodução sociometabólica, é necessário confrontar o fetichismo do sistema em sua forma plenamente desenvolvida de produção generalizada de mercadorias, como refletido e sistematicamente conceituado pelas grandes figuras da economia política e sua "anatomia da sociedade civil".

---

[76] Karl Marx, *Economic Works: 1861–1864*, MECW, v. 34, p. 34. Grifos de Marx. [Disponível em: <http://www.marxists.org/archive/marx/works/1864/economic/index.htm> – N. E.]

[77] Ibidem, p. 429.

Nesse sentido, da mesma forma que se compreende que a circularidade eternizante da economia política *reflete* e, de modo reconciliador, *conceitua* a circularidade perversa embora objetiva do próprio sistema do capital, isso não é de modo algum a história completa. Se o fosse, nesse caso a "crítica imanente" exercida de maneira exaustiva por Marx – em pleno reconhecimento do terreno objetivo das determinações e das impressionantes realizações científicas da economia política clássica – não teria se transformado, como de fato *tinha de ser*, em uma *crítica radical* das imagens teóricas concebidas da perspectiva privilegiada do capital.

A importante razão pela qual até mesmo os clássicos da economia política tinham de ser submetidos a uma crítica radical era que sua conformidade com o ponto de vista do capital carregava necessariamente consigo não apenas a "omissão", mas, ainda pior, a racionalização ideológica e uma devotada justificação das mais íntimas *características estruturais antagônicas* do modo de controle sociometabólico estabelecido. Assim, quando os melhores representantes da escola clássica aceitaram e reconheceram de maneira explícita algumas contradições gritantes – como, por exemplo, quando Adam Smith condenou o fato de que "os povos que vestem o mundo estão eles mesmos em farrapos", como vimos antes –, tal crítica, apesar de sua severidade para nós óbvia, permaneceu como uma *percepção isolada*: nunca colocou em dúvida a idealização global do sistema do capital. Nem mesmo Adam Smith poderia enxergar contradição alguma entre as miseráveis condições de vida da maioria esmagadora do povo, em farrapos, enquanto vestia o mundo, e seu efusivo elogio à ordem de reprodução social do capital em sua totalidade como o "sistema natural da liberdade e justiça completas"[78].

Os principais representantes da economia política clássica não possuíam motivação para uma análise crítica de seu *"sistema orgânico"* estabelecido. Era suficiente para eles que fosse *orgânico* e que funcionasse como um bem-sucedido modo de controle *expansivo* da reprodução social. O fato de que a tendência histórica dinâmica de expansão do sistema do capital, baseada na subjugação estrutural necessária do trabalho, estava prenhe de *contradições antagônicas* definitivamente explosivas, não poderia ter nenhum peso para eles. Pois sua interpretação do *sistema orgânico* dado – o qual equacionaram com a ordem *natural* perfeita – era incompatível com uma concepção *histórica* adequada. É por isso que mesmo um grande filósofo como Hegel, que se identificou com a perspectiva privilegiada da economia política, tinha de finalizar a história no *presente*: ao postular a Europa colonial dominante como "o fim absoluto da história" em sua própria versão do "sistema orgânico" perfeito, correspondendo ao *eterno presente*, historicamente objetivado e plenamente realizado, da Ideia Absoluta.

O único modo de formular uma teoria histórica genuína na era de Marx, sob o motivante impacto dos tumultos socioeconômicos bem como das revoltas políticas de meados do século XIX, era por meio do questionamento radical da circularidade objetiva do *sistema orgânico antagônico* do capital, junto com as suas conceituações reconciliadoras. Para ser capaz de fazê-lo em termos metodológicos viáveis, a *perspectiva da análise* tinha de ser deslocada do ponto de vista privilegiado do sistema orgânico

---

[78] Adam Smith, *A riqueza das nações*, cit., v. 2, p. 100.

do capital – um sistema em absoluto inconcebível sem a subjugação permanente e a dominação exploratória estrutural do trabalho – para aquele da alternativa hegemônica do trabalho enquanto um *sistema orgânico ilimitado historicamente*.

Somente aqueles que possuíssem um real discernimento da natureza dos dramáticos desenvolvimentos socioeconômicos em andamento – pontuados por explosões revolucionárias devido a crises intensificadas em um estágio muito mais avançado do que aquele encontrado na época de Adam Smith – poderiam se engajar na crítica radical tanto da própria ordem estabelecida como de suas conceituações reconciliadoras, e com esse discernimento também podiam ter um importante e legítimo interesse não em defender os tradicionais ajustes adaptáveis, em sintonia com a perspectiva da economia política, mas em vislumbrar uma ordem social *alternativa* para *além da conflitualidade/adversidade incurável* das relações de classe exploratórias do sistema do capital.

O fato de Marx (e Engels, seu companheiro de lutas) compartilhar com os clássicos da economia política sua base social não poderia constituir empecilho algum a esse respeito. Isso só poderia acentuar a nova base histórica e a urgência por mudança exigida no ponto de vista de orientação estratégica. Pois o caráter destrutivo crescente do modo de controle sociometabólico do capital ameaçava devastar a sociedade como um todo, incluindo aqueles que gozavam de seus privilégios naquele momento. A perversa lógica destrutiva de um sistema orgânico social que a tudo abarca, inclinado a destruir a própria natureza como a base necessária da existência humana, implica não só *algumas* de suas partes, mas *todas* elas, o próprio sistema em sua totalidade. Marx estava sabiamente consciente disso.

Naturalmente, a alternativa vislumbrada, na tarefa de ser historicamente sustentável, tinha de ser também um sistema orgânico. Pois um sistema orgânico de reprodução social estabelecido de maneira sólida, amplamente desenvolvido e estendido em todas as suas dimensões ontológicas e históricas no decorrer de muitos séculos, poderia ser suplantado apenas por outro sistema orgânico. Ao mesmo tempo, a implicação inevitável de demonstrar a gênese do modo de controle societal do capital por meio da crítica marxiana, atingida ao colocar-se de maneira exaustiva em relevo as determinações históricas necessárias de *qualquer* sistema orgânico de *reprodução social*, era a de que as mesmas considerações tinham de aplicar-se à ordem alternativa da "nova forma histórica" e decerto com um maior aprimoramento em consistência histórica sobre todas as suas dimensões. Ou seja, a ordem sociometabólica alternativa tinha de ser concebida e instituída por meio da prática social duradoura como um sistema *orgânico substantivamente equitativo* capaz de examinar e alterar de modo crítico não somente seus processos reprodutivos cotidianos mais limitados, mas também suas pressuposições mais fundamentais, a cada vez que o desenvolvimento histórico real assim o exigisse.

A crítica radical da economia política, em conjunção com a elaboração dos princípios orientadores vitais de uma *autocrítica* livre dos prejulgamentos viciantes de interesses parciais, foi uma parte necessária de tal empreendimento.

8.4 Autocrítica como princípio metodológico

A *adoção consciente* e a manutenção bem-sucedida do princípio orientador da *autocrítica* é uma exigência fundamental da alternativa hegemônica historicamente sustentável à ordem sociometabólica do capital como um sistema orgânico.

Uma vez que não se pode permitir de modo algum entrar em conflito com as determinações históricas *ilimitadas* da ordem de reprodução alternativa do trabalho – pelo contrário, deve ser uma garantia vital contra todas as tentações de recaída numa autocomplacência fechada e, desse modo, na reprodução de interesses parciais viciantes, correspondendo aos padrões tradicionais do passado –, a fidelidade vislumbrada, e buscada de forma consciente, ao princípio operativo metodológico teórico e prático precisa ser adotada enquanto uma característica permanente da nova e duradoura formação social. Pois precisamente por meio do genuíno e contínuo exercício daquele princípio orientador torna-se possível corrigir as tendências que podem, de outra maneira, não apenas surgir, mas, o que é ainda pior, também consolidarem-se em favor da ossificação de um estágio dado do presente, minando, dessa forma, as possibilidades de um futuro sustentável.

Isso se dá porque é impossível conceber a *coordenação flexível e a integração consensual* das medidas necessariamente variadas, mas de início apenas *adotadas de modo local/parcial* e, por conseguinte, das decisões potencialmente conflitivas, sem uma autocrítica verdadeira em um *todo coerente*. O tipo de conflito potencial com o qual nos preocupamos aqui, devido à circunstância de que algumas medidas e decisões importantes são tomadas inicialmente apenas de modo local/parcial antes que possam ser analisadas em uma base abrangente, deve ser de fato ainda mais inevitável na modalidade socialista do processo de reprodução social do que fora antes, em vista de seu substantivo caráter democrático e baseado na suplantação da divisão vertical/hierárquica do trabalho. Por essa razão, é matéria da maior importância encontrar uma maneira apropriada de salvaguardar – por meio da autocrítica, adotada de forma consciente por todos os envolvidos – contra os perigos que podem resultar de tais conflitos possíveis.

Como mencionado na seção 8.3, o sistema orgânico qualitativamente distinto da alternativa hegemônica necessária do trabalho ao modo estabelecido de reprodução sociometabólica é impensável sem o desposamento consciente da autocrítica como seu princípio orientador vital. Ao mesmo tempo, é impossível vislumbrar a adoção e a operação conscientes da autocrítica enquanto um princípio orientador duradouro sem um *certo tipo* de reprodução social que deve autossustentar-se com êxito como um verdadeiro sistema orgânico, sem o perigo de ser desgovernado de seu curso histórico consistente ilimitado de desenvolvimento. Pois estamos nos referindo a uma *correlação dialética* entre o tipo de sistema orgânico *qualitativamente* diverso necessário no futuro e o princípio orientador de autocrítica requerido em conjunção com o qual aquele novo tipo torna-se viável.

Ambos não podem desdobrar-se ou funcionar um sem o outro. Contudo, não se pode permitir que essa reciprocidade dialética constitua um círculo conveniente, muito menos uma desculpa pronta para justificar a ausência de *ambos*, ao afirmar de modo apologético de ambos os lados que, sem a disponibilidade total de *um*, nenhum progresso pode ser feito na realização do *outro* em questão, ou *vice-versa*. Como sabemos, é assim que um suposto círculo conveniente torna-se um *círculo vicioso*. Na verdade, a correlação dialética entre o novo sistema orgânico e o órgão da autocrítica se define precisamente como a *mutualidade do auxílio recíproco* até mesmo em um estágio muito prematuro de seu desenvolvimento histórico, uma vez que a necesidade de instituir a alternativa hegemônica do trabalho emerge da crise estrutural profunda da ordem de reprodução social cada vez mais destrutiva do capital.

Em vista do fato de que a alternativa necessária ao sistema orgânico do capital em nosso tempo ubiquamente destrutivo deve ser um sistema distinto mas não obstante orgânico, somente o modo *comunal* de reprodução social pode qualificar-se com convicção a esse respeito. Em outras palavras, apenas o sistema organizado comunalmente é capaz de prover a estrutura geral de desenvolvimento contínuo das partes constitutivas multifacetadas e substantivamente igualitárias do modo socialista de integração de todas as forças criativas individuais e coletivas em um *todo coerente* enquanto um *sistema orgânico de reprodução sociometabólica* historicamente viável. E o sucesso desse empreendimento é viável apenas se a integração vislumbrada no novo tipo de sistema orgânico for alcançada de tal modo que as partes se sustentem e aprimorem de maneira recíproca numa base positiva e ilimitada, provendo, assim, aos produtores livremente associados, o escopo necessário para sua própria realização enquanto "indivíduos sociais ricos" (nas palavras de Marx) por meio de sua forma plenamente sustentável de interação metabólica entre si e com a natureza.

Essa é uma exigência seminal da "nova forma histórica" como a necessária alternativa hegemônica do trabalho à ordem sociometabólica do capital. De maneira evidente, o princípio de autocrítica é inerente ao necessário espírito de autodeterminação consciente dos produtores livremente associados. Porém, tão evidente quanto isso, a autodeterminação dos indivíduos sociais faz jus a esse nome apenas se sua aplicação do princípio orientador vital de autocrítica for resultado de um ato escolhido de modo consciente e voluntário. Qualquer tentativa arbitrária de se impor de cima o ritual de autocrítica sobre as pessoas, como conhecemos do passado stalinista, pode levar a nada mais que uma dolorosa caricatura, com consequências contraprodutivas duradouras e retrocessos no real desenvolvimento histórico.

Já que o sistema comunal – em contraste total com a lógica inalterável, expansiva, ainda que destrutivamente cega do capital – não pode depender das determinações econômicas que "*operam pelas costas dos indivíduos*", o único modo viável de organizar suas questões, de acordo com as determinações voluntárias dos indivíduos livremente associados, é por meio da ativação plena do princípio orientador e operativo da autocrítica *em todos os níveis*. Isso significa ativá-lo em positiva concordância com as questões individuais particulares até os processos mais complexos e abrangentes da tomada de decisão da interação social, com seu inevitável impacto sobre a natureza. E a inevitabilidade desse impacto implica de maneira profunda não apenas as determinações temporais óbvias do presente, mas também a dimensão histórica mais longa do modo conscientemente projetado de controle sociometabólico do novo sistema orgânico comunal.

Posteriormente nesta seção retornaremos à discussão de algumas das determinações contrastantes do sistema comunal radicalmente diverso como a única alternativa histórica sustentável ao sistema orgânico progressivamente destrutivo do capital. Mas, antes, é necessário considerar as possibilidades e limitações da autocrítica em termos gerais, e não em relação a suas potencialidades consideravelmente modificadas para contribuir na operação do sistema comunal.

232 *Estrutura social e formas de consciência*

É desnecessário mencionar que a autocrítica é (ou ao menos deveria ser) parte integrante da atividade dos intelectuais particulares. Quando pensamos em grandes conquistas intelectuais, independentemente do cenário social ao qual estão associadas – como a síntese filosófica hegeliana, por exemplo –, a contribuição criativa da autocrítica é bastante clara, sendo, por vezes, até expressa de maneira explícita.

Entretanto, as limitações também estão em clara evidência quando consideramos o impacto negativo das *determinações sociais* problemáticas até mesmo no caso de um feito filosófico como a síntese hegeliana. Mas isso não deve ser de forma alguma surpreendente, pois há algumas situações históricas e constrições sociais associadas mesmo quando um grande pensador crê ser impossível "saltar sobre Rodes", nas palavras do próprio Hegel. A Revolução Francesa e a fase ascendente do desenvolvimento histórico do sistema do capital ofereceram um ambiente propício para a proeza hegeliana. Contudo, devido à dimensão exploratória insuperável das determinações mais profundas do sistema do capital – as quais assumiram uma forma progressivamente mais dominante à medida que o tempo passou, carregando consigo sérias implicações para o futuro da fase descendente de desenvolvimento da ordem burguesa –, a *aceitação acrítica* das contradições do sistema e a defesa de seus antagonismos definitivamente explosivos tornaram-se muito problemáticas, trazendo para a filosofia hegeliana a reconciliação conservadora articulada de forma especulativa.

Assim, como vimos anteriormente, Marx caracterizou de maneira acertada a limitação social que intervinha contra a intenção autocrítica – e, à sua própria maneira, também *crítica* – desse grande filósofo ao acentuar que "Hegel se coloca no ponto de vista dos *modernos economistas nacionais*"[79]. A aceitação de tal ponto de vista carrega consigo, evidentemente, consequências duradouras. Pois, nesse espírito, as pressuposições reconciliadoras inevitáveis e os complicados imperativos práticos da economia política do capital entram em cena, mesmo quando são transubstanciados com enorme consistência por Hegel, afetando de maneira profunda e especulativa o caráter geral de uma síntese filosófica até então inconcebível. Vimos ao longo deste estudo muitas instâncias dessa abordagem reconciliadora, apresentadas por Hegel sob a denominação de Espírito do Mundo, da perspectiva privilegiada da economia política do capital. Mas vimos também que, quando as limitações correspondentes a essa perspectiva entram em cena e debilitam o intento crítico – não apenas no sistema hegeliano, mas também na obra de outros grandes pensadores que conceituam o mundo do ponto de vista da economia política do capital, incluindo Adam Smith –, eles mesmos *internalizam* mais ou menos conscientemente as pressuposições práticas mais problemáticas e os imperativos objetivos do sistema, articulando dessa maneira a posição que corporifica os interesses socioeconômicos fundamentais, assim como os valores centrais, de uma ordem de reprodução social com a qual se identificam. É isso que estabelece os limites definitivos até mesmo da sua autocrítica mais bem-intencionada.

Evidentemente, no caso dos pensadores referidos, não pode haver dúvida de que não se trata de algum tipo de fatalidade das determinações de classe. Há muitas figuras intelectuais e políticas, incluindo algumas marcantes, que romperam com êxito seus vínculos

---

[79] Karl Marx, *Manuscritos econômico-filosóficos*, cit., p. 124.

de classe e produziram sistemas estratégicos radicais, com poderosas implicações práticas revolucionárias e movimentos sociais correspondentes, em contradição irreconciliável com os interesses fundamentais de classe dentro dos quais nasceram e em relação aos quais tinham de definir sua posição no decorrer de sua criação. É suficiente lembrar dos nomes de Marx e Engels a esse respeito.

É verdade que, em períodos de grandes distúrbios sociais e inquietude, a motivação pessoal de muitos indivíduos em reexaminar de forma radical seu próprio pertencimento a uma classe, em conjunção com o papel desempenhado por sua classe privilegiada sob circunstâncias históricas dadas, e fazê-lo a ponto de comprometerem-se com uma luta por toda a vida contra as funções repressivas da classe na qual foram criados, é consideravelmente maior do que sob circunstâncias normais. O oposto também é verdade, no sentido de que períodos de êxito político e econômico conservador na sociedade como um todo – com um "c" minúsculo, compreendendo até a fase chamada *neoliberal* de desenvolvimentos profundamente reacionários das últimas três décadas da história do século XX, por exemplo – tendem a coincidir com reviravoltas intelectuais em grande escala e com a aceitação de tendências pseudoteóricas deveras absurdas. E estas se sucedem umas às outras em intervalos de tempo ridiculamente curtos, numa busca vã por uma evasão irracional serviente a si mesma por parte das pessoas interessadas.

A verdade aqui é que tais eventos conjunturais e correlações não podem estabelecer as questões históricas fundamentais. Nem mesmo quando temos em mente alguns dos destacados representantes da economia política e da filosofia que, em seu tempo, se identificaram com o ponto de vista privilegiado do capital, como Adam Smith e Hegel. Pois os limites da capacidade de um pensador em assumir uma postura *crítica* real, com base em sua disposição de exercer a *autocrítica* requerida no processo, é decidida em última instância pela configuração histórica abrangente das forças sociais em interação. Elas envolvem necessariamente todas as dimensões do desenvolvimento, incluindo as condições elementares da sobrevivência humana neste planeta em meio à aprofundada crise estrutural da ordem estabelecida e à concomitante destruição da natureza.

Com referência a essa correlação, não foi de modo algum acidental que a fase ascendente de desenvolvimento do capital – até certo ponto favorecendo a adoção de uma postura crítica, mesmo que limitada e seletiva – resultou em grandes conquistas da *economia política clássica*. Por contraste, a mesma fase descendente do sistema do capital trouxe consigo o lamentável empobrecimento teórico e a grosseira apologética social da *economia vulgar*, que se restringiram "a sistematizar pedantemente e a proclamar como verdades eternas as ideias banais, presunçosas, dos capitalistas sobre seu próprio mundo, para eles o melhor dos mundos"[80], como vivamente criticado por Marx. Assim, por mais desconcertante e potencialmente trágico que seja, no transcorrer do desenvolvimento histórico do sistema do capital até mesmo o ambiente limitado para a autocrítica teve de ceder espaço para a ideologia da "eternização" do sistema e para a imposição prática das políticas mais retrógradas e autoritárias sobre todas as forças ativas dissidentes, não importando o quão perigosas fossem as consequências para a humanidade.

---

[80] Idem, *O capital*, cit., v. 1, livro primeiro, parte 1, cap. I, seção D1, p. 103.

234 *Estrutura social e formas de consciência*

O escopo original para a autocrítica na fase ascendente do desenvolvimento histórico do sistema do capital foi muito importante, apesar das óbvias limitações de classe. A relevância dessa conexão está longe de ser negligenciável porque, em termos das exigências do desenvolvimento científico em geral – sem o qual as conquistas da economia política clássica seriam impensáveis – um elemento de *autocrítica* é condição necessária para uma *compreensão crítica* do objeto de investigação geral.

É por isso que Marx frisa a analogia entre o elemento crítico no desenvolvimento histórico do cristianismo e um entendimento relativamente melhor por parte da burguesia de sua ordem reprodutiva quando assumiu uma atitude menos mistificadora em relação a seu próprio modo de produção. Podemos ver essa conexão enfatizada em uma importante passagem dos *Grundrisse* de Marx, na qual ele vincula o ponto teórico geral – referindo-se às categorias econômicas principais de um estágio histórico mais avançado de reprodução social – e as necessárias, mas usualmente negligenciadas, qualificações daquele ponto teórico geral para a conceituação adequada da própria ordem econômica do capital, como forma mais avançada. Como é posto por Marx:

> A economia burguesa provê a chave para a antiga etc. Mas de forma alguma à maneira daqueles economistas que borram todas as diferenças históricas e veem as relações burguesas em todas as formas de sociedade. Podemos entender tributos, dízimo etc. se estivermos familiarizados com a renda da terra. Mas não devemos identificá-los. Ademais, já que a sociedade burguesa é em si uma forma contraditória de desenvolvimento, relações derivadas de formas anteriores serão frequentemente encontradas em seu interior apenas numa forma totalmente reduzida, ou mesmo travestida. Por exemplo, *propriedade comunal*. Embora seja verdade, portanto, que as categorias da economia burguesa possuem uma verdade para todas as outras formas de sociedade, isso deve ser levado em consideração com cuidado. Elas podem contê-las em uma forma desenvolvida, ou reduzida, ou caricatural etc. mas sempre com uma diferença essencial. A dita apresentação histórica do desenvolvimento é fundada, via de regra, no fato de que a última forma refere-se às anteriores como passos levando a ela mesma e, já que apenas raramente e sob condições muito específicas é capaz de *criticar a si mesma* – deixando de lado, obviamente, os períodos históricos que aparecem a elas como tempos de decadência –, sempre as concebe de modo unidimensional. A religião cristã foi capaz de dar assistência para o alcance de um entedimento objetivo das mitologias anteriores apenas quando sua própria *autocrítica* tinha sido alçada a um certo nível, por assim dizer *dynamei*. De modo similar, a economia burguesa chegou a um entendimento da economia feudal, antiga e oriental apenas depois que a autocrítica da sociedade burguesa havia se iniciado. Na medida em que a economia burguesa não se identificou mitologicamente por inteiro com o passado, sua crítica das economias prévias, notadamente do feudalismo, com o qual ainda estava envolvida em luta direta, assemelhou-se à crítica que a cristandade empreendeu contra o paganismo, ou também aquela do protestantismo contra o catolicismo.[81]

A "anatomia da sociedade civil" fora produzida pela economia política clássica sobre essa base, uma vez que a visão mistificadora prévia da ordem burguesa emergente tornara-se sem sentido no rescaldo da vitória sobre o feudalismo. Essa foi uma fase histórica de otimismo sem limites nas novas concepções, incoporando as expectativas esperançosas assim como as ilusões do movimento Iluminista na Europa. Como escreveu com grande otimismo e entusiasmo Henry Home, um dos camaradas de Adam Smith no Iluminismo escocês:

---

[81] Idem, *Grundrisse*, cit., p. 105-6.

A razão, restabelecendo sua autoridade soberana, irá banir [a perseguição] por completo. [...] No decorrer do próximo século será considerado estranho que a perseguição tenha prevalecido entre seres sociais. Será talvez até colocado em dúvida, se algum dia fora praticada seriamente.[82]

E se mostrava igualmente entusiasmado com as potencialidades do novo *ethos* do trabalho, em contraste com a ociosidade da camada dominante anterior, insistindo que:

Atividade é essencial para um ser social: para um ser egoísta não possui utilidade, uma vez que assegurou seus meios de subsistência. Um homem egoísta, que por sua opulência possui todos os luxos da vida a seu comando e um sem número de dependentes, não tem oportunidade para a atividade.[83]

A autoconfiança da nova abordagem, que produziu conquistas científicas reais no entendimento da produção de riqueza[84], correspondeu plenamente à irresistível perspectiva privilegiada do capital a partir daquela fase histórica. Não parecia haver necessidade de autocrítica de outra forma que não secundária ou marginal. O poder do capital estabeleceu-se de forma bem-sucedida em todos os domínios. Nem mesmo a até então problemática dimensão política pôde exercer alguma resistência significativa a seu avanço. Pelo contrário, o Estado mesmo tornou-se progressivamente parte integrante das determinações gerais do sistema do capital, sob a primazia do processo de reprodução material. Desse modo, tudo tinha de ser subsumido e consolidado sob o domínio do capital na qualidade do *sistema orgânico expansivo* mais poderoso, não obstante seus antagonismos inerentes porém reconhecidos. E dada a sua incontestada dominância sistêmica na realidade, parecia óbvio a todos aqueles que conceituaram o mundo a partir da perspectiva privilegiada do capital que seu sistema orgânico constituía o primeiro e único *sistema natural*. Adam Smith pôde resumir tudo isso ao dizer que o capital corporificava "*o sistema natural da liberdade e justiça completas*", como vimos.

O sistema orgânico comunal, enquanto a única alternativa hegemônica viável à ordem sociometabólica do capital, não pode dar-se ao luxo da autoconfiança e da autocomplacência sem limites de seu predecessor. Pois não pode nem começar a se estabelecer e a se sustentar, a partir do momento da tentativa de sua própria constituição, sem a adoção consciente da autocrítica apropriada às dinâmicas (e necessariamente cambiantes) condições de desenvolvimento.

---

[82] Henry Home (lorde Kames), *Loose Hints upon Education, Chiefly Concerning the Culture of the Heart* (Edimburgo/Londres, 1781), p. 284.

[83] Ibidem, p. 257.

[84] A esse respeito, Marx frisou que "foi um imenso passo adiante para Adam Smith se desfazer de toda especificação limitante de atividade de criação de riqueza – não apenas a manufatura, o comercial, o agrícola, mas sim todos eles, o trabalho em geral. [...] Em comum, as abstrações mais gerais surgem somente em meio ao desenvolvimento concreto mais rico possível, no qual uma coisa parece comum a muitas, a todas. Então já não se pode concebê-la em uma forma particular [...]. A indiferença em relação aos trabalhos específicos corresponde a uma forma de sociedade na qual os indivíduos podem trocar de trabalho com outros facilmente, e na qual o tipo específico é uma questão de sorte, algo que lhes é indiferente. Não apenas o trabalho como categoria, mas como realidade, converteu-se aqui em um meio de se criar riqueza em geral e deixou de estar vinculado organicamente com os indivíduos particulares em qualquer forma específica", Karl Marx, *Grundrisse*, cit., p. 104.

236 *Estrutura social e formas de consciência*

Como mencionado algumas páginas atrás, o sistema comunal autoconstitutivo não pode contar com determinações econômicas que "*operam pelas costas dos indivíduos*": o modo de operação óbvio da ordem sociometabólica do capital por meio de sua história. Esse tipo de determinação econômica está bem sintonizado com o caráter *inconsciente* das partes específicas do processo de reprodução do capital – inerente à *pluralidade de capitais relativamente autônomos e agressivamente expansivos* – e cumpre uma função paradoxal de correção no sistema. Pois os capitalistas individuais, na expectativa de alcançar seus interesses particulares de maneira bem-sucedida, podem perseguir seus próprios desígnios *até certo ponto*, mas não podem fazê-lo contra as determinações sistêmicas e os imperativos práticos objetivos – que devem operar pelas costas dos capitalistas individuais – impondo-se de maneira vigorosa *contra* as decisões particulares excessivamente egoístas. Pois, além de um certo ponto, estas tenderiam a minar a viabilidade global do próprio sistema na qualidade de sistema orgânico dominante, em vista da tendência insuperavelmente *centrífuga* da *consciência inconsciente* (e, de modo inalterável, orientada a si mesma) capitalista individual.

Ademais, a *consciência inconsciente* em questão é também, ao mesmo tempo, a manifestação dos interesses incuravelmente *adversos/conflituais* e das estratégias correspondentes. A busca por tais interesses intensifica de maneira necessária o caráter inconsciente do processo como um todo, pois concedem aos capitalistas particulares a possibilidade de antecipar os planos de seu adversário e as respostas pouco transparentes que dará aos seus movimentos – tratando-se de avantajar-se reciprocamente como competidores por meio da *ocultação* firmemente estabelecida (e mesmo legalmente santificada). Essa é uma das razões significativas pelas quais a própria conflitualidade/adversidade é estruturalmente insuperável, mesmo que – graças à paradoxal função corretiva mencionada antes dos imperativos sistêmicos fundamentais que se impõe pelas costas dos indivíduos – a tendência centrífuga de buscas particularistas não possa sair de controle por completo, uma vez que colocaria em perigo a sobrevivência do sistema como um todo.

Naturalmente, a conflitualidade/adversidade insuperável do sistema do capital não está confinada à confrontação e colisão potencial de interesses capitalistas particulares. Se fosse apenas por isso, algumas melhoras significativas seriam viáveis, como são de fato com frequência postuladas na forma de racionalizações ideológicas de remédios imaginários: da ficção constantemente propalada do "capitalismo do povo" à projeção do "planejamento capitalista abrangente", passando pela "tecnoestrutura" universalmente reconciliadora de John Kenneth Galbraith.

Entretanto, por debaixo da conflitualidade/adversidade dos interesses capitalistas particulares – algo que, de fato afeta diretamente também a forma potencial de andamento até mesmo das confrontações dos capitalistas individuais entre eles mesmos – encontramos o *antagonismo fundamental estruturalmente não eliminável entre o capital e o trabalho* como portadores rivais de modos alternativos hegemônicos de controle sobre o processo sociometabólico global. O capital pode prosseguir com isso somente sob a condição de – e apenas enquanto puder – ser capaz de preservar e reforçar o antagonismo estrutural profundamente assentado que constitui a pressuposição material e ideológica necessária de sua ordem de reprodução social. E o trabalho, ao contrário, apenas se obtiver êxito em instituir um modo qualitativamente diverso de reprodução social – o *sistema comunal orgânico* – por meio da superação histórica da *conflitualidade/adversidade em sua totalidade*, e, desse modo, consignando ao passado numa base permanente a *dominação hierárquica estruturalmente assegurada* da maioria esmagadora dos seres humanos por uma diminuta minoria, conforme herdado do sistema do capital.

A instituição e a operação bem-sucedidas de tal alternativa hegemônica é, obviamente, inconcebível sem o controle *consciente* de sua atividade vital pelos indivíduos sociais livremente associados. A esse respeito, as dimensões *individuais* e *sociais* de nosso problema estão inextricavelmente entrelaçadas.

Fica evidente que não se trata de um controle societal dos processos necessários de tomada de decisão sem que os próprios indivíduos particulares – dos quais se espera que introduzam e realizem de forma responsável as decisões envolvidas – identifiquem-se de modo pleno com os objetivos perseguidos. E essa circunstância não faz da questão em si uma matéria puramente, ou mesmo predominantemente, pessoal. Os componentes individuais e sociais da consciência genuinamente socialista falhariam por completo em seu papel tão necessário, se não puderem *aprimorar-se positivamente* um com o outro. Pois o envolvimento pessoal real dos indivíduos particulares na realização dos objetivos e estratégias escolhidos é concebível apenas se as próprias condições sociais *favorecerem ativamente* o processo, ao invés de tenderem à direção oposta, o que poderia permitir a alguma forma de conflitualidade/adversidade infiltrar-se e minar a articulação da consciência social *coesa de forma abrangente*.

É por esse motivo que apenas um *certo tipo* de ordem sociometabólica – enfaticamente: o sistema orgânico comunal – poderia de fato qualificar-se como compatível com a produção e o aprimoramento positivo e contínuo das consciências sociais e individuais requeridas. Pois a instituição e consolidação autodeterminada daquele tipo de sistema reprodutivo é o único caminho viável para superar a conflitualidade/adversidade como um todo, provendo desse modo um espaço de atuação total para a *realização cooperativa* de suas decisões conscientes livremente adotadas pelos indivíduos.

O sentido pleno do termo "*cooperativo*" – o qual é absolutamente essencial para a ação socialista sustentável – implica a capacidade e a determinação dos indivíduos sociais de se *dedicarem* à implementação de tarefas determinadas, e também de *modificar* suas ações de maneira autônoma sob a luz das consequências avaliadas de modo conjunto. Essa forma de ação autocorretiva não poderia ser mais diferente das variedades conhecidas de serem neutralizadas por uma autoridade distinta, que lhes são impostas, ou pelo impacto cegamente prevalente das consequências indesejadas de sua "*consciência inconsciente*" antes mencionada. Tais consequências emergem de forma inevitável da ordem sociometabólica na qual leis e determinações econômicas operam pelas costas dos indivíduos, no interesse da sobrevivência do sistema do capital, mesmo que ponham diretamente em perigo a sobrevivência da humanidade.

Dessa forma, *consciência* e *autocrítica* são inseparáveis uma da outra, como o princípio orientador e operativo da tomada de decisão no sistema orgânico comunal. Isso é muito compreensível. Pois a autoconsciência apropriada dos indivíduos deve incorporar sua consciência *positivamente disposta* do impacto real e potencial de suas decisões e ações sobre seus semelhantes, a qual é inconcebível sem uma autocrítica levada a cabo conscientemente. Ao mesmo tempo, a consciência protege o tipo comunal de interação societal como um

238 *Estrutura social e formas de consciência*

todo *contra* o estabelecimento e a consolidação de interesses parciais perpetuadores de si próprios, os quais iriam inevitavelmente reproduzir a adversidade/conflituosidade de um tipo ou de outro. E o *modo positivo* de impedir a formação de tais interesses parciais por meio da promoção e manutenção cooperativa da *igualdade substantiva* constitui a condição necessária para o conhecimento autocrítico consciente e positivamente inclinado dos indivíduos sociais em suas interações entre si.

Ademais, há uma dimensão desse problema que *transcende* a experiência direta dos indivíduos particulares tanto no tempo como no espaço. Eles possuem um tempo de vida limitado, comparado ao desenvolvimento histórico geral da humanidade em andamento. E, enquanto os indivíduos são, evidentemente, partes constitutivas do estágio efetivamente dado do progresso da humanidade, também são membros ativos de uma comunidade particular, com sua própria história específica e problemas diversos dos quais tarefas significativamente distintas emergirão para serem cumpridas. Sobretudo em estágio relativamente inicial no desenvolvimento do sistema comunal em questão, quando a necessidade de superação das desigualdades principais herdadas do passado representa um problema muito mais difícil. Também com relação à temporalidade geral do desenvolvimento, existem algumas consequências de determinadas formas prévias de ação que podem ser – e precisam ser – modificadas em um prazo mais longo, bem além do tempo de vida da geração que fora responsável por adotar conscientemente as decisões originais sob as circunstâncias então prevalentes.

Contudo, essas considerações não debilitam a importância vital dos princípios orientador e operativo da tomada de decisão consciente – e a autocrítica consciente intimamente associada a ela – pelos indivíduos em seus intercâmbios metabólicos com a natureza e entre eles. Apenas enfatizam a necessidade de uma *solidariedade* real que se estende por sobre as mais diversas comunidades e através de gerações sucessivas. Além disso, aprender as lições do passado não pode deixar de ser relevante por causa da adoção dos princípios de ação consciente e autocrítica. Pelo contrário, ela só pode vir a se constituir em si sob circunstâncias nas quais a conflitualidade/adversidade perversamente desgovernante de interesses parciais não mais domina o próprio intercâmbio societal. É notório quão frequentemente circunstâncias e eventos históricos trágicos reaparecem e causam mais devastação, devido à recusa das partes interessadas em encarar o desafio de reavaliá-los, incluindo seu próprio papel ao permitir a ocorrência de tais desenvolvimentos em primeiro lugar. Para o movimento socialista, a implosão do sistema de tipo soviético foi uma das mais trágicas experiências históricas do século XX. Teria sido ainda mais trágico se daí não pudéssemos retirar as lições apropriadas.

A constituição do sistema comunal, por meio da adoção consciente e do contínuo aprimoramento da autocrítica, é um processo de aprendizado indubitavelmente muito difícil. Marx previu a importância de tal autocrítica em seu panfleto *O Dezoito Brumário de Louis Bonaparte* ao dizer que as revoluções proletárias:

> se criticam constantemente a si próprias, interrompem continuamente seu curso, voltam ao que parecia terminado para recomeçá-lo outra vez, escarnecem com impiedosa consciência as deficiências, as fraquezas e as misérias de suas primeiras tentativas, parecem derrubar seu adversário apenas para que este possa retirar da terra novas forças e erguer-se novamente, agigantando, diante delas, recuam constantemente ante a magnitude infinita de seu próprios

objetivos até que se cria uma situação que torna impossível qualquer retrocesso e na qual as próprias condições gritam:

Hic Rhodus, Hic Salta!

Aqui está Rodes, salta aqui![85]

Nesse sentido, aprender com a experiência histórica é uma parte importante do processo de autocrítica. Especialmente quando estamos preocupados com os desenvolvimentos históricos efetivos associados a reivindicações socialistas, como feitas pelo sistema soviético. Marx não era contemporâneo a elas e, portanto, não poderia de forma alguma levar em conta as especificidades históricas sob as quais os atordoantes desenvolvimentos pós-revolucionários tomaram forma com Stalin em nome do "socialismo em um só país", e que ao fim trouxeram à tona a implosão do sistema pós-capitalista do capital de tipo soviético. Não obstante, o modo pelo qual Marx caracterizara a ordem plenamente desenvolvida do capital enquanto um *sistema orgânico*, pois seus componentes sustentam-se reciprocamente – requerendo, assim, mudanças que em muito excedem suas *relações jurídicas,* na medida em que mantêm mais ou menos intacta a relação do capital em muitos aspectos, incluindo sua nova forma de personificações impostas a si mesma – ajuda a iluminar o que deu errado e oferece importantes indicações de necessária autocrítica para o futuro. De modo semelhante, a concepção grotesca e acrítica de [Mikhail] Gorbachev do "socialismo de mercado" poderia oferecer somente um remédio fantasioso para o sistema que estava desde o início fadado ao fracasso, pavimentando o caminho para a restauração capitalista.

O tema que se assemelha à projeção acrítica do "socialismo de mercado" emergira muito antes e, de modo compreensível, é visível novamente na China[86]. No passado, a fantasia do socialismo de mercado aparecera já no tempo de Marx, mesmo que, à época, não fosse assim denominada. Marx deixou bastante clara sua opinião a respeito, quando enfatizou nos *Grundrisse* que

a ideia mantida por alguns socialistas de que *precisamos do capital, mas não dos capitalistas* é totalmente equivocada. Sendo postulado no interior do conceito de capital que as condições objetivas do trabalho – e estas são seu único produto – adquirem uma personalidade a ele afeita.[87]

---

[85] Idem, *O Dezoito Brumário de Louis Bonaparte* (trad. Silvio Donizete Chagas, 5. ed., São Paulo, Centauro, 2006), p. 19-20.

[86] Conforme um artigo sobre uma conferência em Pequim reportou recentemente na *Monthly Review*, alguns participantes chineses argumentaram que "quando uma empresa estatal é transformada em uma sociedade anônima com muitos acionistas, ela representa a socialização da posse como Marx e Engels a descreveram, já que a posse vai de um proprietário singular a um grande número de proprietários [entre outros, isso foi afirmado por alguém da Escola Central do Partido]. Se empresas estatais são transformadas em sociedades anônimas e os empregados são dadas algumas ações da empresa, então isso poderia atingir o 'objetivo de Marx da propriedade privada'. Ao lidar com empresas estatais, devemos seguir 'normas internacionais' e estabelecer um 'sistema de direitos de propriedade moderno'. [Como na União Soviética e no Leste Europeu ao fim da década de 1980, os termos entre aspas eram eufemismos para normas capitalistas e direitos de propriedade capitalistas.] Empresas podem ser eficientes em nossa economia socialista de mercado apenas se forem possuídas privadamente. [Essa declaração, expressa por várias pessoas, vem diretamente da teoria econômica "neoclássica" ocidental.]", David Kotz, "The State of Official Marxism in China Today", em *Monthly Review*, v. 59, n. 4, set. 2007.

[87] Karl Marx, *Grundrisse*, cit., p. 512.

240 *Estrutura social e formas de consciência*

E, em uma outra passagem da mesma obra, ele adicionou que

> o capital em seu ser-para-si é o capitalista. Obviamente, os socialistas por vezes dizem que precisamos de capital, mas não do capitalista. Então o capital como uma coisa pura, não como uma relação de produção a qual, refletida em si mesma, é precisamente o capitalista. Eu posso até mesmo separar o capital de um dado capitalista e aquele será transferido para outro. Porém, ao perder capital, ele perde a qualidade de ser um capitalista. Assim, o capital é de fato separável do capitalista individual, mas não do capitalista que, enquanto tal, controla o trabalhador.[88]

Uma concepção similarmente mistificante e desmobilizadora se constitui quando a relação entre capital e trabalho é descrita, da maneira mais superficial, como uma relação entre *compradores* e *vendedores*, hipostasiando dessa forma uma igualdade fictícia no lugar da *dominação e subordinação estruturalmente asseguradas e resguardadas* e efetivamente existentes. A total ausência de análise crítica – e autocrítica – dessa relação teve muito a ver com a adoção por Gorbachev e outros da estratégia absurda do socialismo de mercado, trazendo consigo o fracasso necessário. Pois, na realidade, a relação a qual nos referimos não é de modo algum uma *relação de mercado* genuína, como aquela entre empresas capitalistas particulares trocando seus produtos, mas apenas sua *aparência enganadora*. A mais profunda determinação *substantiva* do intercâmbio fundamental entre capital e trabalho é uma *relação efetiva de poder sob a supremacia do capital*. A real substância – como a firmemente estabelecida *pressuposição* real da relação em questão na esfera da *produção* – está encoberta de maneira profunda pela aparência enganadora das transações pseudoequitativas na esfera da *circulação*. Como Marx tornou bastante claro:

> Não é um mero comprador e um mero vendedor que se encaram, e sim um *capitalista* e um *trabalhador*; sendo estes que se enfrentam na esfera da circulação, no mercado, como compradores e vendedores. A relação entre capitalista e trabalhador é a pressuposição de sua relação como comprador e vendedor.[89]

Assim, das concepções estrategicamente desgovernadas e desmobilizadoras desse tipo, a estrutura global de transformação social sustentável – a visão socialista de uma alternativa histórica necessária ao sistema orgânico do capital – está por completo ausente. Seu lugar é ocupado por uma mistura eclética de projeções políticas *táticas* voluntaristas (malconcebidas enquanto medidas estratégicas apropriadas) e alguns elementos da ordem material estabelecida do capital. Como a ilusória adoção do chamado "mecanismo de mercado", que de modo algum se trata de um simples mecanismo, mas de um componente integrante do *sistema orgânico* do capital e, por sua própria natureza, totalmente incompatível com a mudança vislumbrada. E já que a estrutura orientadora estratégica necessária do sistema orgânico comunal não é em lugar algum sequer sugerida em tais concepções, não pode haver espaço algum nelas para uma *autocrítica consciente*: a condição elementar de sucesso do empreendimento socialista. Não deveríamos nos surpreender, portanto, com a restauração do capitalismo.

---

[88] Ibidem, p. 303. Grifos de Marx. Os escritos socialistas referidos por Marx são: *The Social System*, de John Gray, e *Labour's Wrongs*, de J. F. Bray.

[89] Idem, *Economic Works: 1861–1864*, cit., v. 34, p. 422. Grifos de Marx.

Uma das razões deveras importante pela qual somente o sistema orgânico comunal pode superar o desafio de adotar como seu modo de operação normal e indefinidamente sustentável o princípio orientador da autocrítica consciente refere-se ao caráter *post festum* insuperável do sistema orgânico do capital de controle sociometabólico.

Isso se dá até mesmo se apenas *algumas* das características definidoras do antigo sistema forem, por algum motivo qualquer, mantidas entre os princípios orientadores dos desenvolvimentos pós-revolucionários. Evidentemente, compreende-se que algumas respostas e constrangimentos tentadores estejam fadados a surgir com base na hostilidade capitalista, devido ao *cerco* bem conhecido a um país que tenta romper seus antigos vínculos de submissão com o sistema global do capital. No entanto, eles não podem dar uma desculpa, como se fez na Rússia de Stalin, para incorporar características perturbadoras e alienantes do modo até então prevalente de administração – como o controle dos empreendimentos produtivos estritamente *a partir de cima*, tal qual herdado da "tirania da fábrica" do capitalismo – no interior do novo sistema. Pois no sistema orgânico do capital aquela característica é uma *parte integrante* de algumas determinações sistêmicas gerais e, portanto, não podem – e decerto não são – sustentadas de forma isolada. No caso de sua versão capitalista, a tirania da fábrica é inseparável da – e também bastante fortalecida e reforçada pela – *tirania do mercado*.

Se, portanto, a administração do "empreendimento socialista a partir de cima" (uma autêntica contradição em termos) fracassa em produzir os resultados positivos projetados de modo voluntarista, como é inevitável, nesse caso também vão aflorar os repetidos apelos à legitimação de seu irmão gêmeo. Ou seja, surgirão demandas pelo estabelecimento de uma "economia socialista de mercado" (outra incorrigível contradição em termos), com seu próprio tipo de tirania incontrolável agora sobre aqueles que se incorporaram felizes aos vínculos renovados da sociedade pós-revolucionária com o mercado capitalista global. Como de fato o fizeram.

Uma verdade bastante desconfortável a esse respeito é que a tendência à restauração capitalista na União Soviética não começou com Gorbachev. Ele apenas a consumou em sua variedade final. Sequer começou com [Nikita] Krushchev, muitas décadas antes. Este apenas lhe proveu uma forma mais pronunciada de prática, com sua legitimação ideológica correspondente. Na verdade, a tendência há muito esboçada em direção à restauração capitalista começou com o próprio Stalin, como discuti e documentei com detalhamento considerável em *Para além do capital*[90]. Aquele caminho fatídico, com suas implicações definitivamente incontroláveis, fora tomado havia mais de meio século, quando o estado de emergência anterior, vinculado à Segunda Guerra Mundial e às tarefas mais urgentes de reconstrução do pós-guerra, esgotou sua utilidade e teve de ser abandonado.

Com referência à questão da autocrítica consciente necessária para o desenvolvimento socialista sustentável, como discutido antes em relação aos indivíduos e às suas estratégias sociais, o fato é que, mesmo retendo parcialmente as determinações herdadas do passado, ela carrega consigo grandes dificuldades para o futuro. Isso pode ser acentuado com o problema de que o caráter incorrigivelmente *post festum* de tais determinações representa um

---

[90] Ver, em particular, as seções 17.2, 17.3 e 17.4 de *Para além do capital*, cit., p. 726-86.

242 *Estrutura social e formas de consciência*

desafio fundamental para a transformação socialista. Um desafio que não pode ser evitado, contornado ou adiado, mas deve ser confrontado de forma direta desde o começo.

Sob o sistema orgânico plenamente desenvolvido do capital o caráter *post festum* do intercâmbio societal fica claramente em evidência. Ele possui quatro aspectos principais.

Primeiro, o caráter social *post festum* da atividade produtiva mesma não pode sequer ser imaginado sem a destinação de seus produtos para as relações de troca historicamente estabelecidas do capital, impostas no interior da estrutura de produção generalizada de mercadorias, *subordinando* de modo estrito a legitimidade seletiva/discriminatória do valor de uso à exigência absoluta do *valor de troca rentável*. Apenas por meio de tal mediação, altamente problemática e definitivamente insustentável, o processo de produção do capital pode qualificar-se como a forma mais desenvolvida de produção social na história.

Segundo, o *caráter* inalterável *post festum* da potencial *função corretiva* viável em tal sistema produtivo social *post festum*, com relação aos intercâmbios inevitavelmente *adversos/ irracionalistas* das empresas produtivas do capital por meio do *mercado*. Embora este seja idealizado como a "mão invisível" universalmente benevolente, mesmo tal idealização perde uma dimensão vital do problema. Pois, em suas determinações *post festum*, o próprio mercado, como um conjunto de relações socioeconômicas e de poder político que tentam ser corretivas (distorcidas de modo característico enquanto um "mecanismo" direto), pode apenas cobrir parcialmente o terreno relevante que carece de um remédio, mesmo quando hipostasiado como é o "mercado global" racionalmente operativo.

O terceiro e principal aspecto é o caráter necessariamente *post festum* do *planejamento* mesmo em gigantescas empresas monopolistas. Em parte, isso se deve à estrutura global de mercado da produção generalizada de mercadorias, sublinhada no ponto anterior. Mas não apenas a isso. Um fator ainda mais importante é o antagonismo estrutural fundamental entre capital e trabalho, não eliminável do sistema do capital, independentemente de quantos ou quão variados possam ser os remédios tentados. Esses podem abarcar desde os dispositivos técnicos, tecnológicos e organizacionais, incluindo as práticas do "toyotismo"[91] e a estratégia de assegurar "linhas de suprimento enxutas" nas empresas industriais transnacionais, até as formas mais autoritárias de legislação antitrabalhista, incluindo países considerados "democráticos".

E, quarto, a natureza *post festum* dos ajustes viáveis quando alguns grandes conflitos e complicações eclodem na arena sociopolítica, seja em um cenário nacional dado ou através de fronteiras internacionais. A ativação das funções abertamente repressivas do Estado capitalista sempre foi o modo normal de lidar com esse tipo de problema. Nos casos internacionais mais agudos isso implicou até mesmo embarcar em conflitos mundiais, incluindo as catastroficamente destrutivas duas guerras mundiais no século XX. Pois sempre pertenceu à normalidade do capital operar com base na "guerra se as outras formas de submeter o adversário falharem". Enquanto, obviamente, esse devastador princípio geral não for abandonado, as perspectivas de aniquilamento da humanidade prenunciadas por uma potencial terceira guerra mundial representam uma limitação racionalmente insuperável, acentuando a total insustentabilidade desse tipo de remédio *post festum* no sistema do capital. Testemunha disso são as incontáveis aventuras militares pós-guerra nas quais o poder imperialista dominante, os

---

[91] A esse respeito, ver, por exemplo, as seguintes obras de Ricardo Antunes: *Adeus ao trabalho?* (São Paulo, Cortez, 1995) e *Os sentidos do trabalho* (São Paulo, Boitempo, 1999).

Estados Unidos, frequentemente com seus aliados, se envolveu nas últimas poucas décadas, incluindo a Guerra do Vietnã e o genocídio em andamento no Oriente Médio.

Sem dúvida, as formações pós-revolucionárias de tipo soviético não conservaram todas essas características *post festum* em seu modo de controlar o processo de reprodução social. De modo trágico, no entanto, algumas delas permaneceram operativas no decorrer de sua longa história de sete décadas, incluindo a derrota em tornar diretamente social o próprio processo produtivo. Da mesma maneira, o caráter autoritário retroativo de seu modo de planejamento amplamente burocratizado e sua modificação e reimposição arbitrárias após seu fracasso regular também colocaram em relevo o caráter contraditório de seu modo de operação *post festum*. Além disso, como todos sabemos, a aceitação final da tirania do mercado – proclamada de modo desconcertante pelo "chefe ideológico" oficialmente nomeado por Gorbachev como nada menos que "*a garantia da renovação do socialismo*"[92] – selou seu destino rumo à restauração sem reservas do capitalismo.

O sério problema nesse contexto é que a determinação *post festum* do processo sociometabólico torna impossível adotar o princípio orientador e operativo da autocrítica consciente. E, mais cedo ou mais tarde, a ausência de tal princípio vital nas sociedades que dão os primeiros passos em sua revolução política anticapitalista rumo a uma transformação socialista impõe seu descarrilamento.

É relativamente fácil ser *crítico vis-à-vis* aos aspectos do passado *negados* justificadamente, ou mesmo de uma fase determinada do *presente* em progresso. Contudo, o teste real para a viabilidade do curso de ação socialista a ser tentado é ser capaz de colocar em uma perspectiva histórica crítica também as circunstâncias do desenvolvimento social *afirmadas* e aceitas no presente. Não de maneira gratuita, em benefício do cumprimento de alguma exigência formal peremptoriamente prescrita aos indivíduos, como ocorreu de maneira frequente no passado, mas sim para superar de forma cooperativa os desafios reais que estão fadados a surgir das condições dadas de intercâmbio societal. E, é claro, aquele tipo de *crítica* é concebível apenas por meio do exercício consistente de uma *autocrítica* genuína, com base na avaliação sóbria das determinações específicas delimitadas temporalmente e da validade relativamente *limitada* correspondente da *parte* já realizada na – cambiante de modo necessário – *totalidade dinâmica*, com suas contradições reais e potenciais, como também com suas tão frequentes tentações a seguir "a linha de menor resistência".

Podemos nos limitar aqui à consideração de apenas uma questão, ainda que crucial: o *processo de planejamento* genuíno. Pois entre suas características inerentes podemos perceber claramente a inseparabilidade do modo *crítico* e do, tão importante quanto, modo *autocrítico* de avaliação das tarefas e dificuldades associadas, em conjunto com as formas viáveis de ação remedial quando quer que haja uma necessidade para tal.

É desnecessário dizer que o tipo socialista de tomada de decisão sustentável e a administração prática correspondente dos intercâmbios sociometabólicos são inconcebíveis sem um *planejamento abrangente em sua totalidade*. Um tipo de planejamento que possa reunir, e integrar de modo duradouro em um todo coerente, as questões particulares e as decisões tomadas de forma consciente pelos indivíduos livremente associados.

---

[92] Vadim Medvedev, "The Ideology of Perestroika", em Abel Aganbegyan (org.), *Perestroika Annual* (Londres, Futura/MacDonald, 1989, v. 2), p. 32.

244 *Estrutura social e formas de consciência*

De forma inevitável isso significa que a "*muleta*" da divisão social hierárquica do trabalho herdada – que "simplifica" o modo com que muitas coisas são reconhecidas para quem está no comando – traz consigo um alto preço aos demais. Simplifica questões para os controladores do processo de tomada de decisão por meio do determinismo preestabelecido do sistema o qual, no entanto, priva ao mesmo tempo os indivíduos trabalhadores de seu poder de tomada de decisão no campo relacionado. Naturalmente, aquela muleta deve ser descartada e substituída pelo exercício da faculdade de assumir voluntaria/conscientemente a ação autocrítica por parte dos indivíduos, envolvendo de maneira simultânea a aceitação da *plena responsabilidade* por sua ação. Este deve ser o caso do modo de redefinição do processo de tomada de decisão porque a "útil muleta" não é apenas um auxílio conveniente, mas também porque é inseparável de uma pesada corrente que aprisiona com firmeza os braços dos indivíduos ao redor deles próprios.

Por conseguinte, a alternativa hegemônica necessária do trabalho implica uma transição radical da *divisão do trabalho* social/hierárquica, com seus imperativos práticos preestabelecidos, para uma *combinação e organização do trabalho* apropriada, a ser conquistada no interior da estrutura de um sistema orgânico comunal qualitativamente diverso. Em tal sistema, graças à sua capacidade de superar as determinações *post festum* corruptas do intercâmbio reprodutivo, nas palavras de Marx:

> o produto não precisa ser transposto a uma forma particular para obter um caráter geral para o indivíduo. *Ao invés de uma divisão do trabalho*, tal como necessariamente criada com a troca de valores de troca, ocorreria uma *organização do trabalho* cujas consequências seriam a participação do indivíduo no *consumo comunal*. No primeiro caso, o caráter social da produção é colocado apenas *post festum* com a elevação dos produtos a valores de troca e a troca desses valores de troca. No segundo caso, o caráter social da produção é *pressuposto*, e a participação no mundo dos produtos, no consumo, não é mediada pela troca de trabalhos ou produtos do trabalho mutuamente independentes. É mediada, antes, pelas *condições sociais* da produção no interior das quais o indivíduos é ativo.[93]

Dessa forma, estamos aqui preocupados com uma matéria de importância fundamental. Pois na única alternativa hegemônica historicamente sustentável à ordem sociometabólica do capital é necessário assegurar as condições para a suplantação irreversível da conflitualidade/adversidade, a qual de outra maneira ressurgiria de modo inevitável das determinações *post festum* mais ou menos cegas de reprodução social, e imporia seu poder na direção da restauração capitalista. E aquela condição vital de superação da conflitualidade/adversidade, da qual tantas outras coisas dependem, só pode ser assegurada por meio da manutenção apropriada do processo de planejamento *consciente* e *autocrítico* abrangente em sua totalidade – ou seja, numa base contínua reajustada sob uma perspectiva racional, em vez de ser superimposta de uma maneira voluntarista sobre os indivíduos refratários.

Nesse sentido, *consciência, autocrítica, suplantação da conflitualidade/adversidade* e *planejamento genuíno* da reprodução social em harmonia com a determinação autônoma de sua *atividade vital siginificativa* pelos próprios indivíduos sociais estão inextricavelmente combinados para tornar possível – para além do modo *post festum* anacrônico de operação

---

[93] Karl Marx, *Grundrisse*, cit., p. 172.

dos intercâmbios sociometabólicos da humanidade com a natureza e dos indivíduos entre si – a instituição positiva de um *sistema orgânico comunal* como a alternativa histórica necessária ao cada vez mais destrutivo sistema orgânico do capital.

Nenhuma das condições aqui mencionadas pode ser desconsiderada ou mesmo negligenciada de forma parcial. O sistema comunal é inconcebível sem a permanente autocrítica consciente de suas formas de intercâmbio pelos indivíduos livremente associados. Ao mesmo tempo, sem a realidade sustentada positivamente do próprio sistema comunal, que não pode se permitir carregar a conflitualidade/adversidade sustentada estruturalmente, o princípio orientador de autocrítica consciente pode levar a nada mais que um postulado vazio. Pois o novo sistema orgânico qualitativamente diverso não pode funcionar de modo algum sem o *planejamento consciente* livremente adotado pelos indivíduos sociais a partir de suas práticas reprodutivas, com base na avaliação dos elementos legitimamente duradouros do passado e do presente, livres do peso morto dos interesses parciais. E, é claro, tal planejamento é viável apenas por meio da *autocrítica*, positivamente determinada, de *todos* os indivíduos que daquele modo podem identificar-se plenamente com os objetivos gerais de seu desenvolvimento social. Essa é a precondição necessária para a previdência necessária em direção a um futuro ilimitado, em franco contraste com o fechamento imposto sobre os indivíduos trabalhadores pelas incorrigíveis *determinações post festum retroativas* de sua reprodução social anterior.

Compreensivelmente, a transição das formas existentes de sociedade em direção a um modo comunal de controle sociometabólico é a mais difícil de ser realizada, com grandes obstáculos e resistências pelo caminho. Transição, por sua própria natureza, é sempre difícil, pois modos de interação societal e comportamento individual profundamente enraizados devem ser modificados ou de todo abandonados de maneira expressiva em seu curso de realização. No caso de um modo radicalmente diverso de ordenar a vida das pessoas a partir delas próprias, apropriado para o sistema comunal, a diferença é incomensurável com tudo que fora conquistado no passado.

Mas tudo isso não pode ser um pretexto para abandonar a perspectiva, ou mesmo para diluir as exigências objetivas e subjetivas, de uma transição para o sistema comunal. Seu pleno desenvolvimento está, sem dúvida, fadado a levar um longo tempo. Entretanto, até mesmo no estágio mais precoce de sua realização é necessário adotar a visão geral do sistema, com seus critérios e características definíveis de maneira clara, alguns dos quais foram anteriormente indicados, como o *alvo real* da transformação social e a *bússola* necessária para a jornada. A esse respeito, os princípios orientadores de crítica e autocrítica são diretamente relevantes.

8.5 Reflexões categoriais de antagonismo social e as categorias centrais da teoria socialista

Devemos ter sempre em mente que o capital não é uma "mera coisa", mas um modo dinâmico de controle sociometabólico, com sua estrutura de comando específica desenvolvida ao longo da história não apenas no terreno da reprodução material, mas também da política. É importante da mesma forma lembrar em nosso presente contexto que, devido ao caráter

246 *Estrutura social e formas de consciência*

geral e aos antagonismos inerentes desse modo único de controle societal, há um progressivo contraste problemático entre a – normalmente idealizada – *efetividade* do sistema do capital e as *reflexões categoriais* de suas determinações estruturais fundamentais.

Por conseguinte, prestar atenção especial nas próprias reflexões categoriais revela muito mais sobre a natureza do sistema do capital historicamente cambiante em sua fase descendente de desenvolvimento do que a avaliação e conceituação classistas habituais das transformações socioeconômicas e políticas em progresso pelos pensadores que formulam suas considerações cada vez mais ideologicamente questionáveis da perspectiva privilegiada dos interesses parciais do capital estruturalmente consolidados. Isso se dá porque a discussão das reflexões categoriais, por sua própria natureza, está fadada a trazer à tona questões muito mais mediadas, frequentemente com referências diretas aos domínios abstratos da metodologia, tornando, desse modo, a defesa aberta dos interesses societais mais conservadores muito mais difícil do que cumumente ocorre na imposição combativa dos valores burgueses em oposição à alternativa hegemônica do trabalho articulada de forma substantiva. De fato, as exigências abstratas positivamente assumidas da metodologia em benefício da própria metodologia são cultivadas de forma deliberada na fase descendente do sistema do capital, em nome da "objetividade rigorosa". Paradoxalmente, no entanto, a consequência indesejada de assumir essa postura é o oposto do que se espera conquistar. Pois, ao invés de fortalecer a posição daqueles que se identificam de maneira acrítica com a perspectiva extremamente problemática do capital em nosso tempo, isso tende a tornar as raízes da racionalização ideológica muito mais transparentes sobretudo por ajudar a concentrar atenção nas determinações estruturais subjacentes do próprio sistema.

Quando alcançamos as condições presentes de domínio do capital sobre a sociedade – as quais são predominantemente retrógradas e dotadas de uma apologética desavergonhada imposta pelos representantes da ideologia dominante em todos os campos –, a caracterização iluminadora de Marx das categorias da ordem burguesa deve ser qualificada. Pois a análise de Marx, em sua crítica da economia política, aplica-se como um todo à fase ascendente do desenvolvimento histórico do sistema do capital.

Referindo-se à sociedade burguesa em geral, Marx sublinha que ela

> é a mais complexa organização histórica da produção. As categorias que expressam suas relações, a compreensão de sua estrutura, desse modo também permitem o escrutínio no interior da estrutura e das relações de produção de todas as formações sociais desaparecidas de cujas ruínas e elementos ela foi construída, cujos resquícios ainda carrega em seu interior, dos quais até seus simples vestígios cobram significação dentro dela etc.[94]

Entretanto, as condições cada vez mais contraditórias que prevalecem na fase descendente de desenvolvimento do sistema, alcançando em nosso tempo o ponto em que o capital pode perpetuar seu domínio apenas ao colocar diretamente em perigo a sobrevivência humana enquanto tal – por um lado por meio do envolvimento dos países imperialistas dominantes (sobretudo os Estados Unidos) em aventuras militares potencialmente catastróficas e, por outro, por meio da progressiva destruição da natureza, agindo dessa forma contra a condição elementar de sustentação da própria vida humana – carregam consigo determinações cons-

---

[94] Ibidem, p. 105.

Método em uma época histórica de transição 247

tantemente agravadas para o processo de reprodução social. E, de maneira compreensível, essas mudanças envolvem não apenas o esvaziamento do conteúdo de algumas das caracterizações um dia significativas e dos princípios orientadores da *fase ascendente*, como refletido nos escritos concebidos da perspectiva privilegiada do capital pelos clássicos da economia política e seus grandes contemporâneos na filosofia, como Rousseau, Kant e Hegel. Mas também a completa *falsificação* do estado de coisas realmente existente.

Nesse sentido, é necessário distinguir entre as *reflexões categoriais da realidade* – mesmo se transfiguradas e idealizadas, como com frequência foi o caso nas conceituações da fase ascendente do desenvolvimento do capital pelos grandes representantes da ordem burguesa, como vimos anteriormente – e a *falsificação cínica* das transformações agora experimentadas e das correspondentes (e definitivamente suicidas) aspirações estratégicas agressivas. A esse respeito devemos lembrar da descrição grosseiramente propagandística do adversário soviético sob a presidência de [Ronald] Reagan como o "império do mal" e a regurgitação impensada do mesmo chavão de propaganda pelo ex-presidente G. W. Bush contra cinco países denunciados como o "eixo do mal", tentando não apenas esconder como também glorificar – na qualidade da única defesa possível de "*democracia e liberdade*" – a agressão militar mais brutal exercida numa escala crescente pelo poder esmagador do imperialismo hegemônico global.

Se nos lembrarmos do que realmente ocorreu aos princípios orientadores da Revolução Francesa – liberdade, fraternidade e igualdade –, que um dia foram sinceramente defendidos, veremos que o processo de esvaziamento progressivo de seu conteúdo iniciou-se há muito tempo, já na fase ascendente. A fraternidade desapareceu rapidamente, é claro, sem deixar vestígios, para nunca mais reaparecer. Também, a liberdade foi adaptada às estreitas exigências ideológicas do *utilitarismo*, eliminando por completo sua dimensão positiva[95].

Mas talvez o princípio vital da igualdade[96] tenha sofrido a revisão mais drástica, embora o termo ainda tenha se mantido assim como, de certo modo, até mesmo seu significado permaneceu. De forma reveladora, um dos grandes filósofos de todos os tempos, Immanuel Kant, estava envolvido ativamente na redefinição tendenciosa da igualdade já alguns anos após a Revolução Francesa, em 1793. Pois ele não hesitou de modo algum em afirmar que:

---

[95] Para uma investigação e análise abrangentes do utilitarismo ver Catherine Audard (org.), *Anthologie historique et critique de l'utilitarisme* (Paris, Presses Universitaires de France, 1999). "Jeremy Bentham et ses précurseurs, 1711–1832", v. 1; "L'utilitarisme victorien, John Stuart Mill, Henry Sidgwick et G. E. Moore", v. 2; "Thèmes et débats de l'utilitarisme contemporaine", v. 3.

[96] As promessas posteriores à Segunda Guerra de melhora significativa das dolorosas e iníquas condições de existência da maioria esmagadora das pessoas, até mesmo no punhado dos países capitalistas mais privilegiados por meio das benéficas políticas redistributivas ruidosamente propaladas do Estado de bem-estar, embora nunca implementadas com seriedade, revelaram-se extremamente ocas. Para citar as palavras críticas de um ex-líder do Novo Partido Democrata Canadense: "Em uma época em que a renda média familiar [no Canadá] decresceu em $ 4.000 (entre 1989 e 1996 para famílias com filhos acima de dezoito anos) e aquela dos 10% de famílias mais ricas aumentou até equivaler a 314 vezes a renda dos 10% de famílias mais pobres, existe um discurso fantasioso a respeito de coesão social. [...] Hoje, muitas pessoas em países anglo-americanos usam 'comunidade' e 'coesão' do modo como os neoconservadores um dia cooptaram 'valores familiares', belas frases que podem disfarçar ou abrilhantar uma desigualdade que embrutece", Edward Broadbent (org.), *Democratic Equality: What Went Wrong?* (Toronto, Universidade de Toronto, 2001).

248   *Estrutura social e formas de consciência*

> A *igualdade geral* dos homens enquanto súditos em um Estado coexiste muito prontamente com a *maior desigualdade* em graus das posses dos homens [...]. Daí que a igualdade geral dos homens também coexiste com a *grande desigualdade de direitos específicos* dos quais pode haver muitos.[97]

Dessa forma, a igualdade fora tratada por Kant como uma matéria puramente *formal*, restrita à esfera das relações legais e mesmo isso foi feito com a qualificação restritiva mencionada. Tampouco devemos esquecer o fato de que até mesmo esse sentido reveladoramente restrito de igualdade fora violado com frequência na prática efetiva mais discriminatória da própria lei, no interesse óbvio da ordem dominante, como Rousseau tornara enfaticamente claro em estágio prévio do desenvolvimento societal.

Mas estava por vir algo muito pior, por mais difícil que se possa imaginar. Pois, no século XX, as conceituações burguesas do conceito de igualdade foram de início confinadas ao domínio da dita "igualdade de *oportunidades*", em oposição explícita à caracteristicamente rejeitada "igualdade de *resultados*"– que na verdade a tornou sem sentido em absoluto – sendo que qualquer menção a ela fora então completamente abandonada, como uma reminiscência bastante embaraçosa do passado.

O conceito de democracia sofreu o mesmo destino. Um dia foi reconhecido que a forma social a ele correspondente carregava consigo não apenas conotações formais/legais/ eleitorais, como também *substanciais*, implicando alguns aprimoramentos significativos nas condições materiais de existência das grandes massas do povo. Os primeiros pensadores utilitaristas e alguns representantes do liberalismo defenderam de maneira efetiva tais aprimoramentos, mesmo que o fizessem de um modo paternalista e imaginando, muito inocentemente, que as melhoras vislumbradas poderiam ser asseguradas com êxito por meio de uma reforma benevolente da esfera da *distribuição* apenas, sem qualquer necessidade de mudança nas relações de *produção*. Depois, a tradição reformista socialdemocrata adotou a mesma abordagem, embora por algumas décadas tenha continuado a propalar a ideia de introduzir também algumas mudanças na esfera da produção, por meio da (nunca tentada com seriedade) instituição da ideia contraditória em sim mesma do "socialismo evolucionário". Na Grã-Bretanha, a reforma do "Estado de bem-estar" no pós-guerra – sob o governo trabalhista, mas através da inspiração do antigo pensador e político liberal, lorde [William] Beveridge[98], em colaboração com outro teórico liberal, John Maynard Keynes – era ainda um eco daquele passado tão distante e, dadas as condições conjunturais favoráveis da reconstrução do pós-guerra por todo o mundo, produziu melhoras consideráveis por algum tempo no padrão de vida de muitas pessoas, sem mudar nada da estrutura da sociedade capitalista.

A grande reviravolta teve de se impor mais tarde, quando a fase expansionista *conjunturalmente favorável* do pós-guerra chegou a um fim, no ocaso da década de 1960. Isso assinalou também o início da *crise estrutural* do sistema do capital. Como consequência, aquelas ideias reformistas liberais e socialdemocratas um dia defendidas com sinceridade foram substituídas pela mais cruel imposição do *neoliberalismo*, com sua legislação anti-

---

[97]   Immanuel Kant, "Theory and Practice – Concerning the Common Saying: This May Be True in Theory But Does Not Apply to Practice", em Carl J. Friedrich (org.), *Immanuel Kant's Moral and Political Writings* (Nova York, Random House, 1949), p. 417-8.

[98]   Ver William Beveridge, *Full Employment in a Free Society* (2. ed., Londres, Allen & Unwin, 1960).

trabalhista repressiva até mesmo em países que tradicionalmente se consideravam paradigmas de democracia, incluindo o Reino Unido. Desse modo, os antigos princípios do liberalismo praticáveis na política foram permanentemente despachados ao passado e, ao mesmo tempo, os princípios socialdemocratas, orientados para a reforma de transformações substantivamente democráticas, foram *explicitamente* abandonados por toda a Europa por meio do tipo de metamorfose retrógrada que testemunhamos na conversão do Partido Trabalhista Britânico no Novo Trabalhismo. E quando consideramos também, devidamente, que o uso da ideia de democracia é agora transposta para as relações internacionais de forma extremamente agressiva por meio das guerras dos Estados Unidos, a gravidade da situação deveria gerar alarme por toda a parte. Pois, desse modo, a fase descendente do desenvolvimento do sistema do capital não apenas *reverte* uma tendência sociopolítica que, na fase ascendente, foi capaz de produzir alguns resultados positivos, mas também *perverte* os importantes conceitos por meio dos quais as perigosas medidas adotadas poderiam ser criticamente avaliadas e contestadas, adicionando, dessa forma, ao monopólio das armas de destruição em massa também o monopólio manipulado e reforçado do pensamento em nome da salvaguarda da liberdade.

Um dos conceitos mais alardeados hoje pelas personificações do capital é a *globalização*. Podemos ver também nesse caso a grave distorção da realidade em prol da justificação dos antagonismos estruturais da fase descendente.

O conceito de globalização está muito longe de ser um *Daseinform* (uma forma categorial do ser) em seu sentido marxiano. Não se trata da produção de uma síntese das características dos desenvolvimentos socioeconômicos efetivos nessa noção – com validade vagamente comparável aos discernimentos dos clássicos da economia política – a qual poderia revelar algo significativo de um ponto de vista estrutural sobre as tendências presentes e indicar suas raízes no passado histórico. Ao invés disso, o que nos é oferecido sob o incessante chavão repetido da *globalização* universalmente benéfica é a maquiagem cínica das estratégias de domínio capitalista efetivamente em andamento – e também reforçadas por meio da intervenção estatal – correspondendo à fase presente de *dominação imperialista*.

A tendência histórica efetiva, porém amplamente contraditória, em direção à integração global da economia capitalista, remonta a muito mais de dois séculos no passado. Investigando no *Manifesto Comunista* a dinâmica do desenvolvimento econômico internacional, que já naquele tempo somava dois séculos de idade, Marx e Engels põem em relevo que

> Impelida pela necessidade de mercados sempre novos, a burguesia invade todo o globo terrestre. Necessita estabelecer-se em toda parte, explorar em toda parte, criar vínculos em toda parte.

Eles acentuaram naquele *Manifesto* a inexorabilidade das determinações objetivas na raiz de tais desenvolvimentos e discorreram sobre

> indústrias que já não empregam matérias-primas nacionais, mas sim matérias-primas vindas das regiões mais distantes, e cujos produtos se consomem não somente no próprio país mas em todas as partes do mundo.[99]

---

[99] As últimas duas citações foram retiradas de: Karl Marx e Friedrich Engels, *Manifesto Comunista* (trad. Álvaro Pina, São Paulo, Boitempo, 2005), p. 43.

250 *Estrutura social e formas de consciência*

Marx e Engels escreveram isso num manifesto publicado não em tempos recentes, quando a tagarelice sobre a globalização tornou-se voga no interesse de uma apologia social, mas sim em 1848!

Entretanto, ao mesmo tempo, eles enfatizaram também o outro lado da moeda da expansão capitalista internacional. Nominalmente aquela

> sociedade burguesa, com suas relações de produção e de troca, o regime burguês de propriedade, a sociedade burguesa moderna, que conjurou gigantescos meios de produção e de troca, assemelha-se ao feiticeiro que já não pode controlar os poderes infernais que invocou.[100]

É esse lado do processo gravemente contraditório da tendência inexorável do sistema do capital na direção de sua integração econômica global que está ausente por completo da transfiguração cinicamente maquiadora da – capitalisticamente insustentável e explosiva ao fim – realidade da exploração ampliada por todo o mundo no conto de fadas universalmente benéfico da globalização.

Os ideólogos da ordem dominante não apenas apresentam a questão como uma novidade fictícia de desenvolvimento, significativa em termos categoriais, mas também declaram que "toda pessoa sã deveria adotar alegremente a globalização", ao invés de ousar proferir dúvidas sobre sua natureza e perspectivas de sucesso. Ao mesmo tempo, eles são dedicados e silenciosos a respeito da incorrigível realidade das relações de poder que favorecem de forma esmagadora os países imperialistas dominantes e perpetuam as desigualdades amplamente prevalentes, se necessário com o uso da força. Também são irrealistas o bastante a ponto de imaginar que tais relações de poder tão profundamente iníquas e estruturalmente reforçadas possam ser para sempre mantidas pelos beneficiários principais da ordem sociometabólica do capital. Assim, a desavergonhada "eternização" do sistema do capital – que começou a tornar-se proeminente já nos escritos da "economia vulgar", no início da fase descendente de desenvolvimento – assume uma forma mais aguda por meio da idealização da globalização imperialista.

Naturalmente, não podemos considerar esse desenvolvimento uma franca repetição do passado remetendo a mais de dois séculos. Enquanto é perfeitamente correto frisar que a lógica interna do desenvolvimento expansionista do capital é inseparável da necessidade de impô-la ao mundo todo, há também algumas *differentia specifica* que devem ser sublinhadas em relação às tendências atuais.

Primeiro, ao contrário do presente, a forma original de invasão do capital nas partes mais remotas do mundo não surgiu das grandes pressões internas das transformações *monopolistas* e *semimonopolistas* da economia nos países imperialistas dominantes em uma escala maior.

Segundo, mesmo em comparação com o início do século XX, o imperialismo de nosso tempo é significativamente diferente da forma que provocara a explosão maciça da Primeira Guerra Mundial em 1914. Não apenas porque a ocupação político-militar dos antigos territórios coloniais após a Primeira Guerra Mundial provou ser totalmente instável, como também contestada interna e externamente, e teve de ser seguida por uma descolonização no pós-Segunda Guerra Mundial, assim como por uma variedade

---

[100] Ibidem, p. 45.

algo distinta da dominação "neoimperialista". Ainda mais significativo nesse âmbito foi o fato de que os Estados Unidos tornaram-se a potência dominante da nova variedade de imperialismo, e em nosso tempo age – mesmo sob a forma da deflagração de grandes guerras, do Vietnã ao Oriente Médio – como protetor do imperialismo hegemônico global. Desse modo, os Estados Unidos não estão inclinados a tolerar rivais em suas aventuras imperialistas – não importando o quão problemático esse tipo de monopólio esteja fadado a se tornar em um futuro não tão distante – em contraste até mesmo com o projeto de Hitler de, no passado, compartilhar a dominação global com o Japão.

O terceiro e mais importante ponto a ser destacado é o de que as forças político-econômicas que se beneficiam primariamente da dominação "globalizante" do mundo são as gigantescas corporações *transnacionais* – com frequência nomeadas, de modo errôneo, a seu próprio serviço como "*multi*nacionais" – agindo com o total apoio de seus Estados nacionais. Novamente, as companhias dos Estados Unidos lideram esses novos desenvolvimentos imperialistas. Nesse contexto, é também relevante que a determinação econômica da globalização em andamento no plano monetário seja caracterizada pelas forças especulativas e parasitárias, assim como perigosamente instáveis mesmo em um prazo de tempo relativamente curto, do capital financeiro e de forma alguma sem a cumplicidade do Estado capitalista.

Estas são as considerações que devem ser adicionadas à imagem idílica da globalização capitalista em nosso tempo.

Outro problema de grande importância nesse contexto, sublinhando a necessidade de qualificação da análise das determinações sistêmicas seminais que enfrentam uma grande mudança da fase ascendente para a descendente do desenvolvimento do capital, é a total perversão da categoria de consumo. A importância dessa questão para o processo de reprodução social em sua totalidade não pode ser destacada em demasia. Sua forma mais extrema emerge sob o impacto direto da modalidade de produção mais perniciosa e potencialmente destrutiva da segunda metade do século XX.

Essa questão é de importância literalmente vital porque, de maneira efetiva, a interconexão entre produção e consumo, para ser ao menos sustentável numa base duradoura, deve qualificar-se como uma íntima relação *dialética* de reciprocidade genuína. Sem essa determinação objetiva do processo de reprodução social, o sistema como um todo torna-se perigosamente insustentável. Contudo, o problema capitalista aqui insuperável é que torna-se impossível limitar a atenção às condições – manipuláveis – de somente dois dos componentes dessa relação. Pois a reciprocidade dialética necessária entre ambos – ou seja, produção e consumo considerados de modo independente – é inconcebível sem o papel seminal desempenhado pela constituição real de sua relação pela *necessidade* humana. É o cumprimento do papel exigido pela necessidade humana na constituição da reciprocidade dialética entre produção e consumo que se torna problemático ao extremo sob as condições atuais de desenvolvimento histórico.

É assim que Marx descreve as características principais dessa inter-relação dinâmica:

> o produto não precisa ser primeiro transposto em uma forma particular para obter um caráter geral para o indivíduo. *Ao invés de uma divisão do trabalho*, tal como é necessariamente criada com a troca de valores de troca, tomaria forma uma organização do trabalho cujas consequências seriam a participação do indivíduo no *consumo comunal*. No primeiro caso, o caráter

252 *Estrutura social e formas de consciência*

social da produção é colocado apenas *post festum* com a elevação dos produtos a valores de troca. No segundo caso, o caráter social da produção é *pressuposto*, e a participação no mundo dos produtos, no consumo, não é mediado pela troca de trabalhos ou produtos do trabalho mutuamente independentes. É mediado, antes, pelas *condições sociais de produção* no interior das quais o indivíduo é ativo.[101]

Sob as condições dos desenvolvimentos monopolistas no século XX testemunhamos uma grande distorção nessas relações. As gigantescas corporações dos países dominantes impõem seu poder – não um poder econômico obtido apenas na esfera produtiva, mas inflacionado em larga escala graças à vantagem política desfrutada por meio de sua posição semimonopolsita no conjunto capitalista global – também na forma de manipulação e imposição da necessidade sobre qualquer coisa que se adapte a seu interesse de assegurar e manter a expansão lucrativa do capital. Assim, a prática problemática de estimular "apetites artificiais", pois eles geram lucros mais fáceis que as alternativas justificáveis em resposta à real necessidade – uma prática nunca ausente por completo da produção capitalista –, adquiriu um papel incomparavelmente mais difuso e estruturalmente mais significativo com o princípio da fase monopolista da história do capital.

Na segunda metade do século XX experimentamos uma mudança qualitativa nessa relação, mesmo quando nos deparamos com sua modalidade já piorada de maneira significativa, sob o impacto das transformações monopolistas, em comparação com a fase ascendente do sistema do capital. A ação econômica e política que impõe essa mudança qualitativamente agravante à sociedade, com consequências de potencial catastrófico, é o *complexo industrial-militar*, para usar a competente descrição do presidente [Dwight] Eisenhower. Um agente que é, e apenas pode ser, ao mesmo tempo econômico e político no mais alto nível. A natureza mesma de sua empresa "produtiva" é a destruição, responsável em definitivo não apenas em "pensar o impensável", como tende a ser descrita com frívola complacência, mas incluindo a possibilidade da total aniquilação da humanidade. Ou seja, esforça-se para realizar o negócio mais lucrativo a partir do mais alto risco – não o risco *econômico* que, ao contrário do que diz o mito capitalista sobre si próprio, *não existe*, mas brincando com o fogo da destruição ilimitada e ilimitável – cuja autorização pode ser provida apenas pelo Estado enquanto tal.

Ademais, esse negócio singular não poderia cobrir nem mesmo uma quantidade mínima dos enormes gastos envolvidos, por meio de processos econômicos habituais. Eles devem ser politicamente impostos sobre a sociedade pelo Estado, em sua capacidade de coletor de impostos e apoiado em seu monopólio da violência contra toda resistência viável sobre a questão. Assim, aquilo com que somos confrontados nesse desenvolvimento potencialmente letal do sistema do capital na segunda metade do século XX é a *total perversão do consumo* em qualquer sentido significativo do termo.

Para esse tipo de consumo – que não poderia ser mais distante e decerto mais oposto à categoria de *consumo produtivo* mencionada anteriormente – não há um *sujeito* real ou tampouco uma *necessidade* humana que pudessem ser positivamente satisfeitos com os objetos produzidos. E já que, na realidade, em contraste com sua insustentável modalidade

---

[101] Karl Marx, *Grundrisse*, cit., p. 92-4.

ilusória e irresponsavelmente manipulada, o consumo constitui uma unidade dialeticamente combinada com a produção, dada sua reciprocidade não eliminável, não pode haver dúvida também sobre o *consumo produtivo*. Seu lugar é tomado pela submissão humilhante da sociedade como um todo à aceitação do desperdício destrutivo tanto na produção como no consumo.

A grande inovação do complexo industrial-militar para os desenvolvimentos capitalistas é obliterar de modo quase efetivo a distinção vital entre *consumo* e *destruição*. Certa vez, Marx notou que, no Império Romano, o valor independente e alienado como riqueza orientada para o consumo "aparece como desperdício sem limites que logicamente procura elevar o consumo a uma infinidade imaginária *ao engolir saladas de pérolas* etc."[102]. Em comparação, o verdadeiro desperdício ilimitado de engolir recursos equivalentes a bilhões de tais saladas no decorrer dos anos, enquanto incontáveis milhões precisam enfrentar a inanição como seu "destino" inescapável, tem êxito em legitimar-se por meio das práticas destrutivas do complexo industrial-militar, como dever patriótico inquestionável. Pois tal complexo é protegido pelo poder da irresponsabilidade institucionalizada, não importando o quão fraudulentas possam ser suas práticas, levando a magnitudes astronômicas, como revelado por incontáveis escândalos.

Um dia a produção do *valor de uso* já esteve intimamente entrelaçada com a multiplicação do *valor de troca* rentável, mesmo que em subordinação a este, e carregando consigo a tendência produtiva do sistema do capital para o definitivo e insustentável *decréscimo da taxa de utilidade*. Ironicamente, no entanto, em nossa fase atual de desenvolvimento histórico, quando se torna absolutamente essencial alcançar um *ganho* humano significativo nas taxas de utilização, como a *única economia viável* para o futuro, vemos algo diametralmente oposto, com a tendência produtiva irresponsável em absoluto do complexo industrial-militar em direção à *taxa zero*. De fato, tal complexo é bem-sucedido em "elevar o consumo a uma infinidade imaginária", ao inventar a perecibilidade instantânea até mesmo das substâncias materiais mais duráveis e das "matérias-primas estratégicas" insubstituíveis, ao utilizá-las na forma de instrumentos de guerra e destruição, algo esbanjador/destrutivo ao extremo em matéria de recursos humanos, mesmo quando *sequer* chegam *a ser usados*. E pode impor sobre a sociedade tais práticas "produtivas" absurdas e destrutivas com a maior facilidade.

Em todos os principais países capitalistas o complexo industrial-militar usufrui da legitimação arbitrária das formas mais extremas de desperdício pela bem reforçada rede institucional do Estado na qual as atividades de *fraudador, tesoureiro, auditor, legislador* e *juiz estão todas no mesmo saco*. E dada a posição proeminente do complexo industrial-militar no processo de reprodução, junto com sua eminência assegurada de maneira perversa em moldar a escala de valores da sociedade, a dissipação destrutiva dos recursos potencialmente mais valiosos da sociedade como um todo torna-se aceitável e mesmo respeitável, como uma contribuição válida aos objetivos capitalistas habitualmente perseguidos de crescimento e expansão. Assim, a conhecida exaltação do impacto do capital no desenvolvimento societal por alguns economistas liberais, segundo a qual seu sistema é caracterizado pela

---

[102] Ibidem, p. 270.

254 *Estrutura social e formas de consciência*

destruição *criativa* ou *produtiva*, está sendo transformada, numa escala assustadora, em seu exato oposto: produção *destrutiva*. É assim que a fase descendente do desenvolvimento do sistema do capital em nosso próprio tempo tende a reverter e subverter por completo as conquistas um dia significativas de sua fase ascendente.

A estrutura de comando hierárquica historicamente específica e estruturalmente reforçada da produção de mercadorias generalizada do capital emergiu por meio de uma longa confrontação combativa com o sistema feudal. Era constituída com base em princípios radicalmente diversos, estabelecendo de maneira firme em sua forma madura a primazia esmagadora da *extração econômica da mais-valia do trabalho*, no modo mais flexível e dinâmico da expropriação e acumulação de *mais-valia*.

Isso representou um agudo contraste com a proteção essencialmente política da extração da mais-valia do trabalho e a regulação correspondente do processo de reprodução social que, com o passar do tempo, provou ser cada vez mais anacrônico e insustentável no caso do feudalismo. Apesar disso, no intento de obter êxito contra seu adversário e, mais importante, para consolidar-se de modo sustentável pelo longo período histórico ainda por vir, o sistema do capital tinha de estabelecer seu domínio sobre a sociedade com base em uma estrutura de comando estritamente ordenada, abrangendo todas as esferas e níveis da vida humana. Nesse sentido, contrário a sua mitologia de ser a corporificação ideal de *liberdade*, *democracia* e *autonomia individual* (da qual a "*soberania individual do consumidor*" é uma variante relativamente recente), o capital é nada menos que a estrutura de comando mais eficientemente funcional e estruturalmente reforçada em toda a história. Sua superioridade com relação a todas as formas prévias de estrutura de comando societal consiste sobretudo em sua capacidade de combinar, como um *sistema orgânico* genuíno e muito dinâmico, as exigências vitais do intercâmbio metabólico elementar da humanidade com a natureza e a regulação mesma dos aspectos mais complexos e sofisticados do processo reprodutivo material, político e cultural. De fato, um dos mais importantes aspectos da nova estrutura de comando era que o capital podia impor com êxito suas determinações reprodutivas vitais sobre a sociedade em uma escala constante e crescente por um período histórico muito longo, mesmo de modo cada vez mais reduzido em nosso tempo, devido à ativação irreversível dos limites sistêmicos absolutos do capital[103].

Entretanto, a mudança radical daquela forma *politicamente reforçada* para a forma com primazia da *extração econômica* de excedente do trabalho não fora de maneira alguma um processo *espontâneo* – muito menos *natural* – como as racionalizações ideológicas do sistema do capital gostam de descrevê-lo, no intento de postular a eterna validade do sistema estabelecido. A necessária mudança histórica não poderia ser em sua origem uma *transição econômica espontânea* para uma nova modalidade mais flexível de reprodução social; tampouco pode-se conceber que as esmagadoras práticas de extração e acumulação econômicas do excedente de trabalho enquanto mais-valia pudessem manter-se no poder sem uma essencial contribuição – e de fato uma *garantia definitiva* de seu desenvolvimento expansionista – da *dimensão política* apropriada, mudando perio-

---

[103] Para uma discussão detalhada desses problemas, ver "A ativação dos limites absolutos do capital", capítulo 5 de meu livro *Para além do capital*, cit.

dicamente e, no nosso tempo, consideravelmente para pior. Pois nas profundezas desse sistema econômico podemos sempre identificar o *antagonismo estrutural fundamental* entre capital e trabalho, mesmo que em diferentes períodos da história tal antagonismo possa permanecer mais ou menos latente e oculto graças às determinações *fetichistas* absurdas, mas sumamente eficientes, do próprio processo de reprodução em andamento, por meio do qual "*o produto é o proprietário do produtor*", como já citado.

Nesse importante sentido, era inconcebível estabelecer a esmagadora dominação do processo de produção e distribuição normal, orientado antes de tudo para a extração econômica do capital, sem o envolvimento massivo direto não somente da política, mas também da *forma mais brutal de política* no tempo da chamada "*acumulação primitiva*", já sob o reinado de Henrique VIII. Ou seja, no período histórico em que a força de trabalho futura teve de ser privada por completo de qualquer meio alternativo de sobrevivência básica, ainda disponível nas terras comuns, assim como de todos os meios de produção possíveis no futuro, para ser *submetida* em sua totalidade pelas exigências da nova modalidade de produção do capital, e mesmo ser executada/exterminada como incontáveis milhares de "vadios" e "vagabundos", por conta de serem *excedentes às necessidades e potencialidades do capital então existentes*[104].

Além disso, o irreprimível antagonismo entre capital e trabalho – o qual é e deverá sempre permanecer como o fundamento estrutural (paradoxalmente, tanto a força motriz como a fraqueza definitiva) dessa ordem reprodutiva – torna necessário manter no poder uma estrutura de comando hierárquica, não apenas nas unidades produtivas particulares (tal como funciona na inegável "tirania da fábrica") como também na sociedade inteira, impondo aos sujeitos do trabalho os processos de *tomada de decisão* necessariamente de cima para abaixo do sistema como um todo. Esse deve ser o caso não importando o quão latentes possam ser as contradições objetivas em um momento particular. Como sabemos da história dos acontecimentos do pós-guerra, os processos de tomada de decisão de cima para abaixo devem prevalecer mesmo quando a latência dos antagonismos fundamentais favorece a mais ampla aceitação das espúrias reivindicações "democráticas" – incluindo o ingênuo chavão da propaganda do Partido Trabalhista Britânico sobre "as conquistas dos postos de comando da economia" (nas palavras do primeiro-ministro Harold Wilson) por meio da medida reversível, e na primeira oportunidade devidamente revertida, da "nacionalização", que na realidade não significou nada mais que uma transferência da falência capitalista para a tributação geral imposta pelo Estado sobre alguns setores-chave da economia. Este tipo de "desenvolvimento positivo" enganoso tende a aparecer sob circunstâncias históricas nas quais o antagonismo

---

[104] O "Memorandum on the Reform of the Poor Law", discutido no capítulo 6, apesar de sua brutalidade e crueldade extremas, representou um estágio mais avançado do desenvolvimento capitalista, quando – graças à expansão colonial e à manufatura em expansão – havia demanda potencial consideravelmente maior para os "pobres trabalhadores" serem absorvidos de modo produtivo, ainda vivos, do que na época de Henrique VIII. Daí que a medida de "extermínio/execução" pôde ser utilizada de forma mais moderada, mesmo que as alternativas recomendadas por Locke – crianças em casas de trabalho compulsórias acima dos três anos de idade e "mendigos" perpetradores sendo transformados em escravos, tendo seus olhos arrancados e suas frontes marcadas, além de transportados para as colônias etc. – não tenham sido de modo algum alegres dispositivos liberais.

256 *Estrutura social e formas de consciência*

estrutural básico, que sempre permanece na raiz do sistema do capital, gerando todos os tipos de ilusões desmobilizadoras nas fileiras do trabalho, graças ao processo de *expansão produtiva* em marcha, como aconteceu na fase de reconstrução do pós-Segunda Guerra e nas práticas do Estado de bem-estar em um punhado de países ocidentais. Ironicamente, no entanto, as práticas do Estado de bem-estar eram tão facilmente reversíveis, inclusive nos poucos países onde ocorreram as alardeadas nacionalizações dos pretendidos "postos de comando da economia", e obviamente sob o impacto de contradições sociais que se agudizavam – manejadas sob o clima político do "neoliberalismo", ao qual o "Novo Trabalhismo" se tornou aclimatado de modo tão solícito como seu adversário político, o Partido Conservador – que de fato já foram amplamente revertidas.

Talvez o aspecto mais revelador da relação entre as dimensões econômica e política no desenvolvimento do sistema do capital seja a própria tendência global que mostra a dominância relativa de um sobre o outro na fase ascendente e na descendente.

A projeção anistórica da emergência espontânea e da permanência natural do capital, se comparada com a realidade do envolvimento político mais brutal necessário para o momento de estabilização inicial do sistema, é, evidentemente, nada além de uma risível mitologia de si própria. Apesar disso, é mais fácil encontrar uma explicação racional, num sentido histórico complicado, embora mais justificável para o que de fato ocorreu – que vem a ser a imposição política direta das exigências por meio das quais a brutalidade política, historicamente bem documentada, teve êxito em abrir-se para um avanço produtivo incomensurável – do que as transformações problemáticas que estamos compelidos a enfrentar na fase atual do desenvolvimento destrutivo da ordem estabelecida. Pois na fase descendente do modo de controle sociometábolico do capital e na forma mais extrema ao longo do século XX, estendendo-se também pelo século XXI, testemunhamos o crescente domínio das forças políticas mais retrógradas numa escala assustadora, mesmo que frequentemente distorcidas pelas personificações devotadas do capital com a falsa ideologia de "encolher as fronteiras do Estado", propaladas com o maior cinismo. Desse modo, a humanidade teve de experimentar a *reversão* mais problemática em bem mais que duzentos anos de tendência global, caracterizada por um papel significativamente *reduzido* da tomada de decisão política direta no gerenciamento total do sistema do capital até meados do século XIX, em paralelo à sua fase *ascendente* de desenvolvimento.

As visões teóricas dessas mudanças refletem de maneira bastante fiel a natureza cambiante do próprio processo subjacente. Assim, Thomas Hobbes, em um estágio relativamente precoce da transição para uma extração e acumulação predominantemente econômica de sobre-trabalho como sobre-valor, falava não apenas da *bellum omnium contra omnes* "determinada pela natureza", mas, ao mesmo tempo, e com grande consistência intelectual, defendia o Leviatã como o correspondente Estado político – extremamente poderoso e absolutamente necessário.

Bem mais de um século depois, Adam Smith, em um estágio consideravelmente mais avançado da fase ascendente do desenvolvimento do capital, argumentava de maneira incisiva a favor de um Estado político mínimo, no intento de prover amplo espaço à força motriz econômica benevolente da "mão invisível" em seu esquema ideal das coisas. E, depois, Hegel, embora reconhecendo a aparência das contradições ainda mais que seus precursores intelectuais que também viram o mundo do ponto de vista privilegiado do capital, não possuía nenhuma inclinação para a legitimação do poder político estatal arbitrário. Ao invés disso, ele argumentava a favor de um "Estado ético" sob estrito mandato e regido pela razão, restringindo, assim, o poder do monarca a quase nada[105]. Ademais, poucas décadas após Hegel, já no fim da fase ascendente do capital, os maiores representantes do liberalismo e do utilitarismo desejavam que o Estado fosse relegado a um papel secundário, para permitir que os processos econômicos espontâneos cumprissem suas funções positivas.

A segunda metade do século XIX, e particularmente de maneira pronunciada as manifestações do colonialismo imperialista moderno em progresso no decorrer de suas três últimas décadas, vinculadas a desenvolvimentos monopolistas internamente ainda mais fortes nos países dominantes[106], assinalou a grande intensificação do envolvimento político direto do Estado capitalista no processo de reprodução social. De modo nada surpreendente, essa tendência piorou no século XX, trazendo consigo duas guerras mundiais, assim como devastações antes inimagináveis, incluindo o holocausto nazista e o uso pioneiro de armas de destruição em massa contra populações civis em Hiroshima e Nagasaki por ninguém menos que os Estados Unidos.

Não obstante toda a mitologia em prol da *ordem natural* do capital, e de sua "*ordem econômica expandida*" espontaneamente dominante, a verdade, com implicações sistêmicas de longo alcance, é que o modo de controle sociometabólico do capital sobre o processo reprodutivo não pode mais administrar seus assuntos sem a volumosa intervenção política do Estado. E essa problemática característica aplica-se não somente às mais brutais aventuras de tipo nazista e de extrema direita japonesas que, por décadas, prevaleceram de forma bem-sucedida sobre a maior parte de nosso planeta, mas também aos antídotos propostos e ativados contra as respostas abertamente autoritárias dadas às graves crises do sistema, desde o New Deal de [Franklin] Roosevelt às práticas amplamente patrocinadas pelo Estado de bem-estar, indicado até mesmo por seu nome, com duvidosos resultados duradouros.

E ninguém pode negar a gravidade da crise estrutural do capital quando adicionamos a essas considerações o anteriormente discutido *complexo industrial-militar* – que não poderia sustentar-se por um momento sequer sem o apoio maciço e contínuo que usufrui do Estado – assim como a defesa neoliberal e neoconservadora, além da prática na escalada das guerras destrutivas, hipocritamente justificadas sob óbvios falsos pretextos por parlamentos "democráticos"[107]. Pois o círculo que se vinha ampliando desde o brutal papel

---

[105] Como Hegel insistiu, "nas leis fixas e na organização definida do Estado, a decisão única do monarca foi abandonada, dando-se pouca atenção ao substancial. Deve-se considerar uma grande felicidade quando um povo tem um nobre monarca no poder. Também isso pouco se deve a um grande Estado, pois esse Estado tem a sua força na razão do monarca", G.W.F. Hegel, *Filosofia da história,* cit., p. 372.

[106] A esse respeito, ver os livros clássicos de Harry Magdoff: *Era do imperialismo: a economia da política externa dos Estados Unidos* (São Paulo, Hucitec, 1978); *Imperialismo: da era colonial ao presente* (Rio de Janeiro, Jorge Zahar, 1979); e outro livro igualmente iluminador de coautoria de Paul Baran e P. M. Sweezy: *Capitalismo monopolista: ensaio sobre a ordem econômica e social americana* (Rio de Janeiro, Jorge Zahar, 1978).

[107] Como "as armas de destruição em massa [de Saddam Hussein] que estão prontas para ser lançadas contra o Ocidente em quarenta e cinco minutos", como debatido e aceito (não apenas com um, mas sim com ambos os olhos fechados) no Parlamento britânico de Tony Blair.

258 *Estrutura social e formas de consciência*

inicial desempenhado pela política para a emergência e consolidação do capital enquanto um sistema orgânico na era de Henrique VIII, seguido de sua tendência à diminuição durante a fase ascendente, e voltando ao papel cada vez mais crescente da política, com uma vingança, na fase descendente de desenvolvimento, esse círculo agora fechou-se de modo irreversível. E, em termos práticos, nada pode constituir um círculo mais vicioso do que este, o qual pode seguir sem impedimentos sua rotação ao redor de seu próprio e efetivamente existente *eixo do mal*. Uma rotação visível na forma de uma intervenção estatal cada vez mais autoritária no processo reprodutivo que pode ser buscada em escala crescente apenas pondo em risco direto a própria sobrevivência da humanidade.

A reflexão categorial do antagonismo estrutural profundamente fincado e inextirpável entre o capital e o trabalho é (mais ou menos de modo consciente) distorcida por todos aqueles que conceituam o mundo a partir do ponto de vista do capital. Mesmo durante a fase ascendente do desenvolvimento do capital a

> *sociedade* – assim como aparece para o economista nacional – é a *sociedade burguesa* (*bürgerliche Gesellschaft*), na qual cada indivíduo é um todo de carências, e apenas é para o outro, assim como o outro apenas é para ele na medida em que se tornam reciprocamente meio. O economista nacional – tão bem quanto a política nos seus *direitos humanos* – reduz tudo ao homem, isto é, ao indivíduo, do qual retira toda determinidade, para o fixar como capitalista ou trabalhador.[108]

E, obviamente, quando os economistas políticos – e também os filósofos, que veem o mundo da mesma maneira – falam a respeito da existência de capitalistas e trabalhadores, os descrevem como membros de uma sociedade de individualidades estritamente agregativas e como partes de uma ordem ideal determinadas pela natureza, como vimos antes. Não dão o menor sinal de reconhecimento do fato de que a relação entre capitalistas e trabalhadores é constituída na realidade sobre o terreno do *antagonismo estruturalmente executado* entre o capital e o trabalho cuja imposição bem-sucedida sobre a classe submetida deve permanecer também no futuro como a condição *sine qua non* de seu "sistema natural da liberdade e justiça completas".

Nesse sentido, já o *bellum omnium contra omnes* hobbesiano é uma representação deturpada do estado atual de coisas, se seguir mantendo o mérito de enfatizar a permanência do conflito sob o domínio do capital. É uma distorção não no sentido de que não existam conflitos entre indivíduos, porque estes certamente existem, mas porque não são inteligíveis sem o *antagonismo de classe* fundamental de que são parte integrante, pois é o antagonismo básico de classe que define o jogo para a confrontação global entre as duas *classes hegemônicas alternativas* capazes de controlar de modos bastante diversos a ordem sócio-histórica. Os variados conflitos individuais, tanto entre os capitalistas como entre os trabalhadores, são determinações subordinadas àquela alternativa hegemônica, com relação tanto a suas manifestações práticas particulares como a suas orientações valorativas principais.

Como vimos no capítulo 7, Hegel também descrevera de modo mistificador as características do egoísmo interessado em nada mais do que em si mesmo como se emanasse diretamente dos próprios indivíduos, sem perceber que na realidade eles têm de *interio-*

---

[108] Karl Marx, *Manuscritos econômico-filosóficos*, cit., p. 149. Grifos de Marx.

rizar[109] o *imperativo expansionista objetivo* da ordem estabelecida, o qual, de fato, lhe deu origem. É assim que Hegel foi capaz de produzir uma visão idealizada do desenvolvimento histórico, cuja perspectiva representava a "realização da liberdade", em sua racionalização político-econômica da realidade.

A justificação ideológica das práticas de exploração do sistema do capital em desenvolvimento produtivo assumiu uma forma pronunciada de maneira nítida já na filosofia de John Locke. Ele primeiro admitiu que, "no começo, por pouco que se servisse dele, o trabalho conferia um direito de propriedade"[110]. Mas sua preocupação real era como justificar a eliminação prática daquela condição, no interesse da ordem estabelecida mais iníqua. Isso ele fez ao postular o fundamento absolutamente *natural* do dinheiro[111], a partir do qual busca justificar o "amontoamento" e "estoque" de riqueza, considerando que "um homem pode honestamente possuir mais terra do que ele próprio pode utilizar

---

[109] Naturalmente, os capitalistas e os trabalhadores internalizam o imperativo expansivo da ordem estabelecida de maneiras muito distintas. Se não o fizessem assim não poderiam ser os portadores, em seus confrontos, das alternativas hegemônicas opostas, mas, em princípio, historicamente sustentável. Não obstante, há também um traço comum em seus conflitos. É a falsa aparência de vicissitudes meramente individualistas contra a realidade de determinações objetivas. Do lado do capital, em sintonia com o caráter *centrífugo* dos microcosmos do sistema, é a necessidade dos conflitos perseguidos entre capitalistas particulares com o propósito de obter *vantagem relativa* para si enquanto capitalistas mais viáveis do que seus concorrentes capitalistas. Pois eles devem assegurar sua posição na ordem de reprodução social global sobre uma base cuja medida real é o êxito no *mais longo prazo*, como unidades produtivas *estruturalmente viáveis*, em sua confrontação antagônica fundamental com a classe hegemônica alternativa. Em outras palavras, a luta por *vantagens relativas* entre os capitalistas particulares é buscada, em última análise, com o propósito fundamental de assegurar e resguardar a *vantagem absoluta* e *a dominação permanente* da classe capitalista sobre o trabalho. É por esse motivo que o postulado ideologicamente projetado da solidariedade de classe não dividida entre a totalidade das personificações do capital pertence ao âmbito dos contos de fadas e deve ali permanecer também no futuro. Por outro lado, os conflitos entre os próprios trabalhadores são inerentes às condições sob as quais eles têm de confrontar o poder organizado do capital e assegurar o trabalho para si mesmos como *indivíduos* mais ou menos *isolados*. Marx reconheceu isso ao frisar que "A concorrência isola os indivíduos uns dos outros, não apenas os burgueses, mas ainda mais os proletários, apesar de agregá-los. [...] por isso, todo poder organizado em face desses indivíduos que vivem isolados e em relações que diariamente reproduzem o isolamento só pode ser vencido após longas lutas. Exigir o contrário seria o mesmo que exigir que a concorrência não deva existir nessa época histórica determinada ou que os indivíduos devam apagar de suas mentes relações sobre as quais não têm nenhum controle como indivíduos isolados" (Karl Marx, *A ideologia alemã*, cit., p. 62). Evidentemente, portanto, o miserável sucesso competitivo obtido pelos trabalhadores individuais contra outros trabalhadores, devido à interiorização, em um dado momento, de suas condições de subordinação estrutural ao capital produtivamente bem-sucedido, não tem relação alguma com qualquer tipo de egoísmo determinado pela natureza, como sugere a teoria da "sociedade civil". Essa é uma resposta problemática, porém compreensível ao poder do capital que não poderia ser superado sem a *organização consciente* dos trabalhadores em busca não de vantagens competitivas menores, mas sim da instituição de sua própria ordem reprodutiva alternativa: um desafio fundamental. Dessa forma, o que aparece como uma característica inerentemente egoísta ao comportamento dos trabalhadores não é uma determinação *causal* originária de si própria. Pelo contrário, é a *consequência* de sua dominação estruturalmente imposta pelo sistema do capital historicamente mutável.

[110] John Locke, *Dois tratados sobre o governo civil e outros escritos* (trad. Magada Lopes e Marisa Lobo da Costa, 3. ed., Petrópolis, Vozes, 2001), p. 109, parágrafo 45.

[111] Locke argumentou: "Encontre qualquer coisa que tenha o uso e o valor de dinheiro entre seus vizinhos e você verá que o mesmo homem começará a aumentar suas posses", ibidem, p. 111, parágrafo 49.

260 *Estrutura social e formas de consciência*

seu produto, recebendo ouro e prata em troca do excesso, que podem ser guardados sem causar dano a ninguém"[112].

Locke também pensou ser capaz de suprimir a base do antagonismo social fundamental, ampliando os conceitos de *propriedade* e *posses* até o ponto em que, em sua perspectiva, não mais importava

> se ele possui terras em plena propriedade, transmissíveis para sempre a seus herdeiros, ou se ele ocupa somente um alojamento por uma semana; ou se desfruta simplesmente da liberdade de ir e vir nas estradas; e na verdade isso acontece ainda que ele seja apenas qualquer um dentro dos territórios daquele governo.[113]

Esse tipo de apologética servia a um propósito duplo. Além de eliminar qualquer preocupação com a desigualdade, também foi concebido para justificar a total submição política dos despossuídos à autoridade política estabelecida, em concordância com a mistificadora, porém evidente e amplamente celebrada, ideia lockeana de "*consentimento tácito*". Pois ao argumentar dessa forma ele pôde asseverar e "legitimar" as obrigações sem limite do povo submetido em nome de um "consentimento" absolutamente fictício, atribuído a ele sob o fundamento de que não deixava o país e, por isso, aceitava a autoridade sem limites do Estado capitalista, ainda que, na realidade, o povo não tenha consentido com coisa alguma, apenas porque não tinha como alterar sua precária situação.

Porém, mesmo essa transparente apologética não pode ser comparada ao que somos forçados a aceitar sob as condições da realidade atual do capital. Pois um dos principais argumentos de Locke para justificar as desigualdes extremas do sistema do capital em sua época era que, graças à *natureza durável* naturalmente determinada do dinheiro, tornou-se possível eliminar o desperdício que, de outra maneira, seria inseparável da prática de "amontoar" e "acumular" riqueza, como convém à natureza da reprodução expandida do capital. Por contraste, o sistema do capital em nosso próprio tempo não pode funcionar sem impôr à sociedade quantidades e formas de desperdício – inimagináveis na época de Locke –, apresentando justificativas diversas, incluindo as práticas de produção mais absurdas e legitimadoras do complexo industrial-militar, como vimos antes. Desse modo, também a esse respeito, percebemos a plena realização do círculo vicioso do capital. Assim, em nosso tempo, de maneira inevitável, a humanidade inteira deve sofrer as consequências destrutivas dessa realização.

Um século depois de Locke, no tempo em que Adam Smith escrevia *A riqueza das nações*, o capital estava no firme controle do processo de reprodução social na Grã-Bretanha e fazia inegável progresso também em outras partes do mundo. De forma compreensível, portanto, as ilusões referentes às determinações naturais de seu sistema e às consequências benéficas gerais de organizar a produção com base em tal sistema "natural" são maiores que nunca. Assim, o acento pende confiante e forte para o lado positivo do desenvolvimento percebido, sob a afirmação do progresso irresistível da *riqueza* das nações, enquanto os resultados negativos do avanço produtivo do sistema são descritos no seu todo como problemas marginais. Dessa maneira, vemos os antagonismos sociais efetivos minimi-

---

[112] Idem, parágrafo 50.

[113] Ibidem, p. 153-4, parágrafo 119.

zados para além de qualquer reconhecimento, dada a tendência de Smith de caracterizar os aspectos alienantes da divisão capitalista do trabalho (alguns dos quais ele reconhecia claramente) como problemas técnicos de forma prioritária – técnica/organizacional/educacionalmente corrigíveis –, jamais como contradições sociais arraigadas. No que se refere à investigação da coesão e viabilidade globais do sistema do capital, o otimismo reina supremo no universo intelectual de Adam Smith. De modo nada surpreendente, de longe seu conceito mais influente – que reverbera também por outros países, incluindo a ideia mais complicada, porém igualmente influente da "astúcia da razão" [*List der Vernunft*] de Hegel – oferece uma visão de como a misteriosa força motriz do capital opera em benefício do *todo* assim como para o bem-estar de todo e qualquer indivíduo. É assim que a efetividade das complicadas e profundamente antagônicas mediações do mais dinâmico sistema de reprodução sociometabólica da história pôde ser transformada em teoria – no período promissor da revolução industrial – no postulado universalmente louvável de intercâmbio humano ideal. O impacto inquietante das contradições explosivas levou bem menos de um século para se afirmar.

As categorias da teoria socialista, como as apropriadas "formas do ser" no sentido marxiano, devem ser conceituadas sobre uma base muito diversa: por meio da reflexão mais fiel acerca dos reais problemas e contradições que emergem das relações sociometabólicas da humanidade com a natureza e dos indivíduos entre si mesmos, no seu cenário social realmente dado, em um período histórico muito difícil de transição face a uma nova ordem de reprodução social viável.

Inevitavelmente, uma resposta crítica firme às imagens teóricas e racionalizações ideológicas do sistema do capital há muito dominantes é parte integrante desse empreendimento. Pois, aqui, não estamos preocupados apenas com questões teóricas abstratas, mas com determinações vitais *práticas*, mesmo quando são transfiguradas, de uma complicada forma especulativa, em algumas das sínteses filosóficas concebidas sob a perspectiva privilegiada do capital, como pudemos ver ao longo deste estudo. Qualquer solução apontando na direção da alternativa hegemônica historicamente sustentável do trabalho, vislumbrada através do inevitável período de transição, deve partir das condições *realmente dadas* da ordem sociometabólica dominante, com suas premissas e seus imperativos práticos frequentemente ocultos mas impostos de modo fetichista.

Uma abordagem metodológica válida da teoria de transição exigida nesse sentido é viável apenas se satisfizer duas condições necessárias: (1) a clara definição de seu ponto de partida em relação às determinações *objetivas* do arcabouço estrutural *efetivamente dado* da sociedade, com suas contradições realmente existentes e antagonismos inextirpáveis (o que implica, de maneira evidente, a crítica de suas conceituações tendenciosas e, especialmente na fase descendente do desenvolvimento do sistema, a distorção cada vez mais apologética do estado de coisas historicamente dado a partir da perspectiva privilegiada, serviente a si mesma, do capital); (2) a indicação dos traços gerais da *alternativa hegemônica do trabalho sustentável a longo prazo* à ordem estabelecida.

A primeira questão que precisa ser esclarecida a esse respeito é o conceito de riqueza. Pois mesmo os clássicos da economia política jamais puderam ter outra concepção de riqueza e pobreza que não fosse *fetichista*, devido à abordagem necessária – e exclusivamente – quantificadora do capital para tais problemas. Tinha que ser esse o caso mesmo na fase ascendente mais promissora do desenvolvimento do sistema do capital, incluindo *A riqueza das nações* de Adam Smith. É de importância vital traçar aqui uma firme linha de demarcação, não apenas no interesse de nossas urgentes condições atuais de desenvolvimento, com suas práticas produtivas já absolutamente insustentáveis, mas também com relação ao futuro. Pois é inconcebível instituir a ordem hegemônica alternativa do trabalho – o sistema orgânico comunal – com base até mesmo na mais bem-intencionada das *quantificações*.

A única economia viável, não importando quão avançado seja o estágio que a humanidade possa alcançar em termos de produção no futuro, em contraste com o necessário *desperdício* das determinações quantificadoras/fetichistas do capital, é um modo de reprodução social que deve ser orientado por considerações *qualitativas*, em resposta às necessidades humanas genuínas. Esse contraste com a abordagem geral da economia política como um todo a respeito do problema absolutamente crucial da economia real do futuro já havia sido enunciado de modo inequívoco por Marx em sua avaliação inicial do tema. Ele afirmou que

> o lugar da *riqueza* e da *miséria* nacional-econômicas é ocupado pelo *homem rico* e pela necessidade (*Bedürfnis*) *humana* rica. O homem *rico* é simultaneamente o homem *carente* de uma totalidade da manifestação humana de vida. O homem no qual a sua efetivação própria existe como necessidade (*Notwendigkeit*) interior, como *falta* (*Not*).[114]

No mesmo contexto, é importante destacar que a ideia de um modo comunal de produção e consumo – debatida em detalhe considerável pelo "Marx maduro" em suas obras de síntese mais importantes, incluindo os *Grundrisse* e *O capital* – já era defendida claramente por ele em seu sistema inicial *in statu nascendi*. Ele os caracterizou do seguinte modo:

> a atividade *comunitária* e a fruição *comunitária*, isto é, a atividade e a fruição que imediatamente, em *sociedade efetiva* com outros homens, se externam e confirmam, efetuar-se-ão em toda parte onde aquela expressão *imediata* da sociabilidade (*Gesellschaftlichkeit*) se fundamente na essência do seu conteúdo e esteja conforme à sua natureza.[115]

Esse é o único horizonte global viável das transformações fundamentais por meio das quais a concepção alienante de riqueza pode ser consignada ao passado. Pois somente sob o sistema comunal o princípio orientador da *qualidade que surge da necessidade humana* pode efetivamente prevalecer.

Não importa quanta melhora *relativa* seja factível sob o domínio do capital – e sabemos demasiado bem que muito pouco tem sido alcançado em termos da população *total* do mundo pela capacidade do capital de "amontoar" e "acumular" riqueza de um lado e a horrenda desigualdade e miséria do outro, como o destino inescapável da maioria da humanidade –, não pode haver solução *estruturalmente viável* sob as premissas e os imperativos práticos necessários da quantificação fetichista. A completa realização do círculo vicioso definitivamente destrutivo – e, por implicação, também inevitavelmente *autodestrutivo* – do capital, sob a forma de sua *produção destrutiva* mais do que nunca

---

[114] Karl Marx, *Manuscritos econômico-filosóficos*, cit., p. 112-3.

[115] Ibidem, p. 107.

dominante em nosso tempo, enquanto inseparável da lógica fetichista plenamente realizada do sistema, provê eloquente evidência para essa dolorosa verdade.

Outra importante manifestação de se estar teoricamente aprisionado pelo fetichismo ubiquamente prevalente do capital refere-se à quimera filosófica da *identidade sujeito-objeto*. Esta é uma *camisa de força* vestida até mesmo por grandes filósofos, como Hegel, que presumem que podem se livrar da efetiva separação alienante e reificante entre o sujeito e, em oposição, o objeto ao colocar sua *identidade* especulativa. Entretanto, ao fazer isso, eles só podem enredar-se ainda mais na camisa de força do capital, que vestiram voluntariamente ao se identificarem com a perspectiva privilegiada do sistema. Pois, no mundo real, o problema teórico aparentemente insuperável emerge das determinações mais profundas – e da prática necessária – do sistema do capital baseado na *usurpação do papel do sujeito* pela privação do trabalho dos meios de produção e, desse modo, *impedindo-o estruturalmente* de afirmar suas *funções de controle* legítimas no processo de reprodução social.

A solução filosófica especulativa consiste em uma tentativa inexequível de eliminar o problema da *alienação na atividade produtiva* mesma ao equacionar de maneira arbitrária a *objetivação* produtiva *enquanto tal* – o que é, e deve sempre permanecer sendo, a manifestação e encarnação necessárias da própria atividade humana – com a *alienação* e a *expropriação capitalista* dos produtos da atividade, historicamente criada e, do mesmo modo, historicamente superável. Assim, na realidade, tanto o papel do sujeito e os objetos produzidos pelo real sujeito do trabalho são alienados e expropriados de forma usurpadora pelo capital. O único caminho para (imaginariamente) "resolver" esse duplo problema da alienação social na prática especulativa da filosofia sem mudar absolutamente nada na realidade, é colocar a *identidade de sujeito e objeto* com base na (longe de ser igualável, mas falaciosamente proclamada) *identidade da objetivação exteriorizadora* (inseparável da atividade humana prática por definição) e a *alienação* historicamente específica.

A alternativa óbvia é a restituição das funções de controle na produção para o real sujeito autônomo, junto com a capacidade de determinar o uso, sem restrição, pelo qual os objetos por ele produzidos são colocados na sociedade. Em outras palavras, é uma questão de estabelecer a *unidade* criativa dos sujeitos do trabalho com as condições objetivas de sua *atividade autodeterminada*, no lugar da invenção de uma *identidade* fictícia – especulativa – entre a *entidade-conceito* abstrata: *Sujeito* e a igualmente abstrata/especulativa *entidade-conceito: Objeto* (escrito com maiúscula ou minúscula). É assim que Marx aborda o problema, insistindo que:

> O homem só não se perde em seu objeto se este lhe vem a ser como objeto *humano* ou homem objetivo. Isto só é possível na medida em que ele vem a ser objeto *social* para ele, em que ele próprio se torna ser social (*gesellschaftliches Wesen*), assim como a sociedade se torna ser (*Wesen*) para ele neste objeto. Consequentemente, quando, por um lado, para o homem em sociedade a efetividade objetiva (*gegenständliche Wirklichkeit*) se torna em toda parte efetividade das forças essenciais humanas (*menschliche Wesenskräfte*) enquanto efetividade humana e, por isso, efetividade de suas *próprias* forças essenciais, todos os objetos tornam-se [a] *objetivação* de si mesmo para ele, objetos que realizam e confirmam sua individualidade enquanto objetos *seus*, isto é, *ele mesmo* torna-se objeto.[116]

---

[116] Ibidem, p. 109-10. Grifos de Marx.

Obviamente, então, a *unidade dialética* de sujeito e objeto é uma questão da determinidade histórica da aplicabilidade objetiva das condições sob as quais a relação apropriada entre os indivíduos, enquanto reais indivíduos sociais, e sua sociedade – capaz de oferecer-lhes o campo de ação exigido para sua própria realização como ricos indivíduos sociais – pode ser alcançada. Qualquer tentativa de colocar a *identidade* entre sujeito e objeto só será viável abstraindo-se as relações sociais efetivamente existentes e historicamente circunscritas, convertendo desse modo também o conceito de indivíduo em algo muito mais problemático.

Ao mesmo tempo, também deve ser enfatizado que a determinidade social e a realização apropriada da individualidade constituem uma unidade dialética que não pode ser distorcida em nenhum dos lados. Marx é, portanto, ávido em sublinhar que "acima de tudo é preciso evitar fixar mais uma vez a 'sociedade' como abstração frente ao indivíduo. O indivíduo *é* o *ser social*"[117]. E ele segue argumentando que:

> O homem – por mais que seja, por isso, um indivíduo *particular*, e precisamente sua particularidade faz dele um indivíduo e uma coletividade efetivo-*individual* (*wirkliches individuelles Gemeinwesen*) – é, do mesmo modo, tanto a *totalidade*, a totalidade ideal, a existência subjetiva da sociedade pensada e sentida para si, assim como ele também é na efetividade, tanto como intuição e fruição efetiva da existência social, quanto como uma totalidade de externação humana de vida. Pensar e ser são, portanto, certamente *diferentes*, mas estão ao mesmo tempo em *unidade* mútua.[118]

Naturalmente, a distinção do sujeito e do objeto também no processo de reprodução cultural e material global deve ser reconhecida claramente, sem ambiguidades, pois de outra maneira pode-se correr o risco de cair à revelia na armadilha da identidade sujeito-objeto. Mas sua relação só pode ter *sentido substantivo* – nem um sentido puramente *formal* ou tampouco *filosófico especulativo* poderia ser apropriado nesse respeito – se for concebida, inseparavelmente das determinações sociais práticas subjacentes, enquanto constitutiva de uma *unidade* dialética. Pois, tanto no caso do sujeito (seja ele *individual* ou *coletivo*, decerto também se num sentido societal mais geral coletivo ou especificamente *comunal*) como no do objeto (a saber, a encarnação direta de alguma atividade produtiva material ou o usufruto de um objeto estético, como uma obra de arte, pelo indivíduo) estamos falando da efetividade de determinidades sociais variadas que não podem ser abstraídas sem esvaziar de modo irresponsável essa importante relação mesma de seu conteúdo e de seu significado definidores.

O planejamento ocupa um lugar de extrema relevância entre as categorias da teoria socialista. Isso se põe em agudo contraste com o sistema do capital, no qual – devido à determinação centrífuga interna de seus microcosmos produtivo e distributivo – não há quadro real para o planejamento no sentido pleno do termo. Tal sentido é definido como um *planejamento abrangente conscientemente procurado* tanto da produção quanto da distribuição, e simultaneamente indo bem além das limitações da coordenação técnica/ ideológica, não importando o quão amplamente embasadas.

---

[117] Ibidem, p. 107. Grifos de Marx.

[118] Ibidem, p. 108. Grifos de Marx.

Método em uma época histórica de transição 265

Naturalmente, os grandes pensadores que conceituaram o mundo do ponto de vista do capital perceberam que algo *essencial* estava ausente de sua descrição da ordem de reprodução social estabelecida, sem o que esta não poderia de forma alguma ser sustentada sobre uma base duradoura, muito menos estar qualificada enquanto a primeira e única forma de reprodução sociometabólica da humanidade, como declararam ser. Assim, como uma impressionante, ainda que misteriosa, reconsideração eles introduziram as ideias da "mão invisível" (Adam Smith), do "espírito comercial" (Kant) e da "astúcia da razão" (Hegel).

Presume-se que essa misteriosa entidade supraindividual, independentemente de sua denominação, alcance aquilo que numa sociedade humana estruturada de forma não antagônica deveria ser alcançado pelo *planejamento abrangente* livremente determinado. E supõe-se que a agência supraindividual projetada desempenharia a tarefa de coordenação e direção globais incomparavelmente melhor, por definição, do que os indivíduos particulares jamais poderiam sonhar. Pois nas concepções formuladas do ponto de vista do capital teria que satisfazer duas condições *irreconciliáveis*.

Primeiro, a *retenção* do mito da economia política da "sociedade civil" (abstraída do Estado capitalista), com sua insolúvel conflitualidade/adversidade *individual*, contenciosidade e conflitos (como convém à "madeira torta" de Kant da qual os indivíduos particulares teriam sido feitos pela Providência, determinada pela natureza ou Divina). Daí que aos indivíduos particulares possivelmente não poderia ser confiada a tarefa vital de assegurar a coesão ordenada da atividade reprodutiva em uma escala societal sem que a nova ordem econômica se esfacelasse.

E a segunda condição que havia de ser satisfeita era a produção da coesão societal global. Esse processo era colocado de maneira contraditória na forma de uma reafirmação daquilo que os pensadores em questão consideravam ser as determinações ontológicas objetivas da "sociedade civil" insuperavelmente conflituosa. A solução imaginária para a conflitualidade insuperável da sociedade civil era por eles oferecida na forma da transubstanciação do intercâmbio *negativo* de conflitualidade/adversidade egoísta particularista enquanto tal nos benefícios *positivos* para a *totalidade* que se presumia surgir dos próprios conflitos, dos quais, nas palavras de Hegel, graças a um avanço "dialético" milagroso, "a *apetência subjetiva* transforma-se numa contribuição para a satisfação das carências de todos os outros", como já vimos ser decretado pelo grande filósofo alemão. Esse tipo de transmutação benéfica do negativo em positivo, a ser realizado do modo postulado, e nunca explicado ou demonstrado, foi celebrado pelos pensadores que viram o mundo do ponto de vista do capital como a harmonização *ideal* do processo de reprodução social em sua totalidade. Apenas uma misteriosa ação supraindividual – seja ela a "mão invisível" de Adam Smith, o "espírito comercial" de Kant ou a "astúcia da razão" de Hegel – poderia cumprir tal *reconciliação ideal* do *irreconciliável*.

Dessa forma, a projeção da ação supraindividual no lugar do requerido órgão social do *planejamento abrangente*, como deveria ter sido instituído na realidade pelos indivíduos *sociais* livremente associados (e não egoisticamente isolados), pôde criar do ponto de vista da economia política a *aparência* de resolução do problema real. Mas até para criar tão somente essa aparência era necessário distorcer, em primeiro lugar, *o antagonismo social fundamental* da sociedade capitalista de *classes* enquanto conflitualidade estritamente *individual* predominante na eternizada "sociedade civil". E, em segundo lugar, também era necessário caracterizar o próprio *objeto* estipulado do conflito, ao redor do qual as pessoas teriam de confrontar-se, como uma simples matéria de *desfrute individual*, pertencente à esfera do *consumo* e, assim, quantitativamente extensível – nas palavras de Hegel – "a todos os outros". Dessa maneira, a *divisão hierárquica do trabalho estruturalmente imposta* e determinada por *classes* – que constitui o real substrato do irreconciliável e definitivamente explosivo antagonismo fundamental do sistema do capital – poderia ser deixada intocada na sociedade. E, paradoxalmente, esse *duplo* desvirtuamento do problema era justificado de modo notável, no sentido de ser teoricamente consistente.

E foi precisamente assim, uma teoria coerente como dupla distorção. Pois, da perspectiva privilegiada do capital, era necessário desvirtuar, por um lado, a natureza real do insuperável antagonismo de classe – inerente ao arcabouço *estrutural* historicamente dado da sociedade e, da mesma forma, requerendo a sua transformação radical – enquanto conflitos puramente *individuais* na "sociedade civil" (concebidos para tal propósito), cuja reconciliação não exigiria *mudança estrutural* alguma na sociedade realmente existente; e, por outro, também era necessário descrever de forma tendenciosa o objeto real de conflito – a confrontação histórica sobre dois modos de *produção* alternativos incompatíveis e hegemônicos como uma simples questão de *consumo* individual, cuja magnitude poderia ser aumentada mediante o prontamente quantificável valor de troca do processo de produção expansivo do capital. Esses dois aspectos principais das determinações estruturais do capital sempre estiveram intimamente interconectados. Assim, optar por uma delas a partir da perspectiva privilegiada do capital, em sintonia com a exclusão absolutamente necessária de qualquer ideia de mudança estrutural no modo de produção estabelecido, carregava consigo a exigência de também englobar a outra: ou seja, o confinamento de todos os ajustes corretivos plausíveis à esfera do consumo individual. Nesse sentido, não poderia haver maneira alternativa de conceituar os problemas em jogo do ponto de vista da economia política do capital. Pois seria inconcebível instituir no mundo existente a alternativa histórica requerida – a saber, o social e futuro inevitável planejamento abrangente do processo de reprodução – sem superar *qualitativamente* de modo sustentável a então estruturalmente reforçada *divisão hierárquica do trabalho* por meio de uma controlável *organização* consciente *do trabalho* no sistema orgânico comunal.

Porém, nem mesmo a misteriosa entidade supraindividual poderia superar o caráter *post festum* do planejamento: o único tipo plausível no interior da estrutura incuravelmente fetichista do controle metabólico social do capital. Pois as *funções corretivas* vislumbradas em tal sistema, por meio da operação do mercado idealizado, devem falhar em se qualificarem para o real sentido do planejamento de duas maneiras importantes. Primeiro, porque podem apenas ser *retroativas*, em resposta a erros de falhas e cálculo percebidos e – mesmo que de forma reluntante – reconhecidos "depois do acontecimento". E, segundo, porque pela natureza mesma de sua modalidade retroativa podem apenas ser *parciais*, sem qualquer discernimento das conexões potencialmente duradouras das instâncias particulares reconhecidas. Por conseguinte, a previdência global – uma característica definidora vital do planejamento abrangente conscientemente almejado no sentido apropriado do termo – não poderia desempenhar papel algum nisso. Pois o pré-requisito necessário para a realização dessa característica tão vital é a efetiva supressão da *conflitualidade/adversidade* não apenas pela superação dos *interesses investidos* estabelecidos e necessariamente perturbadores sob as circunstâncias históricas dadas, mas também pela prevenção, por meio de uma *mudança estrutural* apropriada na sociedade, de sua reconstituição no futuro. A concepção econômico-política do mundo, que *tem de* idealizar a conflitualidade/adversidade dos interesses investidos "egoístas" em suas manifestações *individualistas* na "sociedade civil" para ser capaz de (mais ou menos de modo consciente) desviar a atenção dos, e assim legitimar e eternizar "por procuração", interesses criados *estruturalmente entrincheirados* sob o controle de reprodução social, por sua vez baseado em tais interesses de classe investidos e produtores de antagonismos, não tinha como satisfazer de maneira concebível as condições exigidas para a realização da previdência geral do planejamento mesmo como uma misteriosa e corretiva reflexão posterior. Isso explica também porque até mesmo sob as condições de desenvolvimentos monopolistas globalmente procurados, independentemente de quão grandes possam ser as gigantes corporações transnacionais trazidas ao mundo a partir da concentração e centralização do capital que avança de modo irresistível, a dissimulada solução racionalizante desse defeito fundamental do sistema do capital pode apenas produzir um tipo de "planejamento" *post festum* parcial e em larga medida técnico/ideológico, sem a proclamada capacidade de remediar os antagonismos estruturais subjacentes.

Naturalmente, o genuíno processo de planejamento socialista é impensável sem superar o fetichismo da mercadoria, com sua *quantificação* perversa de todas as relações e atividades humanas. Para serem realmente signiticativos, os critérios do planejamento socialista devem ser definidos em termos qualitativos, no sentido de não apenas incrementarem a viabilidade produtiva dos processos econômicos gerais como também enriquecer diretamente, em termos humanos, a vida dos indivíduos sociais particulares. Esse é o sentido dado por Marx ao falar de "ser humano rico" e de "necessidades humanas ricas", em contraste com a concepção fetichista da riqueza e da pobreza pela economia política. Como vimos, Marx insiste que:

> O homem *rico* é simultaneamente o homem *carente* de uma totalidade da manifestação humana de vida. O homem, no qual a sua efetivação própria existe como necessidade (*Notwendigkeit*) interior, como *falta* (*Not*).[119]

É por isso que o sistema comunal deveria definir-se em termos do intercâmbio de *atividades*, em oposição direta à troca de mercadorias sob o domínio do capital. Pois o fetichismo da mercadoria prevalece na ordem sociometabólica do capital de tal modo que as mercadorias se *sobrepõem* à *necessidade*, mensurando e legitimando (ou insensivelmente negando a legitimidade da) necessidade humana. É com esse horizonte normativo a que nos habituamos em nossa vida cotidiana. A alternativa óbvia é ter os próprios produtos submetidos a critérios significativos de avaliação baseados no fato de que seriam produzidos em resposta a necessidades reais, e sobretudo em consonância com a necessidade básica dos indivíduos de *atividade vital humanamente satisfatória*. No entanto, tal consideração não pode entrar na estrutura de contabilidade de custos do capital, porque a organização e o exercício de tal atividade constituem uma preocupação inerentemente qualitativa (cujos

---

[119] Ibidem, p. 112-3.

juízes só podem ser os próprios indivíduos sociais), e sequer se espera que pensemos que as atividades pertençam à categoria da necessidade. Naturalmente, tampouco é esperado que vislumbremos a possibilidade de adotar medidas práticas necessárias por meio das quais pudéssemos remodelar as relações sociais produtivas sobre uma base qualitativa, em harmonia com os objetivos que nós mesmos, na qualidade de produtores livremente associados, estabeleceríamos a nós mesmos com vistas a satisfazer e desenvolver nossas necessidades genuínas e realizar nossas aspirações.

O ponto importante a esse respeito é que se definirmos o planejamento nessa forma *qualitativa*, em sua correlação vital com a necessidade humana, como devemos fazê-lo, ele assume uma relevância direta na vida de todos os indivíduos. Pois aqui temos uma relação de reciprocidade dialética entre as dimensões social geral e individual do planejamento. Nenhuma das duas pode funcionar sem a outra. A reciprocidade em questão significa que, por um lado, em íntima consonância com o papel que o planejamento tem de desempenhar no processo de reprodução social geral, simultaneamente também desafia os indivíduos para a criação de uma vida *significativa* para eles mesmos, no nível mais elevado, enquanto reais *sujeitos de sua atividade vital*. Isso os desafia a controlarem suas próprias vidas como "*autores*" de seus próprios atos, em conjunção com as potencialidades em desenvolvimento de sua sociedade, da qual são eles mesmos parte integrante e ativos contribuidores. E a reciprocidade deve prevalecer também no outro sentido. Somente se os indivíduos tornarem-se reais sujeitos de sua atividade vital e assumirem livremente a responsabilidade enquanto autores reais de seus próprios atos no empreendimento social como um todo, somente nesse sentido, o processo de planejamento geral pode perder seu distanciamento dos — não mais refratários — indivíduos particulares, os quais podem identificar-se plenamente com os objetivos e valores globais de sua sociedade. Desse modo, nada poderia ser mais alheio à concepção burocrática de planejamento, imposta sobre os indivíduos. Pelo contrário, por meio da reciprocidade dialética de um planejamento qualitativamente definido, as consciências individual e social podem finalmente unir-se no interesse do progresso humano positivo. Decerto é assim que se torna possível constituir uma ordem social metabólica alternativa numa escala temporal sustentável na história. E é isso que confere o verdadeiro sentido ao planejamento enquanto um princípio vital do empreendimento socialista.

Muitas das categorias da teoria socialista, vislumbrando uma solução positiva para os problemas aparentemente intratáveis da humanidade, possuem um longo período histórico de gestação. Em alguns casos, têm sido advogadas há milhares de anos, incluindo a ideia de uma vida comunal, mas impedidas de sequer chegar perto de sua realização possível; em parte pelas condições ausentes do desenvolvimento produtivo requerido, e em parte pela contumaz persistência dos antagonismos de intercâmbio por toda a trajetória das sociedades de classe. Pois a exploração e dominação da maioria esmagadora do povo por uma diminuta minoria não foi inventada pelo capital. Ele apenas aperfeiçoou uma variedade particular de dominação econômica, política e cultural estruturalmente reforçada, assegurando-se em sua tendência geral numa escala global, em contraste com os predecessores históricos mais particularistas e muito menos eficientes do sistema capitalista.

Isso torna muito mais difícil o desafio da transformação socialista viável. Pois os aprimoramentos tão somente parciais, que deixam intocado o arcabouço estrutural da desigualdade há muito estabelecido, são lamentavelmente inadequados, como ocorreu com regularidade na transição de uma forma de sociedade de classes para outra no passado. Tampouco é conveniente e viável, hoje, separar os extratos históricos da dominação exploradora, concentrando-se, na vã esperança de um êxito pleno, apenas nas relativamente mais recentes por meio dos dispositivos legais escolhidos. Tivemos de aprender uma amarga lição a esse respeito no decorrer do século XX. Pois se provou a total insuficiência em se "expropriar os expropriadores" – os capitalistas privados – por meio de medidas estatais-legislativas em sociedades pós-capitalistas de tipo soviético, instituídas para o objetivo anunciado de emancipar o trabalho.

Não pode haver muita dúvida a respeito de que para alcançar o nível mais elevado de produtividade sob as condições do desenvolvimento socialista é necessário satisfazer a necessidade humana negada em uma escala maciça no curso da história. De maneira compreensível, portanto, todo chamado, não importa quão bem-intencionado ele seja, para uma distribuição equitativa da miséria, por vezes defendido de maneira sincera no passado, apenas pode evidenciar seu caráter de derrota. Como já fora forçosamente enfatizado na *Ideologia alemã*,

> esse desenvolvimento das forças produtivas [...] é um pressuposto prático, absolutamente necessário, pois sem ele apenas se generaliza a escassez e, portanto, com a *carestia*, as lutas pelos gêneros necessários recomeçariam e toda a velha imundice acabaria por se restabelecer.[120]

Em contraste com as condições precárias do passado mais remoto, ingenuamente idealizadas em diversas teorias utópicas, as exigências produtivas da emancipação humana podem ser conquistadas hoje. Mas devem ser *conquistadas* por meio da superação radical do sistema produtivo do capital, articulado de forma perdulária e destrutiva, para que essas potencialidades agora viáveis possam ser convertidas em realidade, aptas para o propósito da transformação emancipatória.

Na alvorada da era moderna, uma das aspirações históricas que apontava na direção de uma futura transformação socialista se referia à questão da própria atividade produtiva. Um dos mais originais e radicais pensadores do século XVI, Paracelsus – um dos modelos históricos do "espírito faustiano" de [Johann Wolfgang von] Goethe –, escreveu que "a conduta apropriada reside no trabalho e na ação, em fazer e produzir; o homem perverso nada faz"[121]. De acordo com ele, o trabalho [*Arbeit*] teve de ser adotado como princípio organizador da sociedade em geral, chegando a ponto de confiscar os bens dos ricos ociosos, na intenção de compeli-los a levar uma vida produtiva[122]. Entretanto, a realização de tais princípios orientadores sempre depende das reais condições históricas e do modo por meio do qual as mudanças projetadas são sustentáveis na estrutura global da sociedade. Portanto, não é de maneira alguma surpreendente que Marx tenha criticado de forma tão aguçada a abordagem adotada pelo "comunismo ainda totalmente rude e irrefletido"[123] para o problema. Ele apontou que nessa abordagem "a determinação de trabalhador não

---

[120] Karl Marx e Friedrich Engels, *A ideologia alemã*, cit., p. 38.

[121] Paracelsus, *Selected Writings* (Londres, Routledge & Kegan Paul, 1851), p. 176.

[122] Idem, *Leben und Lebensweisheit in Selbstzeugnissen* (Leipzig, Reclam, 1956), p. 134.

[123] Karl Marx, *Manuscritos econômico-filosóficos*, cit., p. 104.

é suprassumida, mas estendida a todos os homens; a relação da propriedade privada permanece [sendo] a relação da comunidade com o mundo das coisas (Sachenwelt)"[124].

Assim, o postulado totalmente indefensável do "comunismo tosco" era a retenção do alienante sistema de propriedade privada enquanto imaginava sobrepujá-lo ao estender a condição do trabalho a todos os homens. Dessa forma, contraditoriamente,

> A comunidade é apenas uma comunidade do *trabalho* e da igualdade do *salário* que o capital comunitário, a *comunidade* enquanto o capitalista universal, paga. Ambos os lados da relação estão elevados a uma universalidade *representada*, o *trabalho* como a determinação na qual cada um está posto, o *capital* enquanto a universalidade reconhecida e [como] poder da comunidade.[125]

A extensão da *atividade produtiva* a todos os membros da sociedade é, obviamente, um princípio vital da organização socialista da sociedade. Mas não poderia ser imaginada como a imposição do *trabalho* – herdada do modo de reprodução social do capital – com suas *determinações salariais quantificadas/fetichistas vindas de cima*, mesmo propondo a (jamais realizada) "igualdade salarial". O que faltava de modo irremediável na concepção de "comunismo tosco e irrefletido" era a compreensão da *differentia specifica* das condições históricas efetivamente dadas sob as quais as mudanças transformadoras tinham de ser levadas a cabo, e a necessidade da superação das relações antagônicas entre o capital e o trabalho por meio da *abolição* substantiva da propriedade privada sob tais circunstâncias, e não de seu acentuamento imaginário. Tais exigências objetivas encontravam-se ausentes dos postulados do comunismo tosco e, sem elas, é impensável dar os passos necessários em direção à emancipação do trabalho pela única forma *qualitativa* viável. Pois o único sentido no qual uma concepção do trabalho qualitativamente diversa – como *atividade produtiva autodeterminada* – poderia (e deveria) se estender a todos os membros da sociedade é a visão positiva citada anteriormente de indivíduos sociais livremente associados "*carente de uma totalidade da manifestação humana de vida*"[126], que cumpririam em comunidade suas tarefas autonomamente determinadas sobre a base de sua necessidade *interior*, de sua real *necessidade*.

Igualdade é outra categoria de relevância socialista fundamental com um longo período de gestação histórica. De maneira compreensível, está intimamente conectada com a questão da atividade produtiva genuinamente realizadora na vida dos indivíduos. Sem dúvida, foi originalmente concebida como igualdade *substantiva*. Pois a defendeu como um tipo de relação humana adequada para diminuir de modo significativo as restrições e contradições discriminatórias, enriquecendo com isso a vida dos indivíduos não apenas em termos materiais mas também como resultado da introdução de um grau maior de equidade e justiça em seus intercâmbios com os demais. É claro, havia também uma óbvia perspectiva de classe nessas questões, argumentando a favor da eliminação de algumas medidas e regras preestabelecidas e ossificadas de sujeição e subordinação. Postulava o aprimoramento das condições gerais de bem-estar na sociedade, graças a um gerencia-

---

[124] Ibidem, p. 103-4.

[125] Ibidem, p. 104. Grifos de Marx.

[126] Ibidem, p. 112-3.

mento mais esclarecido de seus problemas e menos esgarçado por conflitos, em contraste com as *reviravoltas* posteriores, as quais, de modo diametralmente oposto, afirmaram que qualquer tentativa de disseminar igualdade resultaria inevitavelmente em um *nivelamento por baixo,* trazendo consigo a criação de *conflitos insuperáveis.*

As acusações desqualificadoras *a priori* que afirmavam a necessária conexão entre introduzir um maior grau de igualdade substantiva e a "*distribuição equitativa da miséria*" constituíam uma típica manifestação dessa linha de abordagem, refletindo a relação de forças efetivamente existente de modo esmagador sobre a iníqua ordem estabelecida. A liquidação brutal da secreta "Sociedade dos Iguais" de François Babeuf também foi uma clara indicação do quão negativamente selado estava o destino daqueles que pressionavam pela igualdade substantiva com a consolidação das novas formas de desigualdade no crepúsculo da Revolução Francesa. A ordem socioeconômica estabilizada do capital, assegurando firmemente a *subordinação estrutural* da classe trabalhadora submetida, não poderia oferecer um quadro para nada além das mais restritas medidas de igualdade estritamente *formal*, confinada à legitimação do submetimento "*contratual*" dos trabalhadores aos interesses materiais dominantes. Foi assim que uma das grandes promessas do movimento Iluminista terminou seus dias como uma distante lembrança de uma nobre ilusão.

Contudo, isso não é de maneira alguma o fim da história propriamente dito. Pois com o surgimento do trabalho organizado no estágio histórico, com suas prerrogativas de portador de uma ordem hegemônica alternativa viável de cunho socioeconômico, político e cultural, a questão da igualdade substantiva foi recomposta de um modo radicalmente diferente. Dessa vez como uma afirmação não da *igualdade de classes,* mas da necessidade de pôr fim à *desigualdade de classes enquanto tal* mediante o estabelecimento de uma *sociedade sem classes.* Consequentemente, a questão é definida nessa forma revivida como uma defesa mais enfática da *igualdade substantativa.* E isso não é um *desideratum.* Pois o fato é que a ordem societal socialista é totalmente inalcançável por qualquer outro caminho. Em outras palavras, a alternativa a esse respeito é que ou a ideia de instituir uma ordem sociometabólica qualitativamente diferente – sem classes – deve ser abandonada como uma ilusão insustentável, assim como as grandes ilusões do movimento Iluminista, ou ela deve ser articulada na prática e firmemente consolidada em todos os seus mais importante aspectos na qualidade de uma sociedade historicamente sustentável também a longo prazo e baseada na *igualdade substantiva.*

As razões para apresentar a questão na forma dessa difícil alternativa são absolutamente convincentes. Pois as acusações dirigidas contra aqueles que mantêm como sua preocupação a realização da igualdade substantiva – de "idealistas" e "sonhadores utópicos" incorrigíveis, presos aos restos de uma ilusão Iluminista – não são apenas um modismo conveniente popular, ainda que certamente também o sejam. Existem aspectos muito mais graves nesse tipo agressivo de crítica – seja ela feita por detrás de um sorriso, seja com punho de ferro sob a luva aveludada. Pois, em sua falaciosa apologética da ordem estabelecida, essa crítica considera não ter necessidade alguma de provar e substanciar sua posição categoricamente desdenhosa, presumindo em seu próprio benefício que uma vazia referência desqualificadora a um passado supostamente enterrado para sempre (o imperdoável e ilusório movimento Iluminista) torna qualquer prova algo extremamente supérfluo: um dileto dispositivo metodológico a serviço da justificação do injustificável.

272 Estrutura social e formas de consciência

Desse modo, um terreno vital de contestação teórica muito importante para a prática é proscrito de modo arbitrário para "além dos limites", apenas por estar vinculado a uma tradição intelectual que, em seu tempo, tentou responder genuinamente a alguns dos maiores problemas e dificuldades da ordem social dada, mesmo que tenha sido incapaz de fazê-lo sem postular suas próprias ilusões para resolvê-los. O fato de o passado ser desqualificado – descartado no intento, mais ou menos visivelmente camuflado, de desqualificar o presente – é algo que pertence à longa *gestação histórica* de uma questão *socialmente irreprimível*. E uma crítica legítima do Iluminismo deveria investigar por que suas soluções tiveram de ser de muitas maneiras ilusórias, o que foi devido *às determinações subjacentes de classe* as quais não devem sequer ser mencionadas aqui. Pois o que deve ser ocultado é a circunstância de que a questão mesma da igualdade refere-se a um princípio orientador estrategicamente crucial à *necessária transformação qualitativa* da insustentável ordem estabelecida, mesmo que o imperativo da supressão radical de tal ordem, orientado pelo princípio da *igualdade substantiva* e não formal, somente possa ser formulado no estágio atual de desenvolvimento histórico na forma de nossa difícil alternativa. Pois ao desqualificar *a priori* toda preocupação com a igualdade eles podem facilmente fazer o mesmo com todos os demais princípios orientadores seminais de uma transformação socialista sustentável da sociedade, intimamente ligada às exigências da igualdade substantiva.

Uma parte essencial da estratégia socialista é redefinir as condições fundamentais do modo alternativo historicamente viável de reprodução sociometabólica da sociedade em concordância com o princípio de igualdade substantiva. Pois ele é não apenas *um* dos muitos princípios orientadores do empreendimento socialista. Ocupa uma posição-*chave* no interior da estrutura categorial geral da alternativa hegemônica do trabalho à ordem de reprodução social estabelecida, já que quase todos os demais princípios orientadores vitais da estratégia socialista podem apenas adquirir seu *sentido pleno* em íntima conjunção com a exigência da igualdade substantiva. Não em um sentido absoluto, evidentemente, pois nem uma primazia estrutural ou tampouco uma antecedência histórica poderia ser afirmada a favor da igualdade substantiva enquanto oposta a outras importantes características definidoras da estratégia socialista, uma vez que ocupamo-nos aqui com um conjunto de inter-relações dialéticas e determinações recíprocas. Todavia, como veremos em breve, a igualdade susbtantiva ocupa a posição de *primus inter pares* (ou seja, a posição de "primeiro entre iguais") nessa complexa relação de reciprocidade dialética, que não é apenas compatível mas também exigida pela historicamente dinâmica e reciprocamente enriquecedora correlação dialética em questão. Os outros princípios orientadores categoriais não são *menos importantes* ou *mais negligenciáveis*, mas ainda *mais específicos* e contextualmente vinculados que a igualdade substantiva. Pondo em termos mais explícitos, todos têm uma conexão relativamente direta com a igualdade substantiva, mas não necessariamente uns com os outros, exceto por meio das complicadas mediações indiretas que mantêm entre si. É por isso que a igualdade substantiva pode e deve ocupar a posição de *primus inter pares* em um complexo global de desenvolvimento estratégico do qual *nenhum* dos outros pode ser omitido, nem tampouco poderiam ser temporariamente negligenciados em prol da conveniência.

Aqui seguem as principais classes nas quais as categorias particulares e os princípios orientadores do empreendimento estratégico socialista podem ser relacionados uns aos outros de modo temático, referindo-se: (1) à questão dos antagonismos estruturalmente insuperáveis da ordem estabelecida e o caminho hegemônico alternativo de organização da reprodução sociometabólica; (2) aos princípios operativos requeridos para a realização da forma historicamente sustentável da atividade *produtiva* na ordem hegemônica alternativa, e o tipo de *distribuição* em harmonia com aquele modo de reprodução social; (3) à relação entre os princípios categoriais de *negação* – *vis-à-vis* à ordem sociometabólica dominante do capital – e à articulação *inerentemente positiva* da alternativa histórica; (4) à conexão categorial entre os *valores* herdados e dominantes da sociedade, junto com a definição positiva das alternativas defendidas, assim como uma reavaliação da relação entre consciência *individual e social*, incluindo a espinhosa questão da "falsa consciência".

Em todas as quatro classes a conexão das categorias particulares e dos princípios orientadores com a igualdade substantiva é bem clara.

1. Uma das mais convincentes razões do porquê da ordem hegemônica alternativa do trabalho somente ser sustentável sobre a base da instituição e da contínua consolidação da igualdade substantiva é o fato de que a conflitualidade/adversidade – endêmica ao antagonicamente cindido e estruturalmente consolidado modo de reprodução social do sistema de dominação e subordinação do capital, assumindo formas particularmente destrutivas em nosso tempo – não pode ser sobrepujada de modo duradouro sem isso. Nesse aspecto, os dispositivos formais das sociedades que contam até mesmo com uma mais longa e amplamente disseminada tradição democrática não poderiam alcançar virtualmente coisa alguma. Ao contrário, em tempos recentes, moveram-se em direção oposta, com restrições gravemente autoritárias mesmo das mais básicas liberdades constitucionais e civis numa escala crescente. De maneira evidente, a relação não apenas entre humanidade e natureza, mas também entre Estados e nações, assim como entre os indivíduos particulares, deve ser *mediada* em todas as formas concebíveis de sociedade. Representando um perigo para o futuro da humanidade, o sistema do capital é incapaz de operar de outro modo que não seja pela imposição – quando quer que seja necessário pelos meios mais violentos, incluindo guerras mundiais potencialmente catastróficas – de formas e modalidades antagônicas de mediação (por meio da estrutura hierarquicamente discriminatória e da força exercida pelo Estado capitalista). Somente sobre a base da igualdade substantiva é possível vislumbrar as necessárias formas *não antagônicas* de mediação entre seres humanos em todos os níveis, de modo historicamente sustentável. Nesse contexto, é também importante acentuar que o que está em jogo não é uma questão de determinações sociais abstratas, passíveis de serem impostas de cima à maneira das formas herdadas de tomada de decisão autoritária típicas do modo de controle sociometabólico do capital. Uma vez que as decisões tomadas afetam diretamente a vida de *cada indivíduo particular*, a mediação não antagônica, por meio da participação ativa de cada um no domínio material vital produtivo, político e cultural, é concebível apenas sobre uma base – não ficticiamente "tácita", formalmente vazia ou arbitrariamente manufaturada – mas significativamente *consensual*. E isso mais uma vez sublinha a relevância da igualdade substantiva.

2. O desafio histórico referente ao modo estabelecido de *produção* e *reprodução* societal está manifesto de modo claro em relação a importantes tópicos de nosso tempo. Em

nenhum deles os problemas subjacentes poderiam ser conceituados em termos sociais genéricos, porque não podem ser abstraídos dos *indivíduos* sociais particulares, com suas necessidades e motivações *qualitativas*, clamando por soluções apropriadas no mesmo sentido. Pois ir aos detalhes de tais questões tomaria demasiado tempo e, no presente contexto, é possível somente enumerá-los de forma breve[127]. Já vimos a esse respeito um dos princípios operativos centrais da alternativa socialista, referente ao *planejamento* no sentido apropriado do termo, como oposto a suas variedades *post festum* inviáveis sob as condições sócio-históricas agora predominantes. É necessário adicionar a essa questão vital alguns tópicos de igual importância, vinculados de forma direta a uma variedade de princípios orientadores socialistas que devem tornar-se profundamente enraizados para que a alternativa hegemônica do trabalho supere a destrutiva ordem de reprodução social do capital. Essas preocupações podem ser reconhecidas na relação usualmente tratada de forma irrealista entre *escassez* e *abundância*, e também no modo pelo qual a categoria qualitativamente definida de *necessidade* humana real é confundida de maneira tendenciosa com os capitalistamente convenientes *apetites artificiais* que podem ser impostos de forma manipulativa sobre os indivíduos a serviço da produção de mercadorias. No mesmo contexto, é também importante examinar criticamente os critérios válidos de uma *economia* produtiva realmente sustentável, inseparável da significativa e absolutamente necessária demanda de *economizar* (também crucial em relação à questão da superação da escassez), junto da antiga defesa socialista de administrar o processo de reprodução social em concordância com os critérios qualitativos de *tempo livre*, em contraste com o impulso *expansivo* destrutivo do capital – buscado de maneira cega, independentemente de quão perigosas sejam as consequências da incontrolável expansão capitalista imposta sobre a sociedade em nome do quase mítico "crescimento benéfico" – e sua relação com a contabilidade temporal quantificadora e necessariamente constrangedora do sistema. De maneira óbvia, a operação bem--sucedida do princípio orientador de produção e distribuição exigido em uma ordem socialista avançada – "para cada um de acordo com suas *capacidades*, para cada um de acordo com suas *necessidades*" – é inconcebível sem a aceitação consciente e a promoção ativa da igualdade substantiva por parte dos indivíduos. Mas deve ficar igualmente claro que a definição e a operação *qualitativas* do *tempo livre* – a fonte potencial da verdadeira (e não estritamente mercantilizada) riqueza tanto da nova ordem social em geral quanto dos novos "indivíduos sociais ricos" em seu sentido marxista – têm um duplo significado. Por um lado, seu sentido se encontra no tempo livre total da sociedade como um todo, ao invés de ser ditado pelas cruas determinações econômicas da busca exploratória do capital pelo tempo mínimo mais lucrativo. Mas o outro significado de tempo livre não é menos importante. Ele não pode sequer ser imaginado sem a contribuição plenamente consensual dos indivíduos particulares por meio de sua atividade vital significativa, como discutido no contexto do planejamento genuíno. E uma condição necessária para tornar tais potencialidades uma realidade, de que tanto

---

[127] Discuti esses problemas de forma detalhada em meu livro *O desafio e o fardo do tempo histórico* (São Paulo, Boitempo, 2007). Ver particularmente o capítulo 6, "Teoria e política econômica – para além do capital" (p. 161-77), e o capítulo 9, "O socialismo no século XXI" (p. 225-93).

depende na efetivação da ordem alternativa como algo historicamente sustentável, é mais uma vez a adoção consciente da igualdade substantiva por todos aqui referidos.

3. Naturalmente, a ordem alternativa da sociedade não pode ser instituída sem a negação bem-sucedida no mundo real do modo de reprodução sociometabólica do capital consolidado. Nesse sentido, a *negação* é uma parte essencial do empreendimento socialista sob as circunstâncias históricas prevalentes. De fato, em suas implicações imediatas não é a simples negação, mas, inevitavelmente, ao mesmo tempo, "a *negação da negação*". Pois o adversário social afirma seu domínio na forma negando não apenas a efetividade, mas até mesmo a mais remota possibilidade de emancipação humana. É por isso que a tarefa imediata deve ser definida na literatura socialista como "a negação da negação". Entretanto, tal definição negativa do desafio socialista está muito distante de ser capaz de cumprir o mandato histórico em questão, porque permanece na dependência daquilo que tenta negar. Para ser bem-sucedida no sentido histórico vislumbrado, a abordagem socialista deve definir-se em termos *inerentemente positivos*. Marx deixou esse ponto absolutamente claro quando insistiu que

[o socialismo] é *consciência de si positiva* do homem não mais mediada pela superação da religião, assim como a *vida efetiva* é a efetividade positiva do homem não mais mediada pela suprassunção da propriedade privada, o *comunismo*.[128]

Uma ordem social, que permanece dependente do objeto de sua negação, não importa o quão justificada seja em seus termos históricos originais, não pode oferecer o quadro necessário para o "ser humano rico" cuja riqueza supostamente brota de sua atividade vital significativa "como o *interiormente* necessário, de sua real *necessidade*": uma determinação inerentemente *positiva*. Pois a definição negativa do próprio contexto social no qual os indivíduos devem atuar, de forma contínua, necessariamente *pré-julgaria* e *contradiria* – por meio de sua própria negatividade – as *metas e os objetivos* dos quais espera-se que os indivíduos sociais determinem a si mesmos de modo *autônomo e livre* em uma ordem histórica *sem limitações*. Ademais, também em termos societais gerais, a exigência de uma *mediação não antagônica* da relação da humanidade com a ordem natural, como também a regulação apropriada dos intercâmbios *cooperativos* dos indivíduos sociais particulares uns com os outros, não pode ser imaginada em termos da negação da negação. A característica vital e definidora da única modalidade viável da ordem histórica alternativa é a *mediação de si mesmo*. Mas postulá-la de um modo negativo também seria uma contradição, em termos. Naturalmente, sobre a base dessas importantes condições qualificadoras torna-se desnecessário adicionar que o princípio orientador e operativo da igualdade substantiva é um componente necessário do *socialismo enquanto "consciência positiva de si mesma" por parte da humanidade*.

4. Os valores necessariamente herdados do modo de controle sociometabólico do capital, com sua feroz cultuação de qualquer coisa que aparente estar de acordo com o imperativo de dominação estruturalmente consolidado do sistema, são por completo inadequados à realização dos objetivos da ordem socialista. Pudemos ver anteriormente

---

[128] Karl Marx, *Manuscritos econômico-filosóficos*, cit., p. 114.

de que maneira e em que medida os ideais um dia defendidos – como liberdade, fraternidade e igualdade, por exemplo – tiveram de ser esvaziados de seu antigo conteúdo no decurso da fase descendente de desenvolvimento do capital. Toda a conexão com a tradição iluminista da burguesia progressista teve de ser, e de fato foi, rompida, e referências à "liberdade" e à "democracia" hoje são cinicamente postas a serviço de propósitos os mais opressivos, por vezes até os mais brutais e violentos, de cunho político-estatal ou militar genocida. A cultuação e a difusão deliberada da falsa consciência pela ideologia dominante, graças a seu monopólio virtual dos meios e dispositivos de comunicação de massa, reforçada enormemente pelas práticas dominantes da ordem produtiva do capital fetichisca, pertencem ao mesmo quadro. Compreensivelmente, portanto, a alternativa radical da nova ordem histórica deve ser articulada de modo consistente também no domínio dos valores. Uma das principais exigências a esse respeito é que todos os valores defendidos, e não apenas a igualdade, por exemplo, devem emergir da prática social efetiva em progresso e ser definidos em termos *substantivos*. Uma das características principais das conceituações da ordem reprodutiva do capital, mesmo em sua fase ascendente de desenvolvimento, era que – devido às divisões e contradições de *classe* inextirpáveis do sistema – a dimensão substantiva era empurrada para o fundo e a definição formal dos valores positivos era oferecida em seu lugar. A esse respeito, é suficiente lembrar-nos do tratamento dado por Kant à questão da *igualdade*[129]. Evidentemente, o valor da *liberdade* (ou *autonomia*) necessita tanto de uma determinação substantiva de sua louvável natureza na ordem reprodutiva socialista quanto a *igualdade*. O mesmo se aplica à *solidariedade, cooperação* e *responsabilidade*, para citar apenas alguns poucos dos mais importantes valores na ordem hegemônica alternativa do trabalho. Todos esses conceitos, acompanhados da igualdade e da liberdade, poderiam ser reduzidos a seus esqueletos formalizados, como de fato foram caracteristicamente transfigurados, na medida em que sequer foram preconizados, mesmo no passado progressista do capitalismo. Eles adquirem sua legitimidade na estrutura societal socialista somente se são adotados na qualidade de valores e princípios orientadores em seu genuíno – e mais relevante – sentido substantivo. Outro aspecto vital desse problema é que as determinações de valor da ordem socialista não podem prevalecer de forma positiva a não ser que as consciências individual e social sejam reunidas de modo apropriado em sua realidade substantiva pelos indivíduos sociais particulares enquanto produtores livremente associados. Essa é a única maneira de evitar o perigo de "restabelecer a 'sociedade' como uma abstração *vis-à-vis* ao indivíduo", para recordar do alerta de Marx.

A reflexão categorial sobre o antagonismo social a partir do ponto de vista privilegiado do capital sempre foi problemática, e tem se tornado cada vez pior com o passar do tempo. Naturalmente, existem várias razões poderosas para isso. Assim, em qualquer tentativa de encontrar soluções duradouras para essas questões, é necessário acentuar o papel central da prática social transformadora. Como vimos no capítulo 6, os dualismos e as dicotomias

---

[129] Immanuel Kant, "Theory and Practice – Concerning the Common Saying: This May Be True in Theory But Does Not Apply to Practice", em Carl J. Friedrich (org.), *Immanuel Kant's Moral and Political Writings* (Nova York, Random House, 1949), p. 417-8.

da tradição filosófica pós-cartesiana brotaram do solo de uma prática social determinada, sobrecarregada com seus insolúveis problemas. Elas eram conceituações representativas de antinomias práticas profundamente enraizadas. Seria muito irreal pensar em resolvê-las teoricamente, apenas por meio da adoção de uma estrutura categorial diversa. É verdade, obviamente, que a prática revolucionária é inconcebível sem a contribuição da teoria revolucionária. De qualquer modo, a primazia pertence à própria prática emancipatória. Não se pode antecipar a solução para os difíceis e tão diversamente entrelaçados problemas discutidos de tantas maneiras nesta seção; ou seja, sem vislumbrar a instituição de uma ordem social alternativa da qual as antinomias e contradições práticas do modo de reprodução social do capital sejam efetivamente eliminadas.

8.6 Aspectos metodológicos de mediação em uma época de transição

Com relação ao método, a *mediação* é a categoria mais importante tanto teórica quanto prática em nossa época de transição histórica. Não pode haver surpresa nisso. Teórica, porque em vista da magnitude do desafio que temos de enfrentar, nada pode ser conquistado com êxito sem uma concepção *intelectualmente coerente* e verdadeiramente *abrangente* da mediação. E, na prática, porque é impensável instituir na ordem social estabelecida as mudanças qualitativas exigidas sem adotar as formas apropriadas de *mediação prática* que podem fazer historicamente viável no futuro nosso ineludível modo de reprodução sociometabólica – como seres *mediados* por si próprios da natureza que devem assegurar até no mais longo prazo suas condições de existência numa interação plenamente adequada com a natureza. Tais mudanças qualitativas são necessárias em absoluto porque a destrutividade crescente de seus antagonismos consolidados e definitivamente explosivos torna insustentável ao extremo a ordem existente de reprodução social, sob o domínio do capital.

No discurso teórico e político adequado à perspectiva privilegiada do capital na fase descendente de desenvolvimento do sistema, a questão da mediação é, via de regra, trivializada. Tende a ser reduzida a um núcleo apologético do conceito, apenas referente às exigências manipuladoras para assegurar a perpetuação das relações estabelecidas. É por isso que a questão vital da mediação é definida como *equilíbrio* das forças identificadas no conflito real ou potencial, no interesse de uma *acomodação reconciliadora* projetada; e assim considerada marginal em seu campo de ação, o que deixa intocadas as determinações estruturais da ordem estabelecida. Nesse tipo de concepção, permanece oculto o fato de que a racionalidade pretendida com o "equilíbrio" e a "iluminada acomodação interessada em si própria" se molda à realidade tosca da *relação de forças* preestabelecida e necessariamente reimposta numa base contínua da ordem hierárquica de dominação e subordinação consolidada. Consequentemente, o "equilíbrio consensual" é uma *farsa* à qual, sob o domínio do capital, não pode haver "*alternativa alguma*", como por vezes se reconhece de maneira explícita.

Em contraste à apologética estrutural de "equilíbrio" e "acomodação", a questão da mediação real em nossa época histórica de transição só pode ser definida de modo significativo como a *reestruturação radical* da ordem estabelecida como tal, dirigida à superação de seus antagonismos estruturais e da destrutividade que deles emerge. Isso só é viável se o *sujeito histórico* conclamado a instituir tal transformação estiver de fato no controle do processo vislumbrado de reestruturação radical, na qualidade de um *sujeito mediado* e *controlado* por si próprio, ao invés de se submeter às determinações fetichistas estruturais e aos interesses concebidos a partir da perspectiva privilegiada do sistema do capital. Isso abrange todas as regras postuladas e, por definição, insuperáveis do Estado capitalista dentro de cujos limites se deve alcançar, de modo fictício, todo o "equilíbrio e acomodação iluminada", à custa do trabalho como o único sujeito histórico alternativo viável, sem nenhum pudor.

Todas as concepções justificadoras do Estado capitalista, até mesmo suas variedades mais progressistas, caso dos ideais políticos do liberalismo inaugural, têm que postular um sujeito ativo definido de maneira nebulosa (se é que de fato o define) no ápice do Estado. Às vezes o fazem até admitindo abertamente, tal como vimos nas palavras de Hegel[130], que o monarca no ápice do Estado idealizado não tem muito o que fazer ou decidir por si mesmo. Todos precisam de um sujeito de comando nebulosamente definido para impor às partes em disputa, por meio do Estado concebido dessa maneira – por definição e numa forma *eternizada* –, uma *autoridade em separado*, excluindo desse modo a possibilidade de a força subordinada existente de fato conquistar o controle do processo histórico em marcha. E isso ocorre em um sentido paradoxal ainda pior, pois as *personificações do capital* de boa vontade não poderiam de forma alguma aspirar o controle do processo social e histórico geral. É por esse motivo que até os grandes pensadores que conceituaram o mundo a partir da perspectiva privilegiada do capital devem recorrer a esquemas explicativos quase míticos, como a "mão invisível" de Adam Smith e a "astúcia da razão" de Hegel.

No entanto, uma vez que se adota esse tipo de estratégia, o conceito de *mediação em si* torna-se *ipso facto* esvaziado de seu conteúdo, na medida em que a autoridade estabelecida de maneira misteriosa anula a possibilidade da mediação significativa ao apropriar-se, por definição, do poder de *tomada de decisão*, mesmo se nas palavras reveladoras de Hegel a admissão da autoridade visível, como seu monarca, não decida absolutamente nada. Assim, no interior de tal estrutura de tomada de decisão pré-julgada e unidimensional ao extremo, o processo de "mediação" – independentemente do quanto possa ser idealizado como "equilíbrio iluminado" – pode apenas ser um ritual vazio da pretensa acomodação consensual, imposta pelas determinações materiais prevalentes e brutalmente hierárquicas do capital e pela conveniente "força das circunstâncias" correspondente. De maneira significativa, quando atingimos o sistema parlamentar plenamente articulado, em sua variedade dos dias atuais, o "equilíbrio e acordo consensual" fica, desde o princípio, *garantido* com cinismo e hipocrisia mais ou menos evidentes, graças ao conformista mecanismo de tomada de decisão política, reverenciado ritualisticamente em nome de "democracia e liberdade", os quais, na realidade, correspondem a nada mais que "o sistema unipartidário com duas alas à direita", na pertinente caracterização de Gore Vidal[131].

---

[130] Ver a passagem citada na nota 105.

[131] Para uma discussão detalhada desse problema, ver "A crise estrutural da política", no capítulo 10 de meu livro *O desafio e o fardo do tempo histórico*, cit., p. 347-64. Ver também "Alternativa ao parlamentarismo: a unificação das esferas de reprodução material e da política" (p. 276-92), do capítulo 9 do mesmo livro.

Naturalmente, nas imagens teóricas descritas e racionalizadas ideologicamente a partir da perspectiva privilegiada do próprio sistema do capital, a ordem social correspondente não existe sem seu sistema *objetivo* de mediações, ainda que a natureza real da modalidade prevalente de mediação seja transformada de maneira mistificadora – e *deve assim ser* transformada. Na verdade nenhuma formação social jamais teve um sistema de mediações tão invasivo como a ordem socioeconômica e política do capital, com sua tendência geral de impor suas determinações materiais e seus corolários culturais/ideológicos por todo o planeta. De fato, em um sentido muito importante, a constituição da ordem social do capital é idêntica à emergência e consolidação de seu sistema único de mediações objetivas inescapáveis.

Entretanto, o problema inextricável é que elas não são apenas mediações de primeira ordem – sem as quais os seres humanos, enquanto *seres mediados por si próprios* da *natureza*, não poderiam sequer assegurar suas condições de existência em uma interação necessária e plenamente adequada com a natureza mesmo na mais avançada forma de sociedade, como mencionado antes. Trata-se de mediações de segunda ordem antagônicas que devem ser cruelmente impostas sobre a sociedade no interesse da acumulação do capital e a serviço da reprodução constantemente expandida do sistema do capital, incluindo a destruição potencial da própria humanidade. Assim, a "*tendência universalizante*" do capital não poderia ser mais perigosamente *contraditória em si mesma* em vista dessa *parcialidade antagônica* em definitivo insustentável – ou seja, totalmente orientada a si própria e, sob todas as circunstâncias históricas concebíveis, nada além de brutalmente autoafirmativa. Ao mesmo tempo, para ser capaz de *eternizar* a ordem socioeconômica e política prevalente – como "o sistema natural da liberdade e justiça completas" (Adam Smith), ou mesmo como "o absoluto fim da história" (Hegel), já mencionado – a natureza incuravelmente *antagônica* das mediações de segunda ordem do sistema do capital *deve ser* transformada de mandeira mistificadora pelos pensadores que adotam o ponto de vista do capital em algo não apenas sustentável por um período curto ou longo de tempo, mas no *ideal* insuperável, em plena sintonia com as exigências mais profundas da própria *razão*.

Já em um estágio relativamente precoce do desenvolvimento da teoria burguesa, um dos modos mais reveladores de tentar superar as deficiências das mediações antagônicas de segunda ordem era a franca separação da "*sociedade civil*" do *Estado político*. Essa separação era vislumbrada como uma maneira de encontrar soluções para os antagonismos materiais dos indivíduos na dita sociedade civil por meio das postuladas funções reconciliadoras abrangentes do Estado. Contudo, a solução teórica vislumbrada de simplesmente presumir a relação reclamada entre a "sociedade civil" – dilacerada por seus antagonismos – e o Estado político (que se supunha superá-las, ou ao menos mantê-las em indefinido equilíbrio) era problemática ao extremo, para falar de modo brando. A concepção hegeliana ocupa um lugar privilegiado nesse aspecto.

A principal deficiência da abordagem de Hegel era o papel que atribuía à mediação em sua teoria da relação entre o Estado e a sociedade civil. Ele percebeu que se o Estado deveria cumprir a função vital de totalização e reconciliação a ele incumbido em seu sistema, deveria ser constituído como uma entidade orgânica. Nesse espírito, Hegel afirmava que:

> É um assunto dos mais importantes para o Estado que uma *classe média* deva ser desenvolvida, mas isto somente pode ser feito se o Estado for uma unidade orgânica, ou seja, só pode ser feito

280 *Estrutura social e formas de consciência*

ao *dar-se autoridade às esferas de interesses particulares*, as quais são relativamente independentes e ao apontar um exército de funcionários cuja arbitrariedade pessoal é rompida contra tais corpos autorizados.

O problema, no entanto, é que o quadro oferecido aqui nada mais é que uma transubstanciação especulativa/idealizada da formação política do Estado em "sociedade civil" dividida. Uma sociedade que continua a manter todas as divisões e contradições existentes enquanto oculta em termos especulativos sua destrutividade definitiva. Como posto por Marx em seus comentários anexos à passagem recém-citada de Hegel:

> Certamente, apenas em uma tal organização o povo pode aparecer como *um* estamento, o *estamento médio*; mas é uma organização aquilo que se mantém em funcionamento mediante o equilíbrio dos privilégios?[132]

Assim, a solução vislumbrada é mesmo autocontraditória (definindo "organicidade" em termos de um "contrapeso" perigosamente instável de hostis forças centrífugas), sem mencionar seu caráter fictício que predica um remédio *permanente* à base de uma conflitualidade sempre crescente. Na realidade, o Estado político moderno não foi constituído de modo algum como uma "unidade orgânica" mas, pelo contrário, foi imposto sobre as classes *subordinadas* às relações de poder já *materialmente* prevalentes da "sociedade civil", no preponderante interesse do capital (e não na cuidadosa manutenção do equilíbrio). Dessa forma, a ideia hegeliana de mediação poderia apenas ser uma falsa mediação, motivada pelas necessidades ideológicas de "reconciliação", "legitimação" e "racionalização". Como observado por Marx sobre o caráter apologético da circularidade hegeliana da mediação prevalente de maneira especulativa em sua "sociedade civil" e no Estado:

> No momento em que os estamentos sociais são, como tais, estamentos políticos, não é necessária aquela mediação, e, no momento em que a mediação é necessária, o estamento social não é político, e tampouco o é, portanto, aquela mediação. [...] Eis aqui, portanto, uma inconsequência de Hegel *no interior de seu próprio* modo de ver, e uma tal *inconsequência é acomodação.*[133]

Portanto, o conceito hegeliano de mediação revela-se uma reconstrução especulativa sofisticada do dualismo conciliador anistoricamente assumido entre "sociedade civil" e o Estado, de modo algum uma mediação real. Como Marx coloca:

> Hegel concebe, em geral, o *silogismo* como termo médio, como um *mixtum compositum*. Pode-se dizer que, em seu desenvolvimento do silogismo racional, toda a transcendência e o místico dualismo de seu sistema tornam-se evidentes. O termo médio é o ferro de madeira, a oposição dissimulada entre universalidade e singularidade.[134]

E, ao falar a respeito do papel designado por Hegel à relação entre o monarca e os Estados da sociedade civil, Marx sublinha o caráter fictício ao extremo e também autocontraditório da mediação postulada:

---

[132] Karl Marx, *Crítica da filosofia do direito de Hegel* (trad. Rubens Enderle e Leonardo de Deus, São Paulo, Boitempo, 2005), p. 72.

[133] Ibidem, p. 111-2.

[134] Ibidem, p. 101.

o poder governamental é justamente o termo médio entre ele e a sociedade estamental, e esta é o termo médio entre ele e a sociedade civil! Como deveria ele mediar aqueles de quem ele tem necessidade, como seu termo médio, para não ser um extremo unilateral?

Aqui se evidencia todo o absurdo desses extremos, que desempenham alternadamente ora o papel de extremos, ora o de termo médio. [...] *É uma complementação recíproca.* [...] Tal como o leão no *Sonho de uma noite de verão,* que exclama: "Eu sou um leão e não sou um leão, eu sou Marmelo". Assim, cada extremo é, aqui, ora o leão da oposição, ora o Marmelo da mediação. [...] É notável que Hegel, que reduz esse absurdo da mediação à sua expressão abstrata, lógica, por isso não falseada, intransigível, o designe, ao mesmo tempo, como o *mistério especulativo* da lógica, como a relação racional, como o silogismo racional. *Extremos reais não podem ser mediados* um pelo outro, precisamente porque são extremos reais. Mas eles não precisam, também, de qualquer mediação, pois eles são seres opostos. Não têm nada em comum entre si, não demandam um ao outro, não se completam.[135]

Conceber a mediação como um instrumento serviente a si próprio de uma "*sociedade de mútua reconciliação*" distorce de modo irremediável – porém revelador – o estado efetivo de coisas. Pois não há *mutualidade* alguma na relação efetiva de poder, estruturalmente estabelecida e reforçada, estritamente hierárquica que deve manter-se permanente na ordem socioeconômica e política do capital enquanto tal ordem antagônica puder sobreviver – baseada na subordinação e exploração materialmente estabelecida do trabalho. Ademais, a dimensão política dessa ordem não é uma entidade separada da "efetividade racional", convertida de maneira conveniente em algo fictício, mas uma parte *integrante* do sistema em sua totalidade, com sua *modalidade irracionalista post festum* incontrolável em definitivo de reprodução sociometabólica. Representa a estrutura global de comando de um sistema profundamente integrado por meio do qual o Estado capitalista pode prover a *garantia definitiva* para a perpetuação das relações de poder antagônicas materialmente bem estabelecidas de dominação e subordinação, com o *capital* e não a imaginária "*soberania mediadora*" como seu ápice. Dessa maneira, o Estado capitalista, emaranhado de maneira inextricável com sua base material antagônica, pode regular sob circunstâncias normais o intercâmbio político global de seus vários componentes de classe e *reforçar* politicamente as determinações primárias do sistema (incluindo suas propriedades materiais legalmente codificadas), se necessário, até mesmo com os meios mais violentos – em aberto contraste com o nebuloso postulado especulativo da racionalidade insuperável e universalmente benevolente – no caso de qualquer crise maior.

É precisamente essa relação de dominação e subordinação estruturais que deve ser transformada de modo mistificador e, em termos especulativos, transubstanciada, em um arranjo ideal de "efetividade racional", que se pretende correta e verdadeiramente "mediada" mesmo na maior de todas as concepções teóricas burguesas, como encontramos em Hegel. Isso para que a efetividade das *mediações antagônicas* do sistema do capital – cujas reflexões categoriais vimos nas páginas da última seção – possa reaparecer organicamente inter-relacionada e perfeitamente mediada, como também plenamente equilibrada, até mesmo em seus mais conflitivos detalhes, eliminando, assim, no constructo teórico os sinais das aprofundadas deficiências e contradições estruturais da ordem socioeconômica e política definitivamente

---

[135] Ibidem, p. 104-5.

explosivas, no interesse de impor sua racionalidade eternizável e permanência material como o sistema insuperável de "liberdade e justiça completas". Por conseguinte, o que deve desaparecer sem deixar rastros por meio de tal transformação teórica mistificadora e pseudomediação especulativa autocontraditória é o fato esclarecedor de que *extremos reais não podem ser mediados* um pelo outro, precisamente porque são extremos reais".

O antagonismo objetivo estrutural entre o capital e o trabalho, como alternativas sistêmicas recíprocas, é o exemplo mais óbvio e urgente daquele fato esclarecedor. Não pode haver mediação reconciliadora entre capital e trabalho, já que eles constituem, de uma maneira muito instável– e apenas por um período histórico determinado –, *verdadeiros extremos* combinados. O capital é uma força material fetichista que só pode *dominar* o trabalho impondo de maneira implacável – com todos os meios a seu dispor, incluindo seu aparato estatal – os imperativos objetivos de seu impulso expansivo. Se falhar nisso, o sistema do capital implode. Assim, as questões humanas racionalmente reguladoras e os valores correspondentes devem ser excluídos *a priori* dos cálculos expansivos do capital, eliminando, dessa forma, a possibilidade de qualquer concessão mediadora ao trabalho de *compartilhar* o papel de controle, que é o que de maneira grotesca se afirma em toda mitologia mediadora. Ao mesmo tempo, no polo oposto do agora antagonicamente mediado e materialmente imposto – e em consequência insustentável a longo prazo – metabolismo social, o trabalho como alternativa histórica à cega reprodução social expansiva do capital não pode sequer começar a instituir seu modo qualitativamente diverso de gerenciamento da relação racional exigida com a natureza e dos indivíduos entre si. Ao tentar fazê-lo – ou seja, ao tentar incorporar, em nome da "mediação" e acomodação reconciliadoras estabelecidas, a irracionalidade fetichista do capital no modo de reprodução sociometabólica conscientemente planejado do trabalho, orientado por previdência abrangente – poderia ser apenas outra versão do absurdo deplorado por Marx em relação a Hegel.

Nunca será exagero frisar que extremos reais não podem ser mediados precisamente porque são extremos reais. Por esse motivo a única solução viável é a *mudança estrutural radical* da ordem estabelecida, em termos de suas determinações objetivas mais profundas, guiadas pelo objetivo generalizado de instituir um modo historicamente viável de reprodução sociometabólica. O significado disso é a necessidade de instituir um modo qualitativamente diverso de reprodução social, caracterizado pela mediação não antagônica entre humanidade e natureza e entre os indivíduos sociais livremente cooperativos. E isso pode ser alcançado apenas pela superação irreversível das *mediações de segunda ordem* cada vez mais destrutivas do capital, e não por uma ilusória funilaria reconciliadora com os componentes da ordem dominante da qual vimos incontáveis tentativas frustradas no passado, independentemente de quão marcantes possam ter sido os pensadores que em seu tempo a defenderam, como Hegel.

A incompatibilidade estrutural entre a "nova forma histórica" do trabalho e a ordem estabelecida do capital – uma incompatibilidade que necessariamente exclui a possibilidade de mediar e combinar os dois em termos orgânicos – apresenta um desafio fundamental em todos os campos, das relações materiais mais elementares e diretas aos intercâmbios políticos e culturais mais mediados e abrangentes do corpo social. Isso significa que deve ser encontrado um caminho a partir da determinação cega do sistema regulador do capital – no qual até mesmo as personificações do capital podem apenas obedecer aos imperativos materiais objetivos de seu modo de reprodução expandido, ainda que tal determinação estrutural inconsciente seja idealizada por elas mesmas como a força motriz superior da "mão invisível" e o princípio ordenador definitivo do próprio universo descrito como a "astúcia da razão" – em direção a uma modalidade futura de racionalidade reprodutiva abrangente.

Assim, o significado da mediação necessária em nossa época de transição não é mistério algum, em contraste com a nebulosa transubstanciação especulativa das ordens materiais estruturalmente reforçadas do capital (levando, na realidade, a uma tosca prevalência de mediações antagônicas) em um equilíbrio "consensual" e uma acomodação necessariamente interessada em si mesma. Em outras palavras, em uma época de transição só se pode conceber a mediação como a elaboração coerente e a instituição prática dos princípios operativos do intercâmbio social, mediante os quais a alternativa hegômica do trabalho à ordem antagônica do capital – ou seja, a alternativa hegemônica denominada de "a nova forma histórica", com sua *racionalidade* abrangente emergindo das determinações conscientes de seus membros individuais – pode sustentar-se como um modo viável de controle sociometabólico.

A única mediação viável e sustentável de forma indefinida entre a humanidade e a natureza, assim como dos indivíduos sociais entre si, como a característica definidora da nova forma histórica, é inconcebível sem um *sujeito social ativo* que possa intervir *autonomamente* no processo social em curso. Nesse sentido, a mediação em questão pode adquirir seu significado apropriado apenas enquanto mediação dos indivíduos sociais por si próprios, os quais exercem seu controle genuíno sobre o processo de reprodução social como *sujeitos reais livremente associados* de sua ação *planejada de modo abrangente*, junto aos detalhes práticos de sua implementação. Isso quer dizer, os conceitos de *controle* e *mediação de si próprios,* além da *autonomia genuína* dos reais *sujeitos históricos agindo conscientemente*, devem marchar todos juntos se quisermos conferir um sentido tangível e viável à ideia de mediação, no lugar dos postulados especulativos que vimos antes, adequados apenas para ofuscar e idealizar as relações de poder hierarquicamente reforçadas da mediação antagônica que dominam a ordem agora estabelecida. O que está – e *deve estar* – ausente da ordem social do capital é precisamente esse conjunto de exigências intimamente entrelaçadas de ação afirmadora de si mesma de forma consciente, representando o controle reprodutivo genuíno exercido pelos sujeitos sociais racionalmente mediados por si próprios de forma consciente. É por isso que não pode haver dúvida em se encontrar uma solução para os problemas urgentes de nossa crise sistêmica por meio de uma "mediação reconciliadora" do modo estabelecido de reprodução sociometabólica com a nova forma histórica.

A destrutividade crescente da ordem existente é inseparável da *quantificação fetichista* do capital: a única modalidade concebível das práticas reprodutivas do sistema do capital. Contudo, é impensável mudar para uma modalidade *qualitativamente orientada* de reprodução social, para superar as contradições da produção cada vez mais destrutiva do capital, sem determinar os alvos e as formas de atividade produtiva com base nas *necessidades reais* conscientemente analisadas e legitimadas dos sujeitos humanos produtivos e ativos. Um modo de operação qualitativamente orientado é viável apenas em termos de uma *contabiliáade genuinamente socialista* tornada possível por meio da alocação autodeterminada de seu *tempo disponível* pelos produtores livremente associados, em contraste com os apetites artificiais perdulários e que devem ser impostos sobre a sociedade como um todo e sobre os indivíduos particulares. Isso porque tais apetites emergem, mais ou menos de maneira automática, dos imperativos reificados expansivos do sistema, em conjunto com a exploração anacrônica mas rentável do necessário tempo de trabalho, quaisquer que possam ser as consequências humanas e ecológicas.

O problema insuperável para a ordem estabelecida é que apenas um sujeito humano real, com suas necessidades genuínas e valores correspondentes, pode oferecer uma alternativa historicamente viável ao modo fetichista e destrutivo do capital de regulação do processo de reprodução social. Entretanto, o capital como força de comando do intercâmbio reprodutivo não pode qualificar-se para coisa alguma senão para ser um *sujeito usurpador*, não importando o quanto domine o processo sociometabólico por meio de seus imperativos estruturais prevalentes de maneira objetiva. É inevitavelmente *parasitário ao trabalho*, o qual é e deve sempre seguir sendo o *sujeito produtivo real*.

Naturalmente, esta não é uma relação simétrica, já que o próprio trabalho não é de modo algum dependente do capital para sua própria existência, mesmo que sob determinadas circunstâncias históricas este possa parecer o caso, como afirmado de maneira veemente (porém falsa) pelos ideólogos do sistema do capital. Da mesma forma, a falsa consciência inevitável do próprio capital, com todas as suas consequências negativas potenciais e reais, é erigida sobre a fundação da expropriação para si do papel do sujeito histórico – o qual é capaz de desempenhar apenas em um sentido muito restrito, no interior da constrangedora camisa de força do fetichismo da mercadoria. Portanto sua visão estratégica, referindo-se ao que possa ou não ser sustentável no futuro, está necessariamente confinada ao que pode ser ditado pelos interesses e imperativos expansionistas da sociedade mercantil. E enquanto esse mais profundo tipo de determinação estrutural for totalmente compatível com um grande dinamismo produtivo (e reprodutivo) por um longo período histórico, também carrega consigo o perigo de consequências catastróficas todas as vezes que as condições objetivas do desenvolvimento histórico exigem a *reavaliação consciente e radical* do caminho a ser seguido. Em especial quando nada menos que a própria sobrevivência da humanidade está em jogo.

Assim a incompatibilidade radical da nova forma histórica com as mediações antagônicas do sistema do capital torna bastante claro que estamos preocupados com duas concepções históricas *qualitativamente* diversas. A objetividade fetichista da perspectiva privilegiada do capital impede a possibilidade de se compreender os mecanismos de um movimento histórico real, ilimitado, porque a efetividade alienada da hierarquia estrutural de dominação e subordinação estabelecida, à custa do trabalho como o real sujeito produtivo, não pode ser desafiada a partir da perspectiva privilegiada do capital. Por conseguinte, nas imagens teóricas que descrevem o mundo a partir da perspectiva privilegiada do capital, o sistema histórico estabelecido de alienação deve ser transformado em uma condição *permanente* da própria existência humana. Nas racionalizações ideológicas isso é alcançado como regra por meio da falsa identificação da *objetividade em geral* com a *especificidade histórica da alienação* capitalista. E, obviamente, isso solidifica, ao mesmo tempo, as *mediações antagônicas* do capital como sendo *ontologicamente* insuperáveis, anulando desse modo a possibilidade de instituir uma ordem alternativa historicamente viável de *mediações emancipatórias não antagônicas*.

Podemos ver um claro exemplo dessa abordagem na mistificadora caracterização de [Martin] Heidegger sobre a concepção marxiana de história, apresentando-a como o que parece ser uma réplica positiva e uma aprovação incondicional. Na verdade, o "elogio" ambíguo de Heidegger despoja totalmente a visão de Marx de sua substância crítica. É assim que Heidegger descreve a importância de Marx: "Porque Marx, através de sua experiência da *alienação do homem moderno*, está ciente de uma *dimensão fundamental da história*, a perspectiva marxista da história é superior a todas as outras"[136]. Naturalmente, Marx não experimentou a alienação como "alienação do homem moderno", mas a alienação do homem sob o domínio do capital. Tampouco ele enxergou a alienação como uma "dimensão fundamental da história", mas como uma questão vital de uma *fase* dada da história. Pois ao identificar a alienação do trabalho de uma determinada e *superável fase* do desenvolvimento histórico, que por acaso afirma-se por tanto tempo quanto o domínio do capital possa prevalecer, o fundador do socialismo científico situa a ênfase na necessidade de *retomar o controle* sobre o processo histórico, insistindo ao mesmo tempo que isso deve e pode ser feito por meio da *restituição* do poder de controle ao *real sujeito histórico, o trabalho*. É isso o que se faz desaparecer mediante a identificação heideggeriana da especificidade histórica capitalista (da qual somente a vaga palavra utilizada, "moderno", permanece em seu esquema de coisas) com a "alienação como uma dimensão fundamental da história", concebida como uma objetividade reificada e ontologicamente inflada.

Na mesma vertente de Heidegger, também a concepção de Jean Hyppolite sobre a especificidade histórica da alienação é transformada de forma mistificadora em um absoluto ontológico, decretado como inseparável da própria existência humana e da autoconsciência como tal. Ele escreve com referência direta à crítica de Marx à identificação hegeliana entre alienação e objetivação que:

> [Hegel] não confundiu a alienação do espírito humano na história com a objetivação sem qualquer razão válida. [...] O fato de que o homem, ao objetificar-se na cultura, no Estado, no trabalho humano em geral, ao mesmo tempo aliena-se a si mesmo, faz dele mesmo outro e descobre nessa objetivação uma *alteridade insuperável*, esta é uma *tensão inseparável da própria existência* [...] *e da autoconsciência humana*.[137]

Dessa maneira, tanto em Heidegger como em Hyppolite, o caminho está bloqueado para qualquer tentativa que possa ser vislumbrada como um engajamento numa intervenção emancipatória no processo histórico em andamento. Diz-se esse processo é controlado pela "alienação do homem moderno" como a "dimensão fundamental" da própria história. "A existência" é postulada de maneira arbitrária como um absoluto ontológico inalterável, e suas manifestações alienadas/alienantes podem, portanto, ser absolvidas, de toda culpa possível como as determinações "objetivadas, mas insuperáveis" de uma – eternamente solidificada – história. As mediações antagônicas do sistema estabelecido de alienações (supostamente "ontológicas") deve, da mesma maneira, prevalecer para sempre. Por conseguinte, não pode haver dúvida a respeito de uma ordem de mediações não antagônicas como alternativa histórica viável. Em outras palavras, as mediações de segunda ordem

---

[136] Martin Heidegger, citado em Iring Fetscher, "Marxismusstudien", *Soviet Survey*, n. 33, jul.-set. 1960, p. 88.

[137] Jean Hyppolite, *Études sur Marx et Hegel* (Paris, Librairie Marcel Rivière & Cie., 1955).

alienadas e reificadas do capital devem ser aceitas de modo eterno como a "dimensão fundamental da história" absolutamente insuperável no interior da qual a "existência" humana como tal deve ser encerrada até o fim dos tempos. Apesar de sua pretensiosa apresentação "profundamente existencialista", nada poderia martelar de maneira mais grosseira a brutal afirmação de que "não há alternativa" do que sua identidade reivindicada a tal "dimensão fundamental da história" especulativa e apologeticamente postulada.

Entretanto, se não for traçada uma evidente linha de demarcação entre alienação e objetivação – sem negar de maneira romântica que a alienação constitui uma forma de objetivação, identificando claramente a especificidade social e histórica de seu caráter –, a questão de *restituir* o poder de tomada de decisão ao real sujeito produtor, e dessa forma vislumbrar o *controle consciente* do processo histórico, não pode ser sequer levantada, muito menos transformada em realidade. Pois traçar uma linha de demarcação não é apenas uma ideia entre muitas, mas uma ideia absolutamente fundamental.

Isso foi bem ilustrado pelo relato de Lukács, em 1967, sobre o tremendo efeito liberador exercido em seu desenvolvimento intelectual quando teve a oportunidade de ler, em 1930, ainda em forma de manuscrito, os *Manuscritos econômico-filosóficos de 1844* de Marx, recém-traduzidos na época, nos quais surgiu pela primeira vez a ideia de que:

> ainda consigo me lembrar do efeito transformador que produziu em mim as palavras de Marx sobre a objetificação como propriedade material primária de todas as coisas e relações. [...] objetificação é um tipo natural – positivo ou negativo, conforme o caso – do domínio humano sobre o mundo, ao passo que a alienação representa uma variante especial que se realiza sob determinadas circunstâncias sociais. Com isso, desmoronavam definitivamente os fundamentos teóricos daquilo que fizera a particularidade de *História e consciência de classe*. O livro se tornou inteiramente alheio a mim, do mesmo modo que meus escritos de 1918-1919. Isso ficou claro de uma só vez: se quero realizar o que tenho teoricamente em mente, então tenho de recomeçar tudo desde o princípio.[138]

Esse relato é ainda mais importante porque muitos intelectuais, incluindo Merleau-Ponty[139], trataram de usar o autor de *História e consciência de classe* – em uma tentativa de desqualificar a concepção marxiana da história – contra os principais avanços positivos dos livros do próprio Lukács escritos depois da década de 1930, impensáveis sem a reviravolta radical em sua orientação filosófica no espírito da necessária análise crítica da relação entre alienação e objetivação como descrito na citação. Para se ter uma ideia disso, Lukács era um pensador que, em 1930, já assinava alguns célebres livros, como *Die Seele und die Formen* [A alma e as formas], *A teoria do romance* e mesmo *História e consciência de classe*, e pôde efetivamente "começar do zero", conduzindo seu projeto, sob circunstâncias históricas muito difíceis, a uma rica conclusão. Pois, frequentemente Lukács precisa escrever "em uma linguagem esópica", como por ele colocado posteriormente. É dessa mesma forma que, diante da crise do sistema do capital em andamento, muitos importantes intelectuais – incluindo Maurice Merleau-Ponty[140] – não hesitam em

---

[138] Georg Lukács, *História e consciência de classe*, cit., p. 46.

[139] Ver o bastante celebrado livro de Maurice Merleau-Ponty, *As aventuras da dialética*, cit.

[140] Para uma discussão bem documentada de tal recuo, ver "Merleau-Ponty e a 'liga da esperança abandonada'", em meu livro *O poder da ideologia* (São Paulo, Boitempo, 2004), p. 225-31.

recuar de sua posição um dia progressiva e mover-se na direção oposta, contradizendo diretamente sua posição anterior quando isso for necessário.

A questão das tentativas mistificadoras quase sempre deturpadas, orientadas para desqualificar a concepção marxiana da história, é que, ao desfazer a linha necessária de demarcação entre alienação e objetivação, deveria proclamar que as mediações de segunda ordem alienadas e reificadas do capital constituem o horizonte eterno de toda vida social. Dessa maneira, ao glorificar ao mesmo tempo o sujeito usurpador e o capital – independentemente de se isso é feito de modo explícito ou por implicação – como o único controlador concebível da reprodução social sob as condições apropriadas ao "homem moderno", devemos também aceitar a fatal insuperabilidade do sistema do capital enquanto tal, na medida em que se diz que a alienação lhe confere nada menos que a relevância da "dimensão fundamental da história".

A concepção marxiana da história, prefigurando uma transição necessária a um sistema radicalmente diverso de mediações – não antagônicas –, projeta os contornos de uma ordem sociometabólica muito distinta na qual a objetivação humanamente realizadora é *arrancada* de seu disfarce alienado e reificado, graças à abrangente previdência e à ação consciente do real sujeito histórico da produção, o trabalho, orientado por uma *qualidade* baseada na necessidade humana, em contraste com a *quantificação fetichista* insuperável sob o domínio do capital. A objetividade reificada dominando cegamente a ordem sociometabólica do capital é descrita de modo eloquente por Marx em relação ao sobrepujante papel do dinheiro:

> Se o *dinheiro* é o vínculo que me liga à vida *humana*, que liga a sociedade a mim, que me liga à natureza e ao homem, não é o dinheiro o vínculo de todos os *vínculos*? Não pode ele atar e desatar todos os laços? Não é ele, por isso, também o *meio* universal de *separação*? Ele é a verdadeira *moeda divisionária* (*Scheidemünze*), bem como o verdadeiro *meio de união*, a força *galvano-química* (*galvanochemische*) da sociedade. [...] da representação para a vida, do ser representado para o ser real. Enquanto tal mediação, o dinheiro é a força *verdadeiramente criadora*. [...] Como o dinheiro, enquanto conceito existente e atuante do valor, confunde e troca todas as coisas, ele é então a *confusão* e a *troca* universal de todas as coisas, portanto, o mundo invertido, a confusão e a troca de todas as qualidades naturais e humanas.[141]

Se algumas pessoas pensam que essa caracterização do papel alienante do dinheiro representa as "perspectivas imaturas do jovem Marx", deveriam pensar duas vezes. Pois podem encontrar o mesmo tipo de abordagem em *O capital,* quando ele escreve:

> Desperta a avidez pelo outro a possibilidade que oferece de *conservar valor de troca* como mercadoria, ou mercadoria como valor de troca. Ao ampliar-se a circulação das mercadorias, aumenta o *poder do dinheiro*, a forma de riqueza sempre disponível e absolutamente social.
> "O ouro é excelso. Com ele, constituem-se tesouros, e quem o tem faz o que quer no mundo. O ouro faz até as almas atingirem o paraíso"[142] [...] Tudo se pode vender e comprar. A circulação torna-se a grande retorta social a que se lança tudo, para ser devolvido sob a forma de dinheiro. Não escapam a essa *alquimia* os ossos dos santos e, menos ainda, itens mais refinados, como coisas sacrossantas, "*res sacrosanctae extra commercium hominum*". No dinheiro *desaparecem*

---

[141] Karl Marx, *Manuscritos econômico-filosóficos*, cit., p. 161-2.

[142] Cristóvão Colombo, em sua carta da Jamaica, 1503.

288 *Estrutura social e formas de consciência*

todas as diferenças qualitativas das mercadorias, e o dinheiro, *nivelador radical*, apaga *todas as distinções*. Mas o próprio dinheiro é mercadoria, um objeto externo, suscetível de tornar-se propriedade privada de qualquer indivíduo. Assim, o poder social torna-se o poder privado de particulares. A sociedade antiga denuncia o dinheiro como elemento corrosivo da ordem econômica e moral. A sociedade moderna [...] saúda no ouro o Santo Graal, a resplandecente encarnação do princípio mais autêntico da sua vida.[143]

De fato, numa longa nota de rodapé anexada às palavras "todas as distinções" desta passagem, Marx incorpora em *O capital* as linhas nas quais citou, nos *Manuscritos econômico-filosóficos de 1844*, *Timão de Atenas* de Shakespeare.

Como a ordem sociometabólica estabelecida do capital, com seu sistema fetichista de mediações de segunda ordem cada vez mais destrutivas, não é sustentável, o desafio inevitável é instituir em seu lugar uma alternativa qualitativamente diversa e historicamente viável. O dinheiro como "Santo Graal" e "princípio vital" do intercâmbio de reprodução social, impondo seu poder antagônico mediador como o "poder *galvano-químico universal da sociedade*" – e dessa maneira impondo-se de modo ubíquo como o poder social expropriado dos reais produtores ao se transformar no "poder privado de pessoas privadas" – é destituído de toda consideração humana e pode apenas levar a um desastre universal por meio da imposição de sua *alquimia* perversa sob as condições da crise estrutural aprofundada do sistema do capital. A prática de reprodução social de armazenar valor de troca na forma de dinheiro – perniciosamente idealizado e eternizado já na filosofia de John Locke – é armazenar os antagonismos potencialmente mais explosivos para o futuro. Como modalidade de quantificação fetichista *par excellence*, o dinheiro é a corporificação tangível do sistema do capital universalmente alienante. Ele torna a alienação inseparável da objetivação reificadora ao extinguir "todas diferenças qualitativas". E, como sabemos muito bem pela dolorosa experiência histórica, isso favorece o impulso expansivo do capital por um longo período histórico. Isto é, até o momento em que a ordem de reprodução sociometabólica do capital colida com seus próprios limites insuperáveis, como resultado de sua intrusão na natureza, minando, desse modo, as condições elementares da própria existência humana. Essa é a realidade nua e crua da *existência histórica efetiva* da humanidade posta em perigo nos dias de hoje, cujo conceito está estranhamente ausente do existencialismo "profundamente ontológico". Pois esse tipo de existencialismo – que se recusa a confrontar os perigos da existência humana efetiva, mesmo quando esses perigos tornam-se cada vez mais óbvios em nosso tempo – de modo característico prefere objetivação e alienação juntas no interesse de uma justificação pseudoteórica de sua própria defesa do poder fetichista do capital como a permanente e "fundamental dimensão da história".

Apenas a articulação plenamente coerente e historicamente viável de um sistema de *mediações não antagônicas qualitativamente orientadas*, e baseadas em necessidades humanas necessariamente reprimidas com extrema brutalidade pelo capital em crise estrutural, pode oferecer uma saída de tais contradições.

Um dos aspectos mais problemáticos dos desenvolvimentos da filosofia e das teorias sociais no século XX é que questões *substantivas*, junto com suas determinações valorativas

---

[143] Karl Marx, *O capital*, cit., v. 1, livro primeiro, parte 1, cap. III, p. 158-9.

subjacentes, tendem a ser transpostas para o que se supõe ser o único nível *metateórico* apropriado. Esse tipo de transição é defendido, muito arbitrariamente, em nome da "objetividade rigorosa" e da "neutralidade axiológica" [*Wertfreiheit*]. Tendem a ser idealizados: a produção de "modelos" prontamente formalizáveis, a criação repetitiva e tendenciosa de clichês a respeito de "mudanças de paradigma", levando a absolutamente lugar nenhum e a busca por um procedimento autorreferencial e evasivamente autocontido. Ao mesmo tempo, rejeita-se o engajamento dos intelectuais com problemas que carregam implicações práticas claramente identificáveis, sem qualquer arrazoamento, anexando-se a tais tentativas aquilo que deveria ser um rótulo automático de desqualificação, chamado "emotivismo". Por definição, fica decretado como sendo incompatível com as exigências do discurso filosófico racional.

De um modo ou de outro, tudo isso se constitui como manifestação da armadilha positivista, com implicações nocivas e consequências negativas demasiado óbvias para o envolvimento emancipatório necessário dos intelectuais no dinâmico processo histórico conflitual. A adoção da mitologia institucionalmente bem guarnecida da "neutralidade axiológica", correspondendo à consolidação estrutural (mas de forma alguma axiologicamente neutra) da perspectiva privilegiada da ordem dominante do capital *frustra-se*, porque é *incapaz* de realizar aquela mitologia no mundo efetivamente existente e profundamente antagônico. Na realidade, isso significa que, em nome das declarações "supraideológicas", toma-se como dado a conformidade com a quantificação e reificação fetichistas da ordem estabelecida de reprodução sociometabólica considerando-a a medida "axiologicamente neutra" e o horizonte prático da "*objetividade rigorosa*", descartando o contra-valor desumanizante da *alienação* a partir de seu único tipo viável de *objetivação*. E tudo isso ocorre em um tempo em que a necessária fundação de um futuro humano sustentável depende de uma mudança radical para um modo de reprodução social diverso, *qualitativamente orientado* e dedicado de forma consciente a superar o desperdício catastrófico que acompanha a cada vez mais proeminente *produção destrutiva* característica do sistema do capital em sua fase histórica de crise estrutural aprofundada.

Aceitar tal horizonte, de modo consciente ou não, pode trazer consigo apenas postulados metodológicos persistentemente evasivos, e mais ou menos efêmeros, como o caminho para a solução, com "finalidades" ilusórias, dos antiquados problemas filosóficos obstinadamente recorrentes caracterizando-os com frequência como confusões "metafísicas", "conceituais" ou "linguísticas". As representações de tais postulados metodológicos vão desde a *fenomenologia* e o *estruturalismo* até os "analíticos tal e qual" (melhor dizendo, não apenas a "análise filosófica da linguagem", que pretendeu, em algum ponto no tempo que expirou rapidamente, ter realizado "a *revolução* na filosofia", mas também o "*marxismo analítico*" que, de modo ridículo, contempla o próprio umbigo e de maneira ainda mais rápida foi implodido), assim como aos monótonos rótulos "pós", do *pós-estruturalismo* e do *pós-modernismo* ao extremamente vazio "*pós-marxismo*". De modo compreensível, o refreamento farisaico das questões substantivas que demandam comprometimento com seus valores correspondentes leva à busca de uma "*metateoria*" orientada de forma "*metaética*". Do mesmo modo, e mais uma vez de maneira alguma surpreendemente, o ilusório engajamento "supraideológico" – ou "pós-ideológico" – na *análise pela análise* culmina na prática da *metodologia pela metodologia*.

290 *Estrutura social e formas de consciência*

Desse modo uma das mais importantes figuras da *análise filosófica da linguagem*, o pensador inglês J. L. Austin, de Oxford, defende a panaceia metodológica universalmente válida para a produção do consenso filosófico geral – para além de quaisquer "confusões linguísticas", "metafísicas" e "conceituais" conhecidas e possíveis – do confinamento da discussão por todos interessados ao que poderia ser "racionalmente" respondido em termos da questão: "O que diríamos quando...?". Ele louva esse princípio metodológico orientado em termos linguísticos na intenção de livrar-se de questões substantivas abrangentes, para que não nos seja requerido fazer qualquer "inferência conclusiva". É assim que Austin argumenta a seu favor: "Tornamo-nos obcecados com a 'verdade' quando discutimos as declarações, assim como nos tornamos obcecados com a 'liberdade' quando discutimos o comportamento". Assim, ele defende o abandono da discussão de problemas como "liberdade" e "verdade", para nos concentrarmos em advérbios como "acidentalmente", "involuntariamente", "inadvertidamente". Porque desse modo "nenhuma inferência conclusiva é exigida". Curiosamente, no entanto, na sentença subsequente, Austin nos diz: *"Como a liberdade, a verdade é um mínimo básico ou um ideal ilusório"*[144]. E nada poderia ter o caráter de uma *afirmação* mais conclusiva do que isso, mesmo se no artigo anteriormente citado, Austin afirme que a "verdade" seja completamente desprovida de qualquer fundamento com base na qual poderia ser considerada uma *"inferência* conclusiva". Longe de ser uma inferência, talvez seja uma confissão "inadvertida" de uma posição extremamente cética, talvez até mesmo genuinamente pessimista, adotada pelo filósofo de Oxford. Dessa forma, paradoxalmente, a panaceia metodológica de Austin pode apenas fazê-lo cair em sua própria armadilha, acabando com uma asserção dogmática do tipo de proposição substantiva o qual ele firmemente prescreveu que fosse evitada – e também proclamou ser plenamente evitável – com a ajuda de seu método "adverbiocêntrico" de filosofia analítica da linguagem.

No que se refere à dimensão substantiva revelada de forma inadvertida mas sem dúvida genuína, ele convida seus leitores "racionais" a se contentarem (mesmo que não estejam satisfeitos) com o "mínimo básico" e abandonarem o "ideal ilusório". Entretanto, o problema é que o conselho dado por Austin não pode ser adotado como regra geral em um tempo de profunda crise histórica. O grave desafio de nosso tempo deve ser confrontado de algum modo, e fazê-lo requer uma *intervenção prática* nos desenvolvimentos sócio-históricos em andamento, com base em alguma concepção ou ideal estratégicos apropriados à situação. Tampouco deveríamos presumir gratuitamente que todas essas concepções ou ideais sejam nada mais que *"ideais ilusórios"*. Dificilmente eu poderia crer que o próprio Austin, apesar de seu pronunciado ceticismo, seria capaz de chegar a ponto de predicar a inevitabilidade (e o absurdo) daquele tipo de *"asserção conclusiva"* fatídica. Não obstante, as implicações pessimistas de sua solução metodológica não podem ser desconsideradas porque o necessário apelo ao *envolvimento prático* por parte dos intelectuais está irremediavelmente ausente da abordagem do filósofo de Oxford.

A metodologia estruturalista em prol da metodologia não vai muito mais longe a esse respeito do que a análise filosófica da linguagem autorreferencialmente fechada em prol

---

[144] J. L. Austin, *Philosophical Papers* (Oxford, Clarendon, 1961), p. 98.

da análise. Ela também compartilha o isolamento frustrante de suas concepções sobre o entendimento da necessidade de uma intervenção socialmente tangível dos intelectuais nas transformações sócio-históricas exigidas.

Se no caso da análise linguística de Austin as conotações pessimistas aparecem apenas indiretamente, na concepção do mais célebre pensador *estruturalista*, o antropólogo francês Claude Lévi-Strauss, somos presenteados explicitamente com a mais sombria forma de pessimismo. Ele pinta um quadro desolador ao extremo das perspectivas de desenvolvimento da humanidade para o futuro ao declarar que:

> Hoje o grande perigo para a humanidade não provém das atividades de *um regime*, de *um partido*, de *um grupo* ou de *uma classe*. Mas provém da própria humanidade como um todo; uma humanidade que se revela como sua própria pior inimiga e (ai de nós!) ao mesmo tempo, também a pior inimiga do resto da criação. Essa é a verdade da qual temos de nos convencer, caso haja alguma esperança de que possamos salvá-la.[145]

Lendo essas linhas com certo espanto não podemos evitar perguntar:

> Mas quem vai convencer e salvar a humanidade? Que ponto de vista se deve adotar para ficar à parte da humanidade e condená-la como o pior inimigo dela mesma, isentando, ao mesmo tempo, os regimes, partidos, grupos e classes sociopolíticos de sua responsabilidade? Quando os profetas do Velho Testamento trovejam contra a humanidade pecadora, declaravam ter sido enviados diretamente por Deus para fazer isso. Mas, agora, onde encontrar o agente social à altura de realizar a tarefa proposta? Como intervir no processo real de transformação contrapondo-se às tendências de desenvolvimento melancolicamente denunciadas, na esperança de atingir os objetivos almejados? Na entrevista de Lévi-Strauss não havia nem mesmo uma insinuação velada sobre como responder a estas questões.[146]

Assim, ao invés de um diagnóstico apropriado das forças sociais e históricas em operação na situação deplorada, junto a alguma indicação do que *deveria* e *poderia* ser feito para deter os perigos catastróficos, tudo que podemos receber da figura principal do estruturalismo é um lamento desprovido de qualquer quadro de referência. Tampouco esse resultado poderia ser considerado muito surpreendente. Ao ter rompido programaticamente a inter-relação *dialética* entre *estrutura e história*, colocando de lado as questões da *dinâmica histórica* para postular a plausibilidade de um *método estruturalista* contido em si mesmo, os sujeitos históricos efetivamente existentes – mediados de modo antagônico sob o domínio do capital – perdem sua realidade, assim como a viabilidade de superar seus antagonismos de um modo historicamente sustentável. É totalmente vão decretar, como faz Lévi-Strauss, que a grave crise estrutural de nosso tempo nada tem a ver com "*um regime, um partido, um grupo ou uma classe*". Mas a revogação das questões substantivas em sua especificidade e dinamismo sócio-históricos, junto com suas determinações valorativas subjacentes – em prol de um "*equidistanciamento*" fictício por parte dos pensadores em questão em relação às forças sociais rivais capazes de decidir de um modo ou de outro o resultado das confrontações em andamento, como alternativas hegemônicas entre si – apenas podem produzir

---

[145] "Plus loin avec Claude Lévi-Strauss", uma extensa entrevista publicada em *L'Express,* n. 1027, mar. 1971, p. 66.

[146] István Mészáros, *O poder da ideologia*, cit., p. 113.

292 *Estrutura social e formas de consciência*

lamentos levando a absolutamente lugar nenhum, mesmo no caso de um pensador de destaque como Lévi-Strauss.

Lamentavelmente também, quando lemos o diagnóstico oferecido pelo importante pensador *pós-estruturalista*, Michel Foucault, o quadro não é de modo algum mais reconfortante. Ele escreve nas páginas conclusivas de uma de suas mais importantes obras:

> hoje, o fato de que a filosofia esteja sempre e ainda em via de acabar e o fato de que nela talvez, porém mais ainda fora dela e contra ela, na literatura como na reflexão formal, a questão da linguagem se coloque, provam sem dúvida que o homem está em via de desaparecer.[147]

> O homem é uma invenção cuja recente data a arqueologia de nosso pensamento mostra facilmente. E talvez o fim próximo. Se estas disposições viessem a desaparecer tal como apareceram, [...] então se pode apostar que o homem se desvaneceria, como, na orla do mar, um rosto de areia.[148]

Tudo isso pode soar bastante poético (para alguns), mas sobre qual fundamento devemos levar isso a sério? Nada além de um discurso encerrado em si mesmo sobre filosofia e linguagem, com uma declaração categórica de que as afirmações do autor sobre os – bastante discutíveis – elementos desses discurso *provam sem dúvida que o homem está em via de desaparecer*", embora elas nada *provem* a esse respeito. Porém, mesmo que em prol do argumento concordemos com Foucault sobre o perigo, o que devemos fazer a respeito? Será esse – ou haverá de fato algum – um campo de ação aberto pelo método estruturalista de generalização sobre o qual possamos *intervir de maneira prática* no processo declarado e deter as forças destrutivas ao menos em alguma medida? E qual é o ponto do desolador quadro de Foucault, se um "não" preconcebido é a resposta a nossa questão? De que modo poderíamos proceder significativamente com o mandato da filosofia como uma contribuição ativa para um futuro melhor, seja por meio da investigação direta dos valores há muito apaixonadamente debatidos nos campos do conhecimento, religião, política e estética seja no terreno mais mediado da metodologia? Mesmo com relação a este, a *investigação crítica do método,* desde Descartes, sempre se preocupara com o aprimoramento das possibilidades de uma intervenção frutífera das pessoas referidas no processo de reprodução social em andamento baseada em uma relação sustentável com a natureza. Nada poderia estar, portanto, mais distante do horizonte do grande filósofo francês envolvido em uma tal investigação do que a metodologia pela metodologia. Pois Descartes insistiu que o ponto da dúvida metodológica era obter uma *certeza autoevidente*, afirmando sem a menor ambiguidade:

> Não que imitasse, para tanto, os *céticos*, que duvidam só por duvidar e fingem ser sempre *indecisos*: pois, ao contrário, todo o meu propósito propendia apenas a me *certificar* e remover a terra movediça e a areia, para encontrar a rocha ou a argila.[149]

E, como vimos anteriormente, ao procurar pela certeza filosófica, Descartes acentuou a importância de fazer do conhecimento algo prático e útil no grande empreendimento do controle humano da natureza vislumbrando que

---

[147] Michel Foucault, *As palavras e as coisas* (trad. Salma Tannus Muchail, 9. ed., São Paulo, Martins Fontes, 1995), p. 534.

[148] Ibidem, p. 536.

[149] René Descartes, *Discurso do método, As paixões da alma e Meditações* (trad. Enrico Corvisieri, São Paulo, Nova Cultural, 1999, Coleção Os Pensadores), p. 58.

é possível chegar a *conhecimentos que sejam muito úteis à vida*, e que, em lugar dessa filosofia especulativa que se ensina nas escolas, é possível encontrar-se uma outra prática mediante a qual [...] poderíamos utilizá-los da mesma forma em todos os usos para os quais são próprios, e assim nos tornar como senhores e possuidores da natureza.[150]

Essa tradição é completamente abandonada, mesmo quando ainda se faz referência a ela em um modo metodologicamente transfigurado, como nos escritos de Husserl. Porque no aspecto crucial da intervenção prática da filosofia, encontramos a mais rígida oposição entre "a atitude teórica" e "a prática". Ele afirma que:

A *atitude teórica*, mesmo que seja também uma atitude profissional, é *totalmente antiprática*. Assim, ela é baseada em uma *epoché* desligada de todos os *interesses práticos* e, consequentemente, mesmo aqueles de um nível mais elevado, que servem a necessidades naturais no interior do arcabouço da ocupação de uma vida governada por tais interesses práticos.[151]

Isso poderia ser tragicamente frustrante, como vimos no caso em que Husserl tentou, numa aula dada em Praga, se contrapor ao avanço da barbárie nazista – o qual, devido não apenas à consideração de algum perigo político mas, mais importante, a sua própria metodologia proclamada de uma "*epoché* desligada de todos os interesses práticos", ele não poderia mencioná-la por seu próprio nome – com o postulado genérico com certeza muito antiprático do "*heroísmo da razão*".

Ninguém deveria simplesmente culpar os intelectuais que se deixaram emaranhar no labirinto de tais desenvolvimentos, oferecendo-nos um discurso metodológico mais ou menos contido em si mesmo, com mensagens e tons pessimistas, em oposição ao necessário engajamento prático com as *questões substantivas principais* de nosso tempo. Pois o programa cartesiano de "assim nos tornar como senhores e possuidores da natureza" acabou por ser realizado em uma forma extremamente perigosa – decerto potencialmente catastrófica – no curso do desenvolvimento histórico efetivo.

Sem dúvida, a filosofia apenas contribuiu para isso, de modo consciente ou não – ainda que de forma cada vez mais problemática na fase descendente do progresso global do sistema do capital –, mas, obviamente, não foi a "força mestra" na raiz de tais desenvolvimentos. O fato inescapável a esse respeito é que o modo de reprodução sociometabólica do capital é ele próprio *estruturalmente incapaz* de estabelecer e manter uma relação *historicamente sustentável* dos seres humanos com a natureza. Em seu único modo viável de *objetivação* fetichista, o capital é *estrutural – e totalmente –* incapaz de superar a *alienação* em qualquer uma de suas múltiplas dimensões, ou seja, da cruel expropriação/alienação da atividade produtiva e a insensível negação concomitante da necessidade humana genuína até a negação usurpadora do poder de *tomada de decisão* não apenas na economia e na política, mas também no campo da cultura, aos indivíduos que constituem o sujeito histórico real, o trabalho, como o possuidor e realizador potencial da energia criativa humana.

O capital, sob todas as circunstâncias, deve afirmar e impor cegamente sobre a sociedade – assim como também de maneira irremediável sobre a natureza – os imperativos

---

[150] Ibidem, p. 86.

[151] Edmund Husserl, "Philosophy and the Crisis of European Man", em *Phenomenology and the Crisis of Philosophy* (Nova York, Harper & Row, 1965).

294 *Estrutura social e formas de consciência*

de seu impulso expansivo, não importando o quão destrutivas possam ser as consequências. É por isso que, chegado o momento atual, o que um dia foi o promissor, ou ao menos, o ilusório programa cartesiano de "*tornarmo-nos senhores e possuidores da natureza*" acabe traduzido na realidade em uma forma destrutiva demasiado óbvia, conjurando assim o espectro e a possibilidade real da total aniquilação da humanidade. Mas tão somente sua possibilidade. Nada garante a asserção categórica de que hoje "o homem está em vias de desaparecer", nem tampouco o floreio retórico igualmente pessimista e "equidistanciador" de Lévi-Strauss de que:

> Hoje o grande perigo para a humanidade não provém das atividades de *um regime*, de *um partido*, de *um grupo* ou de *uma classe*. Mas provém da própria humanidade como um todo; uma humanidade que se revela como sendo sua própria pior inimiga e (ai de nós!) ao mesmo tempo, também a pior inimiga do resto da criação.[152]

O perigo de destruição das condições da existência humana neste planeta é sem dúvida muito grande. Contudo, isso não é causado por uma humanidade abstrata, mas por uma força social tangível – e historicamente transcendível – que *no presente* controla nosso modo de reprodução social.

Isso torna ainda mais importante enfatizar a necessidade de uma intervenção prática renovada e intensamente comprometida com o processo histórico em andamento. A força empenhada na destruição das condições elementares da existência humana não é uma "humanidade" misteriosa vagamente oposta por Lévi-Strauss a sua lista de agentes sociais ativos. Pois a humanidade real é feita de "regimes, partidos, grupos e classes", assim como de indivíduos efetivamente existentes – incluindo os intelectuais fenomenólogos, estruturalistas, pós-estruturalistas, pós-modernistas etc. – que não podem se distanciar dos perigos identificados sem abdicar de sua responsabilidade.

O real culpado é o *controlador abrangente* de nosso modo de reprodução sociometabólica, o capital, com seu modo fetichista e reificante de subjugar todas as dimensões da vida humana a suas cegas determinações internas e ordens externas. O capital exerce seu controle quando comete o absurdo de transformar "o produtor em propriedade do produto" e quando estruturalmente assegura sua própria modalidade *globalmente abrangente* de impulso expansivo irracional por meio de seu sistema *de mediações antagônicas hierarquicamente* consolidadas. Todos os aspectos dessa força produzida na história – e cada vez mais destrutiva em nosso tempo – são claramente identificáveis, incluindo o caráter abrangente e dominante do sistema estabelecido de mediações antagônicas, exigindo estratégia e força apropriadamente abrangentes para superá-la como a alternativa hegemônica historicamente viável ao domínio do capital. A denúncia pós-moderna das "grandes narrativas", a favor de sua próprias *petits récits*, por definição arbitrárias e justificadoras de si mesmas, é por sua natureza frustrante e mistificadora do começo ao fim, porque nega com seu apriorismo perverso a ideia mesma de qualquer estratégia abrangente significativa, quando sua necessidade não poderia ser maior. Porém, não obstante todos os ardis e evasões metodológicos, a elaboração consistente e a realização prática de um sistema alternativo de *mediações não antagônicas* permanece uma exigência absolutamente necessária para um futuro historicamente viável.

---

[152] "Plus loin avec Claude Lévi-Strauss", cit.

Não pode haver comprometimentos acomodatórios entre a ordem dominante do capital e o modo alternativo qualitativamente diverso de controle sociometabólico, viável tão somente por meio do estabelecimento e da consolidação da "nova forma histórica". A prolongada prevalência da ordem de reprodução social do capital constitui um *sistema orgânico abrangente* – não obstante seus antagonismos, que se no princípio são apenas parciais ou latentes, acabam por ser muito destrutivos –, administrado no curso do desenvolvimento histórico efetivo na forma de *mediações antagônicas*. Consequentemente, em ambas as questões – melhor dizendo, tanto com relação a seu escopo necessariamente amplo e *abrangente*, como em relação ao caráter *orgânico* (ou seja, em suas partes constitutivas apoiando-se e sustentando-se reciprocamente) desse modo de reprodução sociometabólica –, o sistema do capital só pode ser historicamente suplantado por uma alternativa não menos *abrangente* e *orgânica*.

Vimos no decorrer deste estudo que as *premissas práticas* vitais – correspondentes às *determinações estruturais fundamentais* – do sistema do capital tinham de ser, e efetivamente foram, *interiorizadas* com consistência inegável em termos ideológicos e metodológicos, mesmo pelos grandes pensadores da burguesia. Pois, na realidade, seria impensável sustentar o sistema sem sequer nenhuma daquelas premissas por qualquer período de tempo.

Os grandes pensadores da burguesia subestimaram as *premissas práticas fundamentais* de seu sistema em sua *totalidade combinada*, como um conjunto de *determinações profundamente interconectadas*. Para nomear apenas as mais importantes de tais premissas práticas – que devem permanecer fortes enquanto a lógica do capital for capaz de prevalecer –, são elas:

1. o divórcio radical dos *meios e materiais de produção* do trabalho vivo;

2. a atribuição de todas as importantes funções de *direção* e *tomada de decisão* na ordem produtiva e reprodutiva estabelecida às *personificações do capital*;

3. a regulação do intercâmbio sociometabólico entre os seres humanos e a natureza e entre os próprios indivíduos com base nas *mediações de segunda ordem* do capital;

4. a determinação e administração de toda a *estrutura política de comando abrangente* da sociedade na forma do Estado capitalista, sob a primazia mistificadora da *base material*.

Naturalmente, em vista do fato de que tais premissas práticas fundamentais do sistema do capital constituem um conjunto de determinações *intimamente interligadas*, elas não podem ser abandonadas *de forma seletiva*. Tampouco podem, na prática, ser transcendidas de modo parcial por uma força rival. O fracasso absoluto de todas as tentativas *reformistas* no século XX e o humilhante abandono de qualquer ideia significativa de reforma pelos partidos políticos que originalmente se definiram – como sua *raison d'être* – a partir dessas reformas (as quais, conforme proclamavam, conduziriam a seu tempo graças à estratégia política do "socialismo evolucionista" e de sua fictícia "taxação progressiva" ao tipo de sociedade radicalmente diferente anunciada de maneira programática) têm fornecido amplas provas da total futilidade e da definitiva má-fé de tais tentativas.

A principal razão pela qual tais "reformas" tinham de fracassar era seu confinamento ao quadro *estruturalmente condicionado* das premissas práticas servientes de si mesmas e inalteráveis do capital. Assim as reformas anunciadas não eram sequer reformas no sentido de que poderiam apontar, mesmo de modo mínimo, na direção de uma ordem social diversa. Eram, ao contrário, os necessariamente *parciais* – e até desse modo, *"no devido curso"* lucrativamente impraticáveis – *dispositivos corretivos conjunturais* instituídos para a perpetuação da ordem socioeconômica e política do capital. O New Deal de Roosevelt era nesse sentido não mais que uma resposta – estritamente parcial e temporária – exigida pela conjuntura de um capitalista mais ilustrado ao debilitante rescaldo da crise econômica mundial de 1929-1933 do capital. Do mesmo modo, a instituição do Estado de bem--estar em um punhado de países capitalistas privilegiados após a Segunda Guerra Mundial, e dessa vez sob uma forma mais mistificadora por alguns partidos trabalhistas, era estritamente conjuntural, apesar de toda a mitologia socialdemocrata afirmar o contrário. Não apenas porque tal reforma tinha de ser confinada desde o início (o que também mostrou ser o fim) a um número extremamente limitado de países na ordem global do capital, mas também porque a panaceia reformista do Estado de bem-estar enquanto tal, ao invés de espraiar-se por todas as outras partes, como propalado anteriormente de modo nada engenhoso, tinha de ser humilhantemente abandonado – em paralelo ao progresso da crise estrutural do capital por todo o mundo – mesmo naqueles poucos países nos quais fora instituído por algum tempo.

No tocante às necessárias premissas práticas de operação do capital, nada ocorreu para corrigir "o divórcio radical entre os *meios e materiais de produção* e o trabalho vivo", radicalmente consolidado e resguardado. As "nacionalizações" posteriores à Segunda Guerra na Inglaterra, por exemplo, não puderam ir além de uma transferência, ardilosamente declarada como "socialista", de alguns setores essenciais da economia capitalisticamente *falidos* – desde a mineração de carvão e gás, a produção de eletricidade, os vitais serviços de transporte até a *tributação geral* – apenas para serem *reprivatizados* mais tarde de forma fraudulenta, quando voltaram a ser rentáveis graças à injeção de enormes fundos públicos. Ao mesmo tempo, a *falsa consciência* com a qual o capital falido apresentou ao público o desvencilhamento de seu drama, como "a conquista do controle sobre os postos de comando da economia" – nas notórias palavras do primeiro-ministro Harold Wilson – só poderia demonstrar o total fracasso do "braço político" do movimento trabalhista um dia tão promissor.

O fato de que o atual governo do Novo Trabalhismo seja bastante tímido quanto ao emprego do termo nacionalização a respeito de seu recente afiançamento, com maciços fundos públicos – a total falência bancária e hipotecária da empresa que ironicamente é chamada de The Northern Rock [a rocha do Norte] –, não deveria enganar a ninguém com relação ao real caráter da operação em questão. Ou seja, a operação de resgate mais ou menos fraudulenta de uma grande companhia capitalista, no intento de esconder que sob a ponta do iceberg se oculta a ameaçadora pedra de gelo do sistema bancário em geral. Tampouco pode alguém imaginar que esse tipo de operação se realiza porque o governo inglês é administrado por um partido que, por vezes, quando considera politicamente conveniente, ainda se denomina "socialista". Pois o mesmo tipo de operação de resgate estava ocorrendo – numa escala muito maior, com icebergs incomparavelmente maiores sob a superfície da água – nos próprios Estados Unidos de George W. Bush, que de forma alguma poderia ser chamado de "socialista", nem mesmo pelos mais extremados apologetas "neoliberais/neoconservadores" do sistema global do capital. O que fica absolutamente excluído é que o capital seja capaz de abdicar do poder que continua a conquistar enquanto mantém "o divórcio radical entre os *meios e os materiais de produção* do trabalho vivo" como uma das premissas práticas centrais de seu controle da ordem sociometabólica estabelecida. Abdicar nesse sentido significaria *consentir* com a *socialização* significativa dos meios e materiais de produção, ao invés de sua "*nacionalização*" inútil e reversível. E isso é inconcebível. Pois a socialização genuína não pode ser alcançada como uma medida *parcial*, em vista de suas interconexões *estruturais* necessárias. Somente poderia ser levada a cabo como um projeto radical de transformação *sistêmica* fundamental, com suas ramificações *abrangentes* em todos os domínios da atividade humana. O modo como se maneja o capital, que ainda está distante de se encontrar esgotado até mesmo sob o tipo da crise atual com icebergs gigantescos multiplicando-se por todo o mar, oferece a estratégia prática de o próprio Estado capitalista "nacionalizar" o "*subprime*" e outras instituições hipotecárias totalmente falidas, alugar as casas de volta aos indivíduos desapropriados, no intuito de salvar, por quanto tempo ainda for viável desse modo, os próprios bancos quebrados. Pois, obviamente, não pode ser rentável aos bancos e às companhias hipotecárias ocuparem eles próprios os vastos números de casas das quais agora estão *se reapropriando* de forma impiedosa numa escala com perigo crescente. E, assim, no caso de uma extensão maior dessa crise, o Estado poderia converter-se em empresa hipotecária definitiva, sem abandonar a modalidade fundamental de extração economicamente regulada do sobre-trabalho como sobre-valor – uma clara possibilidade sob as condições de maciça inadimplência capitalista privada; e, evidentemente isso pode ser no futuro um tipo de intervenção estatal potencial que de modo algum teria de se limitar ao domínio habitacional – então nesse caso poderíamos realmente dar um sentido tangível ao termo frequentemente mal-utilizado de "capitalismo de Estado". Porém, mesmo isso jamais livraria o próprio sistema do capital de sua aprofundada crise estrutural.

As outras três premissas práticas insuperáveis do sistema do capital antes mencionadas não são menos forçosamente impostas sobre a esmagadora maioria dos seres humanos em nossa sociedade do que a primeira. Dessa forma, o imperativo prático que dita com exclusividade categorial a atribuição de todas as mais importantes *funções de direção e tomada de decisão* às *personificações do capital* na ordem produtiva e reprodutiva estabelecida deve prevalecer mesmo sob circunstâncias históricas surpreendentemente modificadas. É isso que tivemos de assistir no sistema do capital pós-capitalista depois do cerco e isolamento bem-sucedidos da Revolução Russa em 1917 pelo capitalismo ocidental e a subsequente estabilização do tipo de ordem reprodutiva de tipo soviético sob Stalin. Naturalmente, Marx não poderia sequer sonhar a respeito da inquietante nova variedade de personificações do capital que tiveram êxito em se impor como o controlador abrangente amplamente burocratizado do sistema pós-revolucionário soviético por sete décadas de emergência real ou declarada. De fato, seria extremamente prematuro e temerário concluir, mesmo hoje, que as personificações do capital de tipo soviético constituíam a última variedade possível do modo antagônico de controle do metabolismo social herdado do sistema reprodutivo do capital há muito estabelecido mesmo na eventualidade de algumas circunstâncias históricas significativamente cambiantes. Tudo depende da *profundidade* da crise em andamento e da natureza – se abrangente ou parcial – das estratégias levadas a cabo para superar historicamente a ordem sociometabólica estabelecida na qual o capital exerce suas funções de controle por meio de suas *personificações necessárias*, como um *sujeito usurpador*.

298 *Estrutura social e formas de consciência*

O mesmo vale para a regulação do intercâmbio sociometabólico entre os seres humanos e a natureza e dos indivíduos entre si com base nas mediações de segunda ordem *antagônicas* e *alienantes* do capital. Estas constituem um sistema perversamente interbloqueado por reificações materiais e institucionais – a conversão incontrolável das relações sociais em coisas e das próprias coisas alienadas/objetificadas em relações sociais veladamente opressivas – o qual em suas implicações definitivas prefigura a destruição da natureza (e obviamente dos indivíduos humanos com ela) no interesse da dominação fetichista da *quantidade* expansionista sobre a *qualidade* que poderia significativamente emergir da *necessidade humana genuína*. Vimos antes, no capítulo 4, que mesmo a maior síntese da filosofia burguesa, o sistema hegeliano, não pôde escapar da força gravitacional dessas determinações fetichistas. Ao invés disso, Hegel acabou glorificando a objetividade alienante e a quantificação totalmente invasiva em sua conceituação da "medida" como a "convenção" inexplicada, ainda que misteriosamente emergindo da conflitualidade estritamente individual – e apologeticamente indiscutível – que estava destinada a prevalecer como universalidade livre de problemas na ordem estabelecida. De maneira reveladora, essa perspectiva poderia ser complementada na visão hegeliana somente pela função reconciliadora de seu princípio de "negatividade como contradição autotranscendente" que foi postulado de forma especulativa pelo filósofo alemão para preservar eternamente a ordem dominante em sua declarada "efetividade racional". Assim, as mediações de segunda ordem antagônicas do sistema do capital poderiam continuar a se impor por meio de suas determinações impulsionadoras de si próprias e seus imperativos alienados sobre as mediações primárias entre os seres humanos e a natureza que devem ocorrer na atividade produtiva essencial. Naturalmente, quando no curso do desenvolvimento esse modo fetichista de regulação do processo de reprodução social torna-se *historicamente anacrônico*, devido ao perigoso avanço da *produção destrutiva* em lugar da "destruição produtiva", a única reposta "corretiva" compatível com as determinações sistêmicas e as premissas práticas inalteráveis do capital é a *intensificação* de suas práticas expansionistas alienantes, e desse modo a aceleração da destruição. O conjunto interligado de mediações antagônicas de segunda ordem – o qual deve prevalecer a todo custo, como a fundação estrutural hierarquicamente consolidada e resguardada de todo o sistema – não oferece verdadeiramente *nenhuma alternativa* às personificações do capital.

No que tange à determinação e administração da estrutura de comando político abrangente da sociedade na forma do Estado capitalista, sob a primazia mistificadora da base material, sua importância é enorme. Este é o caso, apesar das concepções errôneas formuladas sobre um campo de motivações tão diversas. Elas vão da sugestão muito ingênua de Adam Smith sobre o envolvimento mínimo do Estado, em um tempo de expansão colonial agressiva, até chegarem à ideologia neoliberal cínica e hipócrita de "retroceder as fronteiras do Estado". E esta é inventada, evidentemente, contra o pano de fundo do maior apoio jamais dado pelo Estado ao capitalismo privado não apenas na forma de todo tipo de subsídios materiais, incluindo imensos fundos de pesquisa, assim como as gritantes operações de resgate que beneficiam diretamente algumas enormes empresas falidas no mundo da finanças e da indústria, mas também as somas quase astronômicas fraudulentas transferidas ao complexo industrial-militar de modo contínuo segundo os propósitos de suas operações economicamente destrutivas e mesmo de suas guerras genocidas. Ademais, a primazia mistificadora da base material na ordem reprodutiva do capital sobre suas formações estatais criadas na história torna muito difícil analisar de modo apropriado – nos termos das visões sintetizadoras dos pensadores particulares concebidas geralmente de forma muito exagerada e mesmo idealizada – o que o Estado, como a estrutura de comando político abrangente do capital, é efetivamente capaz de conquistar, ou não, conforme o caso. Isso ocorre nas teorias dos grandes pensadores burgueses, como Hegel. Nada ilustra melhor isso do que sua crítica do Estado liberal que desafortunadamente erra seu alvo, como vimos antes. Pois Hegel não poderia submeter a formação do Estado liberal ao escrutínio crítico exigido pela simples razão que sua própria concepção *compartilhava* com a abordagem liberal o mesmo campo substantivo. Como o beneficiário explorador da ordem estruturalmente antagônica do capital, o liberalismo não poderia ter coisa alguma a ver com as exigências *substantivas* ("empíricas") de fazer a *vontade geral* prevalecer de modo eficiente em todos os domínios da vida social. E isso era verdadeiro também em relação ao papel que o próprio Hegel atribui ao Estado, como indiretamente admitido até mesmo por ele. Suas diferenças eram secundárias e bastante superficiais com respeito ao "governo dos muitos" no liberalismo contra a qual Hegel protestou. Pois o que a formação do Estado liberal perpetrou, como claramente demonstrado por nossas crônicas históricas, foi apenas o domínio contínuo da *pluralidade de capitais* – substituindo intermitentemente *algumas* de suas personificações autorizadas por *outras* – contra a classe estruturalmente subordinada do trabalho. O liberalismo jamais poderia ter intencionado de modo concebível a corporificação dos princípios ideais da vontade geral de Rousseau em sua estrutura legislativa estatal. Seu apelo à ideia de governar na forma dos "muitos" serviu a propósitos *eleitorais* muito limitados. Nunca tiveram a orientação, nem em teoria, muito menos na prática política do liberalismo, para se dirigirem no sentido de alterar o Estado liberal de maneira tangível, incluindo suas versões socialdemocratas. Se falavam de "pluralismo", obtiveram êxito apenas em *privar totalmente de seus direitos* as classes trabalhadoras por meio da rotineira mudança enganosamente consensual de uma *pseudoalternativa* a outra[153]. Um outro aspecto, bem mais importante, de suas implicações positivas, da primazia mistificadora da base material sobre a dimensão política do domínio do capital na sociedade – diretamente relevante para a formulação das estratégias socialistas viáveis – é que não devemos esperar muito até do que a intervenção política mais radical, na forma *política* e não na *revolução social* multidimensional advogada por Marx, possa conquistar por seus próprios méritos no interior do domínio das práticas legislativas do Estado. O controle do domínio jurídico é obviamente o primeiro passo necessário na trilha para uma transformação social duradoura *qualitativa*. Mas não deve permitir que se converta, como convém às personificações herdadas ou novas do capital[154], em uma variante nova

---

[153] Para consumar plenamente a total desautorização das classes trabalhadoras, a lógica definitiva do sistema "bipartidário" parlamentar (ou seja, o agora existente "sistema unipartidário de duas alas à direita) é a formação de "governos de coalizão nacional" automaticamente justificadores do capital na eventualidade de um pleito apertado. A Alemanha já produziu um bom exemplo disso após a derrota do chanceler socialdemocrata Schroeder. O maior aprofundamento da crise sistêmica do capital poderia transformar essa forma de "democracia parlamentar" na – conjunturalmente prevalente – regra geral.

[154] É importante lembrar aqui que, durante março e abril de 1917, Lenin ainda defendia "um Estado *sem* exército permanente, *sem* uma polícia oposta ao povo, *sem* um funcionalismo colocado acima do povo" (V.I.U. Lenin, "Cartas sobre táctica", em *Obras escolhidas em seis tomos*, trad. José Oliveira, Lisboa, Avante,

300 *Estrutura social e formas de consciência*

de *ilusão jurídica* adotada de maneira esperançosa. Também seria trágico a esse respeito não sermos capazes de aprender algo da dolorosa experiência do passado.

Evidentemente, o caráter de todas as premissas práticas fundamentais aqui investigadas é *substantivo* e *abrangente*, tanto se por elas mesmas tomadas uma a uma como em sua totalidade combinada de determinações reciprocamente sustentadas e reforçadas do *sistema orgânico* do capital. Por conseguinte, devem ser contrapostas por um conjunto de princípios e determinações operativos não menos *substantivos* e *abrangentes*, mas dessa vez na única forma viável das deliberações *autônomas* e *conscientes*, críticas e também autocríticas, dos indivíduos orientados para a elaboração estratégica das mediações *não antagônicas* exigidas pela nova forma histórica. Este é o único modo viável de suplantar numa base duradoura a ordem sociometabólica cada vez mais destrutiva do capital pela alternativa hegemônica *positivamente sustentável* do *sistema orgânico socialista*. Pois apenas ao afirmar de maneira bem-sucedida seus princípios enquanto reprodução social em constante autorrenovação pode a alternativa hegemônica socialista adquirir – e manter – sua profunda legitimidade histórica.

A questão da transição historicamente sustentável para uma forma radicalmente diversa de controle sociometabólico não é um *postulado teórico abstrato*. Pelo contrário, está *determinada historicamente*, clamando pela elaboração e pela instituição prática de um sistema viável de mediações não antagônicas. Decerto a questão das mediações não antagônicas emerge do contexto *global internacional* efetivamente existente com urgência pela primeira vez na história nessa forma não mais *protelável*, sob o peso das graves contradições da ordem reprodutiva dominante.

A esse respeito é suficiente pensar no círculo vicioso incurável do capital entre *desperdício* e *escassez* – melhor dizendo: a constante reprodução da escassez em uma escala crescente por meio da multiplicação do desperdício enquanto nega a satisfação até das mais elementares necessidades humanas a bilhões de pessoas – como nosso ponto inicial

---

1985, tomo 3, p. 127), e propôs "organizar e armar *todos os setores* mais pobres e explorados da população para que *eles próprios* tomem diretamente nas suas mãos os órgãos do poder de Estado" (idem, "Carta 3 – Sobre a milícia proletária", em Slavoj Žižek, *Às portas da revolução: escritos de Lenin de 1917*, trad. Daniela Jinkings, São Paulo, Boitempo, 2005, p. 50). Posteriormente, no entanto, essas opiniões mudaram de modo significativo sob as condições de um grave estado de emergência. A ponto em que os órgãos estatais recém-criados foram estruturalmente condicionados pelo velho Estado e foram claramente reconhecidos por Lenin com as seguintes palavras: "Assumimos o controle do antigo maquinário do Estado e *esse foi nosso infortúnio*. Muito frequentemente esse maquinário opera contra nós mesmos. Em 1917, após tomarmos o poder, os funcionários do governo sabotaram-nos. Isso nos aterrorizou e imploramos 'Por favor, voltem'. Todos eles voltaram, mas esse foi nosso infortúnio. Agora temos um vasto exército de empregados governamentais, mas nos faltam forças suficientemente educadas para exercer controle real sobre eles. Na prática, é frequente ocorrer que, aqui no topo, onde exercemos o poder político, a máquina de alguma maneira funciona; mas bem abaixo os funcionários do governo possuem *controle arbitrário* e eles com frequência o exercem de modo a contrariar nossas medidas. No topo, temos, não sei bem quantos, mas de qualquer forma penso, não mais que alguns milhares, do lado de fora, muitas dezenas de milhares de nosso próprio povo. Abaixo, no entanto, há centenas de milhares de velhos funcionários que recebemos do czar e da sociedade burguesa e os quais, em parte deliberadamente e em parte involuntariamente, trabalham contra nós" (idem, "Cartas sobre táctica", cit., p. 418-9). Como todos sabemos, a situação tornou-se muito pior conforme o tempo passou, em paralelo à extensão do controle arbitrário também no topo do Estado por meio da consolidação do poder de Stalin, cujo perigo fora percebido por Lenin e até mesmo declarado em seu famoso "Testamento", mas sem resultado.

deveras óbvio. Vislumbrar a superação desse círculo vicioso no futuro próximo não é um postulado ilusório, mas uma *necessidade* vital. Entretanto, é absolutamente impossível introduzir as mudanças exigidas para isso no interior das limitações necessárias da ordem estabelecida. Devido à inseparabilidade de seu modo de objetivação do imperativo alienante de sua expansão cancerosa imposta à sociedade por meio da multiplicação reificada do *valor de troca*, à custa do *valor de uso* humanamente significativo, o sistema do capital é estruturalmente incapaz de *economizar* com base nas considerações *qualitativas* enraizadas nos poderes produtivos da sociedade de maneira simultânea ao controle racional do desperdício, para, desse modo, consignar ao passado nossa reprodução fetichista da escassez. Por conseguinte, apenas a busca de um modo *econômico coerentemente planejado* de produção pode ser considerado viável no futuro: uma condição impossível de realizar enquanto as mediações antagônicas de segunda ordem do sistema do capital continuarem a regular nosso modo de reprodução sociometabólica.

Quando comparamos as características definidoras da ordem histórica estabelecida com a "nova forma histórica" vislumbrada, somos confrontados com as insuperáveis incompatibilidades radicais entre ambos. A negação de tais incompatibilidades – a serviço da acomodação reformista desprovida de princípios – só pode frustrar-se, como já sabemos do passado. Reconhecer a necessidade vital da criação de um sistema de mediações não antagônicas não deveria significar de modo algum a diluição do conceito de mediações no sentido costumeiro de "equilíbrio". Pois no caso de tentar o equilíbrio reconciliador vislumbrado de ambos, isso teria de ser alcançado entre duas ordens históricas e sociais radicalmente distintas: uma gritante *contradição em termos*. Assim, nosso ponto de partida vital e necessário pode ser apenas a *negação radical por princípio* da ordem de reprodução social destrutiva do capital. Mas, precisamente porque estamos preocupados com uma negação por princípio das características substantivas definidoras da ordem existente, a nova forma histórica não pode ser satisfeita somente com a "*negação da negação*". Sua legitimidade histórica depende da instituição bem-sucedida de uma alternativa reprodutiva viável no longo prazo em seus próprios termos substantivos positivos, no lugar da agora prevalente modalidade de mediações antagônicas de segunda ordem.

Sem dúvida, é politicamente muito mais fácil advogar em prol da "linha de menor resistência", visando alguns ganhos almejados, do que defender a alternativa radical exigida sob a relação de forças, em termos organizacionais, ainda esmagadoramente em favor do capital, especialmente à luz do arrasador fracasso da experiência histórica pós-capitalista de tipo soviético. Contudo, os ganhos a serem obtidos no momento são, no melhor dos casos, parciais e temporários, senão totalmente ilusórios, tendo em vista a crise estrutural aprofundada do sistema. Isso é demonstrado não apenas pela erupção de grande turbulência industrial e financeira, assim como por meio das condições ecológicas gravemente deteriorantes de nosso planeta, mas até mesmo por meio do constante envolvimento do imperialismo hegemônico global dos Estados Unidos e de seus aliados subservientes em aventuras militares grotescamente racionalizadas. Por conseguinte, não pode haver melhora significativa na sorte do movimento socialista até que a necessidade de envolvimento em uma negação por princípio substantivamente orientada do sistema do capital, como um modo de controle sociometabólico abarcador, seja conscientemente adotada em uma escala apropriada como a estratégia necessária para o futuro.

302 *Estrutura social e formas de consciência*

A esse respeito, a negação por princípio do sistema do capital carrega consigo também a rejeição da descarrilada concepção errônea de que a elaboração do modo de mediação não antagônico significa uma mediação *entre* o sistema de reprodução social ainda dominante, não obstante seus antagonismos destrutivos, e a nova forma histórica advogada. Isso só poderia levar a um beco sem saída.

A real mediação em questão não se refere ao que é viável *entre* as duas ordens históricas qualitativamente opostas, mas *no interior* do domínio da *alternativa hegemônica* necessária à dominação não mais sustentável historicamente sobre a relação da humanidade com a natureza e sobre os próprios indivíduos sociais particulares. E esse tipo de mediação crucialmente importante não se refere a algum *futuro* mais ou menos remoto, mas ao *processo histórico agora em curso*. É diretamente relevante à constituição prática das modalidades e pré-requisitos organizacionais de ação, nas quais as condições objetivas e subjetivas para a realização dos valores substantivos necessários, assim como das formas correspondentes de intercâmbios reprodutivos historicamente sustentáveis entre os seres humanos, que elas possam ser instituídas e consolidadas como a *alternativa hegemônica historicamente viável* às mediações antagônicas de segunda ordem do capital. Em outras palavras, concentra-se em articular conscientemente os intercâmbios reprodutivos não antagônicos de uma ordem societal qualitativamente diversa tanto como o *objetivo* e *destino* claramente identificados a ser alcançados e a *bússola* da jornada *emancipatória* levada a cabo já em e através do processo histórico em progresso. Nesse sentido, a *tarefa radical por princípio* buscada de modo consciente para superar os antagonismos da ordem existente é inseparavelmente *negativa* e *positiva* ao mesmo tempo. E esse é o único significado apropriado que podemos dar ao termo radical, que não pode se permitir continuar atado a uma – definitivamente insustentável – postura puramente negativa. Sobretudo quando o que está em jogo é a questão de uma alternativa hegemônica historicamente viável. Portanto, não é de forma alguma surpreendente que Marx tenha definido o socialismo como "*consciência de si positiva* do homem"[155].

Nas relações interpessoais dos indivíduos sociais, mediação não antagônica significa seu envolvimento cooperativo genuíno na atividade com o propósito conscientemente escolhido de resolver alguns problemas, ou de fato resolver algumas disputas que possam surgir de suas relações. O que torna o contraste desse tipo de intercâmbio conscientemente regulado muito claro, em comparação com a modalidade de mediações antagônicas agora dominantes, é que a solução projetada para os próprios problemas que devem ser encarados no interior da estrutura de um sistema de mediações não antagônicas não pode se solidificar e perpetuar na forma de *interesses parciais estruturalmente consolidados*. No curso histórico em andamento, de constituição da nova modalidade de mediações não antagônicas, os interesses parciais herdados devem ser radicalmente suplantados por meio da ação *cooperativa* sustentada, assegurando ao mesmo tempo as condições objetivas e subjetivas para impedir sua reconstituição.

A prevalência dos interesses parciais é a modalidade dominante de nossas relações existentes de reprodução social sob o jugo do capital. Interesses e determinações de classe

---

[155] Karl Marx, *Manuscritos econômico-filosóficos*, cit., p. 114.

hierarquicamente assegurada e resguardada necessariamente pré-julgam essas matérias – de maneira inevitável em favor da parte mais forte – bem antes que a questão da "mediação" ou do "equilíbrio" possam sequer surgir, transformando-as com frequência em uma completa piada (ou em um vão ritual) do procedimento de "resolução de problemas" levado a cabo. Com relação a todas as matérias verdadeiramente imperativas desde a perspectiva privilegiada da ordem sociometabólica ora dominante, relacionadas ao imperativo estrutural de reafirmar as *relações de poder* estabelecidas sobre as quais se baseia o processo de reprodução social estabelecido, tudo converge para o *fortalecimento, por quaisquer meios*, das relações de poder objetivas exigidas pelo funcionamento contínuo do sistema. Isso quer dizer, fortalecê-las com o auxílio de dispositivos culturais/ideológicos, com a condição de que operem sob as circunstâncias prevalentes em sintonia com as exigências sistêmicas de suma importância, ou por meio do exercício da *força pura* (e até mesmo a imposição da extrema *violência repressiva*), quando as condições assim o requerem. Estas variam de acordo com a necessidade de decretar alguns, mais ou menos duradouros, *estados de emergência* no interior de um país particular, na ocorrência de uma crise maior, até arriscar mesmo guerras mundiais de proporções genocidas contra outros Estados. É por esse motivo que a normalidade do sistema do capital é inconcebível sem seu conjunto de mediações antagônicas de segunda ordem formalmente variadas mas em termos substantivos sempre impostas forçosamente.

Aqui também podemos notar que a questão da mediação não é matéria de postulados filosóficos ou projeções especulativas. Está profundamente relacionada a determinações objetivas assim como a forças e agências correspondentes da ação de reprodução social, seja quando tivermos em mente as mediações antagônicas envolvidas nos procedimentos sociometabólicos do capital, seja aqueles de sua alternativa hegemônica no processo de sua articulação principiada por meio do processo histórico em curso. A questão crucial com relação à instituição de uma ordem sociometabólica historicamente viável é a substituição das mediações antagônicas de segunda ordem do capital entre a humanidade e a natureza e dos indivíduos entre si por uma alternativa qualitativamente diversa das relações de troca fetichisticamente quantificadoras da sociedade mercantil ao poder essencialmente alienado de tomada de decisão geral pelo Estado. Em concordância com as condições históricas e conquistas produtivas mais desenvolvidas efetiva ou potencialmente disponíveis para as pessoas envolvidas, isso só é possível ao se redefinir e reconstituir na prática as modalidades primárias de intercâmbio criativo entre a humanidade e a natureza: removendo assim as camadas encrostadas e antagonicamente perpetuadas das *mediações de segunda ordem* do capital *sobre as necessárias mediações primárias* do corpo social.

Naturalmente, isso exige também o retorno do *sujeito real* da história a seu posto de direito no controle do processo de reprodução social no lugar do sujeito usurpador. Pois, na medida em que o modo agora estabelecido de controle sociometabólico é inconcebível sem os interesses parciais mencionados anteriormente e sem o sujeito usurpador da história (a "personificação do capital", em qualquer uma de suas variedades plausíveis – não apenas enquanto beneficiário consciente de tais interesses parciais, mas, acima de tudo, na qualidade de controlador privilegiado dos meios e materiais de produção e o *aplicador voluntário* do *imperativo objetivo* de acumulação expansiva e expansão acumulativa), somente o sujeito real da história pode realizar suas funções produtivas e criativas sem se apropriar dos interesses parciais estruturalmente prevalentes e enormemente discriminatórios com os quais estamos todos muito familiarizados. De fato, apenas um sujeito social constituído com base na *igualdade substantiva* definida de modo consciente, articulada com coerência, e sempre mantida daquele modo, apenas esse tipo de sujeito é capaz de afirmar seu mandato histórico pela instituição das formas alternativas exigidas de mediação societal não antagônica.

Como mencionado antes[156], a mediação historicamente sustentável é algo viável apenas como a *mediação* de si própria por parte de um sujeito social ativo, capaz de intervir autonomamente no processo de transformação em andamento de modo concordante com seu próprio desígnio coerente. É por isso que se enfatizou que os conceitos seminalmente importantes de *controle* e *mediação de si próprios*, além da *autonomia* genuína do real sujeito histórico agindo *conscientemente*, devem marchar juntos a fim de serem capazes de dar um significado tangível à ideia da mediação sustentável a longo prazo exigida por nosso destino histórico. Também se ressaltou no decorrer deste estudo que não só a igualdade, mas todos os valores exigidos para sustentar essa concepção precisam ser definidos em termos *substantivos*. Isso deve ser feito em agudo contraste com a orientação característica do sistema do capital em sua fase descendente de desenvolvimento. Pois aquela orientação regressiva do sistema do capital esvaziou completamente seu conteúdo de todos os valores positivos um dia defendidos – da liberdade à fraternidade e da democracia à "igualdade" –, no intento de fazer o *contravalor* prevalecer de maneira efetiva, como tivemos a oportunidade de ver previamente. Ao mesmo tempo a ideologia dominante pregava o oposto daquilo que era praticado (e continua sendo), ao idealizar de modo nada ingênuo a ordem dominante com vagas virtudes institucionais da "universalidade formal" enquanto reforça ardilosamente e de todas as maneiras possíveis a destrutiva *parcialidade* expansionista das *mediações antagônicas de segunda ordem* do capital.

Um exemplo paradigmático dessa mistificação é a operação do Estado liberal – para nomear apenas a variedade mais progressista de controle político global viável sob o jugo do capital. A exigência sistêmica insuperável a esse respeito é a *exclusão radical das massas* do processo substantivo de tomada de decisão. Nas atividades de reprodução material direta isso é perfeitamente alcançado pela *compulsão econômica* à qual os trabalhadores estão sujeitos, e ao lado da propriedade exclusiva dos meios e materiais de produção legalmente resguardada pelas personificações do capital, permitindo-lhes exercer a "tirania da fábrica" de acordo com seus interesses parciais. No domínio político, no entanto, não há equivalente forçosamente preestabelecido – e de fato instituído do modo mais brutal pelo infame processo histórico de acumulação primitiva – das relações de poder hierárquicas estruturalmente asseguradas de dominação e subordinação de classe permanentes mediante as quais o sistema do capital, em sua modalidade reprodutiva econômica primária, se define a si mesmo. Pelo contrário, o mito de "democracia" e "liberdade" deliberadamente cultivado, em conjunção com o mecanismo facilmente manipulável das "eleições livres", parece apontar na direção oposta, estipulando o "governo de muitos" pelo qual até um gênio filosófico como Hegel pôde ser tão pateticamente enganado, mesmo que de forma alguma independentemente de seus próprios interesses ideológicos, como vimos anteriormente.

---

[156] Ver p. 275.

Naturalmente, o Estado feudal absolutista tinha de ser remetido ao passado ao longo da fase ascendente do desenvolvimento do capital, pois era claramente incompatível com as novas relações de dominação e subordinação de classe – muito embora, significativamente, as formas mais extremas de aplicação de poder autoritário e ditatorial tenham sido preservadas pelo capital, tendo em vista seus estados intermitentes de emergência. Mas, independentemente disso, mesmo as variedades normais das formações de Estado do capital permaneceram sempre muito problemáticas com relação à alienação estruturalmente consolidada do poder de tomada de decisão substantiva da esmagadora maioria do povo. As grandes massas da população receberam apenas direitos *formais* (como colocar um pedaço de papel dentro de uma urna a cada quatro ou cinco anos), cujo impacto esperado poderia ser anulado sem qualquer dificuldade pelo funcionamento estatal efetivo, mesmo sem a instituição de seus estados de emergência. Dessa forma, o Estado liberal, ao restringir "democraticamente" o processo de tomada de decisão aos *poucos* escolhidos, apesar de denominá-los "muitos" (no interesse da mistificação), na realidade, exclui as massas por definição do processo efetivo de tomada de decisão. Ao mesmo tempo, converte em *virtude* o procedimento adotado de exclusão institucionalizada conferindo-lhe, em tom solene, mas extremamente dúbio, o título de "governo representativo" – o qual presume-se combinar plenamente os ideais declarados de "liberdade" e "democracia" – na determinação real subjacente da tomada de decisão. Naturalmente, a verdade nua e crua disso é que nem os *muitos* ou nem mesmo os *poucos obedientes*, mas sim são os *imperativos estruturais* do capital que determinam o resultado da tomada de decisão global. Pois, na qualidade de *força extraparlamentar par excellence*, o capital domina totalmente do *exterior* – graças ao reconhecimento "realista" das convincentes *premissas práticas do próprio sistema político* pelos participantes consensualmente atemorizados com o poder societal do capital corporificado nas incontáveis unidades reprodutivas materiais do metabolismo social. Consequentemente, o capital domina, não menos do *interior*, a tomada de decisão estritamente institucionalizada, costumeiramente formal/carimbada, também em sua variedade *liberal parlamentar*, o que obviamente inclui os Estados socialdemocratas.

É por esse motivo que a transição intermitente da democracia liberal para as formas autoritárias de domínio político não apresenta problema algum para as personificações do capital. Max Weber, graças a sua espúria mitologia da "neutralidade axiológica" [*Wertfreiheit*], é um ídolo do liberalismo, e a sua "democracia" serviente a si própria um caso exemplar. Lukács nos lembra do fato de que:

> Como os ingleses ou os franceses, pensava Weber, os alemães poderiam tornar-se uma "raça mestra" somente em uma democracia. Daí que, em prol da obtenção dos objetivos imperiais da Alemanha, uma democratização tinha de ocorrer internamente e chegar tão longe quanto fosse necessário para a realização de tais objetivos.[157]

No que se refere ao que Weber realmente quis dizer com "democratização interna", em plena sintonia com suas credenciais liberais a serviço dos interesses de uma "raça mestra" alemã imperialista, Lukács também cita uma conversa travada que aconteceu após a Primeira Guerra Mundial entre Weber e a figura da extrema direita, general Ludendorff,

---

[157] Georg Lukács, *The Destruction of Reason* (Londres, Merlin, 1980), p. 609.

306 *Estrutura social e formas de consciência*

chefe de gabinete de Hindenburg e um dos mais antigos paladinos de Hitler. Estas foram as palavras de Weber, conforme relatadas não por um crítico hostil, mas por sua viúva, Marianne Weber:

> Na democracia o povo elege como seu líder um homem em quem confia. Então o homem eleito diz "Agora segurem suas línguas e obedeçam!". Nem o povo ou tampouco os partidos podem contradizê-lo [...] Depois, cabe ao povo julgar – se o líder cometeu erros, então às favas com ele.[158]

E Lukács corretamente adicionou: "Não é surpreendente que Ludendorff tenha dito a esse respeito: 'Me agrada o som de tal democracia!'. Assim, a ideia de democracia de Weber precipitou-se em um cesarismo bonapartista"[159].

Estas não são aberrações corrigíveis a serem reparadas por argumentos razoáveis – melhor dizendo, pela "política do entendimento" que, de modo mítico, Merleau-Ponty, em *As aventuras da dialética*, opôs Marx ao marxismo, em nome do "liberalismo heroico" de Max Weber. Corretivos desse tipo podem apenas ocupar-se com considerações parciais atadas a circunstâncias, e não com os interesses e orientação centrais da formação do Estado liberal. Nesse sentido parcial, a defesa de Weber de uma "democracia interna" como a senda para o sucesso almejado da concorrente "raça mestra" alemã imperialista, no modelo dos imperialismos inglês e francês à época muito bem-sucedidos[160], não faz mais que assinalar as diferenças nas circunstâncias históricas cuja "retificação" tentada posteriormente por Hitler – pioneira e reveladoramente admirada por Ludendorff – tomou a forma da Segunda Guerra Mundial e não da "política do entendimento". O ponto importante é que a exclusão radical das massas do poder de tomada de decisão substantiva – a ser exercido, se possível, sem gerar muito conflito – é uma *exigência absoluta* do sistema do capital. Ela é instituída do melhor modo praticável precisamente pela formação do Estado liberal, que reserva as formas muito mais instáveis de seu domínio político autoritário direto – uma expectativa sempre presente em seu horizonte final – para seus estados de emergência mais ou menos duradouros, mas transitórios em princípio. Essa exigência absoluta de exclusão radical teve de ser sempre mantida em todos os níveis do sistema hierárquico de tomada de decisão estruturalmente consolidado do capital, das unidades de reprodução material direta aos mais altos níveis da legislatura do Estado, porque as *mediações antagônicas de segunda ordem* do capital não poderiam possivelmente prevalecer sem ela. A ideia de administrar as unidades reprodutivas do sistema com base na "tirania da fábrica", como o modo de controle sociometabólico estabelecido do capital sempre deve fazer e, ao mesmo tempo, operar a estrutura de comando global de tomada de decisão no mais agudo constraste com isto, em plena concordância com os princípios substantivos da democracia genuína "pelo povo e para o povo", só poderia ser considerada um absurdo flagrante.

---

[158] Marianne Weber, *Max Weber: uma biografia* (Niterói, Casa Jorge, 2003). Citado por Georg Lukács em *The Destruction of Reason*, cit., p. 610.

[159] Idem.

[160] E agora, é claro, também o imperialismo norte-americano, que retém a "democracia interna" e a "liberdade" como seus pontos de referência longe de serem negligenciáveis, não obstante todas as suas violações tentadas, até o momento ainda parciais, enquanto pratica sem hesitação princípios muito diversos no exterior.

O grande desafio para o futuro é reparar tudo isso no intento de realizar o único modo viável de tomada de decisão substantiva pelo corpo social em sua totalidade. Pois, obviamente, a instituição de um modo de mediação não antagônico é inconcebível enquanto as grandes massas do povo forem radicalmente excluídas de toda tomada de decisão significativa – o que, nesse contexto, iguala-se a substantiva. A prática de envolvimento estritamente *formal* do povo em rituais eleitorais – não esquecendo o fato de que também esse tipo de envolvimento é categoricamente negado a ele nos quatro ou cinco anos seguintes, mesmo com a franqueza cínica de Max Weber: "Agora segurem suas línguas e obedeçam!" – é um substituto muito pobre para as exigências de tomada de decisão substantiva.

Sem dúvida, a "nova forma histórica" é impensável sem o exercício da tomada de decisão substantiva pelos produtores livremente associados como um corpo social cooperativo de verdade. E de modo contrário às fantasias reformistas, é igualmente impensável que as grandes massas da população obtenham tal poder de tomada de decisão substantivas como uma concessão generosamente conferida a elas pelas solícitas personificações do capital. As massas devem *conquistá-la* "por e para si mesmas" com o auxílio do desenvolvimento das *formas organizacionais* necessárias mediante as quais se torna possível sua intervenção mais radical sobre o processo histórico em andamento. É por isso que, desde o início, Marx insistiu que sem o desenvolvimento da "criação em massa dessa consciência comunista" não se poderia enfrentar o grande desafio histórico que afeta diretamente as perspectivas de sobrevivência da humanidade[161]. Foi assim que ele julgou a importância da consciência comunista em uma escala de massas:

> O comunismo não é para nós um *estado de coisas* [*Zustand*] que deve ser instaurado, um *Ideal* para o qual a realidade deverá se direcionar. Chamamos de comunismo o movimento *real* que supera o estado de coisas atual.[162]

> Tanto para a criação em massa dessa consciência comunista quanto para o êxito da própria causa faz-se necessária uma transformação massiva dos homens, o que só se pode realizar por um movimento prático, por uma *revolução*; que a revolução, portanto, é necessária não apenas porque a classe dominante não pode ser derrubada de nenhuma outra forma, mas também porque somente com uma revolução a classe *que derruba* detém o poder de desembaraçar-se de toda a antiga imundície e de se tornar capaz de uma nova fundação da sociedade.[163]

Como sabemos, por conta de circunstâncias históricas de um regime extremamente autoritário que governava a Rússia czarista nos tempos que antecederam a Revolução de Outubro de 1917, o partido de Lenin teve de ser constituído como um tipo vanguardista de organização política capaz de sobreviver e estender sua influência sob as mais severas condições de clandestinidade. E também depois, quando Gramsci teve de redefinir sua concepção do partido, tal como detalha em sua obra *O príncipe moderno*, escrita em uma das prisões de Mussolini, a relação de forças prevalente na Itália fascista – e depois

---

[161] Ver a passagem citada na nota 7, na qual Marx acentua que, em vista da destrutividade crescente do capital, nada menos que "simplesmente [...] assegurar a sua existência" é o que está agora em jogo para os indivíduos. Karl Marx e Friedrich Engels, *A ideologia alemã*, cit., p. 42.

[162] Ibidem, p. 38, nota a. Grifos de Marx e Engels.

[163] Ibidem, p. 42.

308 *Estrutura social e formas de consciência*

também na Alemanha nazista – tornou mais uma vez extremamente difícil vislumbrar a formação de uma organização política revolucionária orientada na direção da perspectiva estratégica marxiana de desenvolver uma "consciência comunista de massa". Além disso, pensando no que ocorreu no passado mais recente com o partido leninista na Rússia e o partido de Gramsci na Itália, é difícil deixar de concluir que o programa marxiano "para a criação em massa dessa consciência comunista" permanece um grande desafio para o futuro. De fato, para piorar ainda mais a situação a esse respeito, entre muitos dos pequenos grupos radicais que tentam permanecer fiéis à ideia de uma transformação revolucionária, apesar das amargas decepções do passado, há uma tendência a descartar, com sectário subjetivismo, o programa de constituição de um movimento socialista de massas como "populismo" e "espontaneísmo". Desse modo, muito resta a ser esclarecido e reparado também nesse âmbito. Pois seria muito ingênuo imaginar que o sistema exigido de mediações não antagônicas poderia ser instituído e mantido de forma bem-sucedida como a alternativa hegemônica da nova forma hisitórica à destrutividade da ordem estabelecida sem o mais ativo envolvimento das grandes massas da população. A esse respeito, dever-se-ia manter constantemente na memória que "o moderno intercâmbio universal não pode ser subsumido aos indivíduos senão na condição de ser subsumido a todos"[164].

O ponto final a ser discutido é que, quando pensamos nos *valores substantivos* vitais exigidos para o sistema qualitativamente diverso de mediações não antagônicas, em conjunção com a *igualdade real*, a importância da *solidariedade* vem à tona. Inevitavelmente, tendo em vista os sérios perigos de nossas condições presentes, a forma de *solidariedade internacional* deve ser assumida como o princípio orientador e a estrutura operativa necessários para o intercâmbio positivo dos indivíduos livremente associados em uma ordem reprodutiva globalmente entrelaçada. Os Estados-nação sempre foram uma parte integrante do sistema de mediações antagônicas do capital, colidindo uns com os outros regularmente da maneira mais destrutiva, com particular gravidade nas duas guerras mundiais do século XX. E um dos grandes fracassos históricos do capital como um sistema de controle sociometabólico é que, no plano político – em contradição direta com seu inexorável impulso em direção à integração econômica global –, não tenha conseguido produzir um Estado do sistema do capital como totalidade, podendo oferecer tão somente um *impiedoso substituto* para tal na forma da *supremacia imperialista moderna* do último terço do século XIX. E esta teve de resultar na dominação mais instável, sempre à custa de uma devastação monumental, prefigurando a total destruição da humanidade na eventualidade de outra conflagração global. O tão propalado processo de "globalização" em nosso tempo não resolveu – e não poderia resolver – nenhum dos fatídicos antagonismos subjacentes do sistema iníquo de Estados-nação há muito estabelecido. A globalização capitalista agora promovida agressivamente sob a hegemonia dos Estados Unidos é apenas outra tentativa definitivamente condenada de sobrepor o "*Estado do sistema do capital enquanto tal*" ao resto do mundo[165], sem qualquer empenho para resolver as graves iniquididades e sofrimentos nacionais historicamente gerados e persistentes. Somente a instituição e manutenção bem-sucedidas

---

[164] Ibidem, p. 73.

[165] Jamais devemos desconsiderar a afirmação do presidente democrata Bill Clinton, citada anteriormente, de que "existe apenas uma nação necessária, os Estados Unidos da América".

do sistema de mediações não antagônicas como a alternativa hegemônica da nova forma histórica à ordem do capital agora dominante pode mostrar uma saída desses perigosos antagonismos. Pois estes não podem ser superados sem a inter-relação plenamente equitativa de solidariedade substantiva entre os indivíduos sociais livremente associados, assim como de seus países, na forma de sua solidariedade internacional genuína capaz de confrontar positivamente as falhas do passado. Essa é a única perspectiva historicamente sustentável para o futuro.

OBRAS DO AUTOR

Szatira és valóság. Budapeste, Szépirodalmi Könyvkiadó, 1955.

La rivolta degli intellettuali in Ungheria. Turim, Einaudi, 1958.

Attila József e l'arte moderna. Milão, Lerici, 1964.

Marx's Theory of Alienation. Londres, Merlin, 1970.

Aspects of History and Class Consciousness. Londres, Routledge & Kegan Paul, 1971.

The Necessity of Social Control. Londres, Merlin, 1971.

Lukács' Concept of Dialectic. Londres, Merlin, 1972.

    [Ed. bras.: *O conceito de dialética em Lukács*. São Paulo, Boitempo, 2013.]

Neocolonial Identity and Counter-Consciousness. Londres, Merlin, 1978.

The work of Sartre: Search for Freedom. Brighton, HarvesterWheatsheaf, 1979.

    [Ed. bras.: *A obra de Sartre: busca da liberdade*. São Paulo, Ensaio, 1991.]

Philosophy, Ideology and Social Science. Brighton, HarvesterWheatsheaf, 1986.

    [Ed. bras.: *Filosofia, ideologia e ciência social*. São Paulo, Boitempo, 2008.]

The Power of Ideology. Brighton, HarvesterWheatsheaf, 1989.

    [Ed. bras.: *O poder da ideologia*. São Paulo, Boitempo, 2004.]

Beyond Capital: Towards a Theory of Transition. Londres, Merlin, 1995.

    [Ed. bras.: *Para além do capital: rumo a uma teoria da transição*. São Paulo, Boitempo, 2002.]

Socialism or Barbarism: from the "American Century" to the Crossroads. Nova York, Monthly Review, 2001.

    [Ed. bras.: *O século XXI: socialismo ou barbárie?* São Paulo, Boitempo, 2003.]

A educação para além do capital. São Paulo, Boitempo, 2005.

O desafio e o fardo do tempo histórico. São Paulo, Boitempo, 2007.

A crise estrutural do capital. São Paulo, Boitempo, 2009.

Social Structure and Forms of Consciousness: the Social Determination of Method. Nova York, Monthly Review, 2010.

    [Ed. Bras.: *Estrutura social e formas de consciência I: a determinação social do método*. São Paulo, Boitempo, 2009.]

Historical Actuality of the Socialist Offensive: Alternative to Parliamentarism. Londres, Bookmark, 2010.

    [Ed. bras.: *Atualidade histórica da ofensiva socialista: uma alternativa radical ao sistema parlamentar*. São Paulo, Boitempo, 2010.]

Social Structure and Forms of Consciousness II: the Dialectic of Structure and History. Nova York, Monthly Review, 2011.

    [Ed. Bras.: *Estrutura social e formas de consciência II: a dialética da estrutura e da história*. São Paulo, Boitempo, 2011.]

The Work of Sartre: Search for Freedom and the Challenge of History. Nova York, Monthly Review, 2012.

    [Ed. bras.: *A obra de Sartre: busca da liberdade e desafio da história*. São Paulo, Boitempo, 2012.]

Este livro foi composto em Adobe Garamond, 10,5/12,6, e reimpresso em papel Norbrite 66,6 g/m² pela gráfica Mundial para a Boitempo Editorial, em novembro de 2014, com tiragem de 1.000 exemplares.

C O L E Ç Ã O
Mundo do Trabalho
Coordenação **Ricardo Antunes**

ALÉM DA FÁBRICA
Marco Aurélio Santana e José Ricardo Ramalho (orgs.)

ATUALIDADE HISTÓRICA DA OFENSIVA SOCIALISTA
István Mészáros

A CÂMARA ESCURA
Jesus Ranieri

O CARACOL E SUA CONCHA
Ricardo Antunes

O CONTINENTE DO LABOR
Ricardo Antunes

O CONCEITO DE DIALÉTICA EM LUKÁCS
István Mészáros

A CRISE ESTRUTURAL DO CAPITAL
István Mészáros

CRÍTICA À RAZÃO INFORMAL
Manoel Luiz Malaguti

DA GRANDE NOITE À ALTERNATIVA
Alain Bihr

DA MISÉRIA IDEOLÓGICA À CRISE DO CAPITAL
Maria Orlanda Pinassi

A DÉCADA NEOLIBERAL E A CRISE DOS SINDICATOS NO
BRASIL
Adalberto Moreira Cardoso

A DESMEDIDA DO CAPITAL
Danièle Linhart

O DESAFIO E O FARDO DO TEMPO HISTÓRICO
István Mészáros

DO CORPORATIVISMO AO NEOLIBERALISMO
Angela Araújo (org.)

A EDUCAÇÃO PARA ALÉM DO CAPITAL
István Mészáros

O EMPREGO NA GLOBALIZAÇÃO
Marcio Pochmann

O EMPREGO NO DESENVOLVIMENTO DA NAÇÃO
Marcio Pochmann

ESTRUTURA SOCIAL E FORMAS DE CONSCIÊNCIA II
István Mészáros

FILOSOFIA, IDEOLOGIA E CIÊNCIA SOCIAL
István Mészáros

FORÇAS DO TRABALHO
Beverly J. Silver

FORDISMO E TOYOTISMO
Thomas Gounet

HOMENS PARTIDOS
Marco Aurélio Santana

INFOPROLETÁRIOS
Ricardo Antunes e Ruy Braga (orgs.)

LINHAS DE MONTAGEM
Antonio Luigi Negro

A MÁQUINA AUTOMOTIVA EM SUAS PARTES
Geraldo Augusto Pinto

MAIS TRABALHO!
Sadi Dal Rosso

O MISTER DE FAZER DINHEIRO
Nise Jinkings

O MITO DA GRANDE CLASSE MÉDIA
Marcio Pochmann

NEOLIBERALISMO, TRABALHO E SINDICATOS
Huw Beynon, José Ricardo Ramalho,
John McIlroy e Ricardo Antunes (orgs.)

NOVA DIVISÃO SEXUAL DO TRABALHO?
Helena Hirata

NOVA CLASSE MÉDIA
Marcio Pochmann

O NOVO (E PRECÁRIO) MUNDO DO TRABALHO
Giovanni Alves

A OBRA DE SARTRE
István Mészáros

PARA ALÉM DO CAPITAL
István Mészáros

A PERDA DA RAZÃO SOCIAL DO TRABALHO
Maria da Graça Druck e Tânia Franco (orgs.)

POBREZA E EXPLORAÇÃO DO TRABALHO
NA AMÉRICA LA TINA
Pierre Salama

O PODER DA IDEOLOGIA
István Mészáros

A POLÍTICA DO PRECARIADO
Ruy Braga

RETORNO À CONDIÇÃO OPERÁRIA
Stéphane Beaud e Michel Pialoux

RIQUEZA E MISÉRIA DO TRABALHO NO BRASIL I, II e III
Ricardo Antunes (org.)

O ROUBO DA FALA
Adalberto Paranhos

O SÉCULO XXI
István Mészáros

SEM MAQUIAGEM
Ludmila Costhek Abílio

OS SENTIDOS DO TRABALHO
Ricardo Antunes

SHOPPING CENTER
Valquíria Padilha

A SITUAÇÃO DA CLASSE TRABALHADORA
NA INGLATERA
Friedrich Engels

A TEORIA DA ALIENAÇÃO EM MARX
István Mészáros

TERCEIRIZAÇÃO: (DES)FORDIZANDO A FÁBRICA
Maria da Graça Druck

TRABALHO E DIALÉTICA
Jesus Ranieri

TRABALHO E SUBJETIVIDADE
Giovanni Alves

TRANSNACIONALIZAÇÃO DO CAPITAL E FRAGMENTAÇÃO
DOS TRABALHADORES
João Bernardo